# RENÉ GUÉNON

# FRAGMENTS DOCTRINAUX

ROSE-CROSS BOOKS

**2013**

RENÉ GUÉNON

# FRAGMENTS DOCTRINAUX

Publiée par **Rose-Cross Books**
TORONTO

*www.rose-crossbooks.com*

Édité par Mircea A Tamas et Gauthier Pierozak
Couverture d'Imre Szekely

Catalogage avant publication de Bibliothèque et Archives Canada

Guénon, René
[Correspondance. Extraits]
    Fragments doctrinaux / René Guénon ; publié sous la direction de Mircea A. Tamas, Gauthier Pierozak.

Comprend des références bibliographiques.
ISBN 978-0-9865872-2-1 (couverture souple)

    1. Guénon, René. 2. Tradition. I. Tamas, Mircea A. (Mircea Alexandru), 1949-, éditeur intellectuel II. Pierozak, Gauthier, 1971-, éditeur intellectuel III. Titre.

B2430.G84A4 2013          194          C2013-904075-7

# AVANT-PROPOS

MARCEL MAUGY (Denys Roman) disait : « Du vivant de Guénon, nous pensons que personne n'aurait osé se qualifier de guénonien. Car le Maître a toujours insisté sur le fait qu'il n'enseignait pas une doctrine personnelle à laquelle on pourrait donner le nom de son "inventeur". Cependant, depuis la disparition de Guénon, le terme de "guénonien" est devenu indispensable pour désigner ceux qui adhèrent à l'intégralité de *sa doctrine* [c'est nous qui soulignons], et surtout qui considèrent que cette doctrine est d'origine "nonhumaine" »[1].

Il est impossible d'accepter cette dénomination. Ceux qui se déclarent « guénoniens » et se réfèrent uniquement à l'individualité de Guénon font une erreur fondamentale. Ceux qui se prétendent « guénoniens » et se rapportent uniquement à l'oeuvre de Guénon [à *sa doctrine*] se trompent tout autant. Car l'œuvre de Guénon n'est en fait que l'antichambre du Temple ; elle nous permet d'accéder à un savoir théorique d'ordre métaphysique qui est indispensable, mais elle ne représente en fait que le stade préliminaire de la véritable réalisation spirituelle. Plus encore, on l'appelle « œuvre de Guénon » uniquement parce qu'il l'avait présentée sous forme de livres ; en fait, son œuvre a des origines universelles, c'est-à-dire surhumaines[2].

Cependant, nous devons admettre l'existence d'une mentalité « guénonienne », remplaçant parfois la véritable mentalité traditionnelle, et les personnes ayant une telle mentalité sont plus préoccupées de défendre la « lettre » de Guénon, plutôt que de faire rayonner l'« esprit » de ses ouvrages. Ces « guénoniens » essaient de suivre Guénon « à la lettre », même si Guénon a déclaré à plusieurs reprises qu'il écrivait en fonction des opportunités.

---

[1] Denys Roman, *René Guénon et les destines de la Franc-Maçonnerie*, Les Éditions de l'Œuvre, 1982, p. 160.
[2] Voir notre ouvrage *René Guénon et le Centre du Monde*, Rose-Cross Books, 2007, p. 12.

Donnons quelques exemples, et qu'il nous soit permis de commencer avec une notion fondamentale : le Cosmos ; pouvons-nous suivre Guénon « à la lettre », quand il considère le Cosmos tantôt comme la totalité de la manifestation formelle ou l'ensemble des états individuels[1], tantôt comme identique à la manifestation universelle[2] ?

La réponse est que, dans le premier cas, il utilise la dichotomie traditionnelle visible-invisible (ordre formel-ordre intellectuel ou métaphysique)[3] : « Tu as donc compris, après tout ceci, qu'il y a deux sortes d'yeux : un œil externe et un œil interne. L'œil externe appartient au monde sensible et visible [âlam al-hiss wa-l-chahâda], l'œil interne appartient à un autre monde, qui est celui du Royaume céleste [le monde invisible, âlam al-ghayb]... Sache que le monde visible, relativement au monde du Royaume céleste, est comme l'écorce (el-qishr) pour le noyau (el-lobb)[4] » ; la tradition extrême-orientale considère le

---

[1] « ...et ceci doit être rapproché, d'autre part, du sens de "naissance" qui, dans la Kabbale hébraïque surtout, s'attache à la lettre nûn, et qu'il faut entendre spirituellement comme une "nouvelle naissance", c'est-à-dire une régénération de l'être *individuel ou cosmique* [c'est nous qui soulignons] (René Guénon, *Symboles fondamentaux de la Science sacrée*, Gallimard, 1980, p. 173) ; « Homère dit, bien au contraire, que c'est par la porte du Nord que s'effectue la "descente", c'est-à-dire l'entrée dans la "caverne cosmique", ou, en d'autres termes, dans le monde de la génération ou de la manifestation individuelle » (*ibid.*, p. 248) ; « Il faut ajouter que le monde terrestre peut être regardé comme représentant ici, par transposition, tout l'ensemble du "cosmos", et qu'alors le ciel représentera, suivant la même transposition, le domaine "extra-cosmique" » (*ibid.*, p. 243) ; « l'individualité intégrale considérée comme "microcosme" » (René Guénon, *L'Homme et son devenir selon le Védânta*, Éditions Traditionnelles, 1991, p. 47) ; « Donc, dans le cas envisagé présentement et qui est celui de *krama-mukti*, l'être, jusqu'au *pralaya*, peut demeurer dans l'ordre cosmique et ne pas atteindre la possession effective d'états transcendants, en laquelle consiste proprement la vraie réalisation métaphysique » (*ibid.*, p. 175).

[2] Principalement dans *La Grande Triade* René Guénon utilise très souvent et explicitement le terme « Cosmos » pour désigner la manifestation universelle, c'est-à-dire l'ensemble formé par la manifestation formelle et la manifestation informelle.

[3] En fait, il utilise la répartition : universel (manifestation informelle et non-manifestation)-individuel (manifestation formelle = état subtil + état grossier).

[4] Ghazâli, *Le Tabernacle des Lumières*, Seuil, 1981, tr. et notes Roger Deladrière, p. 46. « C'est pourquoi *Allah*, de même qu'il est le "Premier et le Dernier" (*El-Awwal wa El-Akher*), est aussi "l'Extérieur et l'Intérieur" (*El-Zâher wa El-Bâten*) (On pourrait aussi traduire par l'"Évident" (par rapport à la manifestation) et

« dragon caché » et le « dragon visible »[1], l'immensité visible (*yeu*) et l'immensité invisible (*wu*) ; pour Philon d'Alexandrie, « l'Intellect est le roi invisible des rois visibles » ; pour la Kabbale judaïque, Shekinah, la fille du roi, est le visage invisible (*panim*), tandis que Shekinah, la servante, est le dos visible (*ashorim*). De ce point de vue, utilisé par Guénon pour des raisons spécifiques dans certains de ses écrits, la manifestation informelle (avec les états supra-individuels) est « unie » avec la non-manifestation[2].

De la même façon, René Guénon a décrit l'Intellect, tantôt comme appartenant à la non-manifestation, tantôt comme appartenant à la manifestation informelle[3], mais de toute évidence il n'y a pas de véritable contradiction et ce serait une bizarrerie que de suivre Guénon « à la lettre » d'une façon ou d'une autre.

---

le "Caché" (en Soi-même), ce qui correspond encore aux deux points de vue de la *sharîyah* (d'ordre social et religieux) et de la *haqîqah* (d'ordre purement intellectuel et métaphysique) » (René Guénon, *Aperçus sur l'ésotérisme islamique et le Taoïsme*, Gallimard, 1978, p. 36).

[1] Matgioi, *La voie métaphysique*, Éditions Traditionnelles, 1991, p. 46 ; voir aussi notre ouvrage *About the Yi Jing*, Rose-Cross Books, 2006, pp. 72-73.

[2] « D'autre part, il est évident que la manifestation grossière ne pourrait même pas exister sans des éléments subtils, de même que la manifestation subtile, à son tour, n'existerait pas sans principe non-manifesté ; c'est là, en somme, une question de hiérarchie "causale" à observer » (lettre de Guénon à « un docteur non identifié », 2 juin 1936).

[3] « Autre chose encore : vous dites que "l'intellect créé ne pouvait en soi contempler Dieu" ; cela est évident s'il s'agit bien de l'intellect *créé*, mais cette épithète peut-elle s'appliquer à l'intellect pur et transcendant, qui seul intervient directement dans l'ordre métaphysique ? Je pense au contraire qu'il faut la réserver aux facultés individuelles (raison et autres éléments psychologiques). Car je ne vois pas que "créé" puisse ne pas être synonyme ou équivalent de "manifesté" et de "conditionné". En somme, création et manifestation sont une seule et même chose envisagée sous des points de vue différents (autrement, la création serait nécessaire et éternelle) ; mais, précisément, l'intellect pur est, en soi, de l'ordre du non-manifesté et de l'inconditionné, et, s'il n'appartenait pas lui-même à ce domaine, qui est celui de la métaphysique, il ne pourrait pas l'atteindre […] » (lettre de Guénon à Noële Maurice-Denis Boulet, 27 mars 1921). « Rappelons à ce propos que, suivant la doctrine hindoue, *Buddhi*, qui est l'Intellect pur et qui, comme telle, correspond au *Spiritus* et à la manifestation informelle, est elle-même la première des productions de *Prakriti*, en même temps qu'elle est aussi, d'autre part, le premier degré de la manifestation d'*Âtmâ* ou du Principe transcendant » (René Guénon, *La Grande Triade*, Gallimard, 1980, p. 97).

En ce qui concerne le processus initiatique, en raison de la répartition universel-individuel, René Guénon a insisté sur « la sortie finale de la caverne initiatique, considérée comme représentant la "sortie du cosmos" » et comme étant une « troisième naissance »[1]. En réalité, il y a en sus une « troisième mort » (après que le voyage à travers les *Grands Mystères* ait été accompli) puis une quatrième et dernière « naissance » dans la non-manifestation, au-delà du Soleil, dans le « Quatrième » (*Chaturtha* ou *Turîya*)[2].

---

[1] *Symboles fondamentaux*, pp. 231, 235. « Maintenant, il reste encore à envisager une autre question particulièrement importante au point de vue initiatique : nous avons parlé de la caverne comme lieu de la "seconde naissance" ; mais il y a une distinction essentielle à faire entre cette "seconde naissance" et la "troisième naissance", distinction qui correspond en somme à celle de l'initiation [initiation = entrée] aux "petits mystères" et aux "grands mystères" ; si la "troisième naissance" est représentée aussi comme s'accomplissant dans la caverne, comment le symbolisme de celle-ci s'y adaptera-t-il ? La "seconde naissance", qui est proprement ce qu'on peut appeler la "régénération psychique", s'opère dans le domaine des possibilités subtiles de l'individualité humaine ; la "troisième naissance", au contraire, s'effectuant directement dans l'ordre spirituel et non plus psychique, est l'accès au domaine des possibilités supra-individuelles. L'une est donc proprement une "naissance dans le cosmos" (à laquelle correspond, comme nous l'avons dit, dans l'ordre macrocosmique, la naissance de l'*Avatâra*), et, par conséquent, il est logique qu'elle soit figurée comme ayant lieu entièrement à l'intérieur de la caverne ; mais l'autre est une "naissance hors du cosmos" » (*ibid.*, p. 232).

[2] « Il faut donc considérer en outre, au-delà de l'Être, un quatrième état principiel, absolument inconditionné » (Guénon, *L'Homme*, pp. 97, 123-129). « D'autre part, notre intention n'est pas non plus d'envisager les "trois nuits" symboliques qui représentent trois morts et trois naissances, se référant respectivement, en ce qui concerne l'être humain, aux trois ordres corporel, psychique et spirituel » (René Guénon, *Initiation et Réalisation spirituelle*, Éditions Traditionnelles, 1980, p. 239, *Les deux nuits*). Dans la tradition hindoue, les « trois nuits » sont mentionnées dans la *Katha Upanishad* : « Ô brahmane, hôte digne d'hommage,/ Tu as résidé trois nuits sous mon toit » (I.9). Ananda K. Coomaraswamy a remarqué dans ses *Notes sur la Katha Upanishad* (tr. D. Tournepiche, *Vers la Tradition*, n° 132) que les « trois visites à la Mort sont également suggérées par les "trois nuits" de I, 9... et ces trois correspondent aussi aux trois questions, aux trois faveurs... la règle est que tout être humain meurt trois fois et naît trois fois : la première fois quand il est engendré, la seconde fois quand il est initié, et la troisième fois quand il quitte ce monde » ; et il a ajouté en note qu'« il ne faut pas oublier que toute naissance implique une mort antérieure ». Toutefois, la *Katha Upanishad* spécifie qu'il existe une « quatrième faveur » : « La Grande Âme, charmée, lui dit : Je t'accorde en ce jour une faveur de plus » (I.16), qui a forcé Coomaraswamy à ajouter, même si

Enfin, nous savons que certains « guénoniens » ont ramené toutes les analogies à une « analogie inverse », mais cela n'est possible que d'un point de vue « métaphysique »[1] et non pas dans une perspective « cosmique »[2] ; nous voulons dire par là que l'« analogie inverse » s'applique seulement métaphysiquement ou initiatiquement, entre le Principe et le monde, quand il s'agit de l'analogie entre le Ciel et la Terre par exemple.

Par conséquent, nous devons aller au-delà de la lettre, « car la lettre tue, mais l'Esprit vivifie »[3].

Maintenant, il nous faut mentionner la question des différentes « signatures » de René Guénon, où, encore une fois, les « guénoniens » ont essayé de respecter la « lettre » et ils ont prétendu que les articles signés avec d'autres noms ainsi que ses lettres ne doivent pas être pris en compte. Nous avons dit « ont essayé », parce que certains de ces articles ont été publiés en 1976 (*Mélanges*, Gallimard), et après cela, l'« e-monde » de l'Internet a été progressivement envahi de lettres de Guénon et de la majorité de ses écrits (sans tenir compte de la signature sous laquelle ils avaient été rédigés). Nous-même avons dit : « D'autre part il est important de rappeler que, comme l'a affirmé Guénon lui-même plusieurs fois, seule l'œuvre qu'il a signée de son nom de René Guénon importe, et non pas les articles écrits sous d'autres signatures, ou ses lettres personnelles, que ce soit ses notes sur ses activités mondaines

---

entre parenthèses : « d'une façon ou d'une autre, l'ensemble des (quatre) "nuits" de notre texte sont plutôt des "morts" ».

[1] « Il est essentiel de remarquer ici que toute transposition métaphysique du genre de celle dont nous venons de parler doit être regardée comme l'expression d'une analogie au sens propre de ce mot ; et nous rappellerons, pour préciser ce qu'il faut entendre par là, que toute véritable analogie doit être appliquée en sens inverse » (René Guénon, *Le Symbolisme de la Croix*, Guy Trédaniel, 1989, p. 21).

[2] « ...chacune des parties de l'Univers, qu'il s'agisse d'un monde ou d'un être particulier, étant partout et toujours analogue au tout » (*ibid.*, p. 27) ; « comme il s'agit en réalité du Centre de tous les mondes, on peut passer à l'ordre supra-sensible en effectuant une transposition analogique dans laquelle l'espace et le temps ne gardent plus qu'une signification purement symbolique » (*ibid.*, p. 31) ; « D'ailleurs, en vertu de la loi de correspondance qui relie toutes choses dans l'Existence universelle, il y a toujours et nécessairement une certaine analogie soit entre les différents cycles de même ordre, soit entre les cycles principaux et leurs divisions secondaires » (René Guénon, *Formes traditionnelles et Cycles cosmiques*, Gallimard, 1980, p. 14).

[3] *2 Corinthiens* 3:6.

ou encore moins sur sa vie de famille », en répétant ce que, pendant des années, les « guénoniens » nous avaient enseigné, c'est-à-dire, que c'était un sujet *tabou*. De même, nous avons pensé que l'emploi de divers pseudonymes par les « guénoniens » était une bonne idée, mais nous avons vite réalisé qu'aujourd'hui, au XXIᵉ siècle, c'est surtout un geste vain, souvent teinté d'arrogance, suggérant même une certaine lâcheté. Permettez-nous de nous expliquer.

René Guénon a écrit : « Vis-à-vis du public, je tiens absolument à ce qu'il ne soit fait aucune mention de rien d'autre que de ce qui a paru avec la signature de René Guénon. Par conséquent, il n'y a pas à faire état de *La Gnose*, ni de *La France antimaçonnique*, ni d'*El Maarifah*… Chaque fois que je me suis servi ainsi d'autres signatures, il y a eu des raisons spéciales et cela ne doit pas être attribué à René Guénon, ces signatures n'étant pas simplement des *pseudonymes* à la manière *littéraire*, mais représentant, si l'on peut dire, des *entités* réellement distinctes »[1]. Mais combien d'autres « signatures » a-t-il utilisé après la publication de son premier livre ? Dans la lettre à Benoist, son souci était d'éviter de déconcerter ses lecteurs, qui, en tant que contemporains, n'ont pas eu la chance comme nous (62 ans après sa mort) d'avoir accès à toute son œuvre[2].

Dans ce cas, comme dans les précédents, nous devons utiliser notre pouvoir de discernement et aller au-delà de la « lettre ».

Voici ce que René Guénon a écrit à propos de son « nom » :

« Passons sur une fantaisie un peu forte sur nos "nom et prénom", dans lesquels M. paul le cour veut retrouver, tout

---

[1] Lettre du 17 juin 1934 de René Guénon à Luc Benoist.

[2] Nous avons dit dans notre *Avant-propos* de *Recueil* : « Les différentes "signatures" dont Guénon s'est servi dans sa jeunesse ne sont pas des pseudonymes littéraires mais des *namas* utilisés de façon subtile durant la consolidation de la fonction de Guénon dans ce monde. Cependant l'on doit faire attention, lorsqu'on lit la lettre de Guénon sur les différentes entités en rapport avec ses signatures, car ces entités, même si elles sont différentes suivant leur point de vue, restent toutefois des projections de Guénon, et c'est la raison pour laquelle, après avoir signé *Le Symbolisme de la Croix* avec le nom *Tau Palingénius*, il a pu le publier plus tard en tant que René Guénon ». Pour Denys Roman, dans *La Gnose* « Palingénius (Guénon) commençait la publication de son œuvre écrite qu'il ne devait abandonner qu'à sa mort… les premiers articles de *La Gnose*… portent en germe toute l'œuvre subséquente du Maître » (Ét. Trad. Nᵒˢ 424-425, 1971).

comme dans les siens, son inévitable *Aor-Agni* ; cela ne nous intéresse pas plus que les dits "nom et prénom", eux-mêmes, qui ne sont en réalité pour nous rien de plus qu'une simple signature comme une autre, ce dont il ne semble pas se douter »[1].

« Que, si étrange que cela puisse lui sembler, "la personnalité de René Guénon" nous importe peut-être encore moins qu'à lui, attendu que les personnalités, ou plutôt les individualités, ne comptent pas dans l'ordre des choses dont nous nous occupons ; et puis, après tout, est-il même bien sûr qu'il y ait actuellement par le monde quelqu'un qui porte ce nom ? Qu'on le prenne pour une pure désignation conventionnelle, adoptée pour la commodité du langage comme aurait pu l'être toute autre signature quelconque, c'est tout ce que nous demandons…

« Nous ne voyons là qu'un hommage rendu à la doctrine que nous exprimons, d'une façon parfaitement indépendante de toutes les considérations individuelles ; du reste, si on continue à nous… empoisonner avec la "personnalité de René Guénon", nous finirons bien quelque jour par la supprimer tout à fait ! Mais nos adversaires peuvent être assurés qu'ils n'y gagneront rien, tout au contraire…

« Si nous avons répondu favorablement à certaines demandes de collaboration (demandes expresses à nous adressées, et non pas "infiltrations" de notre part, ce qui serait absolument incompatible avec notre caractère), de quelque côté qu'elles soient venues, cela est encore exclusivement notre affaire ; *et, quelles que soient les publications où aient paru des articles de nous, que ce soit "en même temps" ou non, nous y avons toujours exposé exactement les mêmes idées, sur lesquelles nous n'avons jamais varié* [c'est nous qui soulignons]… Notre œuvre est d'ailleurs rigoureusement indépendante de toute considération individuelle, et n'a par conséquent rien à faire avec ces choses qui ne peuvent véritablement intéresser personne ; et nous ajoutons même que nous ne voyons pas du tout pourquoi nous serions obligé de vivre toujours dans la peau d'un même personnage, qu'il s'appelle "René Guénon" ou autrement…

---

[1] René Guénon, *Comptes rendus*, Éditions Traditionnelles, 1973, p. 180.

« Pour le surplus, nous ne nous abaisserons pas à relever leurs misérables calembours ; nous leur dirons seulement qu'il n'y a aucun intérêt à s'occuper d'un nom qui ne représente pour nous rien de plus qu'une... signature, et auquel nous donnons tout juste autant d'importance qu'au vêtement que nous portons ou à la plume avec laquelle nous écrivons ; c'est exactement du même ordre, et cela ne nous touche pas davantage »[1].

On remarque que même le nom « Guénon » est considéré comme une simple « signature », et, en ce qui concerne la dernière citation, nous pouvons la rapprocher de ce qu'il a écrit à Lovinescu :

« En tout cas, on ne peut pas donner de noms comme vous le demandez ; les êtres dont vous parlez n'ont véritablement pas de noms, ils sont au-delà de cette limitation ; ils peuvent, pour telle ou telle raison particulière, prendre les noms qu'ils veulent, et cela n'a pas plus d'importance que le fait de se vêtir d'un costume quelconque »[2].

Au contraire, les « guénoniens » de nos jours qui tentent d'exagérer la différence entre le nom de « Guénon » et ses autres « signatures », utilisent eux-mêmes constamment des « noms de plume », ce qui dévoile une arrogance certaine, et, même si elle est inconsciente, une démarche antitraditionelle[3]. En outre, leurs motivations quant à cet usage n'ont rien de commun avec celles de Guénon : elles révèlent un comportement excessif, une attitude présomptueuse, ou encore un jeu purement profane[4].

---

[1] René Guénon, *Études sur la Franc-maçonnerie et le Compagnonnage*, Éditions Traditionnelles, 1980, pp. 182, 185, 198, 203.

[2] Vasile Lovinescu (19 août 1934). [Pour les lettres écrites par Guénon, nous utilisons la convention de marquer seulement le nom du destinataire et la date de la lettre entre parenthèses].

[3] Certains d'entre eux utilisent l'Internet comme un moyen de se cacher sous différents noms bizarres, mais ce qui est plus grave encore, c'est lorsque ces pseudonymes servent à cacher des raisons peu avouables ; les paroles de Guénon pourraient s'appliquer à ce cas : « Par contre, ceci ne concerne pas un cas comme celui de la prétendue "Grande Loge Blanche", dont, ainsi que nous l'avons fait remarquer à diverses reprises, il est de plus en plus souvent question de tous les côtés, car cette dénomination n'a jamais eu nulle part le moindre caractère authentiquement traditionnel ; si ce nom conventionnel peut servir de "masque" à quelque chose qui ait une réalité quelconque, ce n'est certes pas, en tout cas, du côté initiatique qu'il convient de le chercher » (René Guénon, *Articles et comptes rendus*, Éditions Traditionnelles, 2002, tome I, p. 75).

[4] C'est le cas par exemple d'Yvon le Loup (Sédir) : « La collaboration de Paul Sédir au *Voile d'Isis* date de 1891. Il a été de ce périodique, successivement secrétaire de la Rédaction,

En fait, une simple appréciation quantitative pourra fort bien illustrer ce que nous disons ici et montrer que le public « guénonien » est une illusion : supposons qu'il y ait 100 personnes authentiquement traditionnelles qui soient parfaitement familiarisées avec l'œuvre de Guénon ; supposons qu'il y ait 500 « guénoniens » et « traditionalistes » supplémentaires et 500 autres encore qui pourraient être des érudits ou des profanes simplement curieux, de sorte que le total fasse 1 100 ; nous pourrions ajouter à ce premier total 900 personnes au titre des données inconnues, donc nous arriverions à 2 000 personnes qui s'intéressent à l'œuvre de Guénon ou à sa seule biographie. Sur la population totale de la planète de 8 milliards d'individus, on arrive ainsi à une proportion de 0,000025 % de « guénoniens » ! Nous savons très bien qu'il faut porter peu de crédit aux résultats quantitatifs, mais cet exercice montre à quel point le milieu « guénonien » est très petit, aussi on se rend compte que toutes ces disputes, que le souci de cacher son vrai nom, que toutes ces préoccupations de ne pas divulguer les lettres de Guénon ou autres textes, sont des extravagances. La majorité de la population de la planète n'a aucune idée de qui était Guénon, et c'est uniquement en Europe que s'est maintenu un intérêt plus marqué pour son œuvre, même si celui-ci a diminué dramatiquement ces derniers temps.

Bien sûr, dans une civilisation traditionnelle, chaque nom est en accord avec l'essence de l'être correspondant, mais aujourd'hui, dans le monde moderne, nous sommes loin de cette situation, et comme l'a souligné Guénon, son nom « René Guénon » est une simple signature ; dans une société normale, le « nom » du dieu ou d'un être était tenu secret : « En tout cas, la raison pour laquelle ce nom est tenu secret (et il est probable

---

Rédacteur en chef et Directeur. Il signa à ce moment-là, et dès ce moment-là, ses articles de son pseudonyme (sauf une analyse critique du "Crocodile" qui est suivie tantôt des initiales Y… L… tantôt de Y… L… S… I… et enfin un *mandement*, qu'il signe de T. Paul, évêque de Concorezzo). À propos de ce pseudonyme, nous nous en tenons à ce qu'en dit notre ami Victor-Émile Michelet. Toute autre version a été probablement dictée par le sentiment et les goûts poétiques des concettistes. Comme Catulle Mendes, fantaisiste poète, pour les écrivains qui le consultaient sur la valeur tonique de noms et le nombre des lettres qui les composaient et dont il expliquait les causes de popularité et de gloire. Papus avait également cette douce et inoffensive manie de pseudonymes cabalistiques » (Ian Mongoï, *Brève notice biographique*, Le Voile d'Isis, n° 76, avril 1926).

que le cas de Rome ne fut pas unique à cet égard) est que des ennemis qui auraient réussi à le connaître auraient pu s'en servir pour s'emparer de la ville, la connaissance du véritable nom d'un être (ou d'une "entité" quelconque) donne en quelque sorte un pouvoir sur lui, parce que ce nom s'identifie à son essence même dont il est l'expression la plus adéquate »[1]. Mais si le nom n'a rien à voir avec l'essence de l'être il devient alors un simple nom conventionnel qui ne donne aucun pouvoir sur cette personne ; et ceci est valable pour la majorité sinon pour tous les « guénoniens ».

Dès la publication de son premier livre, René Guénon a seulement utilisé son nom « officiel », parce qu'il correspondait à une « signature » au même titre que toutes les autres qui ne comptaient pas vis-à-vis de son œuvre[2].

« J'y ai fait allusion à la fin d'*Orient et Occident* parce que je tiens à ce qu'on comprenne bien que je ne suis pas allé de la pensée occidentale à la pensée orientale, mais que je suis, intellectuellement, tout à fait oriental. J'ai d'ailleurs conscience qu'il n'y a pas, dans mes livres, un seul mot qui n'ait pu être écrit par un Oriental de naissance. Aurais-je donc dû, pour cela, les signer d'un nom oriental ? Cela n'aurait pas été difficile, mais je n'ai pas cru que la chose fût nécessaire, d'autant plus que, sur le terrain où je me place, les questions d'"individualités" n'ont plus la moindre importance »[3].

Guénon est le premier à admettre qu'il est beaucoup plus important de se concentrer sur ses écrits que de discuter des signatures, à la condition, bien sûr, de savoir comment mettre en évidence les enseignements doctrinaux[4].

---

[1] Marcel Maugy (Denys Roman) (13 janvier 1949).

[2] Ainsi, ce qu'il a écrit à Luc Benoist avait une signification particulière qui n'aurait pas dû être généralisée.

[3] Guido di Giorgio (17 août 1924). « Tout cela me fait seulement regretter un peu de n'avoir pas adopté, pour signer mes écrits, un nom oriental, ce qui m'aurait été bien facile, et ce qui aurait eu l'avantage de couper court par avance à toute intervention plus ou moins saugrenue » (Louis Charbonneau-Lassay, 8 juin 1928).

[4] Surtout que, dès le début (et quelle que soit la signature qu'il a utilisée), ses écrits doctrinaux n'ont pas changé : « J'en arrive à la lettre qui me concerne, et que je vous remercie de m'avoir communiquée ; vous pouvez vous rassurer, je ne prends pas cela au tragique. Ce que dit M. Le Cour de ma prétendue "évolution" m'était déjà revenu d'une autre source ; il se trompe grandement en s'imaginant que j'ai changé d'avis sur un point quelconque, non seulement

« N'exagérez pas mon importance ! Car, au fond, mes travaux ne sont qu'une "occasion" d'éveiller certaines possibilités de compréhension, que rien ne pourrait donner à ceux qui en sont dépourvus ; mais du moins est-il toujours une satisfaction pour moi de constater que ce n'est pas peine perdue, si peu nombreux que soient ceux qui en profitent vraiment »[1].

« Je dois ajouter que, même si on avait dit de moi des choses exactes, je n'en aurais pas été moins contrarié pour cela, car j'ai toujours estimé que rien de ce qui se rapporte à moi personnellement ne regarde le public, et je me suis toujours refusé absolument à fournir à qui que ce soit même les indications biographiques les plus inoffensives.

« Quant aux autres considérations, comme celle de savoir "qui peut faire honneur à ma signature", je vous assure qu'elles me sont tout à fait étrangères, car je n'ai rien d'un écrivain professionnel... et profane ; je n'ai jamais eu d'autre prétention que celle d'exposer fidèlement ce que je connais des doctrines traditionnelles, sans y mettre de moi autre chose que la seule forme d'expression, et j'aurais bien voulu vivre à une époque où il était encore possible et presque normal de faire paraître des livres sans signatures. Mais c'est précisément cette situation, exceptionnelle aujourd'hui, qui m'oblige à une prudence toute particulière dans tout ce que je fais, parce que ce n'est pas moi que cela engage en réalité, ce qui au fond n'aurait qu'assez peu d'importance »[2].

Après ces considérations, nous en arrivons aux lettres de Guénon. Représentent-elles quelque chose de « personnel » ou bien peuvent-elles être publiées telles quelles ? Jusqu'à récemment, nous avons pensé, comme beaucoup de

---

depuis mes premiers livres, mais depuis bien plus longtemps. Aussi, quand il dit que je suis maintenant sur *son* terrain, il renverse un peu les rôles, car voilà bien une vingtaine d'années que je suis sur ledit terrain, tandis que lui-même n'y est que depuis trois ou quatre ans. C'est lui qui a "évolué", d'ailleurs heureusement pour lui, car, avant cela, il s'occupait surtout de faire tourner les tables, ce qui ne m'est jamais arrivé ; et si j'ai, comme il le dit, fréquenté des milieux divers, afin de voir s'il s'y trouvait quelque chose d'intéressant (j'ai d'ailleurs été vite fixé à cet égard), cela n'implique chez moi aucun changement d'idées » (Louis Charbonneau-Lassay, 19 février 1927).

[1] Louis Caudron (15 janvier 1935).
[2] Louis Cattiaux (4 octobre 1950).

« guénoniens », que les lettres de Guénon étaient du domaine strictement personnel et ne concernaient que ceux à qui elles avaient été adressées ; pourtant, après leur lecture nous avons constaté que de nombreuses parties contiennent des « fragments doctrinaux » de grande valeur, qui n'ont rien à voir avec la vie personnelle de René Guénon. Nous avons donc tout naturellement été amené à penser que la « divulgation » de ces lettres sous la forme d'un livre apporterait un bénéfice inestimable à un monde qui aujourd'hui a grand besoin de toute aide disponible.

« D'autre part tout mystère n'est pas dévoilable ni divulgable, et toute vérité n'est pas exposable ni susceptible d'être montrée clairement. Bien au contraire "les poitrines des hommes libres sont les tombeaux des secrets". Un sage a déclaré que "répandre le mystère de la condition seigneuriale est infidélité"… Mais je pense que la lumière a ouvert ton cœur à Dieu, et que ton âme est pure des ténèbres de l'illusion. Je ne veux pas, en conséquence, te priver de quelques lueurs et clartés utiles en ce domaine et de ce qui peut traduire certaines vérités profondes ou subtiles. Tenir éloignés de la science ceux qui en sont dignes est tout aussi grave en effet que de la communiquer à ceux qui en sont indignes »[1]. Le monde d'aujourd'hui déteste les secrets et est tellement préoccupé par leur dévoilement et leur diffusion, comment pourrions-nous y distinguer ceux qui sont dignes de les recevoir de ceux qui ne le sont pas ? C'est en raison du constat du nombre très restreint de personnes qui s'intéressent à Guénon et à ses lettres, que nous avons conclu que nous ne devions pas nous interdire de « divulguer » certains fragments, bien au contraire…

« S'il est possible maintenant d'exposer certaines choses plus facilement qu'en d'autres temps, c'est parce qu'autrefois elles auraient pu être mal comprises par beaucoup, tandis qu'aujourd'hui elles risquent seulement de n'être pas comprises du tout, ce qui est beaucoup moins grave et moins dangereux, puisque la plupart des gens n'y font aucune attention et qu'elles sont pour eux comme si elles n'existaient pas ; il est donc tout à fait erroné de parler en cela de "divulgation", ces choses étant au contraire exclusivement destinées à servir d'indications au

---

[1] Ghazâlî, *ibid.*, p. 36.

très petit nombre de ceux qui sont encore capable d'en profiter ; il n'y a donc là rien de contradictoire en réalité »[1].

« Pour l'objection faite par votre ami à propos de "vulgarisation" ou de "divulgation", je vois que vous et moi sommes bien d'accord ; il me semble que, quand il parle d'une si grande quantité de gens qui aujourd'hui s'intéressent à l'ésotérisme, il fait une confusion, car, en réalité, la plupart de ces gens ne sont attirés que par des caricatures ou des contrefaçons de l'ésotérisme, qui sont tout à fait dans leurs goûts et à leur portée, tandis que, si on leur présente le véritable ésotérisme, ils sont bien incapables d'y comprendre quoi que ce soit. La multiplication des pseudo-ésotérismes à notre époque est d'ailleurs aussi une des raisons pour lesquelles il convient de présenter certaines notions traditionnelles authentiques, pour éviter à ceux qui méritent mieux, si peu nombreux qu'ils soient, de se laisser tromper et égarer par toutes ces choses ; et, si ces notions sont exposées telles qu'elles sont et sans déformation ni simplification abusive, comme il n'est pas dans leur nature d'être "à la portée de tout le monde", on ne peut pas parler en cela de "vulgarisation". Ce n'est pas parce qu'une chose est mise sous les yeux de tous qu'elle en est mieux comprise ; les anciens hermétistes usaient même parfois volontairement, dans leurs écrits, d'un procédé qui consistait à mettre précisément en évidence ce qu'ils se proposaient de dissimuler plus particulièrement »[2].

René Guénon a suggéré lui-même la façon dont il fallait traiter ses lettres : « M. Avramescu me dit qu'il est heureux de la reprise de vos relations, et aussi que vous avez convenu, ainsi que M. Vâlsan, de vous entendre désormais au sujet des questions à me poser ; je vous demanderai donc de vous communiquer ce qui, dans mes réponses, n'aura pas un caractère "personnel" »[3]. Guénon a également écrit : « J'ai toujours eu le tort (si c'en est un) de répondre à toutes les lettres par crainte de décourager quelque bonne volonté, mais certains en abusent et m'accablent d'interminables questionnaires ; je ne fais d'exception que pour les fous et les gens d'intentions

---

[1] Goffredo Pistoni (9 mai 1950).
[2] Goffredo Pistoni (27 juillet 1950).
[3] Vasile Lovinescu (6 juin 1936).

suspectes »[1]. À partir de ces éléments, nous croyons fermement qu'aujourd'hui, plus que jamais, un ouvrage contenant les réponses doctrinales de René Guénon, réorganisées en conservant le modèle de ses propres livres tout en éliminant les sujets personnels, sera plus que bénéfique pour les étudiants de la Tradition, et nous avouons que sous cette forme, cet ouvrage que nous avons intitulé *Fragments Doctrinaux*, nous a procuré une satisfaction intellectuelle inattendue.

Au fur et à mesure que les années ont passé, des portions de lettres de Guénon ont été publiées de temps à autre, groupées par destinataires, dans des livres ou des revues, comme, par exemple, dans Julius Evola, *René Guénon – A Teacher for Modern Times*[2], Guido De Giorgio, *L'Instant et l'Éternité*[3], Gaston Georgel, *Les Quatre Âges de l'Humanité*[4], Les Dossiers H, *René Guénon*[5], ou dans Soufisme d'Orient et d'Occident, *René Guénon*[6].

Même les *Études Traditionnelles* se sont résolues à publier certaines lettres sous le titre : *Les prolongements de l'œuvre : Extraits de la correspondance de René Guénon*[7].

Bruno Hapel considère la correspondance de Guénon comme marginale : « Si René Guénon n'a pas eu de disciples, cela signifie aussi qu'il n'a pas eu d'enseignements réservés et donc que tout ce que René Guénon avait à dire d'essentiel est contenu dans l'œuvre publique. Le contenu de la correspondance ne peut avoir qu'une valeur marginale »[8].

Pour Jean Granger, cette correspondance doit être traitée avec prudence : « Nous avons quelques scrupules à introduire

---

[1] Louis Cattiaux (24 avril 1950).

[2] Sure Fire Press, 1994, tr. Guido Stucco.

[3] Archè, 1987.

[4] Archè, 1976.

[5] L'Âge d'Homme, 1984.

[6] Nº 6, 2001. Voir le compte rendu d'André Bachelet dans *Vers la Tradition*, nº 88, juin-juillet-août 2002.

[7] Nos 491-493, 1986, introduction par Régor Amadeus ; le destinataire est marqué dans notre volume comme « un docteur non identifié ». Une lettre du même « docteur non identifié » a été utilisée par Robert Amadou « pour un portrait de l'artiste [René Guénon] en épistolier » : « sur le motif d'une lettre, tentons une esquisse. Elle suggérera quelques traits majeurs du signataire » ; mais l'article d'Amadou est tellement aberrant et inepte qu'il ne mérite pas plus de commentaires (Robert Amadou, *Ésotérisme de Guénon*, Les Cahiers de L'Homme-Esprit, 1973).

[8] Bruno Hapel, *René Guénon & Le Roi du Monde*, Guy Trédaniel, 2001, p. 162.

dans notre ouvrage des fragments de lettres d'un auteur qui nous honora de son amitié. La méthode peut sembler abusive ; le risque existe de solliciter la pensée de l'écrivain et de déformer ainsi son œuvre publiée, la seule qui corresponde historiquement à sa volonté d'expression »[1].

André Bachelet, quant à lui, est encore plus catégorique : « Dans les n°s 88 et 90 de *Vers la Tradition*, nous avons évoqué les difficultés que soulève la divulgation de la correspondance privée de René Guénon, et dénoncé l'utilisation abusive qui en est faite à des fins intéressées, prosélytes ou autres, cela au mépris de toutes autres considérations, y compris de droit. Auparavant, dans notre présentation de l'ouvrage posthume de Denys Roman (nom d'auteur de M. Marcel Maugy) : *Réflexions d'un chrétien sur la Franc-Maçonnerie - « L'Arche vivante des Symboles »*, nous avions évoqué le cas particulier de la correspondance adressée par René Guénon à cet auteur. Nous y indiquions les raisons pour lesquelles la mise dans le domaine public de ces lettres n'est pas autorisée, leur destinataire et seul possesseur légitime, Marcel Maugy[2], s'y étant toujours refusé malgré les nombreuses sollicitations qui lui avaient été faites de divers côtés, affirmant que leur propre auteur, René Guénon, ne l'aurait pas souhaité ».

Les propos de Bachelet sont surprenants, parce que son maître, dans un livre préfacé par Bachelet, a écrit : « Il va paraître incessamment un autre ouvrage collectif, publié par les "Éditions de l'Herne", et dû à l'initiative de M. Jean-Pierre Laurant. Dans ce *Cahier de l'Herne*, comme dans le *Dossier H*, on trouvera des extraits de la correspondance de Guénon, et ces extraits donnent une grande envie de connaître le reste. Celui qui fut sans doute le dernier correspondant de Guénon (à qui il écrivait chaque jour), le "fidèle entre les fidèles", Roger Maridort, un des trois premiers initiés à la Loge "La Grande Triade", nous confia, au lendemain de la mort du Maître, qu'il venait de faire l'acquisition d'une partie très importante de cette correspondance, s'étendant sur une vingtaine d'années. Nous avons toujours pensé qu'il avait reçu de Guénon la mission de réunir la totalité de ces missives, tâche à laquelle il devait

---

[1] Jean Tourniac, *Propos sur René Guénon*, Dervy-Livres, 1973, p. 58.
[2] En fait, juridiquement, le propriétaire de ces lettres est René Guénon ; le destinataire est propriétaire du papier et de l'encre, mais pas du contenu.

consacrer toute sa vie. Tâche couronnée de succès, puisque les lettres ainsi recueillies, si elles devaient être publiées, formeraient un ensemble quatre fois plus volumineux que l'œuvre actuellement en vente de Guénon »[1].

Nous savons très bien que beaucoup de lettres sont restées hors de notre portée ; de plus, pour les lettres auxquelles nous avons eu accès, nous avons laissé de côté le pourcentage important de questions personnelles, et il ne fallait donc pas s'attendre à en publier des dizaines de volumes. Nous sommes cependant en mesure d'éditer et de publier le présent ouvrage, *Fragments Doctrinaux*, lui-même très dense, riche et profond, et nous sommes certain que le lecteur oubliera dès les premières pages qu'il s'agit d'un recueil de lettres et qu'il se révèlera à lui comme un authentique livre de René Guénon.

Mircea A. Tamas

---

[1] Denys Roman, *Réflexions d'un chrétien sur la Franc-Maçonnerie*, Éditions Traditionnelles, 1995, p. 50. David Bisson a suggéré, en mentionnant « les très nombreuses lettres privées », qu'il y en avait « sans doute plus d'un millier » ; mais il fait la même erreur que les autres auteurs qui ont écrit sur Guénon : il ne fait que jeter un nombre au hasard (plus d'un millier, pourrait en fait être 2 000 ou même 4 000, voire plus) (David Bisson, *René Guénon. Une politique de l'esprit*, Pierre-Guillaume de Roux, 2013, p. 11). De même, d'autres auteurs ont essayé de deviner comment Guénon obtint une initiation et les raisons pour lesquelles il rédigea des articles pour telle ou telle revue, quand, au bout du compte, personne ne sait quoi que ce soit. Tous les auteurs qui ont écrit à ce sujet ne font que des suppositions infondées ; par exemple, André Coyné a écrit : « Il semble qu'ils [des « représentants autorisés » de l'Hindouisme] aient d'abord porté leur choix sur Saint-Yves d'Alveydre, puis sur Sédir (Yvon le Loup), se heurtant, dans les deux cas, à la barrière d'un *ego* trop affirmé... La facilité avec laquelle Guénon, lui, assimila la "métaphysique orientale"... suffit à prouver qu'il était prédestiné... à en devenir le dépositaire et le divulgateur dans [un] Occident » (*2001. Il y a cinquante ans, René Guénon...*, Éditions Traditionnelles, p. 63) ; mais Coyné n'a pas la moindre idée de ce qui s'est réellement passé.

# FRAGMENTS DOCTRINAUX

---

## PREMIÈRE PARTIE

## LES ÉTATS MULTIPLES DE L'ÊTRE

---

# I

## L'INFINI

RIEN N'EST INCONCEVABLE en soi, ni inconnaissable, et vous avez tout à fait raison de dire que la Connaissance universelle est identique à l'Infini même. Vous voyez donc que je suis très loin de la conception plotinienne, et d'ailleurs vous deviez bien le penser, en admettant toutefois que, pour Plotin, l'Intelligence ne soit vraiment qu'une émanation *limitée* de l'Infini. S'il en est ainsi, c'est une déformation évidente des conceptions orientales, auxquelles l'esprit Grec, même chez les Alexandrins, n'a jamais pu s'adapter parfaitement ; pour les Orientaux, en effet, la Connaissance est bien identique à l'Infini, et voici en particulier un texte qui est très clair à cet égard : « Brahma est la Vérité, la Connaissance, l'Infini » (je traduis tout à fait littéralement)[1].

Quand il s'agit de l'Infini ou de la Possibilité universelle, ce n'est pas « unité » qu'il faut dire rigoureusement, mais bien « non-dualité » ; vous vous souvenez peut-être que je m'étais servi de ce mot dans ma conférence sur la métaphysique[2].

Pour la question de l'infini, M. Gombault me disait l'autre jour que ceux qui admettent un infini « secundum quid » comme étant autre chose que l'indéfini ne peuvent pas être considérés comme de vrais scolastiques. Je suis curieux de savoir ce que Maritain répondra à ma lettre. Pour ce qui est de l'indétermination, je lui ai bien précisé que je ne l'entendais pas du tout dans le sens de Spinoza[3].

Si on considère le prétendu « infini potentiel » comme véritablement infini, ainsi que le fait Maritain, je ne vois pas plus que vous comment on peut échapper à une foule de contradictions ; et d'ailleurs il doit nécessairement en être ainsi, puisque la contradiction est dans l'hypothèse même[4].


# II

# L'INTELLECT

JE NE SAIS si la façon dont on interprète la conception d'Averroès est bien exacte ; on ne peut dire que l'intellect proprement dit soit « Dieu », mais on peut dire peut-être qu'il est « divin » ; en tout cas, si l'on ne veut employer aucun terme d'apparence plus ou moins théologique, il est certainement

---

[1] Noële Maurice-Denis Boulet (12 août 1917).
[2] Noële Maurice-Denis Boulet (13 septembre 1917).
[3] Pierre Germain (26 août 1916).
[4] Pierre Germain (16 septembre 1916).

« surhumain ». La plus grande difficulté, ici, vient sans doute de ce que les Occidentaux sont habitués à ne considérer dans un être rien d'autre ni de plus que l'individualité, comme si l'individu était l'être complet ; et encore ce qu'ils envisagent n'est-il qu'une portion restreinte de l'individualité. Celle-ci est à la fois beaucoup plus et beaucoup moins qu'ils ne le pensent : beaucoup plus quant aux possibilités qu'elle comporte, mais beaucoup moins par rapport à l'être véritable ; il n'y a même aucune commune mesure entre l'individualité et l'être dont elle n'est que la manifestation sous certaines conditions spéciales et déterminées[1].

Autre chose encore : vous dites que « l'intellect créé ne pouvait en soi contempler Dieu » ; cela est évident s'il s'agit bien de l'intellect *créé*, mais cette épithète peut-elle s'appliquer à l'intellect pur et transcendant, qui seul intervient directement dans l'ordre métaphysique ? Je pense au contraire qu'il faut la réserver aux facultés individuelles (raison et autres éléments psychologiques). Car je ne vois pas que « créé » puisse ne pas être synonyme ou équivalent de « manifesté » et de « conditionné ». En somme, création et manifestation sont une seule et même chose envisagée sous des points de vue différents (autrement, la création serait nécessaire et éternelle) ; mais, précisément, l'intellect pur est, en soi, de l'ordre du non-manifesté et de l'inconditionné, et, s'il n'appartenait pas lui-même à ce domaine, qui est celui de la métaphysique, il ne pourrait pas l'atteindre, pas plus que ne le peuvent la raison et les autres facultés *créées*, qui en vertu de leur nature même et de leurs conditions propres, n'en recevront jamais qu'une sorte de connaissance indirecte, par reflet et par participation (du moins tant que subsisteront les conditions limitatives qui définissent l'individualité c'est-à-dire jusqu'à ce que la réalisation totale soit effectuée, après quoi il ne peut plus être question de ces facultés comme distinctes de l'intellect même ou du principe de toute connaissance).

Maintenant, l'expression « intellect humain » peut donner lieu à une confusion, car cet intellect « créé, manifesté, ou conditionné » dont vous parlez, qui ne connaît que « par reflet et par participation », et qui est bien effectivement tout ce que

---

[1] Noële Maurice-Denis Boulet (27 mars 1921).

possède l'individu humain, en tant qu'individu, cet intellect là n'est pas vraiment un intellect, mais c'est proprement la raison. Et j'ajouterai que cette raison n'est pas, *par elle-même*, « capable d'être élevée à l'état surnaturel » ; une telle élévation, pour la raison comme pour toutes les autres facultés individuelles, n'est pas autre chose que la « Transformation » qui est impliquée par surcroît en quelque sorte dans la réalisation totale. Après cette transformation, d'ailleurs, on ne peut plus dire que ce soit la raison ou une faculté individuelle quelconque puisque l'individualité même n'a plus alors qu'une existence tout illusoire (le caractère essentiel de l'individualité comme telle étant d'être conditionnée) ; c'est encore là une application de ce principe que je vous rappelais plus haut, que le rapport du fini à l'infini est rigoureusement nul. Si c'est cette raison que vous appelez « intellect humain » vous avez tout à fait raison de dire qu'elle « fait partie du monde et est une chose finie » ; si au contraire il s'agit de l'intellect transcendant (le seul, pour moi, qu'on puisse proprement appeler de ce nom d'intellect), il en va tout autrement, mais on ne peut le qualifier d'« humain », puisqu'il est de l'ordre universel et qu'il n'est aucunement une faculté de l'individualité humaine. C'est cet intellect seul qui a, en soi, « la possibilité de devenir (ou plutôt d'être) tout ce qui est connaissance », les autres facultés ne l'ont que par « participation » à son essence, et cela dans les limites d'un certain domaine. Comme vous reconnaissez l'identité de l'être et du connaître, vous devez en tirer la conclusion que tout ce qui *est* est *connaissable* ; donc, si l'être est « sans limite », la possibilité de connaissance doit aussi être illimitée (ce qui montre bien que, en soi, elle ne peut appartenir à un être limité, conditionné, individuel). Pour simplifier, je néglige ici la distinction, pourtant capitale métaphysiquement, entre l'Être et l'Infini ; rigoureusement, il faudrait dire que le connaissable s'étend, non seulement à tout l'être, mais aussi au-delà de l'être.

La distinction de la raison et de l'intellect (distinction dont l'absence me semble être pour beaucoup dans vos objections) correspond donc encore à celle des deux ordres naturel et surnaturel ; au fond, elle n'en est qu'un aspect. Je restreindrais les possibilités de la raison bien plus encore que vous ne le faites, et la « transformation » dont elle est capable (comme n'importe quoi peut l'être, d'ailleurs) ne m'apparaît que comme une conséquence secondaire de la réalisation. Quant à celle-ci, je dis avec vous que le *principe* n'en est pas dans l'homme individuel (puisqu'il est dans l'intellect transcendant), mais cela n'empêche que l'individualité doit lui fournir un point d'appui. Vous contestez qu'il puisse y avoir deux sortes de réalisations, parce que, pour vous, il n'y a point de réalisation quand « l'homme reste dans le plan de sa nature », c'est-à-dire, en somme, dans le domaine de son individualité. Pourtant, les extensions dont ce domaine est susceptible constituent bien tout de même une réalisation effective, si imparfaite et incomplète qu'elle soit, et alors même qu'il n'a assurément aucune commune mesure avec la réalisation supra-individuelle. Je dirai même que la première peut, dans certains cas, être une préparation pour la seconde, comme elle peut aussi, dans d'autres cas, lui être un obstacle. Cette réalisation de l'individualité *étendue* suffit déjà pour mettre en jeu des facultés qui échappent entièrement au champ d'investigation des psychologues, et qui pourtant n'ont rien de surnaturel, ni même de « préternaturel ». Du reste, cette dernière expression prête à quelques objections : en toute rigueur tout ce qui n'est pas naturel est surnaturel, inversement, de sorte que le « préternaturel » doit être encore du naturel. Si l'on veut se servir de ce mot pour désigner ce qui, dans l'ordre naturel, est supra-normal en quelque sorte, on pourra l'appliquer à ces facultés, dont je parlais, mais comme je sais bien que ce n'est pas ainsi qu'on l'entend d'ordinaire il vaut mieux s'en abstenir. Je vous accorderai, d'ailleurs, qu'il y a parfois une possibilité de confusion entre l'exercice de ces facultés et certains phénomènes « préternaturels » au sens ordinaire ; mais, en tout cas, la confusion ne saurait aller plus loin et s'étendre jusqu'à l'ordre vraiment transcendant, où il ne peut, du reste, être question de « phénomènes » d'aucune sorte (ce qui exclut toute possibilité d'illusion)[1].

Pour ce qui est de votre objection portant sur la prédominance de l'intellectualité pure, est-il bien sûr que ce soit celle-ci qui est visée ? Là encore, il faut faire une distinction essentielle : les textes que vous citez portent contre le savoir profane, non contre la connaissance sacrée ; et ne confondons

---

[1] Noële Maurice-Denis Boulet (27 mars 1921).

point ce qui est simplement rationnel avec ce qui est purement intellectuel. Quand je dis savoir profane, j'y comprends, bien entendu, tout ce qui est philosophie ; moins on a l'esprit encombré de toutes ces choses, mieux cela vaut, très certainement, et au point de vue initiatique encore plus qu'au point de vue religieux. Il faudrait peut-être même y ajouter une bonne partie de la théologie, en tant que celle-ci contient beaucoup de subtilités inutiles et encore quasi-philosophiques ; en tout cas, tout ce qui est discussion et controverse est d'esprit entièrement profane. Cela dit, il faut ajouter que l'intellectualité pure échappe d'ailleurs au domaine religieux ; celui-ci est autre chose, et il va de soi que le sentiment et l'action y ont leur part ; là encore, il faut mettre chaque chose à la place qui lui convient, sans lui permettre d'empiéter sur un domaine qui n'est pas le sien. Enfin, l'intellectualité pure est aussi indifférente à l'orgueil qu'à l'humilité, ces deux opposés étant pareillement d'ordre sentimental ; ceux qui prétendent le contraire montrent clairement par là qu'ils n'ont pas la moindre idée de ce qu'est réellement l'intellectualité[1].

# III

# LA MÉTAPHYSIQUE

JE NE VEUX PAS insister sur la confusion de l'intellect et de la raison, ni sur celle de l'universel et du général ; nous en avons souvent parlé déjà, et je n'y vois que des effets de la tendance qui cherche à ramener la métaphysique aux limitations du point de vue philosophique. Je ne fais point de « théorie de la connaissance », quoi que vous en disiez, et les Hindous n'en font pas non plus, ils se contentent de la connaissance elle-même ; il faut laisser ce genre de théorie aux philosophes, et spécialement aux philosophes modernes. Il est bien vrai que je ne peux pas admettre que toute connaissance (y compris celle de l'ordre métaphysique) vienne des sens ; mais, pour ceux qui n'ont que des connaissances d'origine sensible (il y en a sans

---

[1] R. Martinez Espinosa (23 février 1934).

doute), il n'est au pouvoir de personne de leur faire comprendre ce que sont les connaissances d'une autre nature, pas plus qu'il n'est possible de faire comprendre à des nominalistes comme Poerkeley ce que c'est qu'une véritable idée générale ; c'est là une question d'« horizon intellectuel » plus ou moins étendu. La métaphysique n'est pas « une science abstraite » elle n'est pas même « une science » tout court, elle est « la connaissance » par excellence. D'ailleurs, il est bien entendu que l'universel est en toutes choses, mais encore faut-il savoir l'y reconnaître, et c'est là qu'intervient nécessairement l'intuition intellectuelle[1].

Pour ce qui est des rapports de la métaphysique et de la logique, on est bien forcé de « dépasser la logique », en métaphysique, en raison même de l'universalité de celle-ci, qui ne saurait être conditionnée par rien de relatif ; et la logique est bien quelque chose de relatif car, si elle envisage certains principes d'ordre universel, ce n'est pas en eux-mêmes qu'elle les envisage (ceci ne regarde que la métaphysique), mais seulement dans leur application aux conditions spéciales de l'entendement humain (conditions qui, bien entendu, sont de l'ordre individuel). En somme, les rapports de la métaphysique et de la logique correspondent à ceux de l'intellect et de la raison, c'est-à-dire, au fond, de l'universel et de l'individuel[2].

Pour ce qui est des difficultés *logiques*, il me semble que vous vous les exagérez beaucoup, et même qu'elles ne sont pas tant dans ce que j'ai écrit que dans la façon dont vous l'avez interprété. Il faut croire que je ne me suis pas assez bien expliqué, bien que j'aie essayé de le faire le plus clairement possible. Et tout d'abord je tiens à vous dire que nous sommes tout à fait d'accord en ceci, que la métaphysique est d'ordre *supra-logique*, mais qu'elle ne peut pas pour cela contenir quoi que ce soit d'*illogique*. Si donc vous avez cru trouver quelque part une « violation du principe d'identité », ou une contradiction quelconque, soyez bien assurée qu'elle n'était point dans ma pensée. Peut-être cela tient-il simplement à la difficulté qu'il y a à exprimer certaines choses. Ce n'est pas cependant que je veuille « me retrancher dans l'ineffable quand on ne me comprend pas », comme vous semblez me le

---

[1] Noële Maurice-Denis Boulet (28 juillet 1921).
[2] Noële Maurice-Denis Boulet (13 septembre 1917).

reprocher ; mais enfin il faut bien réserver toujours la part de l'inexprimable, ou bien alors il faudrait renoncer à toute métaphysique. Ceux qui croient qu'il est possible de tout exprimer ne pourront jamais que bâtir des « systèmes », à la façon de Descartes ; et ne pensez-vous pas comme moi qu'ils feraient beaucoup mieux de se tenir tranquilles ? Je vous avoue que, pour ma part, je préfère un positiviste à un pseudo-métaphysicien ; l'un a la mentalité bornée, mais l'autre l'a radicalement fausse. C'est pourquoi j'ai si peu d'estime pour toute la philosophie moderne ; et je pense qu'en Occident on ne peut trouver de vraie métaphysique que dans la scolastique, encore qu'elle me paraisse incomplète, et même doublement incomplète, ainsi que je crois vous l'avoir déjà expliqué : 1. – au point de vue théorique, en ce qu'elle ne va pas au-delà de l'Être ; 2. – au point de vue de la réalisation, qui en est absente. Pour tout le reste, c'est-à-dire tout ce qu'il y a de métaphysique dans la scolastique, je persiste à penser qu'un accord est parfaitement possible et souhaitable ; la plus grande difficulté me paraît même venir surtout de la terminologie, et aussi de certaines complications et subtilités extra-métaphysiques introduites par des discussions dont l'intérêt est tout à fait secondaire, et, sans doute des difficultés de ce genre ne sont nullement insurmontables[1].

Vous dites comme moi que « la métaphysique ne saurait progresser en soi », mais vous ajoutez qu'« elle peut progresser dans l'esprit d'un métaphysicien ». Il me semble que ce qui progresse dans ce cas, c'est simplement la compréhension de l'homme dont il s'agit, et la vérité métaphysique n'en est nullement affectée ; dire que c'est alors la métaphysique qui progresse c'est renverser les rapports. Encore faudrait-il ajouter que l'extension de la connaissance dans ce domaine procède bien souvent d'une façon discontinue ; c'est là une conséquence de ce caractère *intuitif* que vous semblez lui contester, mais qui existe tout de même... Un commentaire ne contient rien de plus que le texte, et, si nous en avons besoin, c'est en raison de l'imperfection de nos conditions intellectuelles au début du moins, car il est un point au-delà duquel, non seulement le commentaire, mais le texte même devient inutile. Quant au rôle

---

[1] Noële Maurice-Denis Boulet (16 février 1919).

que vous attribuez aux « hommes de génie », vous me permettrez de rester très sceptique sur son importance et sur les résultats qu'on peut espérer des conceptions de telles gens quand certaines données leur font défaut ; je persisterai toujours à regarder l'immense majorité des « grands philosophes » comme de vulgaires ignorants à l'égard des seules choses qui m'intéressent, et qui n'ont rien à voir avec la science « profane ».

Vous me reprochez d'établir une séparation trop profonde à l'intérieur de la connaissance humaine ; je craindrais plutôt de n'avoir pas réussi à la montrer aussi profonde qu'elle l'est réellement. À vrai dire, je ne sais pas si l'on peut parler encore de connaissance « humaine » quand il s'agit de la métaphysique ; si par « humain » on entend exclusivement l'être individuel, on ne le peut certainement pas. Mais, d'un autre côté, ce n'est nullement des anges qu'il s'agit en tout cela ; s'il se trouve que ce que la théologie dit des anges est métaphysiquement vrai des états supra-individuels de l'être, c'est là une concordance fort remarquable, qui aurait peut-être besoin d'être expliquée, mais contre l'existence de laquelle personne ne peut rien, pas plus qu'on ne peut faire que la connaissance véritable et complète n'implique pas l'identité effective du connaissant et du connu, indépendamment de toute subtilité d'interprétation philosophique. Tant pis si certaines vérités sont gênantes pour ceux qui ont peur d'aller trop loin, on ne peut les obliger à concevoir ces vérités, mais ils n'ont pas pour cela le droit de les nier et pourtant c'est ce qu'ils font le plus ordinairement, se comportant en cela comme les positivistes ; c'est là un effet de ce que j'appelle « l'esprit de système ». Quand je parle de ces gens qui redoutent tout ce qui leur semble trop haut ou trop bas, qui cherchent à garder en tout une position moyenne, je ne peux pas m'empêcher de penser à ce malheureux Delbos[1], qui en était un exemple frappant ; je m'amusais à appeler cela une « conception bourgeoise de la philosophie » ; au fond, c'est peut-être l'esprit philosophique lui-même qui est ainsi fait… En tout cas, le thomisme tel que vous le présentez (bien entendu, quand je dis *vous*, ce n'est pas que de vous personnellement qu'il s'agit) peut faire une impression un peu analogue : ce n'est pas,

---

[1] Victor Delbos, philosophe catholique, était maître de conférence à la Sorbonne. [*N.d.É*]

pour moi, « un sommet entre deux erreurs », mais bien plutôt une vérité partielle qui reste à mi-côte. J'ajoute que le thomisme lui-même, quoique certainement incomplet métaphysiquement, n'est pourtant peut-être pas aussi étroitement limité que le prétendent certains de ses interprètes actuels. Ce que je trouve tout à fait étonnant, c'est de vous voir attribuer à l'intelligence humaine un pouvoir véritablement extraordinaire, et que je lui refuse absolument : celui d'« outrepasser la vérité » ; si vous dites que l'homme peut concevoir *plus* que ce qui est, vous le faites tout simplement, sans vous douter, supérieur à Dieu ! Avouez que l'« hyperintellectualisme » que vous dénoncez (et qui n'est en réalité que l'intellectualisme pur), s'il l'égale seulement aux anges (et encore ce n'est pas en tant qu'individu humain), est véritablement bien modeste[1].

Il est d'autant plus étonnant que vous contestiez la possibilité de la réalisation métaphysique, que vous en avez en somme le principe essentiel dans l'affirmation de l'identité du connaître et de l'être, qu'Aristote exprime en disant que « l'âme est tout ce qu'elle connaît ». Ce qu'il y a d'étrange, c'est qu'on n'ait jamais songé, en Occident, à tirer de ce principe les conséquences qu'il comporte, car, s'il n'est qu'une affirmation théorique, autant vaudrait dire qu'il n'est rien du tout ; mais je ne peux pas croire qu'on n'y ait vraiment jamais songé, et, pour bien des raisons, je suis persuadé qu'il y avait au moyen-âge, à cet égard, beaucoup de choses qui ne sont pas parvenues jusqu'à nous, et cela *dans l'Église*, ce qui vous étonnera peut-être davantage. Pour ces raisons et pour d'autres encore, je pense donc que l'attitude de l'Église sur ce point ne peut pas être aussi étroitement négative que vous le dites, qu'elle doit être plus « catholique » au sens étymologique du mot, encore qu'il soit pour le moins douteux que cette question soit de celles sur lesquelles l'Église peut avoir à se prononcer catégoriquement. Pour moi, la possibilité d'un conflit réel entre le point de vue métaphysique et tout autre point de vue, y compris le point de vue religieux, *est quelque chose de tout à fait inconcevable.* Vous dites qu'il faut prendre garde de « ne pas confondre les plans » ; un reproche de ce genre ne peut guère s'adresser à moi, qui ai toujours soin de marquer la séparation profonde qui doit exister

---

[1] Noële Maurice-Denis Boulet (28 juillet 1921).

normalement entre les différents points de vue, aussi bien que d'insister sur la hiérarchisation nécessaire des états multiples de l'être. Il y aurait beaucoup à dire sur ce dernier point, mais cela m'entraînerait vraiment trop loin ; aussi je veux seulement ajouter, à ce propos, que ce qui permet de synthétiser ces états multiples (sans qu'il en résulte aucune confusion entre eux), ce n'est point un élément *commun* comme vous le demandez, mais bien leur *principe* commun, qui est ce que j'ai appelé la « personnalité » ; en effet, ce qui leur est commun ne peut pas leur être immanent, mais doit nécessairement être transcendant par rapport à chacun d'eux. Je ne nie pas cependant qu'une certaine conception de l'immanence soit peut-être conciliable avec la transcendance ; mais il faudrait pour cela envisager chaque état, non plus isolément et en lui-même, mais dans la totalité et en union avec le principe[1].

Encore un mot à propos de votre objection : on ne peut certainement pas dire que Dieu soit un des deux pôles de la manifestation ; il doit contenir en lui ces deux pôles, étant leur principe commun, en tant qu'il est le principe de la manifestation, c'est-à-dire en tant qu'il est l'être. Du reste, la traduction des vérités métaphysiques en langage théologique ne doit évidemment modifier en rien ces vérités. Il faut sans doute beaucoup de précision pour que l'application ne risque pas de porter à faux, mais la difficulté est surtout dans l'expression ; au fond, c'est bien d'une véritable traduction qu'il s'agit[2].

En tout ceci, bien entendu, il faut se borner à ce qui appartient au domaine de l'être ; puisque la scolastique ne va pas plus loin, il ne peut y avoir, pour tout le reste, à chercher ni conciliation ni contradiction. Saint Thomas a complété et corrigé Aristote sur bien des points, mais l'emploi du langage aristotélicien peut produire parfois certains flottements apparents, quand il se trouve appliqué à des idées qui dépassent la pensée grecque. C'est sans doute à cause de l'influence de cette pensée grecque que la scolastique s'est arrêtée à l'être, ce qui l'empêche d'être la métaphysique intégrale. Encore faudrait-il être bien sûr qu'il n'y avait pas, au moyen âge, un autre enseignement plus complet et plus profond, et cela est assez

---

[1] Noële Maurice-Denis Boulet (16 février 1919).
[2] Pierre Germain (16 septembre 1916).

vraisemblable si l'on considère que la *Somme* n'était, dans l'intention de son auteur, qu'un traité élémentaire à l'usage des étudiants. Cela prouve en tout cas qu'il y avait alors une intellectualité autrement développée qu'aujourd'hui : il est vrai que dans ce temps-là on ne croyait pas encore au « progrès » ![1]

# IV

# LE NON-MANIFESTÉ ET LE MANIFESTÉ

JE REVIENS à ce qui concerne la nécessité de la manifestation : il est bien entendu que la manifestation, en tant que telle, est transitoire, mais elle n'en est pas moins impliquée en mode permanent par les possibles qui la comportent, puisque ces possibles sont eux-mêmes absolument permanents ; et il faut bien que tout se retrouve en principe dans une telle permanence, y compris la manifestation elle-même, qui, sans cela, serait purement illusoire. La seule difficulté est, lorsqu'on envisage une chose en mode transitoire, de savoir comment il faut faire la transposition pour envisager la même chose en mode permanent, car alors tout ce qui constitue la manifestation appartient à l'ordre du non-manifesté. Je ne sais si je me fais bien comprendre, car cela est beaucoup plus difficile à expliquer qu'à concevoir, comme du reste tout ce qui concerne les rapports du temps (ou plus généralement de la durée), et de l'éternité. Je crois que cette question pourrait vous intéresser spécialement en ce qui regarde son application à la résurrection des corps ; dans ce cas particulier aussi, le corps, qui est transitoire dans le domaine de la manifestation, acquiert la permanence sous un autre mode, avec toutes les attributions qu'elle implique en quelque sorte par surcroît.

Quant aux rapports du manifesté et du non-manifesté, question qui se rattache immédiatement à la précédente, l'interprétation que vous a donnée [Pierre] Germain est plus

---

[1] Pierre Germain (16 septembre 1916).

qu'inexacte ; j'ai fait la rectification en lui écrivant. Le non-manifesté comprend, d'une part, ce qu'on peut appeler le « non-manifestable », ou les possibilités de non-manifestation, et, d'autre part, le « manifestable » c'est-à-dire les possibilités de manifestation en tant qu'elles ne se manifestent pas. Il est évident que, si le non-manifesté est principe du manifesté, ce n'est pas en tant qu'il comprend le non-manifestable, mais en tant qu'il comprend le manifestable. Ce dont il faut bien se rendre compte aussi, c'est que le manifesté ne comporte aucune possibilité autre que celles qui sont comprises dans le non-manifesté (ou plutôt que certaines de celles-ci), car il est constitué simplement par les possibilités de manifestation en tant qu'elles se manifestent, tandis que ces mêmes possibilités, en tant qu'elles ne se manifestent pas, appartiennent évidemment au non-manifesté : je ne crois pas qu'il puisse y avoir là la moindre difficulté[1].

Il est bien entendu qu'il n'y a pas de distinction à faire entre possibilité et réalité ; mais, d'autre part, certaines possibilités impliquent la manifestation, et on ne peut pas dire que celle-ci soit dans tous les cas un passage de l'informel au formel, puisqu'il y a aussi des états de manifestation informelle ; voudrez-vous encore repenser à cela ?[2]

# V

# NON-ÊTRE ET ÊTRE

LE PRINCIPE D'UNITÉ d'un être dans tous ses états est bien la Personnalité, laquelle appartient au non-manifesté, mais a sa réflexion à travers tous les états, de telle sorte que c'est cette réflexion qui constitue, dans chaque état, le principe immédiat d'unité de l'être. Quand on passe au non-manifesté, il est bien certain qu'on ne peut plus parler proprement d'« unité », non plus que d'« être » ; c'est donc symboliquement, ici encore, et pour pouvoir s'exprimer, qu'on continue à parler d'un « être ».

---

[1] Noële Maurice-Denis Boulet (13 septembre 1917).
[2] Louis Caudron (20 novembre 1937).

Cela serait sans doute plus intelligible si vous aviez lu le manuscrit qui précède celui que je vous ai prêté, et auquel je renvoie d'ailleurs assez fréquemment dans ce dernier. – Mais c'est bien « un être » qu'il faut dire, sous la réserve précédente, et non pas « l'être un » : chaque être a un état qui correspond à chacun des degrés qu'il y a lieu d'envisager dans l'ordre universel, mais cela n'exclue en rien les états correspondants dans les autres êtres ; je ne vois là aucune difficulté. D'ailleurs, par où tous les êtres pourraient-ils être « un », sinon précisément par là où il ne peut plus être question « d'unité », mais seulement de « non-distinction », ce qui n'est pas la même chose ? – Pour revenir aux états multiples, vous dites qu'une individualité intégrale comporte une indéfinité de modalités, ce qui est exact, et d'états, ce qui ne l'est plus ; en réalité, cette individualité intégrale, dans toute son extension, ne constitue *qu'un seul* état dans l'être total. Le rapprochement que vous faites au sujet de la « vision béatifique » me paraît très intéressant ; si vous le voulez bien nous en reparlerons. Quant à l'identification par la connaissance, elle a une portée qu'Aristote lui-même ne paraît pas avoir soupçonnée, et qu'on ne peut saisir parfaitement qu'en passant du point de vue de la théorie à celui de la réalisation. C'est surtout ce dernier (qui d'ailleurs doit influer nécessairement sur la théorie elle-même) dont je ne trouve l'équivalent à aucun degré dans les doctrines occidentales ; et pourtant c'est là, finalement, la seule chose qui importe, bien que la théorie en soit assurément la préparation indispensable[1].

[Quant à ce] qui concerne le mot « être », je dois vous dire tout d'abord que la raison qui m'empêche d'employer ce mot d'une façon tout à fait universelle n'est pas la raison historique dont vous parlez, car je ne crois pas qu'il soit exact de dire qu'il ait d'abord désigné l'existence. Voici pourquoi : il y a en sanscrit deux racines distinctes, *AS* et *BHU*, dont la première, qui est l'origine du mot « être » désigne l'être pur, tandis que la seconde désigne proprement l'existence avec toutes les idées limitatives qui s'y rattachent, et en particulier les idées d'origine ou de production, de formation, etc… L'opposition de ces deux racines procède de celle des deux notions d'essence et de substance au sens où je les entends, et elle contient une

---

[1] Noële Maurice-Denis Boulet (13 septembre 1917).

indication pour résoudre, au point de vue métaphysique pur, la question des rapports de l'essence et de l'existence, qui, comme beaucoup d'autres, se trouve grandement simplifiée lorsqu'on veut bien consentir à l'envisager exclusivement de cette façon, ce qui n'empêchera pas d'en faire ensuite toutes les applications qu'on voudra.

Je vous accorde donc que ce qui désigne le mot « être » a été, dès l'origine, d'ordre universel, encore que cette question étymologique soit sans doute d'importance secondaire ; mais, en tout cas, cela ne veut pas dire que ce soit ce qu'il y a de plus universel, ni que ceux qui ont voulu limiter à l'être l'objet de la métaphysique ne l'aient pas fait parce que leur horizon intellectuel ne s'étendait pas au-delà d'une certaine conception. Il ne faut pas oublier que, malgré tout, Aristote était Grec ; il est possible que d'autres aient ensuite étendu le sens du mot « être » bien au-delà de ce qu'avait conçu Aristote, mais ne croyez-vous pas qu'il y ait quelques inconvénients à l'étendre outre mesure ? D'abord, cela peut faire croire à une identité dans la pensée, alors que l'identité n'est réellement que dans les mots ; ensuite, pour désigner tout ce qui dépasse l'être tel que je l'entends, je trouve bien préférable l'emploi d'un terme de forme négative. D'autre part, la confusion entre « non-être » et « néant » ne peut se produire, dès lors qu'on a pris soin de préciser que le non-être est inclus dans la Possibilité, tandis que le néant n'est pas autre chose que l'impossible. Je ne peux donc pas accorder que l'opposition être-néant soit identique à l'opposition possible-impossible : les deux derniers termes sont bien identiques, mais les deux premiers ne le sont pas ; et même on ne peut pas dire rigoureusement que ce soit à l'être, mais seulement au possible, que s'oppose le néant, ou plutôt qu'il s'opposerait s'il pouvait entrer réellement comme terme dans une opposition quelconque.

En écartant toute possibilité de confusion entre « non-être » et « néant », je ne vois pas trop quelles sont les raisons qui peuvent encore empêcher d'accepter ce terme de « non-être », ou plutôt je n'en vois guère qu'une : son emploi par Hegel ; mais n'est-ce pas accorder beaucoup trop d'importance à Hegel et à son système que de s'y arrêter ? Par contre, ce terme a pour lui son emploi métaphysique chez les Orientaux, et surtout l'usage traditionnel extrêmement important qui en est fait dans le Taoïsme. C'est peut-être là une raison qui n'aurait pas une égale valeur pour tout le monde, mais elle en a beaucoup pour moi ; en tout cas, il serait tout à fait dérisoire de mettre en parallèle, à ce point de vue comme à tout autre, avec l'autorité d'une Tradition purement métaphysique et impersonnelle, les inventions pseudo-métaphysiques d'un Hegel ou de n'importe quelle autre individualité.

Je trouve que, en employant le mot « être » comme vous le faites, vous semblez limiter votre pensée plus qu'elle ne l'est en réalité ; c'est là une conséquence des inconvénients que je trouve à ce mot, et que je vous signalais plus haut. La définition de la métaphysique comme étant exclusivement la « connaissance de l'être » caractérise un certain mode de pensée, qui se distingue essentiellement de celui pour lequel l'ontologie n'est au contraire qu'une branche de la métaphysique, et non la plus importante ; il y a même là l'expression d'une des différences les plus profondes entre l'esprit occidental et l'esprit oriental. C'est pourquoi je ne peux pas dire qu'il n'y a là qu'une simple question de mots ; c'est quelque chose de beaucoup plus grave en réalité, comme je l'ai répété bien des fois à notre ami Germain, qui me faisait à peu près les mêmes objections que vous sur ce sujet. Même si on détourne le mot « être » de son sens propre pour l'universaliser davantage, il n'en reste pas moins comme la marque d'une influence grecque s'exerçant, ou s'étant exercée tout au moins à l'origine, sur la pensée de ceux qui l'emploient ainsi ; et c'est peut-être cette influence qui a empêché la scolastique d'être une expression de la métaphysique intégrale.

Quant à remplacer « être » par « existence » cela ne m'est pas possible, car d'une part, j'ai aussi besoin du mot « existence » en lui conservant son sens propre, bien moins universel encore que celui d'« être », et, d'autre part, si l'être est le principe de l'existence, il ne peut être identifié à l'existence elle-même. Il est vrai que j'ai écrit que « tout possible a son existence propre comme tel », mais ce n'est là, comme vous le dites, qu'une simple façon de parler, et même c'est une façon de parler que je trouve, à la réflexion, par trop défectueuse, et que j'avais déjà songé à changer. On pourrait, par exemple, mettre « réalité » au lieu d'« existence », ce qui aurait l'avantage de faire ressortir la non-valeur métaphysique d'une distinction quelconque entre le possible et le réel. Seulement, vous me reprocheriez alors de distinguer « être » et « réel », ou plutôt d'étendre le réel au-delà de l'être ; mais ceci a peu d'importance au fond, parce que je ne fais intervenir ce mot « réel » qu'en raison de cette prétendue distinction faite communément entre le possible et le réel, et pour affirmer qu'une telle distinction n'a métaphysiquement aucune raison d'être ; sans cela, je me dispenserais très volontiers d'employer ce mot, auquel je ne crois pas qu'on puisse attacher un sens bien net et bien précis, contrairement à ce qui a lieu pour des mots tels que « être » et « existence ».

Ce que je trouve plus important, c'est le danger que vous voyez à se priver en métaphysique d'employer le principe d'identité et jusqu'au verbe être. D'abord, pour le verbe être, je crois qu'on peut parfaitement l'employer, et même qu'il n'est pas possible de faire autrement, étant donnée la constitution même du langage ; seulement, il faut avoir bien soin de remarquer que, pour tout ce qui dépasse l'être, ce verbe ne peut avoir d'autre rôle que celui d'une simple copule purement symbolique. Pour le principe d'identité, la question est un peu plus compliquée, et voici comment on peut l'envisager : au point de vue logique, il y a lieu de considérer les principes d'identité et de contradiction (je ne dis pas, comme on le fait souvent, le principe d'identité ou de contradiction) comme application, aux conditions de l'entendement humain, des principes ontologiques correspondants ; mais, au point de vue métaphysique pur, la considération de ces derniers est insuffisante, précisément parce que ce sont des principes exclusivement *ontologiques*. Le principe de contradiction, sous sa forme ordinaire, est en quelque sorte l'aspect négatif ou inverse du principe d'identité, et, comme tel, il est dérivé de celui-ci, qui n'est applicable qu'à l'être (la vraie forme ontologique du principe d'identité étant : « l'être est l'être », forme sous laquelle il donne lieu à des développements intéressants dont je pourrai vous parler une autre fois). Mais l'absence de contradictions *internes* (l'adjonction de ce mot est nécessaire pour écarter la distinction antimétaphysique des possibles et des compossibles) ne définit pas seulement la possibilité logique, ni même la possibilité ontologique, mais aussi la possibilité métaphysique dans toute son universalité. On pense donc pour « possibles = non-contradictoire », et on peut parler en ce sens d'un

« principe de non-contradiction », d'une portée tout à fait universelle, et à forme négative comme toute expression de ce qui s'étend au-delà de l'être ; dans le domaine de l'être, ce principe, prenant une forme positive, deviendra le principe d'identité. L'aspect inverse du même principe universel sera « contradictoire = impossible » ; c'est celui-ci qui, dans le domaine de l'être, deviendra le principe ordinaire de contradiction. Je viens d'employer ici le signe égal comme copule symbolique, bien qu'il ne s'agisse aucunement d'une égalité quantitative comme dans son usage habituel ; j'aurais pu tout aussi bien, et de la même façon employer le verbe « être » ; en tout cas, j'espère que vous trouverez ce point suffisamment éclairci par ces quelques explications.

J'ajouterai encore ceci : il ne serait pas suffisant, comme vous le dites, de « distinguer les différentes manières d'être (ou formes de la réalité) de l'existence telle que nous l'expérimentons » parce que celle-ci ne constitue qu'un mode de l'existence universelle, laquelle comprend également une indéfinité d'autres modes, qui sont justement toutes ces manières d'être dont vous parlez. Il reste donc à envisager tout ce qui dépasse l'existence, à commencer par le principe même de cette existence, qui est l'être tel que je l'entends, et ensuite tout le reste, c'est-à-dire toutes les possibilités que cet être ne comprend pas. Remarquez bien, d'ailleurs, que l'idée de l'être n'est pas moins analogique pour moi que pour vous : l'être dépasse tous les genres, car il est d'ordre universel, sans être pour cela ce qu'il y a de plus universel ; il est le fondement de l'existence et de tout ce qui appartient au domaine de l'existence dans tous ses états, mais il n'est vraiment pas possible d'aller plus loin sans détourner l'idée de l'être de sa signification légitime. Nous avons, d'ailleurs, trop peu de termes métaphysiques à notre disposition pour nous priver volontairement, en lui attribuant un autre sens, de celui qui désigne le plus proprement le principe de l'existence[1].

Je suis heureux que vous ayez trouvé suffisamment clair ce que je vous ai dit au sujet de l'être ; d'ailleurs, je suis tout à fait persuadé que nous devons être d'accord, au fond, pour tout ce qui se rapporte à l'être. Reste ce qui est *au-delà de l'être*, qu'on

---

[1] Noële Maurice-Denis Boulet (12 août 1917).

l'appelle comme on voudra ; là-dessus, il n'y a pas désaccord non plus, mais bien, en réalité, absence de toute doctrine du côté occidental. – Germain est comme vous, toujours gêné par le terme « non-être » et il m'objectait dernièrement, contre la nécessité de l'emploi de la forme négative, que les mots « Perfection », « Tout », « Possibilité universelle », n'ont rien de négatif, et sont cependant applicables au-delà de l'être[1]. Je lui ai répondu en lui faisant remarquer que, en tout cas, la forme négative n'en reste pas moins nécessaire quand on veut désigner ce qui est au-delà de l'être *à l'exclusion de l'être*, ce qui est précisément le sens du « non-être ». Je crois d'ailleurs m'apercevoir que vous admettez la forme négative plus volontiers que ne le fait Germain ; ce qui vous déplaît plutôt c'est sans doute l'emploi du verbe « être » en ce qui concerne le « non-être » ;

---

[1] « Le Non-Être, que nous appelons ainsi faute de mieux, et que nous pouvons représenter par le Zéro Métaphysique, ne s'appelle ni Khien ni Khouen. Il n'a pas de nom : "Le nom qui a un nom n'est pas le Nom", dit Lao-tseu, dont il faut toujours se souvenir. Mais, pour y penser, il faut bien rendre intelligible la conception du Non-Être. Cette conceptibilité est Khien (possibilité de la volonté dans le Non-Être, et naturellement de toute-puissance). Mais, pour en parler, il faut bien sensibiliser cette conception. C'est Khouen (possibilité de l'action comme motif et comme but). D'ailleurs, du moment qu'on dit : perfection active, ou : perfection passive, on ne dit plus : Perfection. Khien est donc la volonté capable de se manifester ; Khouen est l'objet intelligent de cette manifestation. Disons, si vous voulez, que Khien est la faculté agissante (Ciel), et que Khouen est la faculté plastique (Terre). Mais, quel que soit le Principe par quoi on les détermine, sachons que Khien et Khouen n'existent métaphysiquement que parce que nous sommes là et que nous désirons savoir. Ce sont là les termes du Binaire. Leur conjonction (Ternaire) préside à la réalisation de toutes choses (Quaternaire). Cette réalisation s'écoule dans le Courant des Formes, suivant la Voie, vortex sphérique et non circulaire dont le Zéro Métaphysique, qui n'a ni commencement, ni fin, ni mouvement, est cependant, en puissance, le générateur, le but, et le moteur » (Note explicative de Matgioi à l'article *Remarques sur le Production des Nombres* de Palingénius, paru dans *La Gnose* de juin à août 1910 ; René Guénon – *Palingénius* ajoutait en *post-scriptum* : « Dans la première partie de cette étude, il est un point qui peut prêter à une confusion, d'autant plus facile à faire que ces idées sont extrêmement difficiles à exprimer clairement et d'une façon précise dans les langues occidentales, si peu propres à l'exposition des doctrines métaphysiques. Cette confusion porte sur la phrase suivante : "L'Être, ou perfection active, n'est pas réellement distinct du Non-Être, ou perfection passive." Afin de la dissiper, notre Maître et collaborateur Matgioi a bien voulu nous donner sur ce point une note explicative, dont nous le remercions vivement, et que nous insérons ci-dessous, persuadé que nos lecteurs en comprendront toute l'importance »).

mais il me semble pourtant qu'il suffit d'avoir compris que ce n'est là qu'un défaut d'expression, qui tient simplement à la constitution du langage, et que celle-ci rend inévitable ; il faut s'en prendre à la grammaire et peut-être à la logique, mais non à la métaphysique, qui, en soi, est et demeure essentiellement indépendante de toute expression. – Enfin, nous pourrons reparler de tout cela dans quelque temps, ainsi que du principe d'identité et de la soi-disant « preuve ontologique » qui n'en est qu'une application mal comprise. Peut-être avez-vous raison de faire remonter cette incompréhension plus loin que Descartes ; je ne serais pas fâché d'avoir quelques précisions sur la façon dont la chose a été présentée par saint Anselme.

Vous avez raison de dire que le Zéro est principe de l'unité dans le même sens que le Non-Être est principe de l'Être, et même c'est au fond la même chose ; d'autre part, si l'unité est principe de la multiplicité, c'est dans le même sens que l'Être est principe des choses manifestées. Maintenant, ce ne sont pas là deux sens absolument différents pour le mot « principe » ; c'est plutôt un même sens pris à deux degrés différents, avec la transposition convenable. – Je ne dis pas que l'unité est relative à la multiplicité, pas plus que l'Être universel n'est relatif aux existences particulières ; seulement, dès que l'unité est posée, la multiplicité s'y trouve impliquée d'une façon immédiate, et d'ailleurs, s'il n'en était pas ainsi, il ne saurait y avoir aucune multiplicité[1].

Une aspiration « vers en haut » ne peut correspondre qu'à *sattwa*, donc à quelque chose qui relève encore du manifesté. Pour ce qui est du Non-Manifesté, je ne vois pas d'autre symbolisme spatial, si on peut encore l'appeler ainsi, que celui du « vide » ; du reste, tout symbole ne peut être ici que d'apparence « négative »[2].

Dans le Non-Être, on ne peut envisager réellement ni multiplicité ni même unité ; c'est pourquoi on parle seulement de « non dualité ». Mais, d'autre part, il est bien évident que tout y est en principe, même la distinction des êtres ; il faut seulement remarquer que distinction, ici, ne veut pas dire

---

[1] Noële Maurice-Denis Boulet (13 septembre 1917). [Voir aussi l'Annexe à la fin de cette partie – *MAT*]
[2] Vasile Lovinescu (30 décembre 1936).

séparation, cette dernière n'étant que le fait des conditions limitatives inhérentes aux états contingents.

Il est bien entendu que le Non-Être n'est pas affecté par l'Être, ni à plus forte raison par la manifestation dont celui-ci est le principe. Mais l'absence de toute manifestation ne peut pas même être supposée, puisqu'elle reviendrait à supprimer les possibilités de manifestation, c'est-à-dire à les mettre en dehors de la Possibilité universelle, donc à limiter celle-ci. Analogiquement, on ne peut pas exclure un seul point de l'espace, bien que l'étendue du point soit nulle.

L'erreur n'est que la conséquence de l'ignorance, et, par conséquent, elle est forcément négative comme celle-ci ; elle ne peut jamais être positive en réalité, car rien ne peut s'opposer à la vérité, celle-ci étant infinie et identique à Brahma (*Satyam Jnânam Anantam Brahma*). Plus généralement, tous les attributs des êtres manifestés qui résultent seulement de leurs limitations (dues aux conditions spéciales qui définissent leurs états contingents) sont réellement négatifs, même s'ils prennent pour nous l'apparence de qualités positives. Les choses étant ainsi rectifiées, je ne vois pas qu'il y ait là la moindre difficulté, mais je crois que, en parlant de « contre vérité », vous avez confondu les vérités partielles et contingentes, auxquelles une erreur peut s'opposer en effet, avec la Vérité totale qui est seule à envisager ici[1].

# VI

# LA POSSIBILITÉ UNIVERSELLE ET LES POSSIBILITÉS

AU POINT DE VUE de l'absolu (si l'on peut dire), c'est-à-dire du côté du Principe, il ne peut y avoir d'erreurs ou, pour parler plus exactement, d'illusions ; celle-ci ne peut donc se trouver que du côté de la manifestation, et elle s'y trouve forcément comme inhérente à la manifestation elle-même comme telle, dès

---

[1] Un docteur non identifié (4 septembre 1934).

lors que celle-ci implique une multiplicité dont les éléments, envisagés distinctivement, ne peuvent pas ne pas se limiter les uns les autres. C'est là, en somme, ce qui conditionne toute manifestation, qui n'est, par suite, que relative et contingente, ce qui revient encore à dire qu'elle est illusoire par rapport au Principe. L'illusion disparaît avec le point de vue distinctif, mais la manifestation aussi par là même. Maintenant, si l'on se demande pourquoi il en est ainsi, la question au fond est sans objet : c'est, tout simplement, parce que toute possibilité est réalisée de la façon que comporte sa nature, et celle des possibilités de manifestation comporte nécessairement et par définition même, cette réalisation qui ne peut être qu'en mode illusoire ; mais il doit être bien entendu qu'illusoire ne veut point dire irréel, mais seulement d'un moindre degré de réalité, puisque l'illusion a toujours son fondement dans la réalité principielle des possibilités. – Je ne sais pas si j'arrive à expliquer la chose très clairement, mais du moins ce qu'il y a de certain, c'est que les difficultés ne tiennent ici qu'au langage, comme d'ailleurs il en est toujours lorsqu'il faut envisager les choses à la fois du côté du Principe et du côté de la manifestation[1].

En disant que « toute possibilité qui est une possibilité de manifestation doit se manifester par là même » je n'entends pas, comme vous semblez le penser, que cette nécessité de manifestation *affecte* les possibles dont il s'agit, mais bien qu'elle leur est *inhérente*, qu'elle est *constitutive* de leur nature. Je ne vois pas très bien en quoi cela ressemblerait à la conception de Leibnitz, pour lequel, du reste, les possibles (tous les possibles sans exception) « tendent à exister » (il ne dit pas « commencent d'exister ») ce qui exclut de cette conception toutes les possibilités de non-manifestation. Si on peut dire que la manifestation est un résultat nécessaire de l'Infini, ce qui, au fond, veut dire simplement qu'elle est comprise dans la Possibilité universelle, il ne s'en suit nullement qu'elle nécessite l'Infini, parce que, comme vous le dites vous-même un peu plus loin, « il n'y a pas de réciproque », et aussi parce que l'Infini ne peut pas être *constitué par addition* de toutes les possibilités ; métaphysiquement, on ne peut aller que du principe aux conséquences, et non pas remonter des conséquences au

---

[1] Un docteur non identifié (23 septembre 1935).

principe (si ce n'est comme moyen auxiliaire et transitoire de conception). Vous avez raison de dire que la manifestation doit être contingente en tant que telle, et nécessaire dans son principe ; mais elle ne nécessite pas son principe pour cela, pas plus que l'effet ne nécessite sa cause ; cette analogie me paraît beaucoup plus exacte que celle de l'agent et de la cause finale. Le tort que l'on a, dans cette question, c'est d'attribuer à la manifestation bien plus d'importance qu'elle n'en a en réalité ; ce qu'il faut dire, c'est que cette importance est *rigoureusement nulle* au regard de l'Infini. Pour prendre une comparaison, assez imparfaite sans doute, mais qui peut rendre la chose plus claire, un point situé dans l'espace est égal à zéro par rapport à cet espace ; cela ne veut pas dire que ce point ne soit rien absolument, mais il n'est rien sous le rapport de l'étendue, il est rigoureusement un zéro d'étendue ; la manifestation n'est rien de plus, par rapport à tout le reste, que ce qu'est ce point par rapport à l'espace envisagé dans toute son extension. Et remarquez bien qu'il s'agit ici de l'intégralité de la manifestation universelle, dont on peut comprendre ainsi la contingence ; et cette contingence n'exclut aucunement la nécessité au sens que je vous indiquais tout à l'heure ; l'opposition de la nécessité et de la contingence, dans leur acception ordinaire, n'est plus applicable, et la possibilité de passer au-delà de cette opposition est une des raisons qui enlève beaucoup de son intérêt à la question de la liberté telle qu'on la pose communément. Les textes de Cajetan que vous me citez me paraissent en effet à cet égard, assez satisfaisants ; en tout cas, ils montrent nettement la part qui revient, dans certaines difficultés, aux imperfections de l'expression.

En somme, l'opposition « nécessité-contingence du monde » me semble avoir plus d'importance au point de vue théologique qu'au point de vue métaphysique pur, et même, à ce dernier, on peut dire qu'elle n'existe plus. Seulement, quand on va au-delà de cette opposition, c'est bien au seul point de vue métaphysique qu'on se place, et non plus au point de vue théologique, et alors les questions ne se posent plus dans les mêmes termes ; l'emploi même du terme « création » ne se trouve plus justifié. En séparant ainsi les questions suivant les points de vue auxquelles elles se réfèrent, (et qui correspondent à autant de modes différents de la pensée), il me semble que l'on contribue grandement à écarter les complications inutiles, qui résultent généralement d'une confusion entre ces points de vue (l'histoire du soi-disant « argument ontologique » nous en fournit un des exemples les plus frappants). Quant à la phobie du panthéisme, je crois qu'il suffirait, pour la dissiper, de cette remarque très simple, que le panthéisme, si on veut prendre ce mot dans une acception raisonnable (au lieu de l'appliquer indistinctement à presque tout ce qu'on déteste), est une doctrine qui place l'absolu dans le devenir, donc une doctrine essentiellement *naturaliste*, et, par là même, antimétaphysique[1].

Autre chose : on ne peut pas parler rigoureusement de l'« essence » d'un possible comme tel, car les possibles sont au-delà de la distinction de l'essence et de la substance, cette distinction n'étant valable qu'à l'intérieur de l'être, tandis que tout possible, en soi, est au-delà de l'être. Si on parle de ce qui appartient « essentiellement » à tel possible, ce n'est donc que d'une façon toute symbolique, comme lorsqu'on attribue une « existence » aux possibles. – À propos de cette dernière façon de parler, au lieu de la faire disparaître, j'ai ajouté une note à mon manuscrit, et vos objections m'ont amené à faire la même chose en plusieurs autres endroits. D'autre part, je suis arrivé à exprimer, plus nettement que je ne l'avais fait, le sens et la portée métaphysique de « l'identité du possible et du réel » ; je vous communiquerai cela[2].

Vous dites que « Dieu en lui-même n'a que faire des créatures » ; je voudrais bien savoir exactement comment vous l'entendez. Je crois qu'il n'y a là, au fond, qu'une façon théologique d'exprimer ce que je disais moi-même plus haut en termes métaphysiques, que le rapport du fini comme tel à l'Infini ne peut être que nul. Cela revient encore à dire que l'Infini (et même l'Être) est inaffecté par les modifications multiples qu'il comporte en soi, modifications par lesquelles il faut entendre tous les états possibles de tous les êtres possibles. Seulement, ce qu'il faut bien comprendre, c'est que toute possibilité d'être, par là même qu'elle est une possibilité, et qu'elle est la possibilité qu'elle est, doit être suivant le mode de manifestation (ou état d'existence) qui lui est inhérent, sans quoi

---

[1] Noële Maurice-Denis Boulet (12 août 1917).
[2] Noële Maurice-Denis Boulet (13 septembre 1917).

elle ne serait pas ce qu'elle est, et même elle ne serait pas une possibilité d'être. De même, toute possibilité qui n'est pas une possibilité d'être est tout aussi réelle, bien que d'une autre façon, ne comportant aucune manifestation, puisque cette possibilité appartient essentiellement à l'ordre de la « non-manifestation », et ne pourrait entrer dans le domaine du manifesté (vous diriez sans doute « du devenir ») sans être autre chose que ce qu'elle est, puisque ce domaine ne comprend que les possibilités qui se manifestent (et en tant qu'elles se manifestent), et que celles-ci sont, par définition, les possibilités d'être. Vous pouvez voir par là que je prends tout autant de soin que vous-même d'éviter toute contradiction ; mais ce que je veux dire surtout ici, c'est que la distinction du possible et du réel n'a aucune valeur métaphysique, et que même elle est proprement antimétaphysique. C'est cette distinction, compliquée (ou peut-être même suscitée) par l'intrusion du point de vue moral, qui a amené Leibnitz à son extravagante conception du « meilleur des mondes ». Du reste, tous les philosophes modernes n'ont jamais fait autre chose que de s'efforcer de trouver une limitation à la Possibilité universelle, pour la réduire à la mesure de leur entendement individuel ; c'est même par là qu'ils ont pu donner à leurs doctrines, la forme de « systèmes », qui est en elle-même la négation de la métaphysique[1].

Je reviens à la notion du « contingent » : un être contingent, n'ayant pas sa raison d'être en lui-même, est relatif et incomplet ; tels sont tous les êtres individuels, et même, plus généralement, tous les êtres manifestés en tant que manifestés (ou existants). Je pense qu'il n'y a pas lieu d'insister davantage là-dessus, et que vous devez voir sans peine tout ce qu'on peut en tirer concernant la relativité des « substances individuelles ». – Mais en quel sens peut-on dire qu'un être contingent « peut exister ou ne pas exister » ? En ce sens que la manifestation n'est qu'un « accident » par rapport à son principe (lequel n'en est pas affecté) ; mais toute possibilité qui est une possibilité de manifestation doit par là même se manifester selon le mode que comporte sa nature, sans quoi elle ne serait pas ce qu'elle est. Ici encore, nous retombons sur des choses que je vous ai déjà dites dans une de mes précédentes lettres ; je me contenterai donc de

---

[1] Noële Maurice-Denis Boulet (16 février 1919).

vous y renvoyer. En un mot, l'existence est impliquée dans l'être et en dérive parce qu'elle est une possibilité d'être, et, d'autre part, elle doit contenir toutes les possibilités de manifestation en tant que celles-ci se manifestent ; mais tout l'ensemble de la manifestation universelle est rigoureusement nul au regard du non-manifesté, et c'est pourquoi on peut le regarder comme contingent, ou encore comme illusoire (sans lui dénier par là la réalité dont il est susceptible), encore qu'il ne puisse pas ne pas être ce qu'il est. Je crois que c'est sur cette façon d'envisager la contingence qu'il peut y avoir pour vous quelque difficulté, et pourtant c'est la seule qui soit métaphysiquement soutenable, car toute distinction du possible et du réel est proprement antimétaphysique.

Quant à la distinction de l'essence et de l'existence, il me semble qu'elle entraîne comme conséquence que l'existence n'est pas vraiment un « attribut », car tout attribut doit être compris dans l'essence, ou, si vous préférez, exprimer quelque chose de l'essence. On pourrait peut-être dire que ce qui est compris dans l'essence, c'est la *possibilité* d'existence, non l'existence elle-même, et cela montrerait encore le caractère accidentel ou contingent de cette dernière. – Pour moi, cette distinction de l'essence et de l'existence se fonde surtout sur ceci, que, si on envisage corrélativement l'essence et la substance par rapport à un être manifesté quelconque, l'existence se trouve du côté de la substance ; il me semble bien que je vous ai déjà parlé de cela aussi. – Je n'ajouterai plus qu'un mot : un être possible et un être existant qui ont même essence sont bien un même être, dès lors que l'être possible inclut la possibilité d'existence (et sans cela il ne pourrait avoir la même essence qu'un être existant), ou l'existence en principe, c'est-à-dire qu'il possède en mode permanent (effectivement ou virtuellement) ce que l'existence ou la manifestation ne développe qu'en mode transitoire. À part ce qui n'existe que négativement, c'est-à-dire comme privation ou limitation, tout doit se retrouver dans le principe, mais, bien entendu, à l'état inconditionné qui est celui de la non-manifestation. Du reste, s'il n'en était pas ainsi, la « résurrection des morts » pour parler théologiquement, ne saurait avoir aucun sens[1].

---

[1] Noële Maurice-Denis Boulet (30 mars 1919).

[En ce qui concerne] la procréation, il faut remarquer ceci : d'abord, au point de vue du Principe, le monde de la manifestation tout entier est rigoureusement nul, et ainsi la chose est sans importance ; ensuite, au point de vue de la manifestation, celle-ci, dès lors qu'elle est une possibilité, a sa raison d'être et sa place dans la Totalité, et ainsi sa suppression ne peut pas même être envisagée. D'autre part, l'être qui naît n'est pas un être qui commence à exister (ce qui n'aurait pas de sens) c'est un être qui entre dans un certain état de manifestation par lequel il doit passer aussi bien que par une indéfinité d'autres ; il se peut même que cet état se trouve être précisément celui qui lui servira de point d'appui, ou mieux de « base » pour atteindre la Délivrance[1].

Vous dites n'avoir pas trouvé de réponse au « pourquoi » du caractère douloureux de la manifestation ; il y a à cela une raison bien simple : c'est que, métaphysiquement, la question ne se pose pas. La douleur, le plaisir, etc. ne sont que de simples modifications correspondant à des possibilités comme toutes les autres, et leur cas ne mérite pas d'être envisagé d'une manière spéciale. Il serait peut-être plus intéressant de se demander le « pourquoi » de l'ignorance, car cela est d'une portée plus universelle ; mais ce « pourquoi » au fond, ce n'est pas autre chose que la limitation ; et le mot « délivrance » signifie précisément affranchissement de toute limitation (sans qu'il soit aucunement besoin de parler ici de quelque chose d'« indésirable », car cela se rapporte aussi bien à des états où le désir n'a rien à voir)[2].

Quant à la difficulté que vous me soumettez au sujet de l'acte et de la puissance, elle ne me paraît pas du tout insoluble, mais il faut d'abord bien prendre garde à ceci : je n'ai jamais dit que l'acte et la puissance, ou l'essence et la substance, sont deux aspects contraires de l'être, mais bien qu'ils en sont deux aspects complémentaires, ce qui n'est pas du tout la même chose. En second lieu, l'acte est bien antérieur à la puissance en principe (dans l'être), mais il lui est postérieur en fait (dans la manifestation) ; leur rapport doit donc être pris en sens inverse suivant le point de vue sous lequel on le considère, et je ne vois

---

[1] Un docteur non identifié (3 décembre 1932).
[2] Un docteur non identifié (15 juillet 1933).

pas en quoi cela pourrait empêcher de dire que ces deux termes sont corrélatifs. En outre, si nous envisageons l'acte et la puissance dans l'être en soi, c'est pour pouvoir en parler, et parce que nous ne pouvons évidemment rien exprimer (même mentalement) autrement qu'en mode distinctif ; mais il ne faut pas perdre de vue que leur distinction n'est réelle que par rapport à la manifestation.

Je ne vois pas très bien ce que vous entendez par « réciprocité de relation » ; entre le père et le fils, par exemple, la relation n'est pas réversible, et pourtant ils ne sont tels que l'un par rapport à l'autre, c'est-à-dire qu'ils sont bien corrélatifs. De même, il n'y aurait pas lieu de parler de l'acte si on n'envisageait pas la puissance corrélativement, mais la nature de leur relation peut cependant être telle qu'il y ait priorité logique de l'un à l'égard de l'autre.

Quant à vouloir réduire l'un des deux termes à l'autre, c'est sans doute échapper au dualisme, mais par le monisme, et c'est s'imposer une limitation qui est incompatible avec la métaphysique. Il y a pourtant un sens dans lequel on peut dire que l'être est l'acte pur ; il faut pour cela considérer que la puissance, en elle-même et par elle-même, n'est rien, ou plutôt qu'elle est « le rien », d'où il résulte que l'acte doit être « le tout » de l'être ; ce qui n'empêche pas l'être en soi d'être supérieur à l'acte comme tel, puisqu'il est le principe de l'acte aussi bien que de la puissance[1].

[En conclusion], la question du passage à l'unité et à la multiplicité, c'est la question même des possibilités ; je l'ai traité aussi complètement qu'il se peut dans les premiers chapitres des *États multiples de l'Être*. La Possibilité totale seule est illimitée, une pluralité d'infinis étant une contradiction ; les possibilités ne peuvent donc être que limitées[2].

La limitation comme telle n'est que quelque chose de purement négatif ; elle n'a donc pas d'existence principielle, si l'on peut dire ; il ne peut être question de limitation que du point de vue des êtres contingents (je pense que c'est bien ce que vous voulez dire quand vous parlez des possibilités de manifestation considérées comme « effectuées ») ; l'erreur de

---

[1] Pierre Germain (16 septembre 1916).
[2] Un docteur non identifié (19 décembre 1933).

point de vue, chez ces êtres, consiste à prendre la limitation (ou ce qui en résulte, et qui est par conséquent aussi négatif qu'elle-même) pour une attribution positive. En somme la limitation ne procède pas d'autre chose que de la « distinctivité » : chaque possibilité particulière, si on l'envisage séparément des autres, devient par là même exclusive (ou négative) de celle-ci ; mais, si on la rapporte au contraire à la totalité, la limitation disparaît par là même, puisque pour la totalité, il ne peut évidemment y avoir aucune limitation[1].

# VII

# LES ÉTATS MULTIPLES DE L'ÊTRE

EN DISTINGUANT dans l'être humain l'élément sentimental et l'élément mental, il est bien entendu que je ne veux parler que de ce qui est individuel ; il ne peut donc pas être question alors de l'élément intellectuel proprement dit, qui est supra-individuel ; vous objectez à cela que « l'individu est virtuel-lement tout-connaissant » ; mais on ne peut pas dire cela, car, si c'est vrai de l'être humain, ce n'est pas en tant qu'individu, mais bien, au contraire, en tant qu'il se rattache aux états supra-individuels et qu'il a la possibilité d'entrer en possession de ces états, lesquels ne constituent avec l'état individuel qu'un seul et même être total. Maintenant, l'élément intellectuel est précisément ce qui relie entre eux tous ces états de l'être total, mais c'est pour cela qu'il n'appartient au domaine d'aucun de ces états pris en particulier ; il rencontre seulement ce domaine en un point, qui en constitue d'ailleurs le centre véritable. C'est seulement cette rencontre ou cette incidence, avec la réfraction qui en est la conséquence, qui peut, lorsqu'il s'agit de l'état individuel humain, devenir consciente ; et c'est là, d'ailleurs, une condition nécessaire pour que cet état puisse servir de base à une réalisation atteignant les états supra-individuels. Pour ces derniers, il ne peut plus être question de « conscience » au sens propre de ce mot ; ou bien, si l'on veut continuer à se servir de

---

[1] Un docteur non identifié (26 août 1935).

ce terme en le transposant dans l'universel, il faut avoir le plus grand soin d'indiquer qu'on ne le prend plus dans son acception ordinaire et « psychologique ». Je ne sais si je me fais suffisamment comprendre ; mais, en tous cas, je ne vois pas pourquoi il y aurait lieu de donner à l'élément intellectuel un autre nom, du moins quand on se tient strictement au point de vue métaphysique ; il peut en être autrement quand on veut passer de là à cette « traduction » théologique dont je vous parlais précédemment[1].

Mais qu'importe que ces états s'ignorent entre eux (vous pouvez aussi ignorer, pour l'avoir oublié, ce qui est arrivé dans tel ou tel moment de votre existence et l'état même où vous êtes actuellement) ; ce qui importe, c'est l'être auquel appartient ces états et qui, lui, n'en ignore aucun[2].

Les états de l'être étant en multitude indéfinie, toute classification qui en est donnée ne peut être forcément que schématique ; ce qu'elle indique, ce sont toujours des « ensembles », si l'on peut dire, ou encore des étapes principales si l'on se place au point de vue de la « réalisation ».

Il y a effectivement des états où l'être peut présenter l'apparence de celui qui est plongé dans le sommeil profond ; mais le terme d'« extase », qui concerne les « états mystiques », ne convient pas ici, car il signifie « sortie de soi-même », et, s'il s'agit vraiment de réalisation métaphysique à un degré quelconque, l'être est au contraire « concentré en soi-même ».

Les états qui ont été réellement acquis par un être le sont une fois pour toutes, et non pas seulement momentanément ni même pour la durée de la vie terrestre (laquelle ne peut d'ailleurs aucunement affecter les états supérieurs).

Les raisons pour lesquelles les êtres parvenus à certains états peuvent exercer « accidentellement » des « pouvoirs » plus ou moins extraordinaires relèvent de ce qu'on appelle parfois le « gouvernement caché du monde » ; il serait donc bien difficile de s'expliquer là-dessus avec quelque précision.

Les animaux étant, comme nous-mêmes, des êtres dans un certain état de manifestation, il est naturel qu'ils aient comme nous leur « évolution posthume » ; mais leur « voie » est autre

---

[1] Noële Maurice-Denis Boulet (3 janvier 1918).
[2] Un docteur non identifié (19 décembre 1933).

que celle des êtres qui passent par l'état corporel en tant qu'individus humains ; il serait donc sans aucun intérêt pour nous de chercher à la connaître en détail[1].

Les états de manifestation autres que l'état humain sont bien représentés par les spires de l'hélice se suivant dans des plans différents ; il n'y a d'ailleurs pas lieu de limiter cette correspondance dans le sens ascendant à la seule modalité corporelle, chaque état comprenant naturellement des modalités multiples, aussi bien que l'état humain lui-même.

La difficulté que vous signalez, en ce qui concerne les spires horizontales qui s'éloignent du centre en s'élargissant, correspond seulement à une imperfection du symbolisme géométrique, qu'on ne peut corriger que par la considération du « sens inverse » : dans ce qu'il s'agit de représenter, c'est au contraire ce qui est le plus étendu (c'est-à-dire le moins limité) qui est le plus près du centre. Cette difficulté se présente aussi quand on veut représenter les « cieux », suivant Dante par exemple : on ne peut les figurer que par des cercles allant en s'agrandissant du plus bas au plus élevé, mais, en même temps, c'est le plus élevé qui est le plus proche du centre divin ; cela est facilement concevable, mais il est impossible d'en obtenir une figuration correcte.

Je ne vois pas pourquoi, dans la « remontée » d'un état à un autre, les modalités iraient nécessairement en s'éloignant du centre, puisqu'il y a dans chaque état des modalités qui correspondent à celles des autres. Tout ce qu'on peut dire, c'est que, la multiplicité des états étant indéfinie, la « remontée » continuerait indéfiniment, si l'être, dans un certain état (qui peut d'ailleurs être quelconque), n'arrivait à atteindre de façon effective le centre même, ce qui lui permet dès lors de s'échapper par l'axe, au lieu de continuer à tourner indéfiniment autour du cylindre (dans la rotation du *samsâra*)[2].

Pour l'hélice évolutive, le sens ascensionnel n'est pas un simple postulat, mais une conséquence nécessaire de la continuité existant entre tous les états de manifestation du fait même de leur enchaînement causal. Quant à la phase d'expiration, que vous envisagez comme descendante, la vérité

---

[1] Un docteur non identifié (4 septembre 1934).
[2] Un docteur non identifié (26 août 1935).

est qu'elle ne comporte pas d'état de manifestation ; ce qu'on peut appeler l'« émission » des êtres dans le courant de la manifestation doit être considéré comme s'effectuant en un point indéfiniment éloigné vers le bas, de même que le retour au Principe s'effectue en un point indéfiniment éloigné vers le haut ; mais, en réalité, ces deux extrêmes coïncident, l'origine et la fin ne pouvant être qu'identiques dans l'absolu. – J'ajoute qu'on ne peut pas considérer uniquement l'expansion et la concentration comme se succédant l'une à l'autre ; on les retrouve toujours l'une et l'autre à tous les degrés de la manifestation, ce qui donne lieu dans celle-ci à des aspects apparemment « antinomiques » ; il y a là des considérations assez complexes à faire intervenir si l'on veut entrer dans des détails plus précis sous ce rapport[1].

# VIII

# L'ÊTRE HUMAIN

L'HOMME, dites-vous, « est à la fois plus simple et plus complexe » ; je ne comprends pas très bien. Il me semble que vous le simplifiez terriblement (je parle ici de la généralité des Occidentaux) en n'y envisageant que deux éléments en tout et pour tout ; mais, là-dessus aussi, la reconnaissance de la réalité me paraît préférable à toutes les théories philosophiques[2].

Maintenant, voici l'autre point de vue, celui que vous n'avez pas envisagé, l'être qui dans un certain mode d'existence est un individu humain, peut aussi être autre chose ; et il peut l'être, non pas seulement successivement, mais aussi bien simultanément, et même mieux, puisque le temps, n'étant qu'une des conditions spéciales de l'état individuel humain, n'a pas à intervenir pour tout ce qui est en dehors de cet état. Je ne crois pas que les expressions d'*avant* et d'*après* employées par rapport à l'existence humaine dans son ensemble, soient susceptibles d'un sens autre que celui d'une succession

---

[1] Un docteur non identifié (17 novembre 1935).
[2] Noële Maurice-Denis Boulet (28 juillet 1921).

purement logique et causale ; mais un rapport de causalité, aussi bien entre des états d'existence différents qu'à l'intérieur d'un même état, suppose nécessairement une simultanéité. Je ne veux pas dire qu'il n'y ait pas, en dehors de l'état humain, des modes de succession plus ou moins analogues au mode temporel, et pouvant être compris avec celui-ci dans un même terme plus général, comme celui de « durée » ; mais ces modes ne sont jamais, comme le temps lui-même, que des conditions particulières de tel ou tel état d'existence, et, par suite, n'ont pas à intervenir non plus lorsqu'on se place dans l'universel, c'est-à-dire lorsqu'on envisage les possibilités de l'être total, au lieu de se limiter à celles d'un de ses états. Et j'ajouterai qu'alors seulement l'être est envisagé métaphysiquement, puisque le point de vue métaphysique est proprement le point de vue de l'universel.

Vous ne contesterez certainement pas, je crois, que l'être humain peut être autre chose que ce qu'il est en tant qu'individu et que, en tant qu'il est autre chose, il n'est plus soumis aux conditions de l'existence humaine ; en particulier, il n'est plus soumis au temps, qui est une de ces conditions. Cela revient à dire qu'une réalisation se rapportant aux états extra-individuels ne peut pas être astreinte à ne se produire qu'après l'existence humaine, plutôt que *pendant* ou même *avant* (ces mots étant pris ici dans leur sens temporel ordinaire, lequel ne peut s'appliquer vraiment qu'à l'intérieur de l'existence humaine). Par conséquent, l'état humain pourra, tout aussi bien que n'importe quel autre état d'existence, être pris pour *base* d'une telle réalisation.

Toute la difficulté pour vous me paraît donc ne venir que de ce que vous ne vous placez pas dans ce que nous pouvons appeler le « non-temps ». Je conviens qu'il peut être quelquefois assez difficile de se débarrasser du point de vue temporel ; et pourtant je crois que vous reconnaissez vous-même qu'il le faut bien, ou que sans cela il faudrait renoncer à toute métaphysique. Le plus difficile, à mon avis, c'est de concevoir les rapports du temps et du « non-temps » ; on peut cependant y arriver (remarquez bien que je dis concevoir, et non pas imaginer)[1].

---

[1] Noële Maurice-Denis Boulet (19 décembre 1918).

Vous me faites cette objection : « un être ne peut être simultanément et sous le même rapport individuel et universel ». Assurément non, mais ai-je jamais rien dit de semblable ? Il faut bien que ce soit *simultanément*, puisque l'un des deux états dont il s'agit est, non seulement extra-temporel, mais en dehors de toute condition de durée ou de succession sous quelque mode que ce soit, donc nécessairement en parfaite simultanéité avec tout le reste. Mais il est bien évident que ce n'est pas *sous le même rapport*, puisque c'est *en tant qu'il est autre chose* que l'être qui est un individu humain dans un de ses états n'est plus soumis aux conditions de l'existence humaine. Comme ces conditions sont celles qui définissent l'état d'existence qui est celui de l'individu humain comme tel, elles ne peuvent pas s'appliquer aux autres états, ni par conséquent à l'être en tant qu'on l'envisage dans ces autres états (et cela alors même qu'il s'agirait d'autres états encore individuels, dont chacun doit être soumis à des conditions qui lui sont propres et qui définissent son domaine). Je croyais que cela était suffisamment net, et il est vraiment bien difficile de trouver là une contradiction. Si c'est l'expression « en tant que » que vous me reprochez et que vous trouvez obscure, je vous répondrai qu'elle indique précisément le rapport sous lequel doit être envisagé l'être dont il s'agit, et qu'ainsi elle doit empêcher de penser que c'est sous le même rapport que l'être est à la fois conditionné et inconditionné, ce qui serait en effet contradictoire. Quant à dire que le sens de cette expression n'est pas du tout le même dans la phrase dont il vient d'être question et dans celle-ci : « l'homme, en tant qu'il est Dieu », que vous déclarez acceptable, je vous avoue que je ne vois pas du tout la différence ; ou du moins je n'en vois qu'une possible, qui est celle que vous voulez établir ensuite entre l'essentiel et l'accidentel, et, si c'est bien celle-là j'y reviendrai tout à l'heure, car je voudrais suivre autant que possible l'ordre de votre lettre pour être plus sûr de ne rien oublier.

Vous dites ceci : « Si vous parlez de l'être universel, sous quel rapport et par rapport à quoi est-il aussi un individu humain ? Il faudrait que ce fût par rapport à autre chose que lui, mais il n'y a rien en dehors de lui ». Je pourrais d'abord contester cette dernière affirmation, ne pouvant admettre que l'Être enferme en lui toutes les possibilités ; il y a toute cette autre partie de la métaphysique théorique qui dépasse le domaine de l'Être, et que vous avez le droit d'ignorer, mais dont je suis bien forcé de tenir compte. Cependant, ce n'est pas de cela qu'il s'agit actuellement ; il faut seulement en retenir que ce que je dis doit s'entendre, non seulement des états qui sont compris dans l'Être, et qui sont proprement les états d'existence, mais aussi des états qui sont au-delà de l'Être. Si je continue à parler d'«un être» dans ce dernier cas, c'est uniquement parce que je suis bien forcé de lui donner un nom quelconque pour pouvoir en parler ; ce n'est pas une contradiction, c'est une simple imperfection du langage, d'ailleurs inévitable, car n'importe quel autre terme serait tout aussi inadéquat. – Je pourrais ensuite relever chez vous une contradiction, cette fois très réelle : vous venez de dire qu'«il n'y a rien en dehors de l'être universel», et vous dites plus loin (à propos de la conception de la création, dont je vous reparlerai en son lieu) : «Dieu a voulu qu'en dehors de lui quelque chose subsistât, et que ce quelque chose s'unit à lui». Comment pouvez-vous concilier ces deux affirmations ? La contradiction entre elles me paraît manifeste. J'ajoute que, pour moi, c'est dans le premier cas que vous auriez raison si Dieu n'était *que* l'Être, car, pour ce qui est de dire que quelque chose est *en dehors* de Dieu, cela revient tout simplement à dire que Dieu est limité. Je ne veux pas croire que la façon dont vous envisagez la création implique vraiment cette conséquence. – Je réponds maintenant directement à votre question : si l'être universel est aussi, en un sens, un individu humain, c'est tout simplement parce qu'il enferme en lui cette possibilité, ou, en d'autres termes, parce que tout individu humain représente une *possibilité d'être*. Il n'y a donc aucune difficulté si on envisage les choses à ce point de vue, qui est d'ailleurs le point de vue purement théorique, et non celui de la réalisation ; quant à ce dernier, ce n'est pas proprement de l'être universel qu'il faudrait parler ici, mais de la *personnalité* qui est le principe transcendant d'un individu humain dans un certain état, et d'autre chose dans les autres états. C'est par rapport à cette «personnalité», principe de tous les états *d'un être*, que la réalisation doit essentiellement être envisagée ; il me semblait pourtant bien vous en avoir parlé déjà. – Pour revenir au point de vue théorique, je ne vois aucun inconvénient, non pas à «affecter l'Infini de ce prédicat» qui est un individu humain avec ses conditions spéciales d'existence, mais à attribuer ce prédicat à l'Être (sans que celui-ci en soit aucunement « affecté »), car cet individu n'est au fond qu'une « manière d'être » (soit au regard de l'être universel, soit au regard de la « personnalité »), et à l'attribuer non seulement à l'Être, mais à l'Infini, c'est-à-dire à la Possibilité totale, car toute possibilité *d'être* est aussi, évidemment, une possibilité tout court, l'Être étant inclus dans la Possibilité totale. – Là encore, il n'y a pas de contradiction, dès lors que l'Infini n'est *affecté* par aucune attribution (et on pourrait dire que, les ayant toutes en tant qu'elles sont des possibilités, il n'en a aucune en tant qu'elles sont des déterminations) ; il ne peut en être autrement, car le rapport du fini à l'Infini de quelque façon qu'on veuille l'envisager ne peut être que *rigoureusement* nul : c'est pourquoi on peut dire que le fini n'existe qu'*en mode illusoire* au regard de l'Infini, ce qui ne l'empêche pas d'être réel en lui-même, et cela parce qu'il est une possibilité. – Quant à « passer d'une façon continue d'un domaine à l'autre », cela ne peut se comprendre que s'il s'agit des domaines de deux états différents, mais analogues ; il ne peut plus être question de continuité s'il s'agit, d'une part, d'un certain état d'existence, et, d'autre part, de la *Totalité* des états. Je ne crois pas avoir jamais dit que la réalisation devait s'effectuer d'une façon continue, mais seulement, peut-être, qu'elle rend effective la continuité de tous les états entre eux, ce qui est bien différent. Je n'ai pas dit davantage que « l'individu pouvait, par son activité, sortir des conditions qui le définissent », puisque au contraire, l'être, en tant qu'il sort de ces conditions, n'est plus et ne peut plus être l'individu, celui-ci n'existant *comme tel* que dans ces conditions.

Pour reprendre au point où j'en étais resté, j'ai maintenant à répondre à cette question : « Si c'est de l'être universel qu'il s'agit, comment a-t-il à entrer en possession de l'universel, puisqu'il est déjà universel ? » Évidemment, dès lors qu'on se place au point de vue d'un principe immuable et permanent, il ne peut être affecté ou modifié par un changement quelconque ; vous avez donc raison de dire que le mot « réalisation » implique qu'on se place au point de vue des êtres individuels, qui, comme tels, sont « dans le devenir », je dirais plutôt dans la manifestation. Seulement, l'être individuel, pour « réaliser », n'a pas à « se faire infini », ce qui serait contradictoire ; il a à prendre effectivement conscience (si toutefois ce mot de conscience peut s'appliquer ici), qu'il n'est pas seulement l'être individuel, ou plutôt que l'être qu'il est dans un certain état est aussi autre chose dans d'autres états. – Bien entendu, il ne peut y avoir aucun changement au point de vue de l'universel, ni par conséquent au point de vue de la « personnalité », qui est un principe d'ordre universel ; cependant, c'est ici qu'il faudrait faire intervenir encore la distinction du « virtuel » et de l'« effectif » si peu claire que vous la trouviez. Pour tâcher de me faire mieux comprendre, je vais me servir ici d'une traduction en termes théologiques : la Rédemption a-t-elle simplement pour effet de rétablir l'ordre antérieur à la chute, ou bien n'y a-t-il pas quelque chose de plus ? Autrement dit, et pour employer les expressions de saint Paul, n'y a-t-il pas une différence entre le « premier Adam » et le « nouvel Adam » ? Je serais heureux d'avoir votre réponse à cette question, car je crois que cela faciliterait beaucoup les explications sur le point dont il s'agit[1].

Je n'arrive pas à comprendre ce que vous dites d'une « double personnalité » ; c'est là une chose qui ne peut exister pour aucun être, sous quelque état que se soit ; à plus forte raison pour celui qui est au-delà de toute dualité. Il y a sûrement là une équivoque, car vous parlez d'une personnalité « soumise à l'ignorance » ; or, la personnalité n'est jamais soumise à l'ignorance, qui ne concerne que l'individualité. Un « dédoublement de personnalité » est une chose inconcevable, puisque la personnalité est le principe unique de tous les états. D'autre part, pourquoi parler de l'« impossibilité pour le moi de subsister tel quel » dès lors qu'il n'y a pas de moi ? Mais est-il nécessaire que l'acteur croie à l'existence réelle d'un personnage pour en jouer le rôle ? Enfin, aucune possibilité, même « prise particulièrement » ne saurait être interdite à celui chez qui il y a totalisation de l'être ; et, si nous parlons à ce propos de « caprice » ou d'« arbitraire », c'est uniquement parce que le point de vue de la totalité nous échappe (l'expression même de « point de vue » devient d'ailleurs inexacte ici, bien entendu)[2].

Si l'homme n'était plus susceptible de l'identité suprême, il ne serait plus l'homme ; ce n'est pas une certaine forme corporelle qui le fait être tel ; il ne pourrait donc plus être

---

[1] Noële Maurice-Denis Boulet (16 février 1919).
[2] Un docteur non identifié (19 décembre 1933).

question d'humanité. L'existence matérielle n'est d'ailleurs pas quelque chose qui puisse être conçu comme ayant une réalité propre et séparée ; la manifestation, si elle n'était reliée au Principe, n'existerait en aucune façon.

L'humanité occupe le centre d'un certain état de manifestation ; mais celui-ci n'est qu'un état quelconque parmi les autres, lesquels sont en multitude indéfinie, tant du côté des états inférieurs que de celui des états supérieurs (inférieurs et supérieurs par rapport à celui que nous considérons ainsi plus spécialement parce qu'il est le nôtre)[1].

Je ne vois pas pourquoi l'acquisition de la connaissance ne se poursuivrait pas dans la « vie prolongée », surtout si elle a déjà été préparée d'une certaine façon pendant l'existence terrestre ; l'être n'est jamais « fixé » tant que le but final n'est pas atteint.

On peut sans doute parler d'hérédité pour certains éléments psychiques, mais il y a aussi des ressemblances qui s'expliquent plutôt par « affinité ». L'individu est en quelque sorte la résultante de la rencontre d'un certain être avec un certain milieu, et il doit forcément y avoir une « convenance » de ce milieu avec cet être. J'ajoute que, dans une époque comme la nôtre, les affinités sont certainement moins nettes et les cas d'exception plus nombreux que dans une période plus régulière[2].

Depuis que je vous ai écrit, j'ai lu la brochure de R. Jolivet, et je dois avouer que, en dehors des citations de Saint Thomas, je n'y ai pas trouvé grand-chose d'intéressant ; toutes ces subtilités « à côté » et toutes ces histoires d'« abstrait » et de « concret » ne correspondent pour moi à rien de réel ; je me demande d'ailleurs jusqu'à quel point Saint Thomas lui-même ne peut être rendu responsable du rôle fantastique attribué à l'« abstraction » par les scolastiques modernes… Quoi qu'il en soit, j'ai remarqué une chose qui me paraît très importante : c'est que, presque partout où on traduit par « esprit », le texte latin porte en réalité le mot « mens », ce qui, évidemment, n'est pas du tout la même chose. Alors les passages qui semblent nier l'intuition intellectuelle s'expliquent d'eux-mêmes, puisque c'est en ce qui concerne « mens » qu'ils la nient : cela revient à dire que *Buddhi*

---

[1] Un docteur non identifié (19 novembre 1934).
[2] Un docteur non identifié (31 mai 1935).

n'est pas incluse dans *manas*, ce qui est exact ; et il est vrai aussi, d'ailleurs, que *Buddhi* n'est pas une faculté « humaine » (individuelle). En somme cela suffirait à résoudre toutes les difficultés ; seulement, ces gens sont loin de se douter que l'être qui est humain est aussi tout autre chose.

Il faut bien comprendre que cette « prolongation indéfinie de la vie individuelle » n'est pas quelque chose que l'homme obtient par lui-même, mais une conséquence de sa participation à une Tradition ; et il est clair que la raison n'en est pas tant de le maintenir dans son individualité, ce qui en soi n'aurait aucun intérêt, que de lui permettre d'obtenir, dans ce prolongement et d'une façon en quelque sorte « différée », ce qu'il n'avait pas pu atteindre pendant sa vie terrestre.

Le passage à un état plus élevé (en tant qu'état) n'implique pas forcément que l'être doive « y naître » dans une condition « centrale » comme l'est celle de l'homme dans notre état ; dans celui-ci, il y a aussi des animaux, des végétaux, etc., et, dans les autres états, il y a naturellement quelque chose qui correspond à tout cela ; un être peut donc, tout en étant dans un état plus élevé, s'y trouver dans des conditions moins avantageuses.

La « naissance » et la « mort » n'apparaissent comme des modifications exceptionnelles qu'autant qu'on se place dans le cycle même dont elles marquent le commencement et la fin ; autrement il n'y a pas de différence entre elles et les autres modifications ; l'explication que vous envisagez à ce sujet est donc tout à fait exacte, et c'est bien là ce que j'ai voulu dire.

De même, au sujet de l'espèce, la réponse à l'objection dont vous parlez est bien en effet que l'espèce n'a de réalité que dans le sens « horizontal » exclusivement. Il y a longtemps que je me propose de traiter la question de l'espèce et de ses conditions, d'une façon plus développée ; je ne sais si j'aurai quelque jour l'occasion de réaliser ce projet[1].

Si la liberté de l'être humain individuel est de l'ordre des quantités infinitésimales, c'est que l'individualité elle-même l'est aussi, quand on la rapporte à l'ensemble ; il ne se peut pas que cela ne soit pas rigoureusement proportionné. D'autre part, il est bien évident que, si l'on parle de la liberté qui appartient proprement à l'individu humain comme tel, elle ne peut

---

[1] Un docteur non identifié (2 juillet 1935).

s'appliquer qu'à l'intérieur de son cycle de manifestation humain, ce qui revient à dire qu'elle apparaît comme nulle dès qu'on sort de ce cycle ; mais, bien entendu, elle n'est pas nulle quand on s'en tient à la considération de l'activité de l'homme individuel[1].

Votre point de vue pourrait se soutenir en effet si l'être était assuré de retrouver, dans un autre état, une position « centrale » correspondant à celle de l'homme dans le nôtre, mais ce n'est là qu'une possibilité parmi une indéfinité d'autres ; il y a donc beaucoup plus de chances pour qu'il se trouve désavantagé par son passage à un autre état. C'est en ce sens qu'il faut entendre ce qui est dit dans je ne sais plus quel texte, que « la naissance humaine (ou son analogue) est difficile à obtenir »[2].

Il est bien exact que l'état grossier ne représente qu'une modalité, et non l'intégralité d'un degré d'existence ; mais on peut cependant envisager aussi un « centre » pour cette modalité, car l'analogie s'applique à tous les degrés ; suivant la parole du Prophète, « Toute chose a un cœur ». − D'autre part, il est évident que la manifestation grossière ne pourrait même pas exister sans des éléments subtils, de même que la manifestation subtile, à son tour, n'existerait pas sans principe non-manifesté ; c'est là, en somme, une question de hiérarchie « causale » à observer[3].

La « désintégration » dont j'ai parlé [dans l'article *De la confusion du psychique et du spirituel*][4] se rapporte naturellement à l'être individuel ; il est bien évident qu'il ne peut pas s'agir du « Soi », qui est immuable ; mais cette « perte » totale de l'état actuel de manifestation de l'être n'en est pas moins grave, du moins tant qu'on ne se place pas au point de vue de la totalité absolue, par rapport auquel tout le reste est forcément nul[5].

Maintenant, pour ce qui est de l'âme séparée du corps, on ne peut pas dire qu'elle soit un homme, car l'homme est précisément défini comme le composé de l'une et de l'autre. On

---

[1] Un docteur non identifié (26 août 1935).

[2] Un docteur non identifié (17 novembre 1935).

[3] Un docteur non identifié (2 juin 1936).

[4] Publié dans le *Voile d'Isis*, n° de mars 1935 (article dont le contenu fut réutilisé par René Guénon pour son chapitre XXII du *Règne de la Quantité et les Signes des Temps*).

[5] Louis Caudron (20 novembre 1937).

ne peut donc même pas dire que l'âme séparée soit un être complet, et ce n'est là pour elle, en somme, qu'un état transitoire, puisque sa nature est d'être la forme d'un corps (il s'agit toujours, bien entendu, de l'âme individuelle, ce que la doctrine hindoue appelle *jivâtmâ* ou l'âme vivante). Je ne crois pas que Saint Thomas puisse dire que l'âme humaine a un *esse absolutum* : cet absolu serait encore trop relatif[1].

On peut dire que la série des formes animales a, d'une certaine façon, préparé le milieu à l'apparition de l'homme, et on peut aussi admettre que celui-ci synthétise pour ainsi dire en lui les autres êtres vivants, au point de vue terrestre, par là même qu'il est leur principe au point de vue spirituel (en raison de sa situation « centrale » dans cet état) ; mais on ne peut en aucun cas parler de « descendance », car un changement d'espèce est une impossibilité ; le texte de la Genèse est d'ailleurs formel là-dessus. Il est douteux que l'« homme des cavernes » ait jamais existé tel qu'on se le représente ; il est vrai qu'il peut y avoir eu des cas de dégénérescence plus au moins comparables à celui des sauvages actuels, et cela surtout à la suite de certains cataclysmes ; mais les fameuses cavernes préhistoriques furent-elles des habitations… ou des sanctuaires ? En tout cas, que la perfection de l'état humain ait été au début du cycle, c'est ce qu'affirment unanimement toutes les traditions.

Pour les questions concernant l'Enfer, ce que vous envisagez me paraît bien exact ; la difficulté tout au moins pour l'expression, est qu'il s'agit là d'une durée qui est autre que le temps ; on peut sans doute parler de « mémoire » par analogie, bien que le sens ordinaire de ce mot se rapporte plus proprement au temps. Mais je ne vois pas qu'il y ait nécessairement une « sortie de l'Enfer » pour le jugement puisque c'est d'un état qu'il s'agit, non d'un lieu (qui n'est qu'une représentation symbolique de cet état). Quant aux êtres passés aux états supérieurs, vous avez raison, mais il est bien entendu que cela n'implique pas un « retour » réel à l'état humain. Enfin, pour ce qui est des animaux, je crois que tout ce qu'on peut dire, c'est qu'ils ne peuvent pas être compris dans un

---

[1] Pierre Germain (26 août 1916).

jugement qui concerne exclusivement l'humanité, dont ils ne font pas partie[1].

Je suis heureux que mes explications sur la question de l'androgynat vous aient satisfait ; il s'agit en somme d'équilibrer le *yin* par le *yang* et réciproquement, et cela dans tous les domaines. Ce n'est d'ailleurs pas tant l'équilibre corporel qui est à considérer (pouvant plutôt être atteint à titre de conséquence que directement) que l'équilibre psychique, car l'homme et la femme ne diffèrent pas moins l'un de l'autre sous ce rapport ; il ne s'agit pas en cela, bien entendu, des différences superficielles et simplement psychologiques, mais de quelque chose qui est inhérent à la constitution même de l'individualité (ce qui ne veut pas dire que les éléments complémentaires non développés n'y existent pas aussi potentiellement, puisque sans cela l'équilibre serait évidemment impossible à réaliser).

Pour ceux qui suivent le *pitri-yâna*, on peut sans doute parler en effet, comme vous le dites, d'une « descente aux enfers », du moins au sens général de cette expression ; mais, pour préciser davantage, il faudrait peut-être faire encore certaines distinctions suivant les cas, car c'est là une question bien complexe et qui a des aspects multiples. En tout cas, il est évident que, pour passer à un autre état de manifestation, l'être laisse forcément derrière lui, à la façon d'une sorte de « cadavre psychique », les éléments proprement constitutifs de l'individualité, qui ne répondraient plus à rien dans les conditions de cet autre état[2].

La phrase sur « la condition humaine difficile à obtenir » se rencontre bien souvent, et s'explique en somme très facilement si l'on considère sa position « centrale » dans notre état : l'être qui passe à un autre état, même supérieur, a peu de chances de s'y retrouver dans la position correspondante, et en a beaucoup plus d'y avoir une condition analogue à celle des animaux ou des végétaux, d'où désavantage évident pour obtenir la délivrance à partir d'un tel état. Sans cela, du reste, quel intérêt y aurait-il à maintenir autant que possible l'être dans les prolongements posthumes de l'état humain *usque ad consummationum saeculi* ?[3]

---

[1] M^me Lapasse (date non spécifiée).
[2] Louis Caudron (23 octobre 1938).
[3] Louis Caudron (10 novembre 1938).

# IX

# LA CONSCIENCE

CE QUE VOUS DITES au sujet de *Sat-Chit-Ânanda* est sûrement juste, mais il est bien entendu que ce dont il s'agit en pareil cas (en ce qui concerne *Chit*) est tout autre chose que la conscience psychologique, qui ne peut être considérée tout au plus que comme un simple reflet extérieur et superficiel[1].

Il est bien entendu que l'homme ordinaire ne peut pas être pleinement conscient dans tous les états, ou, si vous préférez, y transporter à volonté le centre de sa conscience ; mais, d'un autre côté, il ne faut pas oublier qu'il s'agit là d'états de l'être réel et non pas d'états physiologiques ni même psychologiques. Je ne sais pas ce que c'est que le sommeil profond physiologique, je comprendrais mieux qu'on parle des manifestations physiologiques correspondant au sommeil profond ; et, s'il y a alors une apparence d'inconscience, n'est-ce pas tout simplement parce que l'être s'est retiré à une profondeur telle que la communication avec la modalité corporelle est réduite à presque rien ?

Il me semble qu'il y a une équivoque sur les termes « conscience », « connaissance », etc. ; ils doivent tous être transposés analogiquement pour s'appliquer à l'état suprême, et ainsi ce qu'ils désignent n'a plus aucune commune mesure avec les modalités limitées qui, en ce qui concerne les états conditionnés, sont désignés par les même mots pour exprimer une certaine correspondance, qui ne saurait en aucune façon être regardée comme une identité, ni même comme une similitude ; cette question de l'application du sens analogique est extrêmement importante[2].

Ce n'est que du point de vue de la manifestation qu'on peut parler des états multiples d'un être, puisque, en dehors de la manifestation, l'être est au-delà de cette multiplicité. Je ne saisis pas très bien cette objection, car je ne vois pas en quoi la « conscience » peut bien intervenir là-dedans (et encore faudrait-il s'entendre sur le sens précis à donner ici au mot

---

[1] Guido di Giorgio (15 novembre 1947).
[2] Un docteur non identifié (3 décembre 1932).

« conscience »). Il ne s'agit pas des apparences mais de la réalité dès lors que tels et tels états sont des manifestations d'un même être, qu'importe que cet être, en tant que situé dans ces états, en ait conscience ou non ? Cela, assurément, ne change rien à ce qu'il est[1].

Pour le passage de *L'Homme et son devenir* que vous faites remarquer, il n'y a pas réellement de contradiction : l'« âme vivante » est une chose, et la « conscience véritable de l'être » en est une autre qui ne lui est pas indissolublement liée ; cette conscience peut fort bien être transférée à un degré plus profond, comme il arrive déjà, pendant la vie, dans le sommeil profond, qui est aussi véritablement un état informel, donc supra-individuel ; mais il est bien évident que l'« âme vivante » individuelle n'est pas détruite pour cela[2].

Contrairement à ce qui a lieu pour les états relatifs et conditionnés, l'état suprême n'est pas quelque chose à obtenir par une « effectuation » quelconque ; il s'agit uniquement de prendre conscience de ce qui est. Mais alors il ne peut plus être question d'individualité, puisque celle-ci, manifestation transitoire de l'être, est essentiellement caractérisée par la séparation ou la limitation (définie par la condition formelle), si bien qu'on pourrait dire qu'elle n'a qu'une existence en quelque sorte séparative[3].

# X

# SONGES ET DIVINATIONS

AU SUJET DES SONGES, je dois vous dire que je n'ai pas l'habitude d'y prêter la moindre attention ; je sais trop bien quel mélange d'éléments psychiques plus ou moins hétéroclites y interviennent d'ordinaire, et comme je n'ai ni le goût ni le temps de débrouiller ce chaos, je préfère le laisser pour ce qu'il vaut et ne pas m'en occuper. C'est un peu comme, dans un autre ordre

---

[1] Un docteur non identifié (15 juillet 1933).
[2] Un docteur non identifié (5 mai 1935).
[3] Louis Caudron (29 janvier 1933).

d'idées, les énigmes cryptographiques ; cela peut n'être pas entièrement dépourvu d'intérêt, mais quand on n'a pas autre chose à faire[1].

La façon dont vous envisagez les événements de votre vie peut être vraie, car tout a forcément une raison d'être et peut tout au moins avoir une valeur de « signes » ; seulement, le danger est d'y attacher une importance exagérée (je connais des gens qui attribuent une portée « cosmique » à tout ce qui leur arrive), et, sans les négliger entièrement, le mieux est peut-être de ne pas trop s'y arrêter[2].

[Clavelle] n'avait pas précisé que vous souffriez du foie ; ce [qu'il] vous a dit à ce sujet est bien exact, et il n'est pas douteux qu'il y a un rapport entre la sensibilité de cet organe et l'importance qu'on lui attribuait autrefois pour la divination ; je crois me rappeler qu'on a retrouvé en Chaldée des modèles de foies qui devaient apparemment servir pour des études de cet ordre[3].

# XI

# LES INFLUENCES ERRANTES

AU SUJET DE *L'Île du Docteur Moreau*, je pensais ces jours-ci qu'on pourrait assez facilement transposer toute cette histoire dans l'ordre subtil, comme celle d'un magicien ayant donné une individualité factice à des « influences errantes », qui finissent un jour par se retourner contre lui et le tuer, et qui ensuite, lorsqu'il n'est plus là pour les maintenir, se désintègrent peu à peu et retournent à leur état premier ; mais, bien entendu, il est plus qu'improbable que Wells ait eu cette idée ![4]

Pendant que j'en suis à Wells, il a fait partie en effet d'une sorte de groupement qui avait élaboré le plan d'une organisation sociale intitulée « panarchie », et où il y avait des gens ayant

---

[1] Louis Cattiaux (10 octobre 1950).
[2] Goffredo Pistoni (19 novembre 1950).
[3] Marcel Maugy (Denys Roman) (4 juin 1950).
[4] Un docteur non identifié (24 août 1936).

appartenu aux milieux théosophistes (cela date d'avant la guerre) ; mais de là à vouloir faire de lui un « ésotériste », il y a vraiment bien loin[1].

Pour l'histoire de la « Talking mongoose[2] », je n'ai pas voulu dire que, à supposer la chose vraie, il s'agisse d'une véritable mangouste, d'autant plus qu'on ne voit pas très bien comment elle serait venue là, mais il peut se faire que ce soit une forme prise par une sorte de « coagulation » d'une influence errante, sans qu'il y ait besoin pour cela d'une opération de la jeune fille ou d'une autre personne puisqu'il arrive parfois que de telles choses se produisent dans des lieux complètement inhabités ; ce qui est curieux, c'est que, à notre époque, la théorie spirite de la nécessité des « médiums » semble avoir fait perdre de vue l'existence des manifestations spontanées[3].

# XII

# ANNEXE[4]

THE *NIRGUNA* (Para-) Brahma is undetermined in any sense whatever, transcending both being *(sat)* and non-being *(asat)*, though conceivable as non-being *(asat)* when contrasted with the *saguna* Brahma, Self-determined Self: of this absolutely undetermined Brahma we can only say "is" *(asti, Katha Up* VI.12 and 13), and then only by analogy. The *saguna (apara)* Brahma, Âtmâ, Self-determined *(svayambhû)* whose essence and nature equally are Being *(sat)*, Intelligence *(cit)* and Bliss *(ananda)*, Autonomous, Immortal absolutely, is spoken of as Îshvara, the Lord, Mahâpurusha, Great Person, or in the religious extensions by a personal name, as Vishnu, Shiva, and so forth. The *nirguna* and *saguna* Brahma (using the singular advisedly) are not two but identical, as cause and effect are One.

---

[1] Un docteur non identifié (3 septembre 1936).
[2] [La mangouste est un des véhicules *(vahana)* de Kubera – *MAT*].
[3] Un docteur non identifié (18 octobre 1936).
[4] Ananda K. Coomaraswamy, *Yakshas*, Oxford University Press, 1993, *The Cult of Life: What Are the Waters?*, pp. 186-206.

From our point of view, which has to do with the fullness (*pûrna*) of manifested Being, we need for the most part to proceed only one step beyond the Sâmkhya, 24 to the Unity of the Self-determined Self, in seeking for a First Cause. In this Self the differentiated principles Purusha and Prakriti, "Essence" and "Substance," or "Essence" and "Nature" subsist in identity of Essence. From this arrangement of the Self as Two-in-One proceeds a third principle, the Breath of Life, Prâna, Spiritus, establishing the fundamental Triad present as $a + u + m$ in the Pranava-vada, "OM." This fundamental triad is essentially the same as that of the Christian Trinity.

The idea of Operation or Creation is naturally expressed in terms of time, though this in itself is an aspect of *avidyâ*. The notion of duration is developed as follows: The Eternal Being or the Self-determined Self, Paramâtman, Parameśa, etc., as First Cause, consists in an "alternation" of "days" of manifestation and "nights" of non-manifestation: in terms of act, the primal pulse of Spiration and Despiration. Each such "day," which may be called a day of Supernal Time, is the lifetime, a hundred "years" of a Brahmâ, according to Angelic time. Coeval and consubstantial with Brahmâ are the two other Persons of the Self, Vishnu and Shiva, Preserver and Transformer: we are not here concerned, of course, with sectarian points of view according to which any one of the Three Persons of the Trimûrti can be made an essential name of the Supreme Self. Within the period of a Supernal "day," a hundred Angelic "years," there is born within the Waters, matures, and passes away a Cosmos, designated Hiranyagarbha or Brahmânda, and the following hundred Angelic years or Supernal "night" is again a period of latency.

Similarly, within every "day" of Angelic Time (rendered above as "Time") there comes into being and develops a Universe consisting of the "Three Worlds" (*triloka*, viz., Bhûr, Bhuvas, Svar, Earth, Firmament, and Heavens), the creation of Brahmâ as Prajâpati. Each such "day" is called a Kalpa, "Time," "Saeculum." At the close of such a "day," the end of Time (*kalpânta*), there is a Great Resolution (*mahâ-pralaya*) or Destruction of the Three Worlds, an End of the World, when all things are returned to the condition of Waters, which condition lasts throughout a "night" *(kalpântara*, Inter-Time) of equal duration. This Great Resolution does not extend to the Empyrean (*antariksha*) Heavens, Brahmâ-loka, Mahar-loka, and Jana-loka, whither repair those exalted beings that are not destroyed in the Resolution, though they have not attained *mukti*. Amongst such would be the Prajâpati of the next Kalpa. Thus the Empyrean Heavens are to be regarded as the abode during Inter-Time of the Unbegotten (*âjânaja*) Angels, and of those others who have attained to a like station on the Devayâna.

Within each such "day" of Brahmâ, that is to say in Time, are included fourteen minor Cycles (*manvantara*, lifetime of a Manu) at the beginning and end of each of which the Karma Devas, a Manu (First Man, "Adam," Humanity) and his descendants Mânushyah, Men, are generated day by day and pass away in due course, reckoning their life in human time.

According to the usual reckoning, a "day" of Brahmâ, "Time," amounts to $432 \times 10^7$ human years, and a Supernal "day" therefore to $31,104 \times 10^{10}$ human years. Our present date is in the seventh *Manvantara* of the Varâha Kalpa of the fifty-first year of "our" Brahmâ, this Kalpa being the 18,001st in his lifetime.

With reference to creation by generation, it may be pointed out that the primal incest is a necessity by hypothesis, inasmuch as the female element is originally one with and is manifested or produced from the one progenitive power, and is therefore as it were a blood relative of the active male. The uncertainty as to the relationship of the first pair, the female element being as it were equally and simultaneously daughter, wife, mother, and sister, presents a certain difficulty from the human point of view, which difficulty is reflected in a varying treatment of the "myths." In the case of Yama and Yamî, for example, the "temptation" is resisted. But this is a denial of life, and more typically the union is accomplished, though in many cases an expiation follows. Specially interesting is the account in *BU* I.4.3 and 4, where the "wife" considers, "How now does he unite with me, whom he had brought forth from himself?" and accordingly attempts to hide herself from him. The parallel is very close with *Genesis* 1, where Adam and Eve, having partaken of the fruit, and thereby forfeited their innocence, realise their nakedness.

Now with respect to *devas*. It has been shown elsewhere that the proper English equivalent of "Deva" is "Angel." We have seen that the epithet "Great Angel" (Mahâdeva) is applicable to the Self-determined Self as Overlord of the Cosmos; and it is only in this sense that Deva can be said to mean "God." Other *devas* are primarily principles or powers, conceived in various hierarchies (*sthâna-vibhâga*, *Brhaddevatâ* 1.70, 71, and 74), or collectively as Vishve Devâh, "the Angelic Host." The higher angels are powers (*vibhûti*) or "members" (*anga*) of the Self-determined Self: not brought into being with reference to any particular creation, but "natural" or "unbegotten" (*âjânaja*), that is to say manifest eternally and informally, and to be as super-individual intelligences. A second hierarchy of *devas* is that of the Work Angels (*karma devah*), so called probably with reference both to their becoming such by works and their operative activity as well as reference to their lesser degree of freedom, as being involved in the chain of causality. The Work Angels include the lesser "gods" of the pantheon, "dominions" and "powers" of various kinds, guardian angels, powers of the individual "soul," and all kinds of "nature spirits"; but especially the progenitive deities, Prajâpatis and other Pitrs ("patriarchs") of particular creations.

A chart such as this must be thought of as any half section of an undimensioned sphere, as in the diagram, which corresponds in spacial imagery to Hiranyagarbha and Brahmânda, and in sound symbolism to formula Om.

The whole is the Supreme Identity of One and Many; independent equally of Time and Local Movement. Any two diameters at right angles will form a cross, as also will any vertical diameter with respect to any tangent at right angles to it. Any diameter taken as vertical will constitute a Line of Nourishment (*srotas*), Life (*prâna*), Being (*sat*) or Light (*prakâsha*) representing the source or fountain of Life with respect to any plane of being represented by the horizontal diameter or by a tangent at any level, the horizontal representing extension (*rajas*) with regard to the possibilities of being on that plane. The said horizontal plane may be further defined by means of a third line horizontal and at right angles to the aforesaid vertical and horizontal; and the two horizontal lines of the three-dimensioned cross thus constituted will define a *loka* or locus in the form of a circle (*mandala*), by reason of their intersection with the surface of the whole sphere.

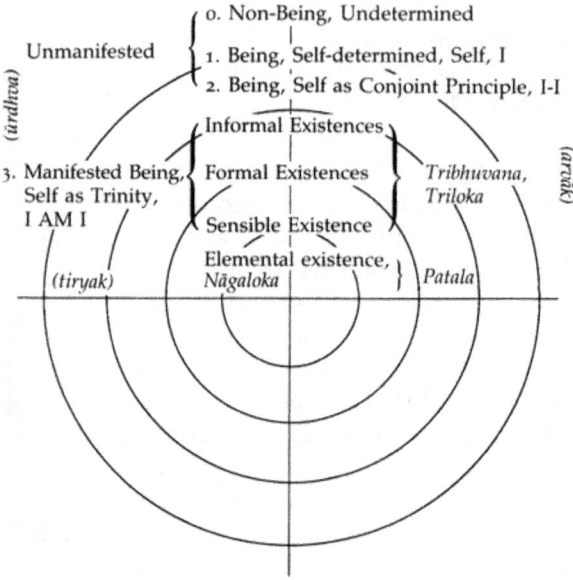

Further, the intersection of the two or three lines of the two- or three-dimensioned cross, whatever the level of the plane considered, will be always the centre of being, the locus of undimensioned space in the heart or in itself, and the meeting place (*samsthâva*) of all pairs of opposites represented by extension centrifugally from the vertical.

Actually, and primarily because of local movement on any given plane, an individual life will be represented, not by a closed circle as implied above, but by a curve, the beginning of which is birth, the end death. If the planes are thought of as indefinite in number, or are indefinitely approximated without coincidence, and consequently the "space between" one plane and another is indefinitely reduced, then "death," the end of an individual pseudo-circular curve on any plane, will coincide with "birth," the beginning of the individual curve of life on the plane immediately above or below as the case may be. It follows that the movement-of-individual-life (*samsarana*) from one plane-of-being (*loka*) to another and thence beyond assumes the form of a spiral winding upwards and downwards about the central vertical of Being; every point at which the spiral cuts a plane being simultaneously a death and birth with respect to the individual tendency whose course (*gati*) is considered. The pitch or gradient of the spiral is the "slope" (*pravat*) of heaven alluded to above.[1] The gradient upwards carries the individual by the Pitryâna to the Moon, or by the Devayâna to the Sun and therebeyond to super-individual states and final Enfranchisement; the gradient downwards is the way of Manu and the Ark, the return voyage on the Pitryâna.

Although from the Vedic point of view all creatures are literally children of God, a real distinction of vegetative, brute, human, and angelic being is felt. This is brought out in a very interesting way in the *Mârkandeya Purâna* XLVII, where the creation at the commencement of our (Varâha) Kalpa is described. Here the Vegetable creation is called Mukhya (refer to the procession of vegetation from the mouths of *yakshas*); the Animal creation is called Tiryak, because in animals the life-stream or course of nourishment (*srotas*) runs horizontally; in the Angel creation (*devas*) the life-stream runs upwards (*ûrdhva*); in the Human creation (distinguished also by causative capacity) the life-stream runs downwards (*arvâk*). These "directions" of the current of life are significant and intelligible if we take for granted traditional interpretations of the symbolism of the cross, though so far as animals and man are concerned, they also correspond to actual positions of the oesophagus.

---

[1] Voir huitième partie, *La Crise du Monde Moderne, La Réincarnation* : « The presumption is rather that the obscure process of the "descent" by which there is a "return again"... » (Note: The way "up" and "down" is called a "slope" (*pravat*, RG X.14.1; AV VI.28.3 and XVIII.4.7)... It emerges without possibility of doubt that the Vedic "Flood" represents the partial dissolution (*pralaya* as distinguished from *mahâ-pralaya*) of the world at the close of a *manvantara*; when the Waters subside, the Manu of the next *manvantara* descends the "slope" and makes land on a mountain peak (Indian Himâlaya, Herbraic Ararat)).

# FRAGMENTS DOCTRINAUX

---

## DEUXIÈME PARTIE

## FORMES TRADITIONNELLES ET CYCLES COSMIQUES

---

## I

## LA COSMOGONIE

POUR LA QUESTION du « Point primordial », la concentration et l'expansion peuvent être comparés aux deux phases de la respiration (et à celles des mouvements du cœur) ; et tout cela peut naturellement s'appliquer à différents niveaux. Si on envisage les choses au degré de l'Être, on pourrait dire que l'indifférenciation « diffuse » correspond à son Unité, et la contraction à sa polarisation en essence (le point) et substance (l'espace vide, pure potentialité).

La présence de deux points et leur distance réalise un espace ; c'est évidemment une des conditions d'existence de l'élément corporel, mais ce n'est pas la seule qui soit nécessaire. Je dois dire, à ce propos, que je me méfie beaucoup du mot « concret » ; je ne suis jamais arrivé à savoir exactement comment on voulait l'entendre ; en tout cas, il est toujours détourné de son vrai sens étymologique, qui n'est autre que celui de « continu »[1].

J'ai employé tout à l'heure, pour parler votre langage, le mot de « créature », et je l'ai fait en le prenant dans le sens que je considère comme le plus acceptable, bien que je ne sois pas tout à fait sûr que ce soit exactement le vôtre. Du reste, si j'avais pu m'en tenir au point vue métaphysique pur, je n'aurais pas eu du tout à me servir de ce mot, ou plutôt de l'idée qu'il exprime ; c'est la façon dont vous posez la question (et je ne vous le reproche certes pas) qui me force à passer quelquefois au *point de vue théologique.* Il faut que je m'arrête un peu sur cette conception de la création, qui est d'ailleurs, non pas spécifiquement chrétienne, mais proprement judaïque dans son origine, et, par suite, commune à toutes les doctrines qui ont une racine judaïque, mais à celles là seulement. Comme cette conception n'existe pas chez les Orientaux (à l'exception des musulmans), pas plus qu'elle n'existait chez les Grecs, il ne m'est pas possible de la regarder comme aussi fondamentale qu'elle semble l'être pour vous, ni comme ayant une signification véritablement métaphysique. Sa vraie raison d'être est tout autre, et, si l'on met chaque chose à sa place, ce n'est pas dans le domaine métaphysique qu'elle a à intervenir, mais seulement dans le domaine proprement religieux, au sens le plus strict de ce mot. Cette conception peut certainement traduire tout un ordre de vérités de la façon la mieux appropriée à un certain niveau de compréhension, ce qui est fort appréciable ; mais sa nécessité réside surtout dans un danger inhérent à la mentalité de certains peuples ou de certaines races, danger qui est une tendance à admettre une « matière » coéternelle à Dieu,

---

[1] Louis Caudron (13 novembre 1936).

ou, si vous voulez, à substituer à la conception « divine » une conception « démiurgique ».

Quoi qu'il en soit, si c'est dans l'idée de création que vous trouvez un obstacle, je puis vous assurer qu'elle n'est nullement incompatible avec la réalisation de l'« identité suprême ». Leurs « compossibilités » (si on peut employer ce mot) apparaît assez nettement dans certaines doctrines islamiques, et les musulmans ne sont pas moins attachés que les chrétiens à la conception de Dieu sous l'aspect de Créateur[1].

Pour ce que vous dites concernant *Kha* et *Shûnya*, je suis entièrement d'accord avec vous ; je me demande seulement s'il est possible de considérer l'espace en lui-même comme une « substance », car il ne représente en somme qu'un « contenant » (ce que montre d'ailleurs l'homogénéité même ou l'« indiscernabilité » de toutes ses parties) ; je pense qu'au fond, comme le temps, il est plutôt une condition d'existence. Naturellement, toutes ces questions seront à reprendre plus complètement si j'arrive à faire le travail que je projette depuis longtemps déjà sur les conditions de l'existence corporelle.[2]

Pour la question doctrinale que vous envisagez à la fin de votre lettre, je pense que la chose est assez simple : dans un milieu continu et homogène, on peut très bien considérer la différenciation comme produite par un ébranlement se propageant de proche en proche à partir du point où a lieu la vibration initiale qui le détermine, et cela sans qu'il y ait aucun transport de corpuscules comme dans la théorie atomique[3].

La théorie atomiste est fausse, avant tout, par là même qu'elle admet l'existence de corpuscules indivisibles (c'est la définition même des atomes), ce qui est contradictoire, parce que qui dit corps dit quelque chose d'étendu, et par suite toujours et indéfiniment divisible, de sorte qu'en réalité on ne peut atteindre l'indivisible qu'à la condition de sortir de l'ordre corporel. De plus, en affirmant que tout est exclusivement composé d'atomes, elle nie qu'il y ait autre chose que ceux-ci qui ait une réalité positive, et, par conséquent, elle ne peut admettre entre eux que le vide, et non pas l'éther indifférencié ; or le vide ne saurait avoir de place dans le domaine de la

---

[1] Noële Maurice-Denis Boulet (16 février 1919).
[2] Ananda K. Coomaraswamy (6 novembre 1935).
[3] Louis Caudron (31 décembre 1935).

manifestation. On peut encore remarquer que, si les atomes étaient séparés par le vide, ils ne pourraient en aucune façon agir les uns sur les autres ; la théorie affirme pourtant qu'ils s'attirent, ce qui est encore une contradiction. On pourrait même en trouver d'autres sur des points plus secondaires ; mais cela suffit pour vous montrer qu'il n'est pas difficile d'en montrer la fausseté. Mais, d'autre part, je ne vois toujours pas ce qui vous gêne pour concevoir la vibration dans un milieu non composé d'éléments ; il y a ébranlement de ce milieu homogène et continu lui-même, tout simplement, et cet ébranlement se propage de proche en proche en raison de sa continuité. Maintenant, il est bien entendu que l'ébranlement initial doit être provoqué par une cause qui est d'un autre ordre ; cela va de soit, d'ailleurs, si l'on remarque que le milieu en question joue ici, par rapport à la manifestation corporelle, un rôle qui est l'analogue (relatif) de celui de *Prakriti*, c'est-à-dire un rôle purement « substantiel » et passif[1].

Pour la question « vibratoire », je ne vois pas pourquoi il peut y avoir tant de difficultés à concevoir un ébranlement produit et propagé dans un milieu homogène et continu ; il est possible qu'elles soient dues à certaines habitudes prises sous l'influence des théories scientifiques modernes… En tout cas, il est certainement toujours utile de me signaler tout cela, car je ne peux m'apercevoir par moi-même de difficultés de ce genre, et il est évident qu'il faut tâcher d'en tenir compte dans un exposé. Je me suis déjà aperçu assez souvent, par des réflexions qui m'ont été faites, que des choses qui me paraissaient aller de soi auraient eu en réalité besoin d'être expliquées davantage[2].

D'autre part, vous avez touché à une question qui se rattache à un mystère « préhistorique » : celle des figurations d'empreintes de pieds, humaines et animales ; il y a là quelque chose que je n'ai jamais pu arriver à préciser très exactement, mais qui me paraît important ; ne pensez-vous pas pouvoir développer cette question à part ?

Encore une remarque à propos de celle-ci : le titre du *Dhammapada* m'a toujours fait penser, d'une façon en quelque sorte naturelle et sans que je puisse l'expliquer, aux « traces »

---

[1] Louis Caudron (20 janvier 1936).
[2] Louis Caudron (14 février 1936).

laissées sur la terre par les pieds du taureau symbolique du *Dharma* ; vous faites incidemment une remarque qui me paraît tendre dans le même sens ; auriez-vous quelque idée plus précise à ce sujet ?[1]

Pour le *vestigium pedis*, il sera très intéressant que vous puissiez rassembler les références dont vous parlez ; oserai-je vous demander s'il ne serait pas possible d'en faire un article pour les *Études Traditionnelles* ? – Quand à l'origine préhistorique de ce symbolisme, nous sommes bien d'accord ; on peut en effet penser qu'il y a là plus spécialement une relation avec les traditions des peuples pasteurs ; pour ce qui est des peuples chasseurs, je pense qu'il n'y en a jamais eu autrement que par suite d'une dégénérescence, et non primitivement. Quoi qu'il en soit, j'ai vu en France, sur des rochers, un assez grand nombre de ces empreintes préhistoriques de pieds humains (qui, sous l'influence du Christianisme, sont attribués par les paysans à la Vierge ou à différents saints), ainsi que deux pieds de chevaux ; j'ai vu également sur le mont Sinaï deux empreintes de pieds de chameau (que les bédouins de la région attribuent au chameau de Moïse). D'autre part, il me semble bien me rappeler que, dans l'iconographie chrétienne, il y a des figurations de l'Ascension où, au-dessous du Christ s'élevant dans les airs, on voit l'empreinte de ses pieds sur la montagne ; il y a sûrement quelque rapport entre tout cela[2].

---

[1] Ananda K. Coomaraswamy (26 avril 1936).

[2] Ananda K. Coomaraswamy (21 mai 1936). « Ceux-là n'ont dès lors aucun moyen de distinguer l'"homme transcendant" de l'"homme véritable", car, de l'état humain, l'"homme transcendant" ne peut être aperçu que par sa "trace" (cette "trace" est ce qu'on appellerait, en langage traditionnel occidental, *vestigium pedis* ; nous ne faisons qu'indiquer ce point en passant, car il y a là tout un symbolisme qui demanderait encore d'amples développements), et cette "trace" est identique à la figure de l' "homme véritable" ; de ce point de vue, l'un est donc réellement indiscernable de l'autre » (René Guénon, *La Grande Triade*, Gallimard, 1980, p. 156). « Suivant la tradition islamique également, l'être qui est passé de l'autre côté du *barzakh* est en quelque sorte à l'opposé des êtres ordinaires (et c'est d'ailleurs là encore une stricte application du sens inverse à l'analogie de l' "Homme Universel" et de l'homme individuel) : "S'il marche sur le sable, il n'y laisse aucune trace ; s'il marche sur le rocher, ses pieds y marquent leur empreinte" (ceci a un rapport évident avec le symbolisme des "empreintes de pieds" sur les rochers, qui remonte aux époques "préhistoriques" et qui se retrouve à peu près dans toutes les traditions ; sans entrer présentement à ce sujet dans des considérations trop complexes, nous pouvons dire que, d'une façon générale, ces empreintes

# II

# LES CYCLES COSMIQUES

LA SUCCESSION Ouranas-Kronos-Zeus se rapporte à différents aspects divins, mais envisagés surtout, semble-t-il, dans leur correspondance avec différentes périodes cosmiques.

Ce que vous dites pour Saturne et Janus me paraît juste, d'autant plus que, dans un certain aspect du symbolisme de Janus, les deux visages sont rapportés aux deux pouvoirs sacerdotal et royal. Cependant, il y a peut-être plus de difficulté en ce qui concerne l'analogie entre Saturne et le Christ ; mais il se peut que la différence provienne surtout de la prédominance donnée respectivement aux deux symbolismes « polaire » et « solaire » ; ces substitutions ont d'ailleurs une assez grande importance en ce qu'elles indiquent un rapport avec des périodes différentes. À ce propos, il y a sans doute lieu d'insister sur le rapport de Saturne avec l'« âge d'or » (que Virgile appelle *Saturnia regna*) ; l'appellation hindoue de *Satya-Yuga* est aussi à remarquer, la racine *Sat* se retrouvant dans le nom de Saturne. – Il y aurait bien encore une autre chose à éclaircir : ce sont les rapports de l'histoire de Saturne avec celle d'Abraham (que la tradition islamique met précisément en relation avec le ciel de Saturne) ; il y a là, notamment, des choses vraiment singulières se rapportant au symbolisme des pierres ; cette question est encore une de celles que j'ai l'intention de traiter un jour ou l'autre[1].

---

représentent la "trace" des états supérieurs dans notre monde) » (René Guénon, *Initiation et Réalisation Spirituelle*, Éditions Traditionnelles, 1980, p. 238). « Ananda K. Coomaraswamy. *Elements of Buddhist Iconography…* Il aborde en outre un grand nombre d'autres points fort intéressants, comme la similitude du symbole du *vajra* avec le *trishula*, la signification des empreintes de pieds représentant les "traces" du principe dans le monde manifesté » (René Guénon, *Études sur l'Hindouisme*, Éditions Traditionnelles, 1979, p. 138 ; voir aussi Ananda K. Coomaraswamy, *Elements of Buddhist Iconography*, Munshiram Manoharlal Publishers Pvt. Ltd., 1998, pp. 16-17, où, par exemple, Coomaraswamy a écrit : « "Footprint" or "track" is thus tantamount to "vestige" as understood in Scholastic phraseology : *Dhammapada* should perhaps be translated in this sense as "Vestige of the Law," *dhamma-padâni* as "traces of the Law" » – *MAT*).

[1] Vasile Lovinescu (9 novembre 1935).

J'arrive à ce dont vous me parlez dans votre lettre, concernant la doctrine des cycles ; je dois dire qu'il y a là des choses qui paraissent réellement très difficiles à exprimer, plus peut-être qu'à concevoir, et c'est d'ailleurs pourquoi, bien que l'on me l'ait souvent demandé, je n'ai jamais pu me décider à faire un travail d'ensemble sur ce sujet. — D'abord il doit être bien entendu qu'aucune doctrine traditionnelle n'admet l'idée d'un « progrès » général, à moins qu'on ne l'entende au sens tout à fait restreint de développement matériel, car cela même s'accorde bien avec la marche même du cycle. Par conséquent, il n'est aucunement nécessaire de supposer un tel développement matériel chez les premiers hommes ; ce que toutes les traditions affirment, c'est qu'ils possédaient tous, et d'une façon spontanée, un état spirituel qui ne peut être atteint que difficilement et exceptionnellement par les hommes actuels. — Il faut remarquer aussi que les restes découverts par les paléontologistes ne sont pas forcément ceux des premiers hommes, surtout si ceux-ci vivaient sur quelque continent qui a disparu par la suite. Il se peut qu'il y ait eu déjà, à des époques reculées, des cas de dégénérescence, surtout parmi ceux qui avaient échappé à quelque cataclysme ; ce ne sont d'ailleurs pas les indices matériels qui peuvent permettre d'en juger réellement. En tout cas, j'ai l'impression que les cavernes préhistoriques ont été bien plutôt des sanctuaires que des habitations… — Je ne sais pas exactement à quelle période on pourrait faire correspondre ce qui est indiqué dans le chapitre VI de la *Genèse*, qui mériterait certainement d'être examiné de plus près à ce point de vue. Il se peut d'ailleurs que ce soit susceptible de plusieurs applications à des niveaux différents ; mais la plus immédiate doit être en rapport avec ce qu'on dit des derniers temps de l'Atlantide, ce qui ne nous reporterait qu'au *Dwâpara-Yuga* et serait donc encore bien loin du début du *Manvantara*.

Cela dit, je crois que, pour résoudre la principale difficulté que vous signalez, il faut distinguer nettement deux choses tout à fait différentes : d'une part, ce qui se rapporte à la marche même d'un cycle, c'est-à-dire au sens du développement d'un monde ; d'autre part, ce qui concerne les êtres qui sont manifestés dans ce monde, mais qui ne font en somme que le traverser sans lui être lié essentiellement ; l'état de ces êtres doit, d'une façon générale, être, à chaque moment, en conformité avec les conditions du monde considéré, donc plus spirituel au début et plus matériel à la fin. On pourrait dire que, au début, un monde est apte à fournir un terrain de manifestation à des êtres réellement plus « avancés » que ceux qui viendront ensuite ; je ne vois pas qu'il y ait là quelque chose de contradictoire. – D'ailleurs, la distinction que je viens de dire apparaîtra nettement si, par exemple, on considère ceci : quand on parle des cycles précédents le nôtre (il est bien entendu que cela doit s'entendre analogiquement et non dans un sens littéralement temporel), on les représente comme au-dessous ou en arrière de nous ; quand on parle des êtres nous précédant dans le parcours des cycles, on les représente au contraire forcément comme au-dessus ou en avant de nous ; et ceci se rapporte naturellement encore à l'opposition des *Dêvas* et des *Asuras*... J'ai dû écrire autrefois, sur ces sortes d'antinomies « cosmologiques », quelque chose que je n'ai jamais publié, mais que je retrouverai sans doute parmi mes papiers, et que je pourrai peut-être reprendre un jour.

Les « Enfers » paraissent désigner en réalité plusieurs choses qu'il y a lieu de distinguer : soit les états inférieurs (cycles précédant la manifestation universelle) eux-mêmes, soit les « traces » de ces états dans l'état humain ; et encore les « limbes », domaine des potentialités non-actualisées, qui peut répondre plus particulièrement à ce que vous envisagez ; les « ténèbres extérieures », où sont rejetées finalement les « rebuts » d'un cycle, et qui correspondent aussi, dans le symbolisme hindou, à la région obscure située au-delà du mont *Loka-Aloka*, etc.

Le *Krita-Yuga* peut bien avoir été « sur la terre », mais cela n'indique pas nécessairement que la terre elle-même était alors ce qu'elle est présentement ; on pourrait même se demander si ce ne sont pas les changements de conditions survenues à certaines époques dans le monde terrestre qui empêchent qu'on puisse, par des recherches quelconques, trouver des vestiges vraiment « primitifs ». – Je dirais volontiers aussi que « sur *la* terre » ne signifie pas exactement « sur *cette* terre » ; la tradition islamique parle très nettement de « sept terres », manifestées successivement ou alternativement, et qui sont d'ailleurs la même chose que les sept *dwîpas* de la tradition hindoue. – Bien entendu, tout cela n'empêche pas que les considérations sur les origines puissent aussi être envisagées en un sens plus universel ; et elles doivent toujours pouvoir, par une transposition appropriée, s'appliquer à tous les niveaux, y compris celui que représente l'histoire de l'humanité terrestre[1].

Je viens de recevoir l'article *The Lost Atlantis* que vous m'avez envoyé, et je vous en remercie ; je ne suis pas fâché de voir que les conclusions n'en sont pas trop favorables à la théorie de Wegener. En effet, cette théorie m'a toujours paru nettement contraire à ce qui est dit dans toutes les traditions au sujet des continents disparus. Il est vrai qu'il y a lieu de distinguer entre les choses qui se rapportent évidemment à des époques très différentes, car les cataclysmes où ces continents ont été engloutis, étant contemporains de l'humanité actuelle, sont en somme très récents par rapport au « temps géologique » dont il s'agit dans la théorie en question ; mais l'incompatibilité vient de ce qu'il est impossible de trouver une place pour ces continents avec l'hypothèse de Wegener. Enfin, ce qui est plutôt satisfaisant, c'est que les géologues eux-mêmes semblent ne plus

---

[1] Ananda K. Coomaraswamy (22 avril 1936). « Pour eux [les occultistes], en effet, la Terre est le seul monde où il y ait des êtres humains, parce que les conditions de la vie dans les autres planètes ou dans les autres systèmes sont trop différentes de celles de la Terre pour qu'un homme puisse s'y adapter ; il résulte de là que, par « homme », ils entendent exclusivement un individu corporel, doué des cinq sens physiques, des facultés correspondantes (sans oublier le langage parlé… et même écrit), et de tous les organes nécessaires aux diverses fonctions de la vie humaine terrestre. Ils ne conçoivent pas que l'homme existe sous d'autres formes de vie que celle-là. D'ailleurs, nous pouvons noter en passant que tous les écrivains, astronomes ou autres, qui ont émis des hypothèses sur les habitants des autres planètes, les ont toujours, et peut-être inconsciemment, conçus à l'image, plus ou moins modifiée, des êtres humains terrestres (voir notamment C. Flammarion, *La Pluralité des Mondes habités*, et *Les Mondes imaginaires et les Mondes réels*), ni, à plus forte raison, qu'il puisse exister en mode immatériel, informel, extra-temporel, extra-spatial, et, surtout, en dehors et au-delà de la vie (l'existence des êtres individuels dans le monde physique est en effet soumise à un ensemble de cinq conditions : espace, temps, matière, forme et vie, que l'on peut faire correspondre aux cinq sens corporels, ainsi d'ailleurs qu'aux cinq éléments ; cette question, très importante, sera traitée par nous avec tous les développements qu'elle comporte, au cours d'autres études). Par suite, les hommes ne peuvent se réincarner que sur la Terre, puisqu'il n'y a aucun autre lieu dans l'Univers où il leur soit possible de vivre » (René Guénon, *Recueil*, Rose-Cross Books, 2013, p. 308).

regarder l'Atlantide comme un simple « mythe » et qu'ils admettent la possibilité de sa disparition à une époque dont l'humanité a pu garder le souvenir ; mais, à ce propos, la notion d'une « folk-memory » dont il est question dans l'article ne me paraît pas des plus claires ; est-ce un moyen d'éviter de reconnaître l'existence d'une tradition au vrai sens du mot ?[1]

J'ai lu dernièrement *L'Évolution régressive* dont vous me parlez, et j'ai en effet l'intention d'en faire un compte rendu ; il y a là des vues très intéressantes, surtout contre le transformisme, mais aussi d'autres qui sont bien contestables ; en tout cas la somme des *Manvantaras* écoulés est extrêmement loin de donner les millions d'années qu'on assigne à tort ou à raison aux époques géologiques, car elle ne s'élève même pas tout à fait à un demi-million ![2]

Assurément la fantasmagorie des périodes géologiques est un des points faibles de l'*Évolution régressive*, dont les auteurs, d'autre part, font preuve d'un littéralisme assez grossier dans leur interprétation de la Bible… – Pour ce qui est de l'absence de fossiles humains remontant au-delà d'une certaine époque (toute réserve faite sur la « chronologie » des préhistoriens aussi bien que sur celle des géologues), elle peut sans doute s'expliquer par bien des raisons diverses ; il y a même pour des temps moins anciens, bien d'autres choses qui ne se retrouvent pas non plus[3].

Pour ce qui est du soi-disant « feu central », il est bien évident qu'il n'y a pas lieu de se préoccuper des théories modernes, toutes plus hypothétiques les unes que les autres ; mais ce que vous me signalez au sujet de la basse température des grands fonds océaniques est beaucoup plus intéressant, parce qu'il s'agit là d'une constatation de fait[4].

Selon la doctrine traditionnelle, l'âge de notre monde est inférieur à un demi-million d'années, d'où il s'ensuit que les chiffres fabuleux avancés par la science moderne pour la durée des périodes géologiques sont purement hypothétiques, sinon mêmes fantaisistes. Mais alors, que peut valoir cette science ?

---

[1] Ananda K. Coomaraswamy (16 avril 1940).
[2] Gaston Georgel (4 octobre 1945). [64 800 années × 7 *manvanataras* = 453 000 années – *MAT*].
[3] Gaston Georgel (23 septembre 1946).
[4] Gaston Georgel (24 avril 1950).

Nous pensons qu'elle a surtout un caractère utilitaire : la considération des périodes géologiques a permis de classer les terrains et de faciliter ainsi la prospection minière. Pourquoi en chercher davantage ? Ce qui intéresse la science actuelle, ce n'est pas tant la Vérité, que la « Puissance » et le « Succès matériel » !‍[1]

Je ne comprends pas bien comment vous envisagez le *Kalpa* : celui-ci est la durée totale d'un monde, et il ne peut donc être compris dans aucun cycle plus étendu ; il se divise en 14 *Manvantaras*, chacun de ceux-ci étant le cycle complet d'une humanité ; la considération des quatre âges s'applique à chaque *Manvantara*, mais je n'ai jamais vu nulle part qu'on puisse l'appliquer à l'ensemble du *Kalpa*[2]. Quant à la tradition chrétienne, elle n'envisage rien au-delà du présent *Manvantara* ; ce qu'elle considère comme la « fin du monde », et qu'il vaudrait mieux appeler la fin d'un monde, n'est donc pas autre chose que celle de l'humanité actuelle ; je pense d'ailleurs que vous pourrez trouver dans mon nouveau livre quelques éclaircissements sur ce sujet. Il va de soi que, dans ces conditions, le Paradis terrestre correspond au *Krita-Yuga* ou « âge d'or » de notre *Manvantara* ; les hommes des premières époques ayant vécu sur des continents disparus depuis lors, il est fort peu vraisemblable que les restes « préhistoriques » qu'on découvre remontent aussi loin, et, en fait, on ne semble guère leur attribuer ordinairement que 15 ou 20 000 ans, ce qui est encore relativement récent ; il en faudrait à peu près le triple, pour qu'ils datent de l'« âge d'or »[3].

Vous avez sans doute raison d'envisager, au début du *Manvantara*, une période en quelque sorte indifférenciée, en ce

---

[1] Gaston Georgel (4 octobre 1945).

[2] [Il est utile d'ajouter les remarques de Coomaraswamy à propos de la relation entre l'immortalité et les cycles : « The relativity of angelic immortality, constantly implied in the Vedic tradition, is asserted with particular explicitness in the *Vishnu Purâna* II.8, where it is explained that *amarattva* is only with reference to the duration of a *kalpa*. Even a Brahmâ, whose life endures for a *para*, equivalent to 36,000 *kalpas*, is not immortal as an individual, while the lifetime of minor angels such as Indra extends only through a *manvantara*, a fourteenth part of a *kalpa*. Only the *nirguna* and *saguna* Brahma, aspects of one true infinity, is absolutely independent of time, really unborn and immortal » (Ananda K. Coomaraswamy, *Yakshas*, Oxford University Press, 1993, p. 104) – *MAT*].

[3] Gaston Georgel (4 octobre 1945).

sens tout au moins que la tradition primordiale n'a bien qu'un berceau unique, la région hyperboréenne. C'est moins net pour les races, et je ne crois pas qu'on trouve nulle part d'indications bien précises à cet égard ; peut-être est-il possible cependant d'envisager une certaine correspondance entre la différenciation des races et celle des principales traditions dérivées de la tradition primordiale. Seulement une autre question se pose : l'origine des différentes races doit-elle être regardée comme simultanée ou comme successive ? En tout cas, elles apparaissent comme liées aux différents continents qui ont disparu dans les cataclysmes survenus successivement au cours du *Manvantara* (d'où leur correspondance, même géographique, avec les points cardinaux).

Quant à l'Adam de la Genèse, je ne crois pas qu'on puisse le rapporter au début du *Kalpa*, car la « perspective » biblique, si l'on peut dire, ne paraît envisager que notre seul *Manvantara*. En effet, s'il en était autrement, où se situeraient les *Manvantaras* autres que le premier dans la suite du récit, puisqu'on n'y voit nulle part reparaître un état correspondant au Paradis terrestre ? Il semble même que les premières phases du *Manvantara* ne soient vues qu'en « raccourci », et qu'il y ait une référence plus particulière et plus directe à la période atlantéenne ; cela peut résulter de ce que le nom d'Adam signifie « rouge », et aussi d'un certain nombre d'autres choses qui indiquent une forme de tradition proprement occidentale. Quoi qu'il en soit, le déluge de Noé, tout au moins dans son sens le plus immédiat et en quelque sorte « historique », ne peut se rapporter qu'à la disparition de l'Atlantide, puisqu'il n'est question d'aucun autre cataclysme après celui-là ; il ne doit donc pas être confondu avec le déluge même du *Manvantara* (où l'on voit celui qui va être le *Manu* de ce cycle prenant avec lui dans l'Arche les sept *Rishis*, qui représentent et résument en eux toute la sagesse des cycles antérieurs). D'ailleurs, il va de soi qu'un symbolisme tel que celui du déluge est toujours applicable à plusieurs niveaux différents ; mais, en tout cela, il s'agit surtout d'une question de « perspective » inhérente à chacune des différentes formes traditionnelles[1].

---

[1] Gaston Georgel (23 septembre 1946).

Pour ce qui est de la division ternaire du *Manvantara*, je ne vois en effet aucune raison « à priori » pour ne pas l'envisager aussi bien que les autres, mais le malheur est qu'il n'existe là-dessus aucune donnée traditionnelle ; quoi qu'il faille penser de ce silence qui paraît assez difficile à expliquer, il en résulte que tout ce qu'on pourra dire à ce sujet aura forcément un caractère hypothétique, et par conséquent pourra toujours paraître contestable. À ce propos, je voudrais vous demander où vous avez trouvé pour la « Grande Année » la durée de 10 800 ans, qui paraît n'avoir pas de rapport direct avec celle de la précession des équinoxes, bien que naturellement on y retrouve les mêmes nombres cycliques fondamentaux[1].

Je n'ai jamais vu nulle part qu'une importance particulière ait été attachée à un cycle de 21 600 ans, mais il est bien entendu que ce qu'on peut appeler les détails des périodes secondaires ne sont jamais indiqués expressément. Dès lors qu'il s'agit d'un nombre qui est une fraction exacte des cycles principaux, il paraît légitime de l'envisager et de rechercher ce qu'il peut représenter dans l'histoire de l'humanité. Quant aux correspondances que vous envisagez pour les trois cycles successifs de cette durée, elles semblent aussi très plausibles ; je crois donc qu'il pourrait y avoir intérêt à ce que vous tâchiez de préciser tout cela[2].

Il est cependant possible que, suivant les points de vue, il y ait lieu d'envisager dans certains cas des correspondances différentes, car, en réalité, les deux tendances ascendante et descendante coexistent toujours dans toute manifestation, et on ne peut jamais parler que d'une prédominance de l'une sur l'autre, sans exclure la considération de cette autre. – D'autre part, il faut remarquer que les 7 *dwîpas*, dont la série doit se répéter deux fois dans le cours des 14 *Manvantaras*, correspondent proprement aux 7 régions de l'espace, c'est-à-dire au centre et aux 6 directions des branches de la croix à 3 dimensions[3].

L'« âge des Héros » n'est aucun des 4 âges en lesquels se divise le *Manvantara*, ni un autre âge spécial qui viendrait s'ajouter à ceux-là, mais plutôt une simple subdivision ; il

---

[1] Gaston Georgel (5 novembre 1950).
[2] Gaston Georgel (3 mars 1947).
[3] Gaston Georgel (28 janvier 1948).

faudrait pouvoir se reporter à ce que dit Hésiode, et que je n'ai pas ici ; mais, autant que je peux m'en souvenir, il semble bien qu'il se situe dans l'« âge de fer » même, dont il est peut-être comme la première phase, et où il représenterait encore une sorte de reflet des âges précédents[1]. – D'un autre côté, il n'est pas sûr que cela ait un rapport direct avec le début du 6ᵉ chapitre de la Genèse, qui doit se référer à une époque plus éloignée (le commencement du *Kali-Yuga* correspondrait plutôt à la Tour de Babel) ; il faut se méfier des similitudes qui proviennent plutôt des traductions que du texte même[2].

J'avoue que j'avais perdu de vue ce que vous citez dans votre livre au sujet des tempéraments, m'étant surtout attaché à ce qui concerne directement la question des cycles. Il s'agit bien réellement des quatre tempéraments traditionnels ; il y aurait sans doute des réserves à faire sur certains points de la description, mais, pour le moment du moins, je ne veux pas m'arrêter aux détails, et je me bornerai à la question des correspondances dont vous me parlez plus spécialement. Ce qui est vraiment curieux, c'est que, partout où j'ai vu de telles correspondances indiquées, je les ai toujours trouvées « brouillées » d'une façon ou d'une autre ; on ne voit d'ailleurs pas bien quelle raison il pourrait y avoir eu de les brouiller à dessein…

En réalité, ces correspondances s'établissent ainsi :

| Nord | - hiver | - enfance | - lymphatique | - race blanche | - eau |
|---|---|---|---|---|---|
| Orient | - printemps | - jeunesse | - nerveux | - race jaune | - air |
| Sud | - été | - âge mûr | - sanguin | - race noire | - feu |
| Occident | - automne | - vieillesse | - bilieux | - race rouge | - terre |

---

[1] [L'« âge des Héros » semble se situer au début du *Kali-yuga*. Hésiode a placé l'« âge des Héros » entre l'« âge de bronze » et l'« âge du fer », tandis que Platon a mentionné les héros grecs Cécrops, Érichthonius, Érechthée et Érysichthon luttant contre les Atlantes au milieu de l'« âge de bronze » ; il est possible que les trois derniers noms soient étymologiquement liés à *erythros*, « rouge ». Comme Platon avait divisé l'« âge d'Atlantide » en deux parties, l'une « divine » et l'autre « humaine », ainsi on peut supposer que l'« âge des Héros » est la période « divine » du *Kali-yuga*, c'est-à-dire la période qui pourrait avoir commencé à la fin du *Dwâpara-yuga* – MAT].
[2] Gaston Georgel (28 janvier 1948).

Je doute qu'on puisse établir une correspondance stricte avec les facultés. D'autre part, je laisse de côté la relation des éléments avec les « états physiques », qui n'a pas grand intérêt, et derrière laquelle il y a souvent, sur la nature des éléments, une de ces méprises qu'amènent trop facilement les essais de rapprochements avec les sciences modernes ; en tout cas le feu et l'éther sont deux éléments différents ; l'éther ne paraît pas ici parce qu'il se place au centre, correspondant à un état d'équilibre indifférencié. Enfin il n'y a aucune conséquence à tirer de là quant à une supériorité prétendue de telle ou telle race ; elles sont simplement différentes et ont leurs possibilités propres ; et chacune a ou a eu sa période de suprématie ou de prédominance, conformément aux lois cycliques[1].

Votre découverte pour les proportions de la statue[2] [du songe du roi Nabucodonosor] est vraiment curieuse et mérite d'être exposée dans votre livre complété ; mais comment envisagez-vous l'explication de cette inversion entre les 4 âges et les différentes parties de la statue ?

Je ne sais pas du tout ce qu'est *The Astrological Magazine* ni dans quel pays il se publie ; je crains un peu que ce ne soit en Amérique, mais, même si c'était dans l'Inde, ce ne serait pas une garantie, car, maintenant, il y a partout une invasion des méthodes astrologiques modernes, et naturellement les gens qui les emploient sont tout à fait ignorants des données traditionnelles. En tout cas, les chiffres cités par Volguine d'après cette revue paraissent bien fantaisistes ; le nombre 25 824 (au lieu de 25 920) n'est aucunement un nombre cyclique et ne peut réellement correspondre à rien[3].

---

[1] Gaston Georgel (29 décembre 1937).

[2] *Daniel*, 2, 31-35 : « Ô roi, tu regardais, et tu voyais une grande statue ; cette statue était immense, et d'une splendeur extraordinaire ; elle était debout devant toi, et son aspect était terrible. La tête de cette statue était d'or pur ; sa poitrine et ses bras étaient d'argent ; son ventre et ses cuisses étaient d'airain ; ses jambes, de fer ; ses pieds, en partie de fer et en partie d'argile. »

[3] Gaston Georgel (24 avril 1950) [Comme l'a dit René Guénon, puisque la perfection n'est pas de ce monde, les planètes, comme la Terre, ne sont pas des sphères, et leurs trajectoires ne sont pas des cercles mais des ellipses (c'est pourquoi le Soleil n'est pas au centre d'un cercle, mais dans un des foyers de l'ellipse). De même, on ne peut s'attendre à retrouver les nombres cycliques et la valeur traditionnelle de la précession des équinoxes dans ce monde, particulièrement aujourd'hui, à la fin du *Kali-yuga*. – MAT].

# III

# LA FIN DU MONDE

JE SUIS CONTENT que vous ayez pu enfin avoir *la Crise du Monde moderne* ; pour la difficulté que vous me signalez, elle tient tout simplement à ceci : le développement d'un cycle, considéré par rapport à l'hélice évolutive, s'effectue bien seulement dans un plan horizontal ; mais, considéré en lui-même et isolément de l'ensemble, il s'effectue dans un sens descendant ; il y a là deux points de vue qu'il ne faut pas confondre[1].

D'après la tradition hindoue, les *Asuras* sont antérieurs aux *Dévas*, ce qui paraît bien impliquer que les Enfers correspondent aux cycles antérieurs et les Cieux aux cycles postérieurs par rapport à celui qui est pris comme terme de comparaison. C'est là une question tout à fait différente et même, à ce qu'il me semble, indépendante de celle de la « descente » se produisant du commencement à la fin de chaque *Manvantara* considéré isolément ; cela concorde d'ailleurs avec ce que j'ai indiqué dans le chapitre XXIII de la *Grande Triade*[2].

Pour ce qui est de la « chute » [évoquée dans la Bible], je ne pense pas qu'on puisse y voir autre chose qu'une façon d'exprimer l'éloignement du Principe, nécessairement inhérent à tout processus de manifestation. Si on l'entend ainsi, on peut bien dire que la formation du monde matériel en est une conséquence (mais, bien entendu, on peut aussi l'envisager à d'autres niveaux, à l'intérieur de ce monde lui-même, et plus particulièrement pour un cycle quelconque) ; seulement, on doit ajouter qu'il faut que ce monde se réalise ainsi, par là même qu'il représente une possibilité de manifestation[3].

J'ajoute encore que, corrélativement à la *Genèse*, l'*Apocalypse* ne décrit proprement que la fin de notre *Manvantara*, et non pas celle du *Kalpa* tout entier[4].

Pour la fin du cycle, tous les calculs semblent converger vers les dernières années de ce siècle-ci ; un grand Cheikh du Maroc

---

[1] Un docteur non identifié (18 octobre 1936).
[2] Gaston Georgel (28 janvier 1948).
[3] Louis Caudron (29 janvier 1933).
[4] Gaston Georgel (23 septembre 1946).

affirmait dernièrement que l'Antéchrist est déjà né, mais qu'il ne doit pas se manifester tout de suite encore. – Quant aux possibilités d'un renouveau initiatique en Occident avant ces événements, c'est bien difficile à dire, et il n'y a jusqu'ici aucun indice qui permette de se prononcer nettement là-dessus[1].

Tout ce qui est dit du dixième *avatâra*, ou, ce qui est la même chose, de la seconde venue du Christ (dans l'Islam aussi bien que dans le Christianisme), le représente comme une manifestation surhumaine ; il est vrai qu'on peut se demander jusqu'à quel point cela est symbolique ; en tout cas, l'idée d'un *avatâra* occidental me paraîtrait tout ce qu'il y a de plus invraisemblable. Quant à l'Antéchrist, il est dit que ce doit être un homme (le Mahdi aussi) ; ici, certains affirment qu'il est déjà né ; je ne sais pas ce qu'il faut penser de son origine juive, que certains précisent même en disant qu'il doit être d'une famille juive de Téhéran ; son nom talmudique, Armilûs, semble être une déformation d'Agrominiûs, c'est-à-dire Ahriman, ce qui nous reporte aussi à la Perse… Je ne sais pas ce qu'il faut penser de la date de 1940, et je crois qu'il ne faut pas chercher à trop préciser ; tous les calculs qu'on peut faire sur des données traditionnelles ou prophétiques conduisent plutôt vers la fin du XXe siècle. Pour ma part, je ne fais aucune prédiction, mais je serais bien étonné que les prochaines années soient calmes ; le conflit toujours possible entre la France et l'Allemagne ne me paraît d'ailleurs représenter là-dedans qu'un simple point particulier, auquel il n'y a pas de raison d'attacher plus d'importance qu'au reste ; vu d'ici, tous les peuples européens se ressemblent beaucoup, et leurs différences sont bien secondaires[2].

Je n'ai pas de données particulières sur les événements du moment ; mais il est certain que tout cela est loin d'être rassurant, et on a de plus en plus l'impression que la période finale du cycle pourrait bien réellement ne pas être très éloignée[3].

On dit ici que Gog et Magog sont des peuples qui vivent sous terre, et qui sortiront peu avant la « fin des temps » ; chose assez curieuse, on les regarde tantôt comme des nains et tantôt

---

[1] Vasile Lovinescu (27 juillet 1935).
[2] Vasile Lovinescu (14 octobre 1935).
[3] Louis Caudron (29 mars 1936).

comme des géants, et ce n'est pas le seul cas où ces deux idées qui semblent opposées se trouvent en quelque sorte confondues[1].

Au Thibet, on parle de *Shamballa* comme d'un ancien centre spirituel qui était situé vers le Nord, et qui est disparu depuis longtemps, mais qui peut être « retrouvé » par ceux qui atteignent un certain état spirituel. Quant au dernier *Avatâra*, ce qu'il y a de singulier, c'est qu'en réalité, il n'est dit nulle part qu'il doive « naître » au sens propre de ce mot[2].

Il y a aussi, dans votre lettre même, quelque chose qui, pour le dire franchement, me paraît plutôt inquiétant ; c'est quand vous parlez de votre livre comme « écrit sous l'inspiration de Dieu ». Il y a assurément bien des sortes d'inspirations, et même celle qui vient directement des mondes supérieurs n'est pas forcément divine pour cela, car il y a là encore une multitude de degrés intermédiaires ; en fait, il n'y a que les livres sacrés des différentes traditions qui soient véritablement inspirés de Dieu, et il ne doit plus y avoir aucun Prophète jusqu'à la fin du cycle actuel, qui du reste n'est peut-être plus bien éloigné… D'un autre côté, si vous considérez votre livre comme inspiré, comment se fait-il que vous ayez osé y apporter après coup des additions et des modifications comme vous l'avez fait ? Il y a là aussi quelque chose que j'avoue ne pas comprendre[3].

L'objection soulevée par votre ami contre la nécessité d'un rattachement initiatique régulier, du moins dans certains cas, montre seulement chez lui une incompréhension des lois cycliques et des conditions qui en résultent. Tant que dure le *Kali-Yuga* (et il est bien évident que nous y sommes encore), la « descente » se continue, et même d'une façon de plus en plus accentuée et rapide, jusqu'à la catastrophe finale. Le retour aux origines se produit, par une sorte de « retournement » instantané, au début même du cycle suivant, et non pas d'une façon graduelle au cours du cycle actuel. La possibilité dont il s'agit n'existe donc pas dans les dernières périodes de celui-ci, et même la simple qualification pour l'initiation y devient toujours de plus en plus rare ; c'est là toute la réponse à cet argument[4].

---

[1] Vasile Lovinescu (10 novembre 1936).
[2] M^me Lapasse (date non spécifiée).
[3] Louis Cattiaux (4 octobre 1950).
[4] Goffredo Pistoni (5 septembre 1949).

Par ailleurs, ce que vous dites au sujet de la présence d'êtres ayant en quelque sorte pour fonction de « restaurer l'équilibre » est certainement juste, et j'ajouterai même que, s'il n'y en avait pas constamment, le monde finirait aussitôt. Suivant la tradition islamique, il y a un tel être qui, chaque année, prend sur lui-même les trois quarts des maux qui doivent survenir en ce monde[1].

Pour en revenir à votre ami, au sujet de ce que vous me citez de lui dans votre 2e lettre, il n'y a en somme pas grand'chose à ajouter, car il revient beaucoup sur les mêmes choses ; je ne peux que maintenir qu'il n'y a pas de « divulgation », et je me demande ce que peut bien être cette « avalanche de publications » dont il parle, car je n'en vois au contraire qu'un nombre infime qui aient réellement une valeur traditionnelle. Il est d'ailleurs évident que, par la marche même du cycle, les initiables doivent être toujours de moins en moins nombreux, et cela jusqu'à la fin même du *Kali-Yuga*, car c'est alors seulement que la « descente » sera achevée (il faut bien comprendre que la remontée, pour rejoindre l'origine, ne s'effectue que par un « retournement » soudain et non pas graduellement). Je ne m'explique pas ce qu'il peut trouver qui ne soit pas suffisamment clair dans tout cela ; s'il ne comprend pas mes explications, je n'y peux véritablement rien.

Ce que je viens de dire répond déjà en partie aux questions que vous avez ajoutées vous-même ; par ailleurs, il est possible que, comme vous le dites, la nécessité d'« anticiper » soit en un certain sens moindre vers la fin du cycle, mais il ne faut pas oublier qu'il y a aussi une autre nécessité, celle que quelques-uns au moins gardent jusqu'au bout le dépôt intégral de la tradition pour la transmettre au cycle futur[2].

---

[1] Goffredo Pistoni (26 mars 1950) [Il y a une contradiction apparente entre l'aspect quantitatif d'un cycle (un nombre fixe de 64 800 ans, pour un *Manvantara*) et l'aspect qualitatif de l'activité des êtres ayant pour fonction de « restaurer l'équilibre » – *MAT*].

[2] Goffredo Pistoni (27 juillet 1950).

# IV

# FORMES TRADITIONNELLES

POUR LE SENS qu'on donne communément au mot « tradition », et notamment, quand on parle de « traditions de famille, de race, etc. », il me paraît bien douteux que ce qu'on a en vue puisse être considéré comme représentant des restes même dégénérés de la véritable tradition ; ce sont plutôt de simples « coutumes », c'est-à-dire quelque chose de purement humain et qui n'a jamais été rien de plus que cela. Les restes ou les « dépouilles » de la tradition sont ce que désigne proprement le mot de « superstition » entendu dans son sens étymologique, et c'est là quelque chose de tout à fait différent[1].

Quand aux traditions « pré-hindoues » dans l'Inde, je me suis sans doute insuffisamment expliqué. Il est bien entendu que tous les peuples sont ou ont été en possession de traditions qui dérivent d'une source unique, mais de façon plus ou moins distincte. Les traditions sumériennes, dravidiennes, etc., paraissent procéder de formes se rattachant plus spécialement à certains centres secondaires, tandis que la tradition « hindoue », venue du Nord, est celle qui provient le plus directement de la Tradition primordiale (pour notre *Manvantara*), indiquée partout comme « polaire » à l'origine[2]. Ceci a naturellement un lien direct avec la question du « Paradis Terrestre » à laquelle vous faites allusion, et dont j'ai déjà parlé dans mon livre *Le Roi du Monde*, ce qui n'empêche que j'y reviendrai peut-être encore quelque jour comme vous me le suggérez. – Pour ce qui est de l'analogie des événements historiques avec les principes, d'où leur valeur symbolique (qui n'exclue aucunement leur réalité de fait), j'y ai insisté souvent ; c'est là une chose que les occidentaux semblent avoir beaucoup de peine à comprendre en général[3].

---

[1] Goffredo Pistoni (8 novembre 1949).
[2] [Avant de découvrir l'œuvre de Guénon, Coomaraswamy embrassait le point de vue des historiens des religions, qui promouvaient l'idée de l'existence d'une influence sumérienne sur l'Inde – *MAT*].
[3] Ananda K. Coomaraswamy (24 juin 1935).

La participation à la doctrine peut évidemment comporter bien des degrés, et elle peut n'être qu'indirecte et virtuelle ; l'initiation même peut demeurer virtuelle quant à ses effets ; à plus forte raison en est-il ainsi quand il s'agit de la participation « exotérique » des profanes. Cependant, dès lors qu'il y a un rattachement réel à la tradition, même indirectement, ce n'est pas quelque chose de simplement théorique ; c'est donc d'un autre ordre qu'une adhésion rationnelle à une « croyance » ; et il faut bien prendre garde que ce ne sont pas là des choses qui peuvent s'interpréter en termes « psychologiques ». Quant à savoir si ce lien est vraiment rompu dans le cas de « conversions » dont vous parlez, la question n'est pas si simple : il se peut qu'il en soit parfois ainsi, mais non pas forcément toujours ; il faudrait, pour s'en rendre compte, pouvoir constater ce qui se passera à la mort de l'être considéré, et, si l'on peut dire, de quel côté il se dirigera alors[1].

Je ne connais pas l'auteur de l'article qui a donné lieu à la rectification[2], mais, quel qu'il soit, gnostique ou non, il ne peut pas prétendre substituer ses « vues personnelles » à la doctrine ; et d'ailleurs, s'il est gnostique, il ne peut que reconnaître les inexactitudes que j'ai signalées. Il ne saurait donc être question d'une *divergence* quelconque entre lui et moi, d'autant plus que je ne suis intervenu que d'une façon purement *impersonnelle*, comme il était de mon devoir de le faire : devant la Doctrine, les hommes n'ont qu'à s'incliner. Vous voyez par là combien peu nous intéressent les « questions de personnes ». Quant à nous, nous ne voulons faire aucune sorte d'innovation, car nous nous rattachons à une Tradition qui est beaucoup plus ancienne que toutes les religions, et qui n'a point à se plier aux exigences de la mentalité spéciale de chaque siècle et de chaque pays. Les « progrès de la science moderne » ne nous regardent en rien, puisque le monde matériel *n'existe pas* pour la Gnose, et nous écartons également toute considération sentimentale, pour nous

---

[1] Un docteur non identifié (5 mai 1935).

[2] Article intitulé *Les Gnostiques*, paru dans le numéro de juillet-août 1910 de la revue *La Rénovation*. À l'époque Guénon dirigeait la revue *La Gnose* sous le nom de Palingénius, « Secrétaire général de l'Église gnostique », et c'est à ce titre qu'il envoya deux lettres rectificatrices à M. Alhaiza, directeur de *La Rénovation*, lettres qui furent publiées dans le numéro de septembre-octobre 1910. Ces lettres furent republiées dans la revue *La France Antimaçonnique* les 3 et 24 novembre 1910. [*N.d.É*]

tenir sur le terrain de la métaphysique pure. Désintéressés de toute action sociale, nous n'entendons point rendre la Gnose « accessible à tous », nous pensons que la Vérité ne peut pas être mise à la portée de la masse sans en subir quelque déformation, et nous regarderions comme une sacrilège d'abaisser la Doctrine au niveau des intellectualités vulgaires[1].

Quant à « la glorification du travail », si l'on veut parler du travail *spirituel*, c'est fort bien ; mais on pourrait croire qu'il s'agit du travail *matériel*, et, dans ce cas, ce serait tout simplement antignostique. En effet, la Gnose ne vénère et ne glorifie que l'Idée pure, et elle ne peut pas accorder la moindre importance à des choses qui appartiennent au monde hylique[2].

Il doit être bien entendu que le point de vue ésotérique et initiatique (qu'il faut se garder soigneusement de confondre avec les contrefaçons modernes), auquel se réfère proprement la conscience de l'unité essentielle de toutes les traditions sous l'apparente diversité des formes extérieures, est tout à fait distinct du point de vue exotérique et religieux, lequel n'est point de mon ressort. Un point aussi sur lequel il faut éviter toute équivoque, c'est que tout ce qui mérite réellement le nom de « Tradition » (et c'est toujours ainsi que je l'entends) est proprement « supra-humain » et que, par conséquent, les « initiatives humaines » auxquelles vous faites allusion ne sauraient y avoir la moindre part. – En fait, j'expose simplement certaines vérités pour ceux d'où qu'ils viennent, qui peuvent les comprendre plus ou moins complètement, et mon rôle doit se borner à cela ; c'est à chacun d'en tirer des conséquences conformes à ses propres tendances, car une même voie ne saurait convenir à tous indistinctement (et c'est d'ailleurs pourquoi la diversité des formes est nécessaire). Seulement (et j'appelle tout particulièrement votre attention là-dessus) comme je l'ai écrit quelque part, on peut être au-dessus des formes traditionnelles particulières (par la conscience effective de son unité) ou au-dessous d'elles, et « l'indifférence religieuse » dont vous parlez se situe incontestablement au-dessous ; ceux qui pencheraient de ce côté prouveraient donc tout simplement par là qu'ils n'ont rien compris[3].

---

[1] M. Alhaiza (15 novembre 1910).
[2] M. Alhaiza (15 septembre 1910).
[3] Révérend Père Victor Poucel (14 juillet 1946).

Pour la « tradition primordiale » j'avais toujours pensé naturellement à *sanatana dharma*, mais il se peut en effet que, comme vous le dites, une autre expression soit préférable dans certains cas. Il va de soi que *paramparâ* exprime proprement l'idée de transmission par succession ininterrompue, tandis que *dharma*, se réfère au contenu même de la tradition[1].

Je passe à un autre point qui, pour moi, est particulièrement important : c'est la façon dont il faut comprendre la possibilité d'un accord entre les différentes traditions. Cet accord ne doit aucunement entraîner une substitution d'une Tradition à une autre, ni même une fusion qui, *à l'extérieur* tout au moins, ne serait ni possible ni souhaitable. Il ne pourrait s'agir d'une fusion que conçue d'une tout autre façon, comme s'opérant *de l'intérieur* et *par en haut* ; mais c'est là une question d'un autre ordre, sur laquelle il est assez difficile de s'expliquer clairement, et que nous sommes d'ailleurs bien loin de pouvoir envisager actuellement d'une façon utile. En tout cas, je ne pense pas qu'il soit nécessaire, d'une façon générale, de parler sanscrit ou chinois, ce qui serait, non pas « révolutionnaire » comme vous le dites, mais plutôt « réactionnaire »…, mais ce qui ne serait peut-être pas le meilleur moyen de se faire comprendre.

Il y a un grand intérêt, d'autre part, à marquer la concordance entre les différentes doctrines traditionnelles toutes les fois que l'occasion s'en présente ; mais, en faisant cela, il ne faut jamais oublier qu'il n'y a en Occident, présentement tout au moins, aucune tradition qui ait un caractère purement métaphysique, ni d'ailleurs qui soit métaphysiquement complète ; le premier de ces deux défauts paraît surtout imputable à l'héritage de la mentalité judaïque, le second à celui de la mentalité grecque. Si je dis « présentement », c'est que nous pourrions peut-être envisager les choses autrement s'il nous était possible de mieux connaître tout ce qui a existé au moyen-âge, et dont, malheureusement, la prétendue Renaissance n'a rien laissé subsister ; je ne doute pas qu'il n'y ait eu alors un enseignement traditionnel beaucoup moins *extérieur* que ce que contiennent tous les écrits qui nous sont parvenus[2].

---

[1] Alain Daniélou (27 décembre 1947).
[2] Noële Maurice-Denis Boulet (13 septembre 1917).

Je n'ai jamais dit ni pensé que des traditions différentes devaient ou même pouvaient fusionner ou s'assimiler en quelque façon que ce soit, même dans leur partie théorique. Tout ce qui est possible et souhaitable, c'est une *entente* sur un certain terrain ; et cela ne peut être contesté dès lors qu'on admet que, la vérité étant une, il est possible d'établir des équivalences entre ses divers modes d'expression. J'ajouterai encore que la communication entre les diverses doctrines traditionnelles, dans des conditions qui n'enlèvent à chacune d'elles rien de son indépendance, ne peut s'effectuer que *par en haut*. Peut-être vous ai-je déjà dit cela, du reste ; malheureusement, il ne m'est pas possible actuellement de m'expliquer là-dessus aussi clairement que je le voudrais, d'autant plus qu'il serait fort difficile, je le crains, de trouver des individualités *qualifiées*, capables de prendre l'initiative d'un rapprochement effectif tel que celui auquel je pense. Enfin cela viendra peut-être quelque jour ; il ne faut jamais désespérer[1].

D'un autre côté, j'ai toujours considéré que toutes les traditions, qu'elles soient orientales ou occidentales, ont un fond identique sous des formes diverses ; il ne s'agit donc pas de faire une « tentative d'association » entre ces traditions (qui sont d'ailleurs bien plus de deux), mais de prendre conscience de leur unité essentielle, et aussi des raisons de leurs différences extérieures... Quant à l'Atlantide et à l'Hyperborée (celle-ci d'ailleurs beaucoup plus importante encore que celle-là quand on veut remonter vraiment aux origines), si je n'en avais pas parlé encore, c'est tout simplement que je n'en ai pas eu l'occasion ; il y a pourtant une allusion à ces choses dans l'*Introduction* (pp. 45-46). Ce que j'en sais, c'est surtout de l'Inde que je le tiens[2].

Pour ce qui est de la tradition grecque et de la difficulté qu'il y a à juger de la mesure dans laquelle elle s'était maintenue, je suis aussi de votre avis ; mais, même s'il était resté autre chose sous l'apparence extérieure du « culte de la forme », je pense malgré tout que la période commençant au VI^e siècle avant l'ère chrétienne, celle qu'on appelle « classique », a été, spirituellement, une période de décadence et d'obscurcissement, sinon

---

[1] Noële Maurice-Denis Boulet (30 mars 1919).
[2] Louis Charbonneau-Lassay (19 février 1927).

tout à fait de confusion. Quant à la prétendue opposition de Dionysos et d'Apollon, je me suis toujours demandé si elle répondait à quelque chose de réel, et je n'ai jamais rien pu trouver qui l'indique ; est-ce seulement une invention de Nietzsche ou bien quelqu'un d'autre avait-il eu déjà cette idée avant lui ? En tout cas, elle me paraît ne reposer sur aucune donnée traditionnelle authentique[1].

La tradition chaldéenne est, au fond, presque aussi énigmatique que la tradition égyptienne, bien que certains rapprochements avec la tradition hébraïque permettent peut-être tout de même d'y voir un peu plus clair sur certains points[2].

Si je ne parle pas de la doctrine des anciens Égyptiens, c'est que je n'ai pas la prétention de la connaître, et que je pense même que personne actuellement ne peut savoir ce qu'elle était en réalité. La tradition qui est vivante maintenant en Égypte est la tradition islamique et nulle autre ; l'ancienne tradition égyptienne est une chose morte depuis bien des siècles, et personne ici ne s'en occupe (les égyptologues sont tous des Occidentaux). Remarquez que le cas est à peu près le même pour le Druidisme en France ; encore les Français actuels sont-ils en partie de descendance celtique, tandis qu'on ignore totalement ce qu'ont pu devenir les descendants des anciens Égyptiens[3].

Je ne vois rien du côté islamique, qui puisse indiquer qu'Abraham aurait reçu des éléments de la Tradition « pharaonique » ; d'après Josèphe, suivi par un bon nombre d'auteurs du moyen-âge, ce serait au contraire lui qui aurait enseigné certaines sciences aux Égyptiens[4].

Votre remarque sur l'obscurcissement probable de la tradition égyptienne à l'époque de Moïse est exacte, et d'ailleurs il semble bien que la prédominance du côté magique remonte effectivement assez loin. – Quant à la tradition chaldéenne, vous avez compris ce que j'ai voulu dire : aux Chaldéens, il faut joindre aussi les Hittites, dont le nom se rencontre sous des formes qui montrent que l'origine est la même[5].

---

[1] Guido di Giorgio (10 février 1936).
[2] Ananda K. Coomaraswamy (28 avril 1938).
[3] Un docteur non identifié (19 novembre 1934).
[4] Marcel Maugy (Denys Roman) (4 juin 1950).
[5] Marcel Clavelle (Jean Reyor) (20 octobre 1933).

Quant à la question des rapports des deux traditions hébraïque et égyptienne, je sais qu'il y a aussi les différents textes que vous citez ; mais d'abord, Moïse peut avoir connu parfaitement la tradition Égyptienne et n'avoir pourtant rien introduit de sa *forme* dans la tradition Hébraïque, ce sont là deux choses tout à fait différentes. Du reste, les rapports entre les Hébreux et les Égyptiens, à son époque, semblent avoir été fort hostiles, donc peu favorables à une « assimilation » quelconque ; et, même antérieurement, les Hébreux paraissent bien s'être attachés à garder sans mélange leur propre tradition « abrahamique », c'est-à-dire chaldéenne ; ne voit-on pas même encore maintenant de quelle façon ce peuple, quand il vit parmi les autres, se maintient toujours semblable à lui-même ? En tout cas, il suffit de *regarder* les symboles égyptiens d'une part et chaldéens de l'autre pour se rendre compte de quel côté est la parenté ; il n'y a pas le moindre doute à avoir là-dessus, et cela sans même faire intervenir la question des affinités de race et de langue qui comptent bien aussi pour quelque chose dans la détermination des formes traditionnelles. – Maintenant, il resterait à savoir ce que signifient les « vases d'or et d'argent », ce n'est pas absolument clair, mais il se pourrait bien que cela se rapporte simplement à certaines sciences traditionnelles secondaires. À vrai dire, on ne voit pas de traces très anciennes de l'hermétisme proprement dit chez les Hébreux, mais cela ne veut pas dire qu'il n'y ait pas existé aussi bien que chez les Arabes, et c'est là ce qui aurait été réellement d'origine égyptienne. Cela s'accorderait avec la 2e partie de la phrase de l'« Ash Mezareph » ; mais la première partie de celle-ci est plus sujette à caution, car, de toutes façons, on ne peut pas assimiler l'hermétisme à la Kabbale, ni dire que celle-ci concerne essentiellement les « mystères de la nature » ; on pourrait dire seulement qu'elle en contient le principe, et que, ce principe étant le même partout, on peut y rattacher l'hermétisme lui-même comme une application, même si, tel qu'il est constitué en fait, il procède d'une forme traditionnelle différente ; ce ne serait alors que l'affirmation d'une certaine équivalence de toutes les traditions, ayant pu permettre, dans un cas comme celui-là, l'assimilation d'une science d'origine étrangère[1].

---

[1] Marcel Clavelle (Jean Reyor) (7 septembre 1933).

En ce qui concerne l'Atlantide, il y aurait lieu de se demander si les Chaldéens n'en procédaient pas tout autant que les Égyptiens, ce qui me paraît très vraisemblable[1].

Une autre chose curieuse, ce sont les Yéménites : ils ne ressemblent pas du tout aux Arabes, mais aux Abyssins ; du reste, d'après leur propre Tradition, les deux peuples, autrefois, n'en aurait fait qu'un, qui était le peuple de la reine de Saba ; il serait à supposer, d'après cela, que les Abyssins auraient émigrés en Afrique à une époque postérieure à celle de Salomon. L'ancienne langue Yéménite, qui n'est plus parlée actuellement, n'a aucun rapport avec l'arabe ; on se demande quelle peut être l'origine de ce peuple, qui était probablement en Arabie avant les descendants d'Abraham[2].

La 7ème forme traditionnelle à ajouter à celles que vous énumérez est le Mazdéisme ; mais je dois dire qu'il ne s'agit pas ici des Parsis, qui n'ont conservé que des fragments plus ou moins incohérents, bien que ce soit là tout ce qu'on connaît ordinairement comme Mazdéisme[3].

Le Mazdéisme véritable n'existe plus guère que du côté du Turkestan ; il n'a aucune relation avec les Parsis de l'Inde, qui n'ont conservé que quelques fragments de leur tradition (c'est tout ce qu'on en connaît en Europe), et qui sont généralement très ignorants et très « modernisés ». Il paraît aussi qu'il y a encore des Mazdéens en Perse même, dans certaines parties peu accessibles de la province de Mazanderan, je tiens la chose du fils d'un ancien gouverneur de cette province, qui avait d'ailleurs été fort étonné lui-même quand il avait fait cette découverte[4].

Ce que vous me dites au sujet du *Kiva* des indiens d'Amérique m'était inconnu, car je dois vous avouer que je n'ai jamais eu l'occasion de voir grand chose d'important sur leur tradition ; mais je ne suis pas étonné que celles-ci soient en réalité beaucoup mieux conservées, encore actuellement, qu'on ne le croit d'ordinaire[5].

Je vois que du coté des Peaux-Rouges, les choses prennent un développement de plus en plus important et extrêmement

---

[1] Marcel Clavelle (Jean Reyor) (28 septembre 1933).
[2] Emmanuel Hillel (6 janvier 1934).
[3] Vasile Lovinescu (28 août 1936).
[4] Vasile Lovinescu (10 novembre 1936).
[5] Ananda K. Coomaraswamy (1er juin 1938).

satisfaisant à tous les points de vue ; j'avoue que, pour moi tout au moins, cela était tout à fait inattendu, n'ayant jamais eu l'occasion de m'occuper de ce qui pourrait encore subsister de cette tradition. Il n'est pas douteux qu'il y a à tout cela, comme vous le dites, des raisons profondes[1].

Ce que vous dites au sujet de la théorie de *Avatâras* est sûrement vrai ; mais pourtant je dois avouer que, jusqu'ici tout au moins, je ne vois pas le moyen de l'exposer d'une façon telle que cela ne risque pas de présenter encore plus d'inconvénients que d'avantages, étant donnée l'incompréhension générale dans l'Occident actuel.

On ne peut pas dire qu'une tradition soit « primordiale » par là même qu'elle est fondée par un *Avatâra*, car il ne peut y avoir, par définition même, qu'une tradition primordiale pour un *Manvantara*. D'ailleurs, une telle tradition (qu'il s'agisse du Christianisme aussi bien que de toute autre) est nécessairement constituée dans un milieu déterminé, dont les conditions influent sur la forme qu'elle revêt, et qui est toujours en relation avec les formes traditionnelles préexistantes ; la « descente » directe de l'Esprit (c'est là le sens propre du mot *Avatâra*) n'y change rien. Il y a là quelque chose qu'on pourrait en somme comparer à la naissance d'un être individuel, qui est déterminée assurément par l'influence du « Soi », mais aussi par les conditions du milieu où elle se produit (ce qui peut être représenté géométriquement pas l'intersection d'une verticale et d'une horizontale). En tout cas, ce qui est certain, c'est que la constitution de *toute* forme traditionnelle requiert une intervention « supra-humaine » ; il peut y avoir seulement des différences dans ses modalités, dans son degré d'importance ou dans l'étendue du domaine sur lequel son influence doit s'exercer ; mais, si elle était absente, on n'aurait plus affaire à une forme traditionnelle véritable, mais à une simple déformation due à des initiatives humaines (ce que représente, par exemple, un cas comme celui du Protestantisme). – On ne peut d'ailleurs jamais dire que la constitution d'une nouvelle forme traditionnelle doive avoir forcément pour effet d'en faire disparaître une autre (même celle dont elle procède le plus directement), car il pourra toujours y avoir des êtres auxquels

---

[1] Frithjof Schuon (16 décembre 1947).

celle-ci sera mieux appropriée, de même que la prédominance d'une certaine race dans une période n'empêche pas qu'il subsiste des représentants des races qui l'ont précédée[1].

# V

# LE JUDAÏSME

QUANT À LA non-acceptation du Christianisme par les Juifs, on ne pourrait parler de « satanisme » que s'il y avait rejet voulu d'une vérité reconnue comme telle, ce qui n'est évidemment pas le cas, et ce qui d'ailleurs, d'une façon générale, n'est même pas facilement concevable. La survivance des Juifs conservant leur tradition à travers toutes les vicissitudes historiques indique manifestement qu'ils avaient encore un rôle à jouer (quel qu'en soit d'ailleurs le caractère) dans le monde après l'avènement du Christianisme ; si leur dispersion même n'a jamais pu les détruire en tant que peuple ni les détacher de leur tradition propre, ce n'est évidemment pas sans raison profonde[2].

Ce que vous dites pour les Juifs est d'ailleurs exact ; seulement, l'attitude de négation dont vous parlez provient d'une méconnaissance qui ne peut être dite volontaire ; on trouve d'ailleurs d'autres exemples d'une telle attitude de la part des représentants d'une forme traditionnelle à l'égard d'une autre forme plus récente. Au fond, la façon dont les Chrétiens se comportent vis-à-vis de l'Islamisme est très comparable à celle dont les Juifs se comportent vis-à-vis du Christianisme ; et même, pour l'ésotérisme, l'analogue de ce que vous rappelez pour le Zohar, nous pouvons le trouver par exemple chez Dante (on pourrait d'ailleurs se demander si cela n'est pas là surtout une précaution prise pour ne pas heurter la mentalité exotérique, car il est évident que de tels « exclusivismes » ne peuvent être inhérents à l'ésotérisme lui-même)[3].

---

[1] Vasile Lovinescu (19 mai 1935).
[2] Vasile Lovinescu (19 mai 1935).
[3] Vasile Lovinescu (24 juin 1935).

D'autre part, je ne pense pas qu'on puisse qualifier le Judaïsme de tradition de 2ᵉ ou 3ᵉ main, car c'est oublier qu'à son origine il y a Moïse, prophète et législateur inspiré ; on pourrait même peut-être faire appel ici à la conception des *Avatâras* secondaires[1].

# VI

# L'ISLAM

VOS REMARQUES à propos des « filiations » traditionnelles, en ce qui concerne la tradition islamique et l'hermétisme comme « héritage » de la tradition égyptienne, sont tout à fait justifiées aussi. À ce sujet, il faut que je vous signale que, dans les temps antéislamiques, il a toujours existé chez les Arabes, tout au moins dans une minorité (devenue peu nombreuse sans doute dans les derniers temps), ce qu'on appelait « ed-dîn el-hanîf », qui était considérée comme identique à la religion même d'Abraham ; la continuité a été ainsi maintenue depuis Ismaël jusqu'à l'Islam[2].

Les *Sunnites*, les *Shiites* et les *Khawarij* se différencient principalement sur la question des modalités du *Khalifat* ; il n'y a pas d'hétérodoxie là-dedans, et d'ailleurs c'est loin d'être aussi tranché qu'on se l'imagine en Europe ; il y a tellement de nuances et de degrés qu'il est à peu près impossible d'établir des délimitations nettes. Ce qui est hétérodoxe, se sont les *firâq*, c'est-à-dire les sectes ; il est vrai que la plupart d'entre elles sont sorties du *Shiisme*, y compris les plus récentes (comme le *Béhaïsme*, par exemple, qui n'a pour ainsi dire plus rien d'islamique) ; il faut donc croire qu'il y a là quelque chose qui favorise leur apparition, mais, en tout cas, cela n'est plus du *Shiisme* comme tel[3].

Pour la question de al-Hallâj, l'interprétation de Massignon est tout à fait sujette à caution, puisqu'il y a toujours chez lui

---

[1] Vasile Lovinescu (19 mai 1935).

[2] Marcel Maugy (Denys Roman) (6 décembre 1949).

[3] Marcel Clavelle (Jean Reyor) (29 juillet 1932).

l'arrière-pensée de ne voir partout que du « mysticisme » et des influences chrétiennes. Cependant, toute interprétation à part, je préfèrerais une autre forme à celle de al-Hallâj, qui se prête plus facilement à ce genre de déformation ; c'est d'ailleurs l'imprudence ou la maladresse de ses expressions qui a été la cause de sa mort… Il est certain qu'il n'existe pas d'exposé d'ensemble de l'ésotérisme islamique, et que c'est une lacune très regrettable ; mais que faire ? J'avoue que je ne peux pas arriver à tout ; j'aurais toujours voulu que d'autres puissent faire des travaux dans le même sens, pour cela ou pour bien d'autres questions encore ; mais, malheureusement, je ne vois jusqu'ici personne qui à la fois ait les données suffisantes et puisse y apporter l'esprit voulu ; qui sait si cela se présentera un jour ou l'autre ?[1]

# VII

# LE SHAMANISME

LA QUESTION du « Shamanisme » ne m'a jamais parue très claire ; j'ai même l'impression qu'on donne toujours ce nom à des choses très différentes, réunies ainsi plus ou moins artificiellement sous une même étiquette ; au fond, que faut-il entendre exactement par là, et quelle est d'ailleurs la signification originelle de ce mot ? Certains veulent aussi identifier « Shamanisme » et « Sabéisme », mais le sens de cette dernière dénomination n'est pas beaucoup plus nette, d'autant plus qu'on lui attribue des étymologies multiples[2].

L'inconvénient qu'il peut y avoir à étendre le sens du mot « Shamanisme », c'est que, pour beaucoup de gens, il est presque synonyme de « sorcellerie ». Cette assimilation n'est sans doute pas justifiée, et il y a autre chose que cela dans le Shamanisme proprement dit ; on pourrait cependant se demander si, dans son état actuel, il ne représente pas une certaine dégénérescence, et si les rites tels que ceux que vous mentionnez y ont encore gardés leur portée première. Il arrive

---

[1] Louis Caudron (26 juin 1937).
[2] Ananda K. Coomaraswamy (28 mars 1937).

souvent, en effet, que des vestiges de traditions très anciennes peuvent être plus ou moins déviés ; dans le cas de certains peuples africains, par exemple, la chose ne semble pas douteuse. Je vais naturellement repenser encore à tout cela.

Une autre question qui est assez énigmatique aussi, c'est celle du « Bôn » thibétain ; certain veulent l'assimiler plus ou moins au Shamanisme ; mais qu'en connaît-on au juste ? Tout ce que j'ai vu là-dessus ne donne en somme que des indications assez vagues[1].

Je vous retourne ci-joint votre brochure sur le Shamanisme, après avoir utilisé quelques indications pour un de mes articles de juin, ainsi que vous le verrez. Ce que je dis à la fin de cet article fait allusion à l'histoire des « sept tours du Diable », dont j'ai déjà dit quelques mots à propos du livre de W. Seabrook sur l'Arabie ; c'est là encore une des questions sur lesquelles il est bien difficile de s'exprimer complètement[2].

La figure du « sorcier » de la grotte des trois Frères est vraiment curieuse, et elle m'a rappelé une représentation, que je ne retrouve pas en ce moment, de la « danse du cerf » chez les Indiens Hopis (Amérique du Nord) ; ce rapprochement est tout aussi singulier que celui que vous avez fait avec le Chamane sibérien[3].

Merci pour la représentation du chamane sibérien ; il n'est pas douteux qu'elle offre une ressemblance tout à fait frappante avec celle du « sorcier » préhistorique et de « la danse du cerf ». – Les Hopis sont une des fractions des Indiens Pueblos, et il semble que ce soit celle qui a le mieux conservé certaines traditions[4].

---

[1] Ananda K. Coomaraswamy (6 mai 1937).
[2] Ananda K. Coomaraswamy (23 mai 1937).
[3] Marcel Maugy (Denys Roman) (30 septembre 1948).
[4] Marcel Maugy (Denys Roman) (14 septembre 1950).

# VIII

# LE BOUDDHISME

MERCI DE VOS explications au sujet de *shûnyavâda* ; il est bien certain que, avec cette interprétation, il n'y a rien là d'hétérodoxe ; mais est-elle celle de toutes les écoles ? N'y a-t-il pas aussi, dans certains cas, une autre application toute différente, et d'ordre « cosmologique » dans laquelle l'idée de *shûnya* apparaît comme liée à la conception atomiste ?[1]

La similitude que vous signalez entre les rites de l'ordination Bouddhique et ceux de l'installation royale est très intéressante. Quant à la pratique du changement de nom, elle est sûrement d'origine initiatique, mais il ne faut pas oublier qu'elle est placée quelque fois dans le domaine exotérique, notamment dans le cadre des ordres religieux chrétiens[2].

Il faut reconnaître que sur la question du Bouddhisme, il était impossible, avant les travaux de Coomaraswamy, de dire autre chose que ce que j'en avais dit, et qui du reste demeure toujours vrai sinon pour le Bouddhisme originel lui-même, du moins pour certaines écoles plus récentes, sans quoi il faudrait admettre que ce n'est pas moi qui me suis trompé, mais tout simplement Shankarâchârya à l'autorité duquel je me suis rapporté à cet égard ![3]

# IX

# LE TANTRISME

IL NE FAUT PAS sans doute généraliser, car les mêmes moyens ne conviennent pas également à tout le monde ; mais, presque toujours, il faut observer tout au moins une certaine « gradation » et procéder en quelque sorte par étapes. C'est pourquoi je me demande si une contemplation directe de

---

[1] Ananda K. Coomaraswamy (26 février 1939).
[2] Ananda K. Coomaraswamy (15 juin 1946).
[3] Frithjof Schuon (5 octobre 1950).

*Parama-Shiva*, comme vous le dites, tout en étant possible en principe, peut être bien « praticable » ; quant au réveil de la *Shakti*, il va de soi que ce n'est qu'une méthode parmi les autres, et sans doute une des plus dangereuses... Mais il n'y a pas que cela qui soit « tantrique » ; ce terme a en réalité un sens beaucoup plus étendu qu'on ne le pense habituellement, et aussi, il faut le dire, moins nettement délimité[1].

Ce que j'ai voulu dire pour le Tantrisme, c'est qu'il est en quelque sorte diffus dans toute la doctrine hindoue, du moins sous sa forme présente (je veux dire depuis le début du *Kali-Yuga*), et qu'il est réellement impossible de lui assigner des limites nettement définies. Pour ce qui est de Shankarâchârya, il existe de lui des hymnes qui sont nettement tantriques, même dans un sens plus ordinaire et plus restreint, puisqu'ils sont adressés à la *Shakti*. Dans les temps modernes, Râmakrishna a été avant tout « shâkta », donc tantrique ; on ne voit cependant pas qu'il se soit jamais occupé spécialement du *Kundalinî-Yoga*[2].

Les Tantras sont présentés sous formes de dialogues entre *Shiva* et *Shakti* ; c'est sans doute pourquoi on a l'habitude de considérer le tantrisme comme impliquant essentiellement la considération de ces deux principes complémentaires ; mais en réalité il peut y avoir, en dehors de cela, bien d'autres choses qui soient inspirées plus ou moins directement de la doctrine des Tantras ; et on peut parler d'un tantrisme en quelque sorte diffus, non pas seulement dans le Shivaïsme, mais même aussi dans le Vishnouïsme, tout au moins dans les formes qu'ils revêtent actuellement l'un et l'autre ; bien entendu, tout cela est presque impossible à délimiter exactement[3].

---

[1] Vasile Lovinescu (10 novembre 1936).
[2] Vasile Lovinescu (30 décembre 1936).
[3] Vasile Lovinescu (16 mars 1937).

# X

# L'HERMÉTISME

POUR LA matière du centre, vous parlez d'un « exsudat de roche » ; cela me rappelle quelque chose dont j'ai entendu parler autrefois, que certains hermétistes appelaient « beurre de montagne » et à quoi ils paraissaient attacher une grande importance ; je me demande s'il ne s'agirait pas de la même substance[1].

Nous sommes bien d'accord en ce qui concerne le sel ; mais je ne m'explique pas bien que vous parliez du « soufre terrestre » et du « mercure céleste » : cela ne revient-il à faire la terre masculine et le Ciel féminin, à l'encontre du symbolisme traditionnel le plus généralement admis ? (je dis le plus généralement parce qu'il semble que la tradition des anciens égyptiens ait fait exception ; mais on en sait réellement si peu de choses qu'il est impossible de connaître les raison de cette anomalie au moins apparente et assez étonnante à première vue)[2].

Il n'est pas vraisemblable que Shakespeare ait eu une connaissance quelconque des doctrines hindoues, mais il a certainement connu (lui ou ceux à qui il a servi de porte-parole) les doctrines similaires ou équivalentes qui ont existé en occident au moyen âge, quoique d'une façon toujours assez cachée et dont il subsistait encore bien des vestiges à son époque. Il y a chez lui beaucoup d'indices d'une telle connaissance, autres que ceux que vous citez ; en réalité, il ne s'agit d'ailleurs nullement là de « visions », mais de sciences très positives[3].

Les passages de Shakespeare que vous me citez sont assurément curieux ; il est sans doute difficile de savoir exactement jusqu'où va l'intention consciente dans l'emploi de telles expressions, mais il ne semble pas douteux que

---

[1] Louis Cattiaux (8 juin 1949).
[2] Louis Cattiaux (20 mars 1950).
[3] Un docteur non identifié (3 décembre 1932).

Shakespeare, ou ceux à qui il a servi de porte-parole, aient eu certaines connaissances d'ordre ésotérique[1].

Albert le Grand et Saint Thomas étaient rattachés à une organisation hermétique ; mais il est possible que la dénomination de « Rose-Croix » n'ait pas été encore en usage à cette époque ; je ne crois pas qu'elle ait pu apparaître en fait avant le XIVe siècle[2].

D'autre part, il est assez curieux qu'un des piliers construits par Hénoch ait été ensuite retrouvé par Hermès, étant donné que celui-ci est le plus souvent identifié à Hénoch lui-même ; mais il faut dire que les confusions de ce genre sont bien loin d'être rares dans les anciennes versions de l'histoire légendaire de la Maç∴[3].

Les différences entre les « techniques » de la Maç∴ et de l'hermétisme correspondent naturellement à celles qui existent entre un travail de construction et un travail qu'on pourrait appeler « métallurgique » comme base de leurs symbolismes respectifs ; il est cependant à remarquer que le symbole de la « pierre » est employé également dans les deux cas, et avec des significations qui sont loin d'être sans rapport entre elles[4].

Pour les rapports de la Kabbale et de l'hermétisme, la phrase d'Artéphius est bien vague en effet ; les citations de Philalèthe ne sont peut-être plus nettes qu'en apparence, car je ne suis pas du tout persuadé que le nom d'Israël doive y être entendu au sens littéral ; c'est comme les 144 000 élus de l'*Apocalypse*, « pris d'entre toutes les tribus d'Israël », ce mot a souvent servi à désigner l'ensemble des initiés, quelle que soit leur origine. – D'autre part, j'ai souvent remarqué une confusion assez bizarre entre Marie, sœur de Moïse, et Marie l'Égyptienne, qui est de l'époque chrétienne ; et, quant à l'assimilation entre Hermès et Jéthro, cela paraît une belle fantaisie ; d'ailleurs Jéthro n'a, à ce qu'il semble, rien à voir avec l'Égypte[5].

---

[1] Un docteur non identifié (12 octobre 1935).
[2] Un docteur non identifié (5 mai 1935).
[3] Marcel Maugy (Denys Roman) (30 avril 1949).
[4] Marcel Maugy (Denys Roman) (8 septembre 1949).
[5] Marcel Clavelle (Jean Reyor) (20 octobre 1933).

# XI

# PLOTIN

JE N'AI JAMAIS rien écrit sur Plotin, et même j'avoue que je n'ai jamais eu le temps de l'étudier de près ; mais je sais qu'il y a là en effet bien des rapprochements à faire avec les doctrines orientales, de sorte que je ne suis nullement surpris de ceux que vous avez relevés, et qui me paraissent tout à fait justifiés. Seulement, il y a une chose qui m'a toujours étonné : c'est cette histoire d'états que Plotin aurait atteints un certain nombre de fois dans sa vie, et qui, par là même, semblent n'avoir rien eu de permanent, ce qui se comprend mal au point de vue initiatique ; il y aurait eu là, en tout cas, quelque chose de très incomplet sous le rapport de la réalisation[1].

Je pense, à ce propos, à ce qui est dit de Plotin, qu'il n'aurait atteint certains états que 3 ou 4 fois dans sa vie ; si cela est exact, il faudrait en conclure à une réalisation demeurée chez lui très imparfaite, puisqu'elle n'aurait pas été accomplie une fois pour toutes et qu'elle se serait bornée ainsi à des états simplement passagers[2].

Pour Plotin, les titres que vous avez mis aux différents passages me paraissent en somme convenir très bien ; il ne me paraît d'ailleurs pas improbable que Plotin, à Alexandrie, ait pu être en contact direct avec des représentants de différentes doctrines orientales. Seulement, en ce qui concerne la question de la *mâyâ* dont vous parlez, j'avoue que les choses ne m'apparaissent pas d'une façon parfaitement nette : il y a chez lui une théorie de la « matière intelligible » qui peut s'y rapporter, mais que je n'ai jamais vu exposée bien clairement nulle part... – Pour le « mouvement », il faudrait en réalité traduire « changement », car le terme grec a un sens beaucoup plus général que celui de « mouvement local » ou changement de situation, qui ne représente qu'un simple cas particulier.

Je vous remercie de votre offre de me communiquer les volumes parus des *Ennéades*, mais je ne puis vraiment accepter,

---

[1] Un docteur non identifié (26 janvier 1936).
[2] Vasile Lovinescu (16 mars 1937).

actuellement tout au moins, car il me serait tout à fait impossible de trouver le temps de lire cela avec l'attention nécessaire[1].

---

[1] Un docteur non identifié (3 juillet 1936).

# FRAGMENTS DOCTRINAUX

## TROISIÈME PARTIE

## LE ROI DU MONDE

# I

# AGARTTHA

POUR LA CONSERVATION de la Tradition primordiale (qui est au-delà des formes particulières et secondaires), c'est bien de l'Agarttha qu'il s'agit. D'autre part, un *jîvan-mukta* est évidemment au-dessus de toute qualification, mais il n'a pas forcément une certaine fonction à remplir, comme celle des êtres de l'Agarttha[1].

---

[1] Vasile Lovinescu (5 janvier 1936).

Merci aussi de la communication de la lettre de M. Le Cour, que je vous retourne sous ce pli. Il est à peine besoin de vous dire que, cette fois encore, ses objections ne m'affectent pas beaucoup. D'abord, s'il n'a vu de moi, sur l'Agartha[1], que ce qui a paru dans les *Cahiers du Mois*, il ne lui est guère possible de savoir ce que je pourrai dire dans mon travail en préparation, car je n'ai pas voulu entrer là dans des considérations qui n'auraient certainement pas été comprises du public auquel cela s'adressait. D'autre part, pour le sens du mot, je vois bien où il veut en venir : Ag-ar-tha, ag = Agni, ar = Aor ; c'est toujours la même histoire. Ce n'est pas la même chose d'ignorer le sens d'un mot, comme il dit, ou de ne pas juger bon de tenir compte d'un sens supposé qui ne s'appuie sur rien de sérieux. Il faudra que je trouve moyen, dans quelque article pour *Regnabit*, de glisser une note sur cette affaire d'Agni et d'Aor qui a besoin d'être mise au point[2].

Ci-joint la lettre de M. Le Cour, qui est bien amusante en effet... À ce propos, s'il vous reparle de l'Agartha et de ce que je peux en savoir ou en ignorer, dites-lui donc qu'il veuille bien attendre mon *Roi du Monde* ; ce serait la moindre des choses, puisque, jusqu'ici, je ne me suis pas expliqué là-dessus[3].

Quand j'ai vu Ossendowski, j'ai eu nettement l'impression que, s'il avait été accueilli si facilement dans certains endroits, c'est qu'on lui avait fait jouer, tout à fait à son insu, le rôle d'une sorte d'« agent de liaison » ; mais, naturellement, je n'ai pas voulu écrire cela dans mon article. Il y a d'autres points sur lesquels je pourrai vous donner des explications complémentaires dans une prochaine lettre ; mais il est bien regrettable que nous ne puissions nous voir, car ce serait beaucoup plus facile.

Je ne crois pas que M<sup>me</sup> Blavatsky ait jamais parlé de l'Agarttha ; mais elle parle quelque part d'une ville appelée Shamballa, qui était située du côté du désert de Gobi, et qui aurait disparu sous terre ; vous verrez, d'autre part, ce que je dis au sujet de sa « Grande Loge Blanche »[4].

---

[1] René Guénon a utilisé deux orthographes différentes dans ses lettres: *Agartha* au début de ses recherches sur le sujet, puis *Agarttha* après la publication du *Roi du Monde*. Nous avons conservé ces deux orthographes. [*N.d.É*]

[2] Louis Charbonneau-Lassay (28 octobre 1925).

[3] Louis Charbonneau-Lassay (30 décembre 1925).

[4] Arturo Reghini (16 novembre 1924).

Quant à Bulwer-Lytton, il s'est inspiré d'anciennes traditions américaines, d'après lesquelles une certaine race humaine serait venue de l'intérieur de la terre, où une partie serait d'ailleurs restée ; mais cela semble n'avoir aucun rapport avec la question de l'Agarttha[1].

En tout cas, on ne peut pas donner de noms comme vous le demandez ; les êtres dont vous parlez n'ont véritablement pas de noms, ils sont au-delà de cette limitation ; ils peuvent, pour telle ou telle raison particulière, prendre les noms qu'ils veulent, et cela n'a pas plus d'importance que le fait de se vêtir d'un costume quelconque... Si vous vous reportez à ce qui est dit du « nom » et de la « forme » dans la doctrine hindoue, je pense que vous pourrez comprendre cela sans difficulté. – La conséquence, c'est qu'aucun personnage connu de l'histoire ne peut être désigné comme ayant été un membre de l'Agarttha ; beaucoup, et sans doute même plus qu'on ne pourrait le supposer, ont été « influencés » directement ou indirectement, consciemment ou inconsciemment ; mais aucun membre de l'Agarttha ne travaille par lui-même dans le monde extérieur, ni ne se fait jamais connaître comme tel. C'est aussi pour cela que, si l'on peut citer beaucoup de Rosicruciens, on ne peut par contre nommer aucun Rose-Croix ; la façon dont vous envisagez les Rose-Croix est en somme exacte, mais pourtant avec cette réserve que ce que ce nom désigne proprement est encore loin d'être le degré suprême de l'initiation ; mais, naturellement, ceux qui possèdent des degrés plus hauts peuvent aussi apparaître comme Rose-Croix (ou quelque chose d'équivalent) s'ils le jugent à propos. Tout cela est d'ailleurs certainement beaucoup plus facile à concevoir qu'à expliquer ; ce qu'il faut éviter par-dessus tout, c'est de se représenter ces hiérarchies initiatiques comme constituées d'une façon ressemblant si peu que ce soit à des « sociétés » ; mais j'ai trop souvent insisté là-dessus pour qu'il soit besoin d'y revenir encore. – D'autre part, il faut que je rectifie une méprise sur un point important : je n'ai certainement jamais parlé de « deux Agartthas », ce qui ne correspondrait nullement à la réalité. L'Agarttha est au-delà des oppositions et les domine, dirigeant également, qu'ils le veuillent ou non, ceux qui agissent dans les

---

[1] Arturo Reghini (24 novembre 1924).

sens les plus contraires ; je vous demanderais de relire attentivement, à cet égard, mes articles du *Voile d'Isis* de janvier et février 1933, dans lesquels ce point est développé beaucoup plus complètement que je ne pourrais le faire dans une lettre[1]. De plus, je ne saurais trop vous engager à vous méfier de tout ce que vous pouvez entendre raconter par des gens qui ont peut-être vu réellement certaines choses, mais qui trop souvent les interprètent à leur façon et en y mêlant leur imagination ; je dis cela à propos du réfugié russe auquel vous faites allusion ; j'en ai connu beaucoup de cette sorte, et il n'y a généralement pas grand'chose à tirer de leurs prétendues « révélations »[2].

L'auteur de l'article sur Hitler, C. Kerneiz, écrit de divers côtés sur l'astrologie et divers autres sujets, et j'ai même vu de lui des choses qui n'étaient pas mal ; il vient de faire paraître un livre sur le *Hatha-Yoga*, que je n'ai pas vu, mais qu'on me dit être beaucoup plus sensé que la plupart des productions occidentales du même ordre. Il s'appelle en réalité F. Guyot, et est, sous ce nom, rédacteur à la *Dépêche de Toulouse* (encore le groupe Sarraut…) Mais, dans l'article en question, quel gâchis ! Je me demande même si cela n'est pas voulu, au moins jusqu'à un certain point ; en tout cas, je ne vois pas bien le siège de l'Agarttha en Allemagne, ni surtout d'authentiques Orientaux acceptant une pareille énormité ! S'il y a eu des Orientaux ou soi-disant tels dans cette affaire, il ne peut s'agir que des personnages du genre de ceux dont j'ai parlé plus haut[3].

Quant aux histoires du comte de Saint-Germain, cela est assurément d'un tout autre genre, et j'avoue que, malgré toutes les choses plus ou moins extraordinaires que j'ai déjà vues ou entendues à ce sujet, cette identification avec lord Rother-mere était pour moi tout à fait inattendue ! Pour ce qui est de la reine Élisabeth, j'avais déjà entendu parler autrefois de ses rapports avec des choses singulières, quoi que je n'ai pas gardé de souvenirs très précis à ce sujet ; puisque cette histoire date d'avant la guerre, elle pourrait bien avoir une relation avec ce à quoi j'ai fait allusion dans le *Théosophisme*… En tout cas, il

---

[1] [*Des centres initiatiques*, Le Voile d'Isis, janvier 1933 ; voir chapitre X, *Aperçus sur l'initiation. Initiation et contre-initiation*, février 1933, voir René Guénon, *Articles et Compte Rendus*, tome I, Éditions Traditionnelles, 2002, p. 25].

[2] Vasile Lovinescu (19 août 1934).

[3] R. Schneider (13 septembre 1936).

semble bien qu'il y ait un ou plusieurs personnages qui jouent, dans certaines circonstances, le rôle du comte de Saint-Germain ; le tout serait de savoir à quel titre et pour le compte de qui... Quant au véritable comte de Saint-Germain, on n'a jamais pu être fixé sur ses origines ; certains ont dit qu'il appartenait à la famille Rákóczi, mais ce n'est là qu'une hypothèse parmi beaucoup d'autres ; Chacornac, qui étudie spécialement la question depuis des années et cherche à réunir toute la documentation possible là-dessus, n'est pas arrivé à éclaircir la chose. Il faut dire aussi que, suivant une autre hypothèse, qui expliquerait bien la coexistence de données contradictoires, ce nom (qui en somme signifie simplement « compagnon de la Fraternité Sainte ») n'aurait jamais été autre chose qu'une sorte de « pseudonyme collectif ». – Il y a aussi en ce moment une histoire de prétendue manifestation du comte de Saint-Germain en Amérique, et un livre a même été publié à ce sujet ; mais là il semble bien qu'il s'agisse d'une simple mystification, car il y a eu toute une série de démentis à des affirmations contenues dans ce livre ; j'ai reçu de ceux qui l'ont publié, il y a quelques mois, une lettre bizarre à laquelle je me suis bien gardé de répondre[1].

# II

# LE ROI DU MONDE

MASSON-OURSEL a donné dans la *Revue Critique* (je ne sais trop ce qu'est cette publication, n'ayant reçu qu'une coupure) un petit compte rendu du *Roi du Monde* qu'il faut que je vous copie textuellement, car il en vaut la peine :

> Leibniz aimait à dire qu'il y a de l'or dans le fumier de la scolastique ; il s'en trouve probablement – même chez les alchimistes – dans cette symbolique universelle qu'ont prônée les gnostiques, les hindous, les Chinois, les kabbalistes. Malheureusement, cet or, R. Guénon ne

---

[1] Vasile Lovinescu (9 novembre 1935).

cherche pas à l'extraire ; seule la critique pourrait y prétendre. Il prend tout pour argent comptant, pourvu que ce soit donnée traditionnelle, et il ne doute pas que tout correspond à tout ; il s'avère par là de la lignée des symbolistes. Il possède de l'information, mais il accueille n'importe laquelle. La critique serait à ses yeux entreprise misérable, qui discréditerait le chercheur, et combien superflue pour un auteur, qui croit tenir la vérité métaphysique. Nous le savons assez par les autres ouvrages de M. Guénon. Ce qu'il prend pour force et lucidité, à nos yeux compromet la valeur du savoir très étendu, ce qui vaut mieux, curieux, de cet orientaliste. Nous sommes effrayé, quant à nous, de ce qu'en une centaine de coquettes petites pages on prétende révéler le fin du fin sur le *swastika*, *Aum* et *Manu*, sur la *luz* et la *Shekinah*, sur le Graal, sur les Mages et le Vieux de la Montagne, sur des énigmes sans nombre. Même si l'on a deviné juste ici ou là, qu'importe le résultat sans la démonstration ? Et la preuve qu'il n'y a qu'une symbolique parmi la diversité des religions, des philosophies ?

Que dites-vous de cela ? Ce qui est le plus stupéfiant, c'est qu'il m'affirmait, il y a quelques mois, qu'il se rapprochait de plus en plus de mon point de vue ! Il semble qu'il en soit au contraire plus éloigné que jamais ; il est évidemment incapable de comprendre. Rien ne compte pour lui en dehors de la « critique » et de l'analyse, c'est-à-dire de ce que je considère précisément comme inexistant ; il s'imagine, comme tous ses collègues, qu'il faut des volumes de pesante érudition pour traiter le moindre point de détail. Si j'avais cru utile de lui répondre, j'aurais pu lui faire remarquer que je suis bien loin d'accueillir « n'importe quelle information » comme il prétend, puisque je me refuse à tenir le moindre compte de celle qui vient des orientalistes officiels ; mais cela aurait été parfaitement inutile ; on ne peut pas changer la mentalité de ces gens-là, et le mieux est de continuer son chemin sans s'occuper de ce qu'ils peuvent dire ou penser[1].

---

[1] Guido di Giorgio (31 décembre 1927).

Quant à vos autres questions, que le « Roi du Monde » ait une ou des « hypostases » physiques, cela n'est pas douteux, mais n'a peut-être, comme la « location » des centres spirituels, qu'une importance assez secondaire. Pour ce qui est de son identification avec Saint Jean, je n'ai jamais rien vu de tel ; pour rester dans le langage de la tradition judéo-chrétienne, je ne pense pas qu'on puisse dire que Saint Jean soit Melchissédec, ce qui bien entendu ne veut pas dire qu'il n'y ait pas entre eux un certain rapport. Enfin, l'immortalité corporelle pour certains êtres n'est certainement pas impossible, et il se peut que Saint Jean soit de ce nombre ; il est certain que l'Évangile peut s'interpréter littéralement dans ce sens ; mais, même si cette immortalité est réelle, elle est *surtout*, en même temps, le symbole de la permanence d'une fonction, et cela a certainement plus d'intérêt que le fait « physique »[1].

Les influences chrétiennes dans certains rites lamaïques ne me semblent pas contestables ; mais, pour ce qui est du Roi du Monde (qui du reste ne réside peut-être pas au Thibet), la question est tout autre, et, dans ce cas, il s'agit certainement d'un symbole antérieur au Christianisme. Cela se rattache d'ailleurs aussi au symbolisme apocalyptique, que je ne crois pas suffisamment explicable par le rôle de l'agneau dans le Judaïsme seul[2].

De même pour Melchissédec et les Mages : il y a en effet, dans les deux cas, l'union des deux pouvoirs sacerdotal et royal dans les mêmes personnages ; et je suis même persuadé que, en se référant à certaines traditions orientales, il est possible d'établir entre eux un lien beaucoup plus étroit. Je pensais bien que le rapprochement indiqué dans votre article n'était pas accidentel ; j'en avais été d'autant plus frappé que je n'ai rencontré que bien peu de personnes qui aient eu l'idée d'un tel rapprochement, assez naturel cependant[3].

Pour les rapports du Christ et de Melchissédec, la façon dont vous les envisagez en principe est tout à fait exacte ; mais, en fait, je ne pense pas que les choses puissent rester si nettement séparées que vous le dites. Remarquez d'abord, en effet, que la Kabbale établit entre le Messie et la Shekinah un rapport si

---

[1] Vasile Lovinescu (16 décembre 1934).
[2] Louis Charbonneau-Lassay (19 février 1927).
[3] Louis Charbonneau-Lassay (23 décembre 1924).

étroit qu'il va parfois jusqu'à une identification ; et ce qui est important aussi à cet égard, c'est que, dans la tradition chrétienne elle-même, beaucoup de symboles sont attribués à la fois au Christ et à la Vierge (M. Charbonneau-Lassay m'a montré, dans les documents qu'il a réunis pour ses travaux en préparation, des choses tout à fait caractéristiques sur ce point). D'autre part, vous savez quels sont aussi les rapports de la Shekinah avec Metatron, en lequel il y a d'ailleurs une pluralité d'aspects ; de plus, la tradition islamique assimile Metatron à *Er-Rûh*, c'est-à-dire « l'Esprit » au sens « total » du mot, et aussi, d'une façon plus particulière, ce dont procèdent toutes les manifestations prophétiques[1].

Cela dit, j'arrive au « Bouddha vivant » : ce titre n'existe pas réellement en Orient ; c'est une désignation donnée par les Européens à d'assez nombreux personnages, en fait à tous ceux qui sont considérés comme des « tulkous », c'est-à-dire, non pas comme des « incarnations », ainsi qu'on le dit communément, mais comme des « projections » de certains principes ou de certaines entités supra-humaines. Le vrai titre de celui dont a parlé Ossendowsky est « Bogdo-Khan » ; mais, bien entendu, le personnage dont je vous parlais n'a rien de commun avec celui-là. Ce personnage, du reste, n'est pas réellement thibétain, mais il est bien difficile de savoir ce qu'il est exactement ; il prétend descendre tantôt de Gengis-Khan, tantôt des anciens rois Khmers, etc. ; son origine est probablement aussi compliquée que les noms et les titres sous lesquels il paraît successivement ! Ce qui est admirable, c'est qu'il prétend avoir été nommé « Bouddha vivant » par décret du défunt Dalaï-Lama, qui lui aurait en même temps assuré la transmission de ses pouvoirs, si bien que maintenant il ne doit plus y avoir de Dalaï-Lama, et que c'est lui-même qui, sans en avoir le titre, doit en exercer les fonctions. Ce qu'il y a de sûr, c'est que les « pouvoirs » qu'il possède ne vont même pas jusqu'à lui permettre de trouver un éditeur pour les nombreux ouvrages de physique et de biologie qu'il a écrits, alors qu'il n'était encore que le « prof. Om Lind », car je sais qu'il en cherche vainement un de tous les côtés ! Il est

---

[1] Vasile Lovinescu (9 novembre 1935).

actuellement en Amérique, mais il doit venir à Paris l'an prochain et y réunir un grand congrès bouddhique universel[1].

# III

# LE CENTRE

L'HISTOIRE DE l'omphalos de la terre et de l'omphalos de la mer est très intéressante ; il me semble bien que j'ai fait allusion à Ogygie dans le *Roi du Monde* ; je pense que cette île a dû être, à une certaine époque, identifiée à Thulé, mais alors il s'agirait de la Tula atlante, et non de la Tula hyperboréenne qui est encore bien au-delà, aussi bien géographiquement que chronologiquement[2].

Je ne sais si c'est vraiment la ville d'Ur qu'on a retrouvée, comme on l'a dit, dans les fouilles récentes ; il est possible, en somme, que cette ville ait été, à une certaine époque, la localisation d'un centre traditionnel ; du reste Abraham ne pouvait venir originairement que d'un centre secondaire, sans quoi sa rencontre avec Melchissédec et l'investiture qui lui est donnée par celui-ci ne se comprendraient pas[3].

Ce que vous dites sur la montagne de *Qâf* est tout à fait exact ; elle a d'ailleurs beaucoup de noms ; elle est appelée notamment *El-Jebal el abiod*, la « Montagne blanche », et aussi *Jebal el-Awil* la « Montagne des Saints » (ce qui est la même chose que la « Montagne des Prophètes », mais avec un sens plus étendu, puisque *wali* est un degré spirituel au-dessus de celui de *nabi*) ; et il est dit aussi qu'on ne peut l'atteindre « ni par terre ni par mer » (*Lâ bilbarr wa lâ bil-bahi*). L'*Alborj*, chez les Perses, est également la même chose ; *Alborj* et *Elbrouz* ne sont d'ailleurs que deux formes du même nom ; la forme ancienne est *Berezed* ou *Berezaiti*. Il semble que la forme *Alborj* soit due à une assimilation à un mot arabe : *el-borj*, c'est « la tour » ou la « forteresse » (et c'est aussi le nom donné aux signes du

---

[1] R. Schneider (13 septembre 1936).
[2] Guido di Giorgio (6 septembre 1929).
[3] Emmanuel Hillel (11 février 1934).

Zodiaque) ; il est assez curieux que ce mot se retrouve exactement en allemand (*Burg*) ; à vrai dire je crois qu'il n'est pas arabe d'origine, mais vient du grec *purgos*, qui a aussi le même sens. – Pour en revenir à l'*Alborj*, il importe peu, au fond, que ce nom, comme d'autres d'ailleurs, ait été appliqué ultérieurement à telle ou telle montagne ; c'est bien la montagne polaire. C'est là que se trouve le Haoma blanc (auquel le Haoma jaune fut substitué par la suite, lorsque ce premier séjour fut perdu) ; et c'est là aussi que vit le *Simurg*, qui est la même chose que le Phénix, et qui, dit-on, ne peut toucher la terre en aucun lieu[1].

Il y a des emprunts beaucoup plus récents : ainsi l'arabe *burj* et l'allemand *burg* sont évidemment le même mot et ont la même signification (celle-ci a changé dans le français *bourg* qui vient cependant directement du mot germanique) ; mais il est très probable que le mot arabe a été tiré du grec *purgâ*, dont la ressemblance avec l'allemand est beaucoup moins étonnante. À ce propos, j'ai toujours pensé que le nom de la ville de Bourg devait être d'origine arabe, comme d'ailleurs celui de la rivière Ain ; cette région a été en effet occupée par les Arabes jusque vers le XIIe siècle[2].

Il y a eu certainement un centre spirituel en Éthiopie, mais je me demande ce qui peut en subsister encore dans les circonstances actuelles ; s'il reste quelque chose, cela doit être plus caché que jamais, comme il en est partout devant l'invasion des idées occidentales. J'ai entendu dire que des Dominicains cherchaient à se mettre en rapport avec un monastère éthiopien où ils espéraient obtenir une certaine transmission initiatique ; mais je ne sais pas exactement ce qu'il y a de vrai dans cette histoire, que je ne vous donne que sous toutes réserves, car je n'ai pas pu en avoir une confirmation suffisamment nette ni savoir ce qui en serait résulté. Le clergé éthiopien est rattaché administrativement à l'Église copte ; il y avait sûrement dans celle-ci aussi une tradition ésotérique, mais il paraît qu'elle n'est plus en la possession que de quelques vieux moines qui vivent dans un couvent voisin de la Mer Rouge et qui se refusent absolument à admettre qui que ce soit parmi eux, de sorte qu'elle s'éteindra avec le dernier d'entre eux[3].

---

[1] Emmanuel Hillel (11 février 1934).

[2] Jean Granger (Tourniac) (date non spécifiée).

[3] Jean Granger (Tourniac) (date non spécifiée).

Un centre spirituel peut connaître l'intention de quelqu'un par des moyens très divers qu'il sera toujours erroné de chercher à limiter ; mais, à part des cas biens rares, celui qui se bornerait à attendre l'initiation en quelque sorte passivement risquerait, je crois, d'attendre bien longtemps[1].

Le *Qutb* suprême doit bien être rapporté à l'ensemble de l'humanité, et les *Aqteb* subordonnés aux différentes formes traditionnelles ; mais il n'en est pas moins vrai que le *Qutb* suprême lui-même doit avoir aussi un « siège » symbolique par rapport à chaque forme traditionnelle régulière[2].

Il est évident que l'être qui élargit son domaine (que ce soit dans un mouvement vertical ou horizontal), et qui par là même s'affranchit de certaines limitations, ne peut être dit s'éloigner du centre ; il pourrait plutôt être dit s'en rapprocher, quoique, en toute rigueur, il en soit toujours à la même distance tant qu'il subsiste quelque limitation, en raison de l'incommensurabilité de l'absolu et de tout relatif (et c'est pourquoi la Délivrance implique une discontinuité radicale à l'égard de tout état conditionné, étant en dehors de la série indéfinie de ces états). Au fond, il s'agit bien toujours de la même imperfection inévitable du symbolisme géométrique ; il faut d'ailleurs remarquer que, dans celui-ci, le centre de l'être doit être considéré comme indéfiniment éloigné de l'axe du cylindre, les points de celui-ci que nous pouvons figurer représentant seulement les centres respectifs des différents états. – Mais, de toute façon, je ne vois pas qu'on puisse employer un mot comme celui de « mécanisme » ; on pourrait sans doute dire que ce n'est là aussi qu'une façon de parler, mais je pense qu'elle ne peut qu'amener trop facilement des idées fausses. Du reste, dans tous les cas, et même quand il ne s'agit que du simple point de vue de la physique ordinaire, le mécanisme n'est certainement qu'une représentation erronée, et c'est là que réside un des principaux défauts des théories scientifiques modernes ; peut-être pourrais-je m'expliquer plus complètement là-dessus dans le volume que je me propose d'écrire dès que je pourrai enfin en trouver le temps[3].

---

[1] P. G. (9 août 1935).

[2] Marcel Clavelle (Jean Reyor) (2 juin 1937).

[3] Un docteur non identifié (23 septembre 1935).

On parle toujours de 7 Pôles secondaires, bien que, naturellement, leur correspondance ait changé suivant les périodes. Le « Roy du Ciel » peut avoir été l'un d'eux, car il est bien entendu que les désignations qui conviennent en premier lieu au Pôle suprême peuvent s'appliquer aussi à ses représentants par rapport à telle ou telle forme traditionnelle[1].

Il y a dans l'histoire de l'Éthiopie bien des questions obscures ; il y a eu certainement là un centre spirituel, mais que peut-il en subsister encore actuellement ? Je ne sais trop ce qu'il faut penser de ces histoires de l'Arche d'Alliance cachée à Axum ou ailleurs ; quant au lion, il a toujours été l'emblème de la tribu de Juda, en tant que tribu royale, et il s'agit ici de l'héritage de Salomon... Mais on ne sait même pas exactement à quelle époque les Éthiopiens actuels sont venus là, car leur véritable pays d'origine est le Yémen, le pays de la reine de Saba ; et puis il y a aussi une population de Juifs qui paraissent très différents de ceux des autres pays, et sur lesquels on ne sait pas grand chose ; tout cela est assez énigmatique[2].

Maintenant, pour ce qui est de l'emplacement des anciens centres et de ce qui peut y rester, je pense à autre chose : il y a des histoires de « talismans » qui auraient été enterrés en certains endroits, et la résurrection des centres correspondants serait liée à leur découverte ; je ne pense d'ailleurs pas qu'il faille prendre cela à la lettre, mais il y a sûrement là l'indication de quelque chose d'important[3].


# IV

# SUR LA DIVULGATION

S'IL EST POSSIBLE maintenant d'exposer certaines choses plus facilement qu'en d'autres temps, c'est parce qu'autrefois elles auraient pu être mal comprises par beaucoup, tandis qu'aujourd'hui elles risquent seulement de n'être pas comprises

---

[1] Vasile Lovinescu (10 novembre 1936).
[2] Guido di Giorgio (10 février 1936).
[3] Vasile Lovinescu (19 mai 1936).

du tout, ce qui est beaucoup moins grave et moins dangereux, puisque la plupart des gens n'y font aucune attention et qu'elles sont pour eux comme si elles n'existaient pas ; il est donc tout à fait erroné de parler en cela de « divulgation », ces choses étant au contraire exclusivement destinées à servir d'indications au très petit nombre de ceux qui sont encore capables d'en profiter ; il n'y a donc là rien de contradictoire en réalité[1].

Pour l'objection faire par votre ami à propos de « vulgarisation » ou de « divulgation », je vois que vous et moi sommes bien d'accord ; il me semble que, quand il parle d'une si grande quantité de gens qui aujourd'hui s'intéressent à l'ésotérisme, il fait une confusion, car, en réalité, la plupart de ces gens ne sont attirés que par des caricatures ou des contrefaçons de l'ésotérisme, qui sont tout à fait dans leurs goûts et à leur portée, tandis que, si on leur présente le véritable ésotérisme, ils sont bien incapables d'y comprendre quoi que ce soit. La multiplication des pseudo-ésotérismes à notre époque est d'ailleurs aussi une des raisons pour lesquelles il convient de présenter certaines notions traditionnelles authentiques, pour éviter à ceux qui méritent mieux, si peu nombreux qu'ils soient, de se laisser tromper et égarer par toutes ces choses ; et, si ces notions sont exposées telles qu'elles sont et sans déformation ni simplification abusive, comme il n'est pas dans leur nature d'être « à la portée de tout le monde », on ne peut pas parler en cela de « vulgarisation ». Ce n'est pas parce qu'une chose est mise sous les yeux de tous qu'elle en est mieux comprise ; les anciens hermétistes usaient même parfois volontairement, dans leurs écrits, d'un procédé qui consistait à mettre précisément en évidence ce qu'ils se proposaient de dissimuler plus particulièrement[2].

---

[1] Goffredo Pistoni (9 mai 1950). [C'est précisément pour cette raison que nous avons publié les *Fragments Doctrinaux* – *MAT*].

[2] Goffredo Pistoni (27 juillet 1950). « Nous ne prétendons pas avoir dit tout ce qu'il y aurait à dire sur le sujet auquel se rapporte la présente étude, loin de là, et les rapprochements mêmes que nous avons établis pourront assurément en suggérer beaucoup d'autres ; mais, malgré tout, nous en avons dit certainement bien plus qu'on ne l'avait fait jusqu'ici, et quelques-uns seront peut-être tentés de nous le reprocher. Cependant, nous ne pensons pas que ce soit trop, et nous sommes même persuadé qu'il n'y a là rien qui ne doive être dit » (René Guénon, *Le Roi du Monde*, Éditions Traditionnelles, 1929, p. 135).

## V

# AUTORITÉ SPIRITUELLE ET POUVOIR TEMPOREL

POUR LA QUESTION de la monnaie, je ne sais pas jusqu'à quel point ce que vous me citez peut être considéré comme exact ; la chose est possible à cause de la dualité Papauté-Empire au moyen-âge ; mais à des époques plus anciennes, il y a eu certainement un contrôle direct de l'autorité spirituelle : ainsi chez les Celtes, ce contrôle était exercé par les Druides. D'autre part, la prétention du roi à être « Empereur dans son royaume » est non seulement injustifiée, mais contraire à la nature même du pouvoir impérial, dont un des caractères est, comme Dante l'expose dans *De Monarchia*, que sa juridiction n'a pas de limites territoriales telles que celles d'un royaume particulier[1].

C'est bien surtout à l'hermétisme que j'ai pensé, en effet, à la fin de mon article (*Le Sanglier et l'Ourse*)[2].

---

[1] Marcel Clavelle (Jean Reyor) (20 octobre 1933).

[2] Marcel Clavelle (Jean Reyor) (15 octobre 1936). « Des considérations que nous venons d'exposer, une conclusion paraît se dégager quant au rôle respectif des deux courants qui contribuèrent à former la tradition celtique ; à l'origine, l'autorité spirituelle et le pouvoir temporel n'étaient pas séparés comme deux fonctions différenciées, mais unis dans leur principe commun, et l'on retrouve encore un vestige de cette union dans le nom même des Druides (*dru-vid*, « force-sagesse », ces deux termes étant symbolisés par le chêne et le gui) ; à ce titre, et aussi en tant que représentant plus particulièrement l'autorité spirituelle, à laquelle est réservée la partie supérieure de la doctrine, ils étaient les véritables héritiers de la tradition primordiale, et le symbole essentiellement « boréen », celui du sanglier, leur appartenait en propre. Quant aux Chevaliers, ayant pour symbole l'ours (ou l'ourse d'Atalante), on peut penser que la partie de la tradition qui leur était plus spécialement destinée comportait surtout les éléments procédant de la tradition atlante ; et cette distinction pourrait même peut-être aider à expliquer certains points plus ou moins énigmatiques de l'histoire ultérieure des traditions occidentales (René Guénon, *Le Sanglier et l'Ourse*, Études Traditionnelles, n[os] 200-201, 1936, aussi *Symboles fondamentaux de la Science sacrée*, Gallimard, 1962, p. 183). « Tout d'abord, quelle est l'origine de ce nom ? À la suite de Pline, la grande majorité des auteurs a fait dériver le mot druide du mot grec *drus*, "chêne". Mais un mot celtique ne peut dériver d'un mot grec. Druide vient de deux racines celtiques : *dru-uid*, littéralement "fortement voyant"... De la racine *dru*, "fort", "vigoureux", "puissant", "serré", viennent le grec *drus*, "chêne" (gaulois *derno*,

J'ai reçu il y a une huitaine de jours l'article de Mr Hocart ; son attitude est intéressante par le contraste qu'elle fait avec celle de la plupart des orientalistes. Il a certainement raison d'insister sur l'importance de l'élément rituel, mais, quand il parle de « Priesthood » à cause de cela, c'est une interprétation inexacte : il croit, comme tous les Européens, que l'accomplissement des rites doit être uniquement le fait de « prêtres », alors qu'en réalité il s'agit là du caractère « sacré » qu'a originairement toute fonction et même tout métier[1].

# VI

# DIEUX ET PROPHÈTES

VOICI L'EXPLICATION que vous m'aviez demandée au sujet d'*Avalokitêshwara* : ce nom signifie littéralement « le Seigneur (*Îshwara*) regardé (*lokita*) en bas (*ava*) » ; mais, malgré la forme *lokita* qui est celle du participe passé, on l'interprète le plus souvent comme s'il voulait dire « le Seigneur qui regarde en bas ». En réalité, ces deux interprétations, loin d'être contradictoires ou de s'exclure, se complètent parfaitement l'une l'autre, car il y a là en quelque sorte une réciprocité de relation. On pourrait parler à cet égard d'une aspiration de bas en haut, provoquant la descente des influences spirituelles. C'est cette descente que représente le symbolisme d'*Avalokitêshwara* ; c'est ce qu'on peut appeler la « charité cosmique » (certaines écoles musulmanes emploient aussi une expression qui a cette signification), en employant, bien entendu, ce mot de « charité » en dehors de toute acception sentimentale. Un des symboles les plus employés, et qui se retrouve à peu près partout, est le triangle ∇ dont la pointe est dirigée vers le bas. L'assimilation qui a été faite parfois d'*Avalokitêshwara* à un principe féminin est aussi en connexion avec la même idée et avec le même

---

gallois *derw*) et l'adjectif français dru. *Uid* signifie "voir", "savoir" » (T. Basilide [Patrice Genty], *Le Druidisme*, Études Traditionnelles, n°s 200-201, 1936).
[1] Ananda K. Coomaraswamy (11 avril 1936).

symbolisme ; dans l'Inde, le triangle inversé ou descendant est un des signes des *Shaktis*[1].

Pour revenir aux *Yakshas*[2], il y a bien longtemps que j'hésite à écrire quelque chose sur la question des Kabires, qui touche de près à celle-là (et aussi, bien entendu, à celle des « Fils de Dieu », ou plutôt des Dieux, « Beni-Élohim », et des « filles des hommes »), tellement elle me paraît complexe[3]. – Ici, nous

---

[1] Guido di Giorgio (12 juin 1927).

[2] « In the scriptural tradition, *yaksha* is virtually synonymous, or rather coincident in reference, with Brahman, Âtman, Purusha, Mrtyu, Agni, Prajâpati, Manas, etc., and designates that single spiritual principle which assumes a multiplicity and diversity of aspects by its immanence in all things… The Vedic rites and the cults of *yakshas* are by no means "religious" acts, but "metaphysical rites" or "operations"… The *yaksha* is essentially a numen, an invisible power unalterable in itself, but susceptible of a participation » (Ananda K. Coomaraswamy, *Yakshas*, Oxford University Press, 1993, pp. 15-16).

[3] [Les Mystères kabiriques, liés à la métallurgie et comportant une initiation de métiers, ont inclus un aspect bénéfique, spirituel, appartenant à l'Art Royal, qui a été perdu avec le temps (surtout en ce qui concerne le métier de forgeron) ; les influences bénéfiques des métaux, « transmutés » et « sublimés », pourraient devenir un soutien spirituel approprié, l'ensemble du symbolisme minéral hermétique et kabirique étant basé sur la correspondance entre les métaux, les planètes et le ciel. Les Kabires sont aussi liés avec la foudre, et l'on connaît l'épisode de soldats d'Alexandre le Grand, qui ont été tués par la foudre et le tonnerre, parce qu'ils avaient souillé le sanctuaire des Kabires. Tout comme Hiram, qui était un « grand maître de cuivre », les Kabires étaient liés au cuivre, et Dossein compare même Κάβειροι au mot sumérien *kabar*, « cuivre » ; nous pouvons également mentionner ici l'ancien temple de Kabires à Athènes : à l'entrée du sanctuaire il y avait deux piliers de cuivre (Varro les décrit comme le Ciel et la Terre). Les « gardiens de trésors cachés », qui sont aussi des forgerons, tout en travaillant avec le « feu souterrain », sont représentés dans les légendes comme des géants ou des nains, et les Kabires sont étroitement liés à cette description. Il y avait dans l'antiquité une initiation à Thèbes où les dédicaces votives étaient adressées à un *Kabeiros* (en grec : Κάβειρος) ; beaucoup de vin était bu dans des gobelets ornés de nains (semblables aux adeptes de Silène). Dans la tradition Hindou, Kubera est la divinité de la richesse et de l'opulence ; il est connu comme chef des *Yakshas*, qui gardent les trésors de la Terre (en tant que gardien des trésors souterrains, il est accompagné des trésors personnifiés sous la forme de Sankhanidhi et Padmanidhi) ; l'iconographie le représente parfois sous la forme d'un nain blanc à l'abdomen ventru. Dans tous les cas, il est curieux de constater l'équivalence phonétique entre Kubera, Kabires et le cuivre. Pour conclure, nous mentionnons « le Cabirisme irlandais » (voir *Études Traditionnelles*, n°s 200-201, août-septembre 1936), comme l'a suggéré par ailleurs Strabon : « …une des îles situées sur les côtes de Bretagne possède des

cérémonies religieuses rappelant tout à fait les rites du culte de Cérès et de Proserpine dans l'île de Samothrace » (Strabon, *Géographie*, IV.4) – *MAT*].

« Pourtant, d'un autre côté, la métallurgie, dans certaines formes traditionnelles, a été au contraire particulièrement exaltée et a même servi de base à des organisations initiatiques fort importantes ; nous nous contenterons de citer à cet égard l'exemple des Mystères kabiriques, sans pouvoir d'ailleurs insister ici sur ce sujet très complexe et qui nous entraînerait beaucoup trop loin ; ce qu'il faut en retenir pour le moment, c'est que la métallurgie a à la fois un aspect "sacré" et un aspect "exécré" et, au fond, ces deux aspects procèdent d'un double symbolisme inhérent aux métaux eux-mêmes » (René Guénon, *Le règne de la quantité et les signes des temps*, Gallimard, 1970, p. 207). « En ce qui concerne cette relation avec le "feu souterrain", la ressemblance manifeste du nom de Vulcain avec celui du Tubalcaïn biblique est particulièrement significative ; tous deux sont d'ailleurs représentés également comme des forgerons ; et précisément au sujet des forgerons, nous ajouterons que cette association avec le "monde infernal" explique suffisamment ce que nous disions plus haut sur le côté "sinistre" de leur métier. – Les Kabires, d'autre part, tout en étant aussi des forgerons, avaient un double aspect terrestre et céleste, les mettant en rapport à la fois avec les métaux et avec les planètes correspondantes » (*ibid.*, p. 208). « À ce propos, nous ajouterons incidemment une autre remarque qui ne semblera peut-être que singulière ou curieuse, mais que nous aurons l'occasion de retrouver par la suite : les "gardiens des trésors cachés", qui sont en même temps les forgerons travaillant dans le "feu souterrain", sont, dans les "légendes", représentés à la fois, et suivant les cas, comme des géants et comme des nains. Quelque chose de semblable existait aussi pour les Kabires, ce qui indique que tout ce symbolisme est encore susceptible de recevoir une application se référant à un ordre supérieur » (*ibid.*, p. 211). « Il est intéressant de remarquer que les foudres de Jupiter sont forgées par Vulcain, ce qui établit un certain rapport entre le "feu céleste" et le "feu souterrain", rapport qui n'est pas indiqué dans les cas où il s'agit d'armes de pierre : le "feu souterrain", en effet, était en relation directe avec le symbolisme métallurgique, spécialement dans les mystères kabiriques ; Vulcain forge aussi les armes des héros. Il faut d'ailleurs ajouter qu'il existe une autre version suivant laquelle le *Mioelner* ou marteau de Thor serait métallique et aurait été forgé par les nains, qui se rattachent au même ordre d'entités symboliques que les Kabires, les Cyclopes, les Yakshas, etc. Notons aussi, à propos du feu, que le char de Thor était traîné par deux béliers, et que, dans l'Inde, le bélier est le véhicule d'Agni » (René Guénon, *Symboles fondamentaux de la Science sacrée*, Gallimard, 1980, p. 190). « Ainsi, le mot hébreu et arabe *kabir* a une parenté évidente avec l'hébreu *gibor* et l'arabe *jabbâr* ; il est vrai que le premier a surtout le sens de "grand" et les deux autres celui de "fort", mais ce n'est là qu'une simple nuance ; les *Giborim* de la Genèse sont à la fois les "géants" et les "hommes forts" » (*ibid.*, p. 310). « Ce qui est dit des Dioscures n'en éclaircit guère la signification, et de même pour les Kabires ; mais, surtout, comment se fait-il que l'auteur ne semble pas avoir remarqué que le symbolisme de ces derniers est en étroite relation avec la métallurgie, et même plus spécialement encore avec le cuivre, ce qui aurait eu

avons aussi, rapportées aux *Jinns*, beaucoup de choses touchant la question du « feu souterrain » et des « trésors cachés » ; mais tout cela est vraiment bien difficile à exposer de façon à le rendre intelligible pour des esprits occidentaux[1].

La crainte inspirée par les forgerons et métallurgistes semble avoir été assez générale, et il y a là quelque chose de bien curieux, qui se rattache sûrement à *Tubalcaïn* et aux mystères des *Kabires* ; tout cela n'est d'ailleurs pas facile à éclaircir. – Vous parlez à ce propos de saint Patrice ; justement, il y a eu des mystères kabiriques en Irlande[2].

*Kabir* et *Gibor* doivent bien se rattacher primitivement à la même racine ; il est vrai que, en arabe, il y a seulement *Kabir*, mais aussi *jabbar*, qui est évidemment identique à l'hébreu *gibor* ; mais d'autre part, le *ji* (qui ici se prononce dur comme en hébreu) devient *K* dans certaines régions de l'Arabie.

Les *Gandharvas* ne sont pas assimilables aux anges, qui en somme sont identiques aux *Dêvas* ; ils appartiennent plutôt à de simples modalités subtiles de notre état. La tradition islamique admet aussi la possibilité d'union entre les *Jinn* et les humains, mais les *Jinn*, pareillement, sont des êtres subtils de notre monde, il y en a d'ailleurs de multiples espèces[3].

Encore une question : comment peut-on interpréter le fait que Sanatkumâra[4], qui est considéré en quelque sorte comme le Guru suprême, est parfois (quoique non pas toujours) identifié à Skanda ? Je pense à cela depuis hier sans arriver à trouver une explication vraiment satisfaisante, car il y a là quelque chose qui

---

pourtant un rapport tout à fait direct avec son sujet ? » (René Guénon, *Formes traditionnelles et cycles cosmiques*, Gallimard, 1980, p. 165).

[1] Ananda K. Coomaraswamy (21 mai 1936).

[2] Emmanuel Hillel (11 février 1934).

[3] Emmanuel Hillel (19 mars 1934).

[4] [Les quatre Kumâras, Sanaka, Sanatana, Sanandana et Sanatkumâra, sont nés de Brahmâ. Dans le *Chandogya Upanishad*, Skanda est identifié à Sanatkumâra ; dans le *RV*, Kumâra est un aspect d'Agni ; Shiva est son père, mais parfois Agni, directement ou indirectement, prend sa place – *MAT*. Sur « Skanda-kumâra (Kârttikeya) (identified with Sanatkumâra in *CU* VII.26.2 ; called Naigameya and described as goat-head in the *Mahâbhârata*), Angi-kûmara, Sanatkumâra ('Ever youthful,' the mind-born son of Brahmâ) » voir Coomaraswamy, *Yakshas*, p. 45) ; « Skanda thus derives both his cervine head and his procreative powers from the Sun, of whom he is litterally the off-spring » (the name Skanda, generally and rightly understood means « the Springer ») (Coomaraswamy, *ibid.*, p. 54)].

ne semble pas s'accorder très bien avec le rôle propre de Skanda et ses rapports avec Ganêsha[1].

Je vous remercie de ce que vous me dites au sujet de Sanatkumâra ; mais dans quelle mesure Skanda peut-il être assimilé à Agni ? Ne représente-t-il pas surtout un aspect de *Kshatra*, qui le rapproche d'Indra plus que d'Agni ? C'est ce point seulement qui me paraît donner lieu à quelques difficultés[2].

Pour Skanda, il y a sûrement des aspects multiples[3], mais le rapprochement avec Agni paraît bien donner la signification fondamentale[4]. Il est intéressant de remarquer que le mot

---

[1] Ananda K. Coomaraswamy (6 juillet 1938).

[2] Ananda K. Coomaraswamy (8 août 1938). « En échange de la garantie que donne à leur puissance l'autorité spirituelle, les Kshatriyas doivent, à l'aide de la force dont ils disposent, assurer aux Brâhmanes le moyen d'accomplir en paix, à l'abri du trouble et de l'agitation, leur propre fonction de connaissance et d'enseignement ; c'est ce que le symbolisme hindou représente sous la figure de Skanda, le Seigneur de la guerre, protégeant la méditation de Ganêsha, le Seigneur de la connaissance (Ganêsha et Skanda sont d'ailleurs représentés comme frères, étant l'un et l'autre fils de Shiva ; c'est là encore une façon d'exprimer que les deux pouvoirs spirituel et temporel procèdent d'un principe unique) (René Guénon, *Autorité Spirituelle et Pouvoir Temporel*, Éditions Didier et Richard, 1930, pp. 76-77) » [Coomaraswamy se conformait à ce texte : « Dadhyañc himself is made to suffer decapitation, after which his head is replaced with that of a horse; a parallel to the decapitation not only of that by which the procession of Agni-Sûrya is effected, where there is a symbolic replacement in the ritual, but also to that of Ganesha who in Shaiva mythology is related to Skanda Kumâra as is Agni to Indra in RV. (The relation of *brahma* to *kshatra*), and losing his head, is given that of an elephant » (*Angel and Titan : An Essay in Vedic Ontology*, Journal of the American Oriental Society, Vol. 55, No. 4 (Dec. 1935)) (« Dadhyañc lui-même doit subir la décapitation, après quoi sa tête est remplacée par celle d'un cheval. Décapitation comparable non seulement à celle qui permet la procession d'Agni-Sûrya, et qui est suivie d'une restitution symbolique dans le rituel, mais aussi à celle de Ganêsha – qui, dans la mythologie shivaïte, est lié à Skanda Kumâra, comme Agni l'est à Indra dans le RV. (relation *brahma-kshatra*) – et qui, ayant perdu sa tête, reçoit celle d'un éléphant », Ananda K. Coomaraswamy, *La Doctrine du Sacrifice*, Dervy, 1978, p. 31. Gérard Leconte, qui a fait la traduction, a inversée Agni avec Indra: « comme Indra l'est à Agni » ; il est difficile de comprendre cette erreur – *MAT*].

[3] [...et il a de multiples noms : 108 ou 1 000, parmi lesquels Kârttikeya, Kumâra, Subrahmanya – *MAT*].

[4] [Ainsi, dans le *Mahâbhârata*, *Matsya Purâna* et *Skanda Purâna*, Skanda est considéré comme un Yogishwara, le meilleur connaisseur du Dharma, un maître – *MAT*].

hébreux, qui est l'équivalent exact du Sanskrit *Kumâra* est appliqué par les Kabbalistes à Metatron ; celui-ci a l'attribut d'« everlasting youth », ce qui est aussi le sens même du nom de Sanatkumâra[1].

Pour ce que vous dites au sujet de Janus, il est bien certain que son symbolisme a de multiples aspects ; il ne faut pas oublier, cependant, qu'il est, d'une façon générale, beaucoup plus « lunaire » que « solaire » (Diana = *Dea Jana* est sa forme féminine ; elle est aussi *Janua Cœli*, et, sous l'aspect d'Hécate, *Janua Inferni*). Ce que vous envisagez se rapportera à une transposition, d'ailleurs légitime, à un autre niveau ; je me demande, d'autre part, si ce à quoi vous faites allusion à ce propos est une forme telle que celle de l'aigle à deux têtes ou de l'oiseau double Hamsa-Garuda[2].

Quant à la distinction dont vous parlez entre « les cieux » et « le ciel », cela est bien exact, mais je me demande comment on pourrait l'exprimer pour la rendre plus claire en français ; d'autre part, ne pensez-vous pas qu'elle peut avoir un rapport avec celle des deux symbolismes « polaires » et « solaires » (le Pôle = le Père, le Soleil = le Fils) ?[3]

El Khidr n'est pas exactement le même que Melki-Tsédek, bien qu'il y ait entre eux un rapport assez étroit ; la différence est celle qui existe entre la voie initiatique qui relève du « Pôle » et celle des Afrâd, cette dernière étant d'ailleurs exceptionnelle. Dans la Kabbale, il y a quelque chose de similaire avec les deux frères « doués d'une perpétuelle jeunesse », Metatron et Sandalphon[4].

Votre étude sur *Khwaja Khadir* (ici, nous disons « Seyidna El-Khidr ») est très intéressante[5], et les rapprochements que vous y

---

[1] Ananda K. Coomaraswamy (11 novembre 1938). [Le *Zohar* appelle Metatron « le jeune » ; *kumâra* signifie garçon, jeune, jeune prince – *MAT*].

[2] Ananda K. Coomaraswamy (5 mai 1939) [voir la couverture du livre de René Guénon, *Recueil*, Rose-Cross Books, 2013 – *MAT*].

[3] Ananda K. Coomaraswamy (6 mai 1940).

[4] Louis Cattiaux (20 Février 1950). [Metatron et Sandalphon sont frères jumeaux ; Sandalphon a pour siège la séphirah *Malkuth*, mais dans l'*Enoch* il est le maître du sixième ciel, dans le *Zohar* il est le « chef du septième ciel » et selon une tradition islamique il demeure dans le quatrième ciel ; à l'origine, Sandalphon était le prophète Elijah, tout comme à l'origine Metatron était Enoch ; Sandalphon représente aussi l'aspect féminin de Metatron – *MAT*].

[5] [Voir l'Annexe à la fin de cette partie – *MAT*].

avez signalés sont tout à fait justes au point de vue symbolique ; mais ce que je puis vous assurer, c'est qu'il y a là-dedans bien autre chose encore que de simples « légendes ». J'aurais beaucoup de choses à dire là dessus, mais il est douteux que je les écrive jamais, car, en fait, ce sujet est un de ceux qui me touchent un peu trop directement... – Permettez moi une petite rectification : El-Khidr n'est pas précisément « identifié » aux Prophètes Idris, Ilyâs, Girgis (Saint Georges) – (bien que naturellement, en un certain sens, tous les Prophètes soient « un ») ; ils sont seulement considérés comme appartenant à un même Ciel (celui du Soleil)[1].

Pour El-Khidr, j'aimerais mieux, en tout cas, si ce sujet doit être traité, qu'il le soit par un autre que moi. Il y a une sorte d'« apparentement » spirituel avec Hénoch, Elie, Saint Georges, etc... mais il ne s'agit pas là d'assimilations, d'identifications comme les orientalistes semblent le croire. Coomaraswamy donne la reproduction d'une miniature où l'on voit El-Khidr et Elie assis l'un près de l'autre ; s'ils n'étaient qu'un seul et même personnage, je voudrais bien savoir comment cela pourrait s'interpréter... El-Khidr est proprement le *Maître des Afrâd*, qui sont indépendants du *Qutb* et peuvent même n'être pas connus de lui ; il s'agit bien, comme vous le dites, de quelque chose de plus « direct », et qui est en quelque sorte en dehors des fonctions définies et délimitées, si élevées qu'elles soient ; et c'est pourquoi le nombre des *Afrâd* est indéterminé. On emploie quelquefois cette comparaison : un prince, même s'il n'exerce aucune fonction, n'en est pas moins, par lui-même, supérieur à un ministre (à moins que celui-ci ne soit aussi prince lui-même, ce qui peut arriver, mais n'a rien de nécessaire) ; dans l'ordre spirituel les *Afrâd* sont analogues aux princes, et les *Aqtâb* aux ministres ; ce n'est qu'une comparaison, bien entendu, mais qui aide tout de même un peu à comprendre le rapport des uns et des autres[2].

---

[1] Ananda K. Coomaraswamy (5 novembre 1936).

[2] Marcel Clavelle (Jean Reyor) (14 mars 1937). « Entre le degré de la confirmation de la vérité et celui de la prophétie légiférante [sont les demeures des gens de la proximité]. Elles n'atteignent donc pas le rang du prophète légiférant dans l'ensemble de la prophétie universelle et n'appartiennent pas non plus aux demeures des véridiques qui suivent les envoyés et confirment leurs dires. Ces demeures sont la station des Rapprochés. Dieu les a rapprochés de lui soit par élection, indépendamment de l'accomplissement des

À ce que vous dites dans votre réponse au sujet de Saint Jean il y aurait peut-être seulement ceci à ajouter : beaucoup de Musulmans considèrent aussi Saint Georges comme un prophète, appartenant à la famille spirituelle de Seyidnâ El-Khidr, Seyidnâ Idris et Seyidnâ Ilyas ; mais, en tout cas, il est bien entendu qu'il ne serait également que *nabî* et non *rasûl*. À ce propos, je ne sais plus si j'ai jamais eu l'occasion de vous dire que ce qui m'avait donné l'idée d'écrire les articles sur la « réalisation descendante » parus au début de 1939, c'est le fait

---

œuvres, tel Celui qui se lèvera à la fin des temps et ses semblables ; soit par la voie de l'accomplissement des œuvres, tel al-Khadir et ses semblables. Cette station est une, mais on y parvient d'une manière ou de l'autre et c'est ainsi que l'envoyé se distingue du prophète. Cette station qui les comprend tous est celle des rapprochés et des « esseulés » (*afrâd*). Dans cette station l'être humain rejoint le Plérôme suprême, et ceux qui doivent en être gratifiés reçoivent l'élection divine. La station relève de l'acquisition, bien qu'elle puisse aussi être obtenue par élection, c'est pourquoi on dit de la mission de l'envoyé (*risâla*) qu'elle est une pure élection. Et cela est exact, car le serviteur ne saurait faire l'acquisition de ce qui provient de Dieu – gloire à Lui. Il peut œuvrer pour arriver, mais non pour obtenir ce qui émane de Dieu, une fois arrivé. De là jaillit « la science émanant de Dieu », dont Dieu a dit à propos de Son serviteur Khadir : « *Nous lui avons donné une miséricorde d'auprès de Nous et nous lui avons enseigné de par-devers Nous une science* » (*Coran* 18 : 65), ce qu'il faut comprendre ainsi : Nous lui avons donné par miséricorde une science d'auprès de Nous et Nous l'avons instruit de par-devers Nous. Cette science est l'une des quatre stations, lesquelles sont la science de l'écriture divine, la science de l'union et de la séparation, la science de la lumière et cette « science émanant de Dieu » (ou : par-devers Dieu)… La proximité est une qualité divine et une station inconnue dont même l'élite des envoyés – sur eux la paix – a pu dénier les effets, malgré la nécessité qu'ils ont de cette station et le témoignage d'intégrité et d'élection rendu par Dieu en faveur de celui qui occupe cette station. Tel fut le cas d'al-Khadir dans sa rencontre avec Moïse ; celui-ci fut subjugué sous l'empire de la jalousie que Dieu a donnée aux envoyés pour la station de la Loi divine. Pour Dieu il réprouva et réitéra sa réprobation, en dépit de l'avertissement que lui adressa le saint serviteur à chaque question… Dans cette station je suis entré au mois de Ramadân de l'année 597. Je me trouvai en voyage à la halte d'Igîsil au Maghreb. Je parcourus cette station, éperdu de joie. N'y rencontrant personne, j'en éprouvai un sentiment de solitude et il me souvint alors comment Abu Yazîd (al-Bistâmî) y étant entré par l'humiliation et l'indigence n'y rencontra lui non plus personne. Mais cette halte est ma patrie et bientôt je n'y ressentis plus la solitude, car tout être par essence ressent de la nostalgie pour son pays d'origine et le sentiment de solitude va avec celui d'étrangeté. Quand j'entrai dans cette station et y restai isolé, je sus que, si quelqu'un m'y découvrait, il me désavouerait. Je restai à en explorer, l'un après l'autre, coins et recoins » (Ibn 'Arabî, *Les illuminations de la Mecque*, Albin Michel, 1997, pp. 152-157, tr. Denis Gril).

que certains Shiites prétendent que le *walî* a un *maqâm* plus élevé (sous le rapport d'*el-qutb*) que le *nabî* et même que le *rasûl*[1]. Ce que j'ai écrit dernièrement à propos des *Malâmatiyah*, comme vous le verrez (ou peut-être l'avez-vous déjà vu, car le 4e n° des « É. T. » doit être paru maintenant), touche aussi à la même question ; cet article se rencontre d'ailleurs avec ce que vous avez écrit vous-même sur les rapports des initiés avec le peuple, et, par une assez curieuse « coïncidence », je venais justement de projeter de l'écrire quand cette partie de votre livre nous est parvenue ![2]

Pour votre question concernant la vie du Prophète, la conception la plus orthodoxe est que l'impeccabilité appartient réellement à tous les prophètes, de sorte que, si même il se trouve dans leurs actions quelque chose qui peut sembler choquant, cela même doit s'expliquer par des raisons qui dépassent le point de vue de l'humanité ordinaire (à un degré moindre, cela s'applique aussi aux actions de tous ceux qui ont atteint un certain degré d'initiation). D'un autre côté, la mission d'un *rasûl*, par là même qu'elle s'adresse à tous les hommes indistinctement, implique une façon d'agir où n'apparaissent pas les réalisations d'ordre ésotérique (ce qui constitue d'ailleurs une sorte de sacrifice pour celui qui est revêtu de cette mission). C'est pourquoi certains disent aussi que ce qui serait le plus intéressant au point de vue initiatique, s'il était possible de le connaître exactement, c'est la période de la vie de Mohammed antérieure à la *risâlah* (et ceci s'applique également à la « vie cachée » du Christ par rapport à sa « vie publique » : ces deux expressions, en elles-mêmes, s'accordent du reste tout à fait avec ce que je viens de dire et l'indiquent presque explicitement). Il est d'ailleurs bien entendu que les considérations historiques n'ont pas d'intérêt en elles-mêmes, mais seulement par ce qu'elles traduisent de certaines vérités doctrinales. Enfin, on ne peut pas négliger, dans une tradition qui forme nécessairement un tout, ce qui ne concerne pas directement la réalisation métaphysique (et il y a de tels

---

[1] [*Réalisation ascendante et descendante*, Études Traditionnelles, nos 1-3, 1939 (il a été publié dans *Initiation et Réalisation spirituelle*, Éditions Traditionnelles, 1980, sous le nom de *Réalisation ascendante et réalisation descendante*) ; cet article a une valeur initiatique exceptionnelle – *MAT*].
[2] Frithjof Schuon (16 avril 1946).

éléments dans la tradition hindoue comme dans les autres, puisqu'elle implique aussi, par exemple, une législation) ; il faut plutôt s'efforcer de le comprendre par rapport à cette réalisation, ce qui revient en somme à en rechercher le « sens intérieur »[1].

Le mot *wali* ne signifie pas « serviteur » (c'est *abd*) ; il signifie « ami » (sous-entendu de Dieu). Je ne sais pas si on peut dire que le « Juste » corresponde à un degré spirituel bien défini ; en arabe, *çadiq*, qui signifie « juste » et « sincère », a aussi le sens d'ami, mais pourtant je n'ai jamais vu qu'on le regarde comme synonyme de *wali*[2].

Il est exact que *rasûl* signifie littéralement « envoyé », mais le mot *malak* existe aussi en arabe avec le sens d'« ange » (je pense que, en grec, il doit y avoir une certaine différence de sens entre *apostolos* et *angelos*, bien que les deux mots puissent se traduire par « envoyé ») ; et il peut y avoir des *rusul* « min el-malaïkah wa min en-nâs », c'est-à-dire d'entre les anges et d'entre les hommes. L'expression « ed-dîn el-hânif » désigne la religion d'Abraham ; justement il était question ici, il y a quelque temps, du sens de ce mot *hânif*, et on envisageait différentes significations, finalement on a été d'accord pour admettre celle que je donnais : *hânif* = *tâher*, c'est-à-dire « pur ». Les *hunafâ* sont donc littéralement les « purs » (comme les Cathares, ce qui est assez curieux) ; ce sont ceux d'entre les arabes qui avaient conservé intact la religion d'Abraham, car il y en a toujours eu jusqu'à l'Islam (certains ont pu être prophètes, mais non pas tous) ; et Mohammed lui-même, avant sa mission, était *hânif*. — Quant à une équivalence des *Sufis* avec les Esséniens, je ne crois pas qu'on puisse l'envisager, d'abord parce que les Esséniens formaient une organisation qui devait naturellement comporter des degrés divers, y compris les plus inférieurs, tandis que le mot *Sufi* doit être réservé à ceux qui possèdent la sagesse divine (le véritable *Sufi* est « el-ârif billah », c'est-à-dire celui qui tire sa connaissance directement du Principe même), ensuite parce que, dans le judaïsme, l'initiation (kabbalistique) ne semble pas avoir jamais appartenu exclusivement aux Esséniens (sur lesquels on ne sait d'ailleurs pas grand chose de bien précis), si

---

[1] Louis Caudron (22 mars 1936).
[2] Emmanuel Hillel (19 mars 1934).

bien que ceux-ci représenteraient plutôt l'équivalent d'une *tarîqah* particulière, tout simplement[1].

Dans la version arabe des Évangiles, la désignation du Paraclet est Ahmed, ce qui est le nom céleste du Prophète (Mohammed étant son nom terrestre, et Mohamûd son nom paradisiaque). À cause de cela, l'empereur Héraclius fut tout près de reconnaître la mission du Prophète ; il en fut seulement détourné par certains membres du clergé grec qui prétendirent qu'il y avait là une erreur d'interprétation[2].

Ce que vous dites au sujet du rôle d'Alexandre est certainement tout à fait exact ; j'ai d'ailleurs dû y faire allusion dans mon article sur le symbolisme des cornes, que je ne retrouve pas en ce moment ; ce qui est dit de ses rapports avec El-Khidr dans la tradition islamique est très significatif, et il y a aussi, entre autres choses, des légendes roumaines qui sont extrêmement curieuses[3].

D'après la tradition islamique, les Prophètes ont sur leur corps un « sceau » ou une marque particulière ; seulement, celle-ci ne se trouve pas sur l'épaule, mais, à ce qu'il semble, à la partie supérieure du dos, un peu au-dessous de la région cervicale, c'est-à-dire en somme entre les deux épaules[4].

La question de la descendance de Tamerlan a quelque importance parce qu'il semble bien que certains membres de cette famille aient été aussi « missionnés » ; alors, je me demande quels rapports ils ont pu avoir au juste avec la Roumanie[5].

C'est bien en effet à Baber et à Akbar que je pensais ; quant à Tamerlan lui-même et à Gengis-Khan, vous n'avez certainement pas tort d'y voir des manifestations (ne disons pas des incarnations) de la « rigueur ». Un autre cas bien singulier, dans le même ordre d'idées, c'est celui du Khalife El-Hakim bin-Auri'llah, qui fut un effroyable tyran, et qui est considéré par les Druses comme une manifestation divine. Il y a évidemment dans tout cela quelque chose qui est en rapport avec un aspect « destructif » qui se retrouve aussi, dans l'Inde,

---

[1] Emmanuel Hillel (5 décembre 1933).
[2] P. G. (2 septembre 1936).
[3] Marcel Maugy (Denys Roman) (16 septembre 1948).
[4] Marcel Maugy (Denys Roman) (11 novembre 1949).
[5] Vasile Lovinescu (27 janvier 1936).

lié à certaines formes shivaïtes et tantriques. Tout cela est assurément assez difficile à expliquer d'une façon tout à fait claire ; et, pour en dire des choses précises au point de vue historique, il faudrait entreprendre des recherches qui ne seraient certainement pas sans intérêt, mais qui demanderaient beaucoup de temps[1].

Pour ce que vous me demandez au sujet du Thibet, l'*Adhi-Buddha* est au sommet de la hiérarchie, et les cinq *Dhyâni-Buddhas* (littéralement Buddha de contemplation) sont ses émanations directes ; de chacun d'eux procède à son tour un *Dhyâni-Bodhisattwa*. Chaque *Dhyâni-Bouddha* et chaque *Dhyâni-Bodhisattwa* correspondent à une certaine période, dans laquelle ils se manifestent respectivement par un *Mânushya-Buddha* (Buddha humain, ou manifesté sous forme humaine) et un *Mânushya-Bodhisattwa*. Le *Dhyâni-Bouddha* correspondant à la période actuelle est *Amitâbha*, et le *Dhyâni-Bodhisattwa* est *Avalokitéshwara*. Comme il y a aussi une correspondance avec différentes régions célestes, on pourrait sans doute envisager en effet des rapports avec les cinq Empereurs du ciel ; mais les quatre *Mahârâjas*, régents des quatre points cardinaux, dont il est question au Thibet, sont autre chose. Pour ces derniers, je ne pense pas non plus qu'on puisse les faire rentrer dans une hiérarchie « linéaire », pour ainsi dire, avec les quatre *Rishis* ; en un certain sens, ils seraient plutôt au-dessous de ceux-ci qu'au dessus, mais ce serait peut-être un peu trop simplifier les choses que de les envisager de cette façon[2].

Pour ce que vous dites au sujet de Saint Jean, il y a naturellement lieu, comme dans tout autre cas de ce genre, de faire une distinction entre le personnage et la fonction ; mais, au fond, c'est la perpétuité de la fonction qui est le seul point véritablement important (même si elle doit être remplie successivement par différents individus, ceux-ci n'en sont pas moins « le même » pour tout ce qui s'y rapporte). – La fonction de Saint Jean ne peut pas être assimilée purement et simplement à celle du Roi du Monde ; elle en serait plutôt comme une « spécification », plus particulièrement en rapport avec la forme traditionnelle chrétienne. D'autre part, si on regardait Saint Jean

---

[1] Vasile Lovinescu (24 février 1936).
[2] Emmanuel Hillel (12 septembre 1928).

comme un futur *Manu*, sa fonction ne concernerait pas le cycle actuel, et ce n'est pas là ce qu'indique l'Évangile ; puisque le retour du Christ coïncide avec la fin de ce cycle, les mots « jusqu'à ce que je revienne » impliquent que ce dont il s'agit est compris dans celui-ci[1].

Pour la question de l'intervention des saints, ce qu'il faut y voir surtout, c'est l'action de l'influence spirituelle ... par eux ; il n'y a nul besoin que leur être véritable joue directement un rôle là-dedans ; et cela s'applique même aux cas où l'influence paraît prendre le plus nettement l'apparence d'une « personnification » (le cas d'apparitions, par exemple)[2].

Je ne vois vraiment pas quelle correspondance on pourrait trouver à la chute des anges dans la tradition hindoue ; les *Asuras* représentent les états infra-humains de l'être, mais ils ne sont pas considérés comme « déchus ». Quant à la chute de l'homme, elle se rapporte évidemment à l'éloignement du Principe à travers les différentes phases du développement cyclique, on pourrait donc y distinguer plusieurs degrés, mais je pense que la sortie du Paradis terrestre correspondrait plutôt à la fin du *Krita-Yuga* qu'au début du *Kali-Yuga*[3].

Quant à la « chute des anges », il faut y voir surtout un symbolisme, qui est d'ailleurs loin d'être parfaitement clair. Dans les doctrines orientales, il n'est jamais question de « chute » à proprement parler, mais seulement d'un éloignement du Principe dans le processus de la manifestation (ceci pour le développement de chaque état envisagé en lui-même et isolément)[4].

---

[1] Vasile Lovinescu (6 juin 1936).
[2] M^me Lapasse (date non spécifiée).
[3] Emmanuel Hillel (16 avril 1935).
[4] Un docteur non identifié (2 juillet 1935).

# VII

# LA DOCTRINE DES *AVATÂRAS*

À PROPOS DE Moïse, prophète et législateur inspiré, on pourrait peut-être faire appel ici à la conception des *Avatâras* secondaires. La théorie des *Avatâras* et celle des prophètes représentant deux points de vue qui sont complémentaires et qui, comme tels, peuvent fort bien se concilier.

Je ne connaissais pas ce que vous me dites du rôle des trois « hiérarques » (Saint Basile, Saint Jean Chrysostome et Saint Grégoire le Théologien) dans la tradition orthodoxe ; il semble bien que cela indique qu'ils représentent une « fonction » unique et sans doute cela doit bien avoir quelque rapport avec l'idée d'*Avatâras* mineurs, surtout à cause de cette affirmation que, sans eux, le Christ aurait dû revenir sur terre (enseignement de l'Église orthodoxe)[1].

La question concernant le Christ est la plus difficile à traiter sommairement ; il faudrait, en réalité, la rattacher à toute la doctrine des *Avatâras*, et il y aurait tout un volume à écrire là-dessus ; il est d'ailleurs douteux que je me décide jamais à le faire, car, malgré ces développements, cela risquerait fort d'être mal compris... – Les représentants actuels du Christianisme sont malheureusement affectés eux-mêmes de l'esprit moderne, si bien que tout ce qui est proprement doctrinal a de moins en moins d'importance pour eux ; et c'est pourquoi ils en arrivent, en ce qui concerne le Christ, à ne s'attacher qu'à des questions d'« historicité », oubliant que c'est le Christ en tant que principe qui est l'essentiel. Les événements historiques, comme tous les autres faits, ont une valeur de symboles, expression des vérités d'un autre ordre auxquelles ils correspondent, sans que cela leur enlève rien de leur réalité propre en tant que faits... Vous pouvez appliquer cela à la vie du Christ, et vous verrez alors que tout y est aussi réalité physique ou historique, précisément parce qu'il faut que certaines vérités d'ordre transcendant se traduisent de cette façon dans notre monde ; mais, bien entendu, il faut pour cela partir du principe, et on voit ainsi la parfaite inutilité de toutes ces discussions où les défenseurs modernes du

---

[1] P. G. (9 août 1935).

Christianisme se croient obligés de se placer sur le même terrain que ses adversaires et de se servir des mêmes méthodes qu'eux, ce qui n'aurait aucune raison d'être s'ils savaient se tenir à un point de vue strictement doctrinal et traditionnel[1].

Je ne pense pas que l'on puisse trouver dans le Christianisme l'idée de manifestations *avatâriques* mineures ; certains ont peut-être voulu attribuer un caractère de ce genre à Saint François d'Assise, mais ils sont sortis de l'orthodoxie[2].

Je vois que vous avez bien compris ce que je voulais dire au sujet de la théorie des *Avatâras*. Celle-ci et celle des Prophètes représentent deux points de vue qui sont en quelque sorte complémentaires l'un de l'autre, et qui, comme tels, peuvent fort bien se concilier. – Il est bien entendu que le retour du Christ, à la fin du cycle, correspond au 10e *Avatâra*[3].

# VIII

# LES SCIENCES TRADITIONNELLES[4]

SI CE QUE j'appelle les « sciences traditionnelles » n'est qu'application des principes, donc quelque chose de secondaire et de dérivé, il n'en est pas moins vrai que cela a aussi son intérêt ; et il n'est pas possible de se tenir toujours exclusivement sur le terrain de la métaphysique pure. Dans l'Inde et en Chine, ces sciences tiennent aussi une place assez considérable. Enfin, j'ajouterai que vous m'avez paru confondre hermétisme et magie, ce qui est tout à fait différent[5].

---

[1] Vasile Lovinescu (18 mars 1935).
[2] Vasile Lovinescu (29 septembre 1935).
[3] Vasile Lovinescu (24 juin 1935).
[4] « La connaissance métaphysique pure relève donc proprement des "grands mystères", et la connaissance des sciences traditionnelles des "petits mystères" ; comme la première est d'ailleurs le principe dont dérivent nécessairement toutes les sciences traditionnelles, il en résulte encore que les "petits mystères" dépendent essentiellement des "grands mystères" et y ont leur principe même, de même que le pouvoir temporel, pour être légitime, dépend de l'autorité spirituelle et a en elle son principe » (René Guénon, *Aperçus sur L'Initiation*, Éditions Traditionnelles, 1992, p. 250).
[5] Guido di Giorgio (5 décembre 1924).

Tout ce que vous me disiez au sujet de la magie est tout à fait juste ; il semble qu'Evola prenne ce mot dans un sens assez différent de celui qu'il a normalement, et l'emploi qu'il en fait a bien des inconvénients. Au sens propre du mot, ce n'est en somme qu'une science d'ordre expérimental ; elle peut en effet servir de point de départ pour autre chose, mais cela est vrai de toutes les sciences traditionnelles, quelles qu'elles soient, et même je dirais volontiers qu'elles sont surtout faites pour cela. Il n'y a que les sciences conçues à la façon occidentale moderne qui ne puissent mener à rien d'autre et qui soient constituées de façon à ne pas permettre le passage à une connaissance d'un ordre supérieur[1].

On m'a envoyé il y a quelque temps la copie de deux tableaux qui se trouvent dans la bibliothèque de la mosquée de Paris et qui intriguent tout le monde, car on ne sait pas quelle en est la provenance. Or l'un de ces tableaux porte la signature : « Amadou Hampaté Bâ », que personne ne comprenait ; j'ai bien vu tout de suite qu'il s'agissait d'un nom soudanais, mais, naturellement, je n'en savais pas davantage. Ce tableau se rapporte à une interprétation ésotérique de la prière musulmane, en correspondance avec certains nombres, dont certains sont facilement explicables, mais dont d'autres présentent une disposition assez énigmatique. D'après ce que je vois, il n'est pas douteux que c'est votre ami qui en est l'auteur, et qu'il a dû le composer d'après les enseignements de son oncle. L'autre tableau, qui n'est pas signé, mais qui est probablement de même origine, paraît se rapporter à des correspondances de certains éléments de la musique arabe[2].

Pour ce qui est de l'autre tableau dont je vous ai parlé, quel qu'en soit l'auteur, tout ce que je puis y distinguer est l'indication d'une correspondance de certains éléments musicaux avec les différents moments de la journée (comme dans la musique hindoue), et aussi quelque chose qui, par une relation entre ces mêmes éléments et les tempéraments humains, paraît avoir un rapport possible avec les effets thérapeutiques de la

---

[1] Guido di Giorgio (12 juin 1927).
[2] Théodore Monod (12 octobre 1947) [Amadou Hampâté Bâ (1900-1991) est né à Bandiagara, chef-lieu du pays Dogon au Mali. En 1942, il est affecté à l'Institut français d'Afrique noire de Dakar grâce à la bienveillance de son directeur, le professeur Théodore Monod].

musique. Je sais que tout cela a existé en effet dans la musique arabe, mais ici c'est bien oublié actuellement ; ces choses se seraient-elles mieux conservées dans certaines régions plus ou moins reculées comme le Soudan ?[1]

Pour votre question relative au symbolisme musical, on pourrait objecter la part de sentimentalité qui vient à peu près inévitablement se mêler à ce que la musique exprime ou suggère ; mais je dois dire pourtant que cette objection ne vaut que contre la musique occidentale moderne, dans laquelle il y a certainement quelque chose de « faussé ». Sans avoir la prétention d'y connaître quoi que ce soit, je dois dire qu'il m'est à peu près impossible d'y trouver un rythme vrai, tandis que celui-ci se sent immédiatement dans la musique orientale.

La véritable musique, celle qui peut jouer valablement le rôle que vous envisagez, est en réalité purement mathématique ; cela n'est donc pas si loin du symbolisme géométrique, et ce ne sont que deux formes d'expression reposant sur une même base.

D'ailleurs, il ne faut pas oublier que tout ce qui se rapporte au symbolisme authentique est « science exacte », au sens le plus rigoureux de cette expression, et ne laisse pas la moindre place à la « fantaisie » ou à la « rêverie » ; et il ne saurait en être autrement dès lors que le symbolisme n'est en aucune façon le produit d'une invention humaine[2].

Quant au Tarot, j'admets volontiers qu'il puisse donner des résultats valables ; seulement, son maniement n'est peut-être pas exempt de tout danger, à cause des influences psychiques qu'il met certainement en jeu ; j'en dirai autant de certains autres procédés, comme la géomancie par exemple ; mais, dans le cas du Tarot, cela se complique de la question de son origine particulièrement douteuse... Je ne sais d'ailleurs pas du tout où on pourrait trouver quelques données là-dessus, à moins que ce ne soit chez les Bohémiens, car il faut dire que, en dehors de l'Europe, le Tarot est une chose complètement inconnue ; tout son symbolisme a d'ailleurs une forme spécifiquement occidentale[3].

Pour le Tarot, je pense que son usage n'est pas à conseiller, et que même il est préférable de s'en abstenir (je l'ai dit aussi il y a quelques temps à M. Caudron), parce qu'il paraît servir

---

[1] Théodore Monod (15 décembre 1947).
[2] Un docteur non identifié (15 juillet 1933).
[3] Louis Caudron (9 mars 1936).

facilement de véhicule à des influences psychiques qui ne sont pas toujours de la meilleure qualité. On a voulu y voir beaucoup de choses, mais c'est certainement en exagérer l'importance ; en tout cas, il est parfaitement inconnu en dehors de l'Europe. Son origine est d'ailleurs bien obscure, et sa connexion avec les Bohémiens n'est pas précisément une recommandation, car ceux-ci semblent bien n'avoir eu qu'une initiation d'ordre inférieur (limité au domaine de certaines sciences traditionnelles), et se prêtant facilement par là même à beaucoup de déviations[1].

# IX

# LES PORTES FERMÉES DE L'AGARTTHA[2]

J'AI SOUVENT entendu dire que, à Rome, on considérait la validité des ordinations anglicanes comme douteuses parce qu'il n'est pas sûr qu'il n'y ait pas eu, à un certain moment (je pense que ce serait lors de la Révolution) une interruption dans la transmission, et que, pour cette raison, on refaisait l'ordination « sous condition » ; mais il est évident que l'intervention des évêques orthodoxes doit changer les choses et équivaloir en somme à une « régularisation ». Autre chose à signaler dans le même ordre d'idées : les objets qui servaient au sacre des rois d'Angleterre ont été détruits sous Cromwell, de sorte que ceux qui sont employés actuellement n'en sont que de simples reproductions récentes ; n'y a-t-il pas là quelque chose qui, en dehors de tout autre considération, peut être de nature à gêner en pareil cas l'action des influences spirituelles ? Pour la guérison des écrouelles, il me semble qu'il y a deux versions

---

[1] Vasile Lovinescu (6 juin 1936).

[2] « Le fait qui est ainsi présenté par le Bouddhisme semble bien n'être autre en réalité que celui qu'indiquent à la fois Saint-Yves et M. Ossendowski : Shâkya-Muni, alors qu'il projetait sa révolte contre le Brâhmanisme, aurait vu les portes de l'*Agarttha* se fermer devant lui » (René Guénon, *Le Roi du Monde*, Éditions Traditionnelles, 1939, p. 17).

contradictoires : l'une qui en rapporte l'origine, pour les rois d'Angleterre, à Édouard le Confesseur, et l'autre qui la regarde comme attachée exclusivement à la qualité de roi de France ; que faut-il en penser ? – Le parallèle que vous faites entre la façon dont on a remédié aux irrégularités de l'église anglicane et à celle de la G∴ L∴ d'Angleterre est vraiment curieux et me paraît très juste[1].

Si la plupart des « apparitions mariales » récentes (parmi lesquelles il en est d'ailleurs qui ont un caractère plutôt suspect) n'ont eu pour témoins que des enfants, c'est sans doute parce que ceux-ci sont plus sensibles à certaines influences ; du reste, beaucoup d'enfants ont des facultés psychiques naturelles qui disparaissent peu à peu, en partie par suite de l'éducation qui leur est donnée, mais peut-être aussi pour d'autres causes d'ordre plus général, qui se rattachent en somme à la « solidification » même du monde terrestre[2].

Vous me demandez, sur la question d'« attitude », s'il y a quelque chose de changé depuis la publication de certains de mes ouvrages. Je vous répondrai très nettement : oui, certaines portes, du côté occidental, se sont fermées d'une façon définitive. Je ne me suis d'ailleurs jamais fait d'illusions, mais je n'avais pas le droit de paraître négliger certaines possibilités ; il fallait que la situation devienne tout à fait nette, et ce que j'ai fait y a contribué pour sa part. Peut-être y aura-t-il encore un dernier résultat (négatif) à obtenir pour que chacun sache à quoi s'en tenir sans équivoque possible[3].

Quant à l'Islam politique, mieux vaut n'en pas parler, car ce n'est plus qu'un souvenir historique ; c'est certainement dans ce domaine politique que les idées occidentales, avec la conception des « nationalités », ont fait le plus de ravages, et avec une singulière rapidité. C'est à tel point que maintenant les Égyptiens ne veulent pas venir en aide aux Syriens, ni ceux-ci aux Palestiniens, et ainsi de suite ; et il y en a beaucoup à qui on ne peut même plus arriver à faire comprendre combien ce particularisme est contraire aux intérêts traditionnels. – Cela n'a pas empêché un soi-disant « explorateur » français, qui n'est probablement qu'un vulgaire touriste, de prétendre dans un

[1] Marcel Maugy (Denys Roman) (16 septembre 1948).
[2] Marcel Maugy (Denys Roman) (24 juillet 1950).
[3] Marcel Clavelle (Jean Reyor) (2 septembre 1932).

livre récent que le *Khalifat* existe toujours en fait, et, mieux encore, qu'il a son siège ici même à El-Azhar. Ce serait à éclater de rire si la réalité, à cet égard, n'était assez triste au fond ; savez-vous qu'au congrès de Jérusalem, en décembre dernier, la question du rétablissement du *Khalifat* ayant été posée, il a été impossible d'arriver à une entente et à une solution quelconque ? Et savez-vous aussi, en ce qui concerne spécialement El-Azhar, que le recteur, il y a à peu près un an, a refusé de signer une protestation contre les atrocités italiennes en Tripolitaine, sous le prétexte que « c'était là une question politique dans laquelle il n'avait pas à intervenir »[1] ?

Pour ce qui est des « prophéties occidentales » (j'aimerais mieux ne les appeler que « prédictions ») qui parlent d'une future « lutte de la Croix et du Croissant », j'avoue que je ne leur accorde qu'une valeur des plus relatives. D'abord, je ne vois pas du tout, dans l'état actuel du monde, quels peuples pourraient bien être qualifiés pour représenter la Croix ; ensuite le Croissant n'a jamais symbolisé l'Islam que dans l'imagination des Occidentaux ; il ne lui appartient ni exclusivement ni essentiellement, et il y est uniquement un symbole de « majesté », rien de plus. – Je vous signalerai à ce propos que le roi de France Henri II, que je ne crois pas avoir été musulman, en avait fait son emblème personnel, et aussi qu'on voit ici sur beaucoup de boutiques Coptes, donc chrétiennes, la Croix entre les cornes du croissant (ce qui reproduit d'ailleurs exactement un ancien symbole phénicien, bien antérieur à l'islam et au christianisme)[2].

---

[1] Marcel Clavelle (Jean Reyor) (2 septembre 1932).

[2] [« Un signe grandiose apparut dans le ciel : une Femme, ayant le soleil pour manteau, la lune sous les pieds, et sur la tête une couronne de douze étoiles » (*Livre de l'Apocalypse* 12 :1). La tradition chrétienne a appliqué cette image apocalyptique en partie à la Vierge Marie, qui a été représentée debout sur le croissant de lune ; voir la statue de la Vierge au-dessus de la porte de la cathédrale Saint Jean-Baptiste à Parme ; ou la statue qui se trouve dans une des vieilles églises de Goa en Inde ; ou encore celle dans la cathédrale impériale de Spire en Allemagne (photos MAT) :

Mais il y a des « clichés » que l'ignorance se plait à répéter indéfiniment : c'est ainsi, pour prendre encore un autre exemple, qu'il est convenu en Europe que l'étendard du

Parfois, la Vierge est remplacée par une croix, et nous avons mentionné que René Guénon a écrit à Lovinescu (9 novembre 1935) : « Dans la tradition chrétienne elle-même, beaucoup de symboles sont attribués à la fois au Christ et à la Vierge ». Ce symbole peut être trouvé dans le centre-ville de la ville autrichienne de Klagenfurt (photo MAT, *supra*) ; et aussi sur la tour d'une ancienne église de Transylvanie (photo MAT) :

Certaines personnes ont interprété ce symbole comme illustrant la victoire des chrétiens sur les musulmans, mais, comme l'a dit Guénon, ce n'est qu'une affabulation – *MAT*].

Prophète était vert ; or il y en avait deux, un blanc pour la paix et un noir pour la guerre ; le vert n'est venu que beaucoup plus tard, sous je ne sais quel Khalife[1].

Pour l'article sur le *Khalifat*, je vois bien de quoi il s'agit : c'est un mauvais tour que la France veut jouer à l'Angleterre, laquelle voudrait, elle aussi, et depuis longtemps déjà, avoir un Khalife « de façade » qui ne serait qu'un instrument entre ses mains ; et je m'explique maintenant le voyage d'un certain personnage marocain qui nous avait un peu intrigué il y a quelques mois… En fait, l'une des deux solutions ne vaudrait guère mieux que l'autre étant donné surtout ce qui se passe actuellement en Afrique du Nord (sans parler de la Syrie) ; jamais encore les Français ne s'étaient comportés de pareille façon jusqu'ici ; c'est sans doute l'effet des belles promesses faites pendant la guerre. Quoi qu'il en soit, il est plutôt maladroit de confier le « lancement » de cette idée à des gens aussi grossièrement ignorants que l'auteur de l'article en question. « Puissance sacerdotale », « Souveraineté pontificale », etc… autant d'âneries que de mots… Il est d'ailleurs tout à fait faux que la présence d'un Khalife soit nécessaire au maintien de l'orthodoxie, et il ne l'est pas moins que le Khalife doive remplir telle ou telle condition définie, on préférerait en général qu'il soit d'origine arabe, mais cela même n'est nullement nécessaire, et en fait n'importe qui peut être désigné. Lors du congrès de Jérusalem, certains pensaient mettre en avant la candidature de quelqu'un que je connais très bien, et qui ne remplit aucune des prétendues conditions ; c'est seulement un homme énergique et très instruit des choses de l'Islam, et c'est là l'essentiel ; mais sans connaître l'actuel sultan du Maroc, je crois qu'il y a bien des chances pour qu'il ne possède ni l'une ni l'autre de ces deux qualités. D'autre part, il y a trois modes possibles de désignation d'un Khalife, tout aussi réguliers l'un que l'autre, et qui correspondent proprement aux trois titres respectifs de « Khalifat », d'« Imâm » et d'« Anûrul-Muminîn » ; vous voyez que c'est assez complexe et que personne en Europe n'y connait quoi que ce soit. – Quant à Mustafa Kémal, je comprends bien pourquoi il entrerait dans la combinaison, et vous pourrez être sûr que ses raisons n'ont rien de « spirituel », mais comment lui

---

[1] Marcel Clavelle (Jean Reyor) (2 septembre 1932).

et ses partisans pourraient-ils bien continuer à se prétendre, je ne dis pas « sunnites », mais simplement « orthodoxes », quand ils se servent, dans les mosquées, d'une *traduction* du Qoran, ce qui est tout ce qu'il y a de plus rigoureusement interdit ? Du reste, des gens qui ont fait du port d'une casquette le symbole de la « civilisation » sont jugés par là même, je ne veux pas dire qu'il y ait là une question de principe (c'est bien moins important qu'ils ne le croient eux-mêmes), mais je prends cela comme un « signe » qui donne assez exactement la mesure de leur « horizon intellectuel »[1].

Il est vraiment difficile, en effet, de savoir d'une façon tout à fait sûre qu'il ne subsiste plus rien du tout du côté occidental, puisque s'il y a quelque chose, cela est si fermé et si bien caché, et que d'ailleurs, à vrai dire, cela l'a même été toujours (et non pas seulement maintenant) plus que partout ailleurs. Quant au « retrait » dont vous parlez et à ses conséquences, je me rappelle que [Charbonneau-Lassay] m'avait raconté un jour que, envisageant précisément des éventualités de ce genre en parlant avec un prêtre (je suppose maintenant que ce doit être celui par qui il a connu l'« Estoile Internelle »), il lui disait qu'il se demandait comment cela pourrait se concilier avec la promesse que l'Église devait durer « jusqu'à la fin du siècle », à quoi ce prêtre avait répondu : « l'Église chrétienne n'est pas forcément la même chose que l'Église romaine ». Je ne peux pas garantir les termes exacts de la réponse, mais, en tout cas, le sens était bien celui-là ; il admettait donc que, même en pareil cas, toute possibilité ne se trouverait donc pas encore définitivement fermée, ce qui reviendrait, en somme, à supposer qu'il doit exister dans le Christianisme quelque chose qui est capable de garder l'influence spirituelle indépendamment de Rome ; mais cela se rapporte-t-il aux Églises orthodoxes orientales ou à quelque chose d'autre dans le Catholicisme latin lui-même ? Voilà ce que je serais bien embarrassé de dire, en l'absence de toute autre précision[2].

Au sujet des remarques faites par votre ami, je suis bien d'accord avec lui pour penser que l'initiation est plus nécessaire que jamais, mais à la condition d'ajouter : pour ceux qui sont

---

[1] Marcel Clavelle (Jean Reyor) (7 septembre 1933).
[2] Marcel Clavelle (Jean Reyor) (22 octobre 1936).

réellement qualifiés pour la recevoir ; or c'est un fait que ceux-là sont de moins en moins nombreux, et c'est pourquoi il est naturel que les organisations initiatiques se ferment de plus en plus, surtout si l'on songe que celles qui sont demeurées trop facilement accessibles ont subi par là même une certaine dégénérescence plus ou moins accentuée suivant les cas[1].

Quant aux recherches du côté de l'Afghanistan, elles ont eu en réalité pour point de départ une toquade d'un certain Bogdanoff, qui était interprète à la légation de Russie dans ce pays, et qui affirmait que, en creusant au-dessous de la ville de Kaboul, on trouverait infailliblement l'entrée de l'Agartha ![2]

# X

# ANNEXE[3]

DANS L'INDE, le saint et prophète désigné par les noms de Khwâjâ Khizr (Khadir), Pir Badar et Râjâ Kidâr (en arabe, Seyidnâ El-Khidr) fait l'objet d'un culte populaire encore existant et qui est commun aux Musulmans et aux Hindous...

Dans l'iconographie, Khwâjâ Khizr est représenté comme un homme âgé, ayant l'apparence d'un *faqîr*, habillé entièrement en vert et accompagné d'un poisson qui lui sert de « véhicule » et avec lequel il se meut sur les eaux...

Dans la ballade de Niwal Daî, dont l'action est localisée à Safîdam dans le Panjab, l'héroïne est la fille de Vâsuki, le roi des Serpents. Le *pândava* âryen Râjâ Parikshit a livré bataille à Vâsuki et lui a arraché la promesse qu'il lui donnerait sa fille en mariage, union qui, du point de vue de Vâsuki, est inégale et constitue une mésalliance. Vâsuki est alors atteint de la lèpre, à la suite

---

[1] Goffredo Pistoni (9 mai 1950).
[2] R. Schneider (date non spécifiée).
[3] Ananda K. Coomaraswamy, *Khwâja Khadir et la Fontaine de Vie*, Études Traditionnelles, août-septembre 1938, nos 224-225. Publié également en anglais : Ananda K. Coomaraswamy, *What is Civilisation?*, Lindisfarne Press, 1989, ch. 17 : *Khwâja Khadir and the Fountain of Life in the Tradition of Persian and Mughal Art.*

d'une malédiction prononcée par le prêtre Sîjî, dont les vaches avaient été mordues par les Serpents. Pour le guérir, Niwal Daî entreprend d'obtenir l'Eau de Vie (*amrita*), à la source fermée qu'elle seule peut ouvrir, mais qui se trouve sur les domaines de Râjâ Parikshit. Lorsqu'elle atteint la source, qui est recouverte par de lourdes pierres, elle déplace celles-ci par l'effet de son pouvoir magique, mais les eaux baissent et sont bientôt hors de portée : en effet, Khwâjâ Khizr, qui est leur maître, ne veut pas les libérer, aussi longtemps que Niwal Daî, que personne encore n'a vue, si ce n'est son père Vâsuki et sa mère, la reine Padmâ, ne consent pas à se montrer à ses regards. Lorsque Niwal Daî se laisse voir, Khwâjâ Khizr « envoie les eaux qui montent en bouillonnant ». Râjâ Parikshit, éveillé par le bruit, part au galop vers la source ; il y trouve Niwal Daî, qui se cache sous sa forme de serpent, et il la contraint de reprendre son aspect humain ; après un long débat près de la source, il la convainc qu'elle est liée par la promesse de son père et, finalement, l'épouse... il est à noter que, dans la ballade, Niwal Daî n'a jamais vu le Soleil ou la Lune, et a été tenue cachée dans un tourbillon d'eau...[1]

La vraie nature de Khwâjâ Khizr est déjà clairement indiquée dans les deux récits que nous venons de résumer, ainsi que dans les documents iconographiques. Khizr est chez lui dans les deux mondes, l'obscur et le lumineux, mais par-dessus tout il est le maître de la Rivière de Vie qui coule dans la Terre des Ténèbres : il est le gardien de l'Eau de Vie et, sous ce rapport, il correspond au Soma et au Gandharva vêdiques et même à Varuna. Ni du point de vue islamique, ni du point de vue de l'Hindouïsme post-vêdique, il ne peut évidemment être identifié à proprement parler à une « divinité » ; mais il n'en est pas moins l'expression directe, ou la manifestation, d'une puissance spirituelle élevée. Nous allons trouver ces conclusions générales amplement confirmées par un autre examen des textes islamiques concernant al-Khadir.

Le *Qur'ân* (*sûrah* XVIII, 59-81) raconte les efforts faits par Mûsâ (Moïse) pour découvrir le *Madjma' al-Bahraïn* ou « réunion des deux mers », expression qui désigne probablement une « place » de l'Extrême-Occident au lieu de rencontre de deux

---

[1] [Les balades roumaines les plus traditionnelles présentent le même sujet : la jeune fille divine reste cachée sous une pierre, et ni le soleil, ni la lune n'ont touché la fille de leur lumière – *MAT*].

océans ; Mûsâ est guidé par un « serviteur de Dieu », que les
commentateurs identifient à al-Khadir, lequel est dit résider sur
une île ou sur un tapis vert au milieu de la mer...

Le *Shâh Nâmeh* contient une version de cette légende ;
d'après cette version, Alexandre part à la recherche de la
Fontaine de Vie, qui se trouve dans la Terre des Ténèbres, plus
loin que l'endroit où le Soleil se couche dans les eaux de l'ouest ;
Alexandre est guidé par Khizr, mais, lorsqu'ils arrivent à une
bifurcation, chacun suit une voie différente et Khizr seul mène
la « queste » à bonne fin...

Nizâmî rapporte une autre version, conforme au « récit des
anciens de Rome » ; ici la « queste » est entreprise par Ilyâs (le
prophète Elie, qui est considéré comme appartenant à la
« famille spirituelle » de Khizr), accompagné de Khizr...

La découverte de la fontaine par Ilyâs et Khizr forme dans
l'art persan le sujet de miniatures illustrant l'*Iskender Nâmeh* :

# FRAGMENTS DOCTRINAUX

---

## QUATRIÈME PARTIE

## APERÇUS SUR L'ÉSOTÉRISME CHRÉTIEN

---

## I

## L'ÉSOTÉRISME CHRÉTIEN

EN PRINCIPE, il est bien certain que toutes les traditions doivent donner les mêmes choses, et aussi complètement les unes que les autres, la différence étant seulement dans les formes ; mais en fait, je veux dire dans les conditions actuelles, le cas du Christianisme semble être une exception, en ce sens que le côté « intérieur » (d'ordre initiatique et non plus religieux) paraît bien y être tout à fait mort, tout autant que s'il s'agissait d'une tradition disparue ; si réellement toute transmission régulière a été rompue à cet égard, il n'y a évidemment aucun moyen d'y suppléer, et alors ce qu'on peut retrouver dans ces ordres n'a que tout juste la valeur d'une reconstitution archéologique[1].

Pour ce qui est de l'initiation basée sur l'ésotérisme chrétien, tout ce qu'on peut en connaître est en effet plutôt d'ordre cosmologique et « hermétique » que purement métaphysique ; cela tient sans doute à la mentalité occidentale plus qu'au Christianisme lui-même. Il serait cependant peu vraisemblable qu'il n'y ait jamais eu autre chose, mais qui a dû être toujours réservé à un très petit nombre et qui n'a pas laissé de traces apparentes ; autrement, ce serait supposer qu'on a affaire à une tradition incomplète dans son essence même ; mais cela a pu ne jamais s'exprimer que par une « transposition » des mêmes symboles à un niveau supérieur[2].

Il y a réellement dans le Christianisme, et surtout en ce qui concerne son caractère original, quelque chose qui est très obscur et difficile à préciser, et qui semble même bien avoir été obscurci intentionnellement ; vous avez d'ailleurs dû remarquer que, quand il m'est arrivé d'avoir à toucher quelque peu à ces questions, je ne l'ai jamais fait qu'avec la plus grande réserve. S'il ne paraît pas douteux que le Christianisme original avait surtout les caractères d'un ésotérisme, il n'en est pas moins certain qu'il les a perdus très tôt, quelles qu'en aient été les raisons, et qu'il est arrivé à les perdre si complètement que le Catholicisme notamment, dans son état actuel, est l'exotérisme le plus rigide et le plus exclusif qu'on puisse concevoir, à tel point que ses représentants nient expressément l'existence même de tout ésotérisme, ce dont il n'y a peut-être d'exemple dans aucune autre tradition (les Juifs mêmes ne nient pas la Kabbale, même quand ils reconnaissent n'y rien comprendre ou ne pas vouloir s'en occuper). Bien entendu, cela n'empêche pas le sens profond et ésotérique d'exister, mais il est entièrement en dehors du domaine dans lequel la religion chrétienne comme telle entend se renfermer volontairement ou involontairement, et sa forme occidentale plus exclusivement encore que ses

---

[1] Guido di Giorgio (10 février 1936).
[2] Vasile Lovinescu (19 mai 1935).

formes orientales, qui laissent toujours au moins une possibilité de dépasser le point de vue exotérique, ce que le Catholicisme actuel ne veut au contraire admettre en aucune façon[1].

Vous savez sans doute qu'on a souvent voulu rattacher, d'une façon ou d'une autre, le christianisme primitif aux écoles esséniennes ; mais le malheur est que, sur les esséniens eux-mêmes, on ne sait que bien peu de choses en réalité. En tout cas, il est au moins certain que, tant que le christianisme est demeuré dans le judaïsme, il ne pouvait pas comporter une loi exotérique distincte ; dans ces conditions, on ne voit pas ce qu'il aurait pu être d'autre qu'une voie initiatique. Peut-être faut-il admettre que l'« extériorisation » a commencé dès que le christianisme s'est répandu hors du milieu judaïque, donc très tôt puisque cela pourrait être ainsi en rapport surtout avec l'activité de saint Paul lui-même ; cela expliquerait qu'on trouve déjà dans les textes très anciens, des choses qui ne semblent guère compatibles avec un caractère initiatique et ésotérique (le baptême des enfants comme le signalait Clavelle). Il est vrai qu'il resterait encore de toute façon certains passages embarrassants dans les Évangiles eux-mêmes, comme ceux dont vous parlez ; mais comme il y en a aussi d'autres qui vont dans le sens de l'ésotérisme, il y a là une apparence de contradiction qui est loin d'éclaircir les choses ; il est possible que certaines paroles, quand elles ont été transcrites en grec, aient été rendues inexactement ou qu'elles n'aient pas eu la signification qu'on leur a attribué par la suite (je pense par exemple aux discussions auxquelles a donné lieu l'expression « toutes les nations » qui paraît parfois désigner l'ensemble des pays compris dans l'Empire romain, et parfois aussi seulement les Juifs qui étaient établis alors dans différents pays hors de la Palestine). Quant à savoir dans quelle mesure les rites ont été modifiés, cela paraît à peu près impossible, puisque personne ne sait au juste ce qu'étaient les rites primitifs, même dans le cas du baptême ; il y a eu sûrement bien des changements à diverses époques, comme aussi pour l'Eucharistie. Quant à l'imposition des mains, il semble que certains la considèrent comme ayant été la forme première de la confirmation mais, d'un autre côté, elle semble avoir correspondu parfois à l'ordination ; pour ce qui est des autres

---

[1] Goffredo Pistoni (24 juillet 1949).

sacrements, je crois bien qu'on ne sait à peu près rien de la façon dont ils ont été établis et qu'il n'est guère possible d'en fixer la date exacte… tout cela est vraiment bien obscur ; pour ce qui est de l'intervention de l'Esprit Saint, il semble bien que, dans la terminologie chrétienne, elle désigne indistinctement toute action d'une influence spirituelle, que ce soit dans l'ordre initiatique, ou seulement dans l'ordre exotérique. Ce qui est fâcheux, c'est que plus on examine tout cela de près, plus on y découvre de complications inattendues et qui semblent parfois tout remettre en question ; c'est à croire qu'il est véritablement impossible d'arriver jamais à l'élucider complètement[1].

Le ternaire *Sat-Chit-Ânanda* est certainement, dans la doctrine hindoue, ce qui a le plus de similitudes avec la Trinité chrétienne ; cependant, je me demande s'il est facile d'établir la correspondance terme à terme : le Verbe, en tant qu'il est identifié à la Sagesse, semblerait devoir s'assimiler à *Chit*, qui pourtant, d'un autre côté, constitue le lien entre les deux autres termes comme il est dit que le Saint Esprit l'est entre le Père et le Fils. C'est d'ailleurs la question du Saint Esprit surtout qui constitue un point très obscur et sur lequel les théologiens eux-mêmes semblent assez peu fixés ; en tout cas, il est difficile de tirer de tout ce qu'ils en disent quelque chose de bien net… Il est évident que, suivant les points de vue, il peut y avoir une multitude de façons d'envisager des attributs divins formant un ternaire, et que, même quand il y a une certaine correspondance, celle-ci peut n'être encore que partielle et valable seulement sous certains rapports… D'autre part, il est exact qu'il y a une analogie entre la distinction des attributs divins et celle de la personnalité des différents êtres dans le principe ; on pourrait même se demander jusqu'à quel point ce ne sont pas là simplement deux aspects ou deux applications d'une seule et même chose[2].

Pour en revenir aux Évangiles, il est bien certain qu'il y a là une apparence au moins de préoccupation morale qui cache le reste et le rend difficile à découvrir ; mais la raison de cette forme spéciale ne serait-elle pas qu'elle devait être appropriée à la mentalité occidentale ? On pourrait aussi se demander

---

[1] Jean Granger (Tourniac) (9 janvier 1950).
[2] Louis Caudron (15 janvier 1937).

pourquoi tout ce qui a existé comme tradition ésotérique ou initiatique en Occident s'est toujours enveloppé d'une forme qui paraît compliquée et embrouillée comme à plaisir ; est-ce simple mesure de précaution, ou bien y a-t-il à cela quelque autre raison encore ?[1]

Vous avez sans doute raison de dire aussi que l'obscurité de la tradition ésotérique en Occident n'est pas qu'une affaire de simple précaution ; sur les deux directions possibles et sur le caractère « à double tranchant », si l'on peut dire, des sciences traditionnelles pour servir d'étapes intermédiaires, je pense tout à fait la même chose que vous ; c'est bien pourquoi je préfère ne jamais trop insister sur tout ce qui s'y rapporte, et pourtant vous ne pouvez pas vous figurer de combien de questions je suis toujours harcelé à ce sujet ![2]

Je dois d'ailleurs dire franchement qu'il y a là-dedans bien des points qui restent obscurs malgré tout et sur lesquels il serait bien difficile d'apporter des affirmations précises (par exemple les changements qui se sont produits à certaines époques dans le rituel des sacrements, car on ne sait pas exactement ce qu'était celui-ci dans le Christianisme primitif, et il y a bien d'autres choses sur lesquelles on n'est pas mieux informé). Ce qui est même singulier, c'est que plus on cherche à examiner tout cela de près, plus on y découvre des complications et des difficultés inattendues, de sorte qu'il est bien douteux que tout puisse jamais être complètement élucidé… C'est pourquoi j'ai hésité longtemps avant d'écrire ces articles, et je ne m'y suis décidé que parce que je m'y suis trouvé en quelque sorte obligé par les questions et les réflexions de nombreux correspondants ;

---

[1] Guido di Giorgio (10 février 1936). [Il n'est pas inhabituel pour Guénon de poser des questions à ses correspondants ; il nous semble que par ce procédé Guénon a essayé de les impliquer dans un processus intellectuel actif, parce qu'il est plus que probable qu'il connaissait les réponses – *MAT* ; « il est bien évident que tous les écrits qui présentent un caractère ésotérique ne sont pas pour cela des rituels. Dans le cas présent [les écrits concernant la légende du Graal], cette supposition se heurte à un certain nombre d'invraisemblances : tel est, notamment, le fait que le prétendu récipiendaire aurait une question à poser, au lieu d'avoir au contraire à répondre aux questions de l'initiateur, ainsi qu'il en est généralement » (René Guénon, *Recueil*, Rose-Cross Books, 2013, p. 90). « The right question would provoke the right answer, and this right answer would have the efficacy of an "act of Truth" » (Ananda K. Coomaraswamy, *Yakshas*, Oxford University Press, 1993, p. 138)].

[2] Guido di Giorgio (22 mars 1936).

je ne sais pas encore s'il y aura lieu de revenir sur ce sujet un peu plus tard, et cela dépendra sans doute surtout de ce que pourront me communiquer des personnes qui sont mieux placées que moi pour faire certaines recherches, pour lesquelles il faudrait d'ailleurs pouvoir disposer de beaucoup de temps[1].

Ce que j'ai dit dans mes articles au sujet de la permanence du caractère initiatique dans les rites répondait directement à une objection qui avait été présentée sous cette forme par un de mes correspondants. Il est bien entendu que ce n'est là qu'un côté de la question ; mais, d'autre part, je dois vous faire remarquer que je n'ai pas dit que le caractère original du Christianisme avait été « perdu », puisqu'il s'agit d'un changement qui, en raison des conditions du monde occidental, présentait un caractère nettement providentiel. Pour que des initiés transmettent ce qu'ils ont reçu, il faut évidemment qu'ils en aient l'intention (et cela même dans le cas où il s'agit de simples initiés virtuels n'ayant pas clairement conscience de la véritable nature de ce dont il s'agit) ; les initiés chrétiens ont très bien pu, à partir d'un certain moment, cesser d'avoir cette intention, et cela par leur propre initiative, puisqu'il y a eu là une action providentielle, mais, suivant le langage de la tradition chrétienne, sous l'inspiration du Saint Esprit. Il n'est d'ailleurs pas prouvé que les rites eux-mêmes n'aient pas subi alors certaines modifications plus ou moins importantes ; c'est là une question très difficile à résoudre d'une façon précise, mais il y a tout au moins des indices que de telles modifications se sont produites en fait au cours des premiers siècles du Christianisme. – J'ajouterai à ce propos que la cessation voulue d'une transmission initiatique n'est pas une chose absolument exceptionnelle ; actuellement, certaines initiations sont précisément sur le point de s'éteindre par suite d'une décision de ne plus les transmettre à personne, pour des raisons qui sont en rapport avec les conditions de la période cyclique où nous sommes ; j'en connais notamment un cas ici même chez les Coptes[2].

Peut-être faut-il admettre que l'« extériorisation » a commencé dès que le Christianisme s'est répandu hors du milieu judaïque, donc très tôt, puisque cela pourrait être en rapport

---

[1] Goffredo Pistoni (12 février 1950).
[2] Goffredo Pistoni (26 mars 1950).

avec l'activité de Saint Paul lui-même. Quant à savoir dans quelle mesure les rites ont été modifiés, cela paraît presque impossible, puisque personne ne sait au juste ce qu'étaient les rites primitifs, même dans le cas du baptême ; il y a eu surement bien des changements à diverses époques, comme aussi pour l'Eucharistie[1].

D'autre part, pourquoi une hiérarchie similaire aux hiérarchies pontificales de l'antiquité aurait-elle dû forcément être un « emprunt » à celles-ci, et pourquoi n'aurait-elle pas existé aussi dans le Christianisme dès son origine ? Si le premier Christianisme avait un caractère initiatique comme il le semble bien, une telle similitude apparaît au contraire comme toute naturelle et même en quelque sorte comme nécessaire. En tout cas il n'est pas douteux que les modifications essentielles, quelles qu'elles aient été, étaient déjà terminées à l'époque de Constantin, comme vous le dites, et même encore un peu plus tôt, et que c'est surtout à cette époque que dû être fait le travail destiné à dissimuler ce qui avait existé antérieurement ; s'il s'agit d'un passage de l'ésotérisme à l'exotérisme, les raisons qui rendaient une telle dissimulation inévitable sont assez faciles à comprendre[2].

Il doit être bien entendu que la constitution du Christianisme en exotérisme n'a pas eu pour effet de faire disparaître l'ésotérisme, qui s'est au contraire maintenu encore pendant bien des siècles avec des organisations correspondantes, bien que l'Église extérieure n'ait pu que l'ignorer « officiellement », puisque ce sont là des choses qui ne relèvent pas de son domaine, celui-ci étant exclusivement celui de l'exotérisme. Quant aux « lueurs » d'intuition dont vous parlez, en dehors de toute transmission régulière, je suis bien loin de les contester, mais je ne pense pas qu'elles puissent jamais cesser d'être fragmentaires et dispersées, ni par conséquent remplacer l'initiation ; tant qu'on reste dans le seul exotérisme, il ne peut pas y avoir plus que cela ; en outre, ce sont toujours des cas d'exception, dont on ne peut pas faire une règle, et parmi lesquels personne n'est en droit de penser qu'il pourra se trouver lui-même, car il n'y a là rien de volontaire[3].

---

[1] Jean Granger (Tourniac) (9 janvier 1950).
[2] Marcel Maugy (Denys Roman) (8 septembre 1949).
[3] Goffredo Pistoni (25 juillet 1950).

Il n'est aucunement douteux qu'il y a eu un ésotérisme spécifiquement chrétien pendant tout le moyen âge (il se peut même qu'il en existe encore des vestiges, surtout dans les Églises orientales) ; vous avez tout à fait raison de citer à cet égard Maître Eckhart, et il y en a d'autres qu'on a tort aussi de prendre aujourd'hui pour des « mystiques ». Cette coexistence de l'exotérisme et de l'ésotérisme dans une forme traditionnelle est parfaitement normale, et on en a un autre exemple dans le cas de l'Islam ; ce qui n'est pas normal, c'est la négation de l'ésotérisme de la part des représentants de l'exotérisme... Mais je vois qu'il y a lieu de dissiper une confusion : le but de l'ésotérisme est bien de conduire au-delà de toutes les formes (but qui au contraire n'est pas et ne peut pas être celui de l'exotérisme) ; mais l'ésotérisme lui-même n'est pas au-delà des formes, car, s'il l'était, on ne pourrait évidemment pas parler d'ésotérisme chrétien, d'ésotérisme islamique, etc. ; du reste, l'existence même de rites initiatiques en est aussi une preuve suffisante. Comme ceci modifie forcément les considérations de la fin de votre lettre, je n'y insiste pas davantage, car il sera préférable que vous repreniez la question en en tenant compte[1].

Entre l'« extériorisation » du Christianisme, ou ce qu'on pourrait appeler sa « descente » dans le domaine exotérique, et l'apparition du mysticisme, il s'est écoulé un assez grand nombre de siècles, de sorte que la question que vous envisagez à ce sujet ne peut pas se poser réellement[2].

Je ne peux qu'approuver tout à fait ce que vous dites pour la pratique de l'exotérisme catholique, car j'ai moi-même insisté sur la nécessité d'un exotérisme traditionnel, aussi bien pour ceux qui veulent aller plus loin que pour les autres. Le seul inconvénient dans ce cas, c'est que le Catholicisme, du moins dans son état actuel, ne semble laisser aucune porte ouverte, si l'on peut dire, sur l'ésotérisme et l'initiation. – L'interprétation que vous envisagez d'autre part à propos du Catholicisme serait justifiée si ce mot pouvait être pris dans son sens étymologique, puisque celui-ci exprime une idée d'universalité ; mais, en fait, ce qui porte ce nom de Catholicisme est tout autre chose : ce n'est bien qu'une forme particulière de tradition, et qui de plus

---

[1] Goffredo Pistoni (9 mai 1950).
[2] Goffredo Pistoni (26 mars 1950).

se limite strictement au point de vue exotérique. Du reste, il n'y a qu'à voir de quel exclusivisme ses représentants font preuve à l'égard des autres traditions ; je ne crois pas que, sauf dans le Judaïsme, on puisse le trouver ailleurs à un degré aussi accentué. – Je ne voudrais certainement pas me substituer à M. Schuon pour l'interprétation de ce qu'il a écrit, surtout en ce qui concerne le Christianisme, qui soulève souvent bien des questions difficiles et plus ou moins obscures ; mais, pour ce qui est du passage que vous citez, il me semble que c'est très clair et qu'il n'y a pas à y chercher autre chose que ce qu'il exprime formellement et qui s'applique à toutes les formes d'exotérisme traditionnel, aussi bien au Catholicisme qu'aux autres. J'ajoute que le cas du Catholicisme est loin d'être le seul exemple d'un mot que l'usage qui en a été fait a complètement détourné de sa signification originelle, de telle sorte qu'il n'est plus possible de revenir à celle-ci. – Je ne crois pas qu'on puisse dire que M. Schuon connaisse mieux le christianisme orthodoxe ; mais la vérité est qu'il pense, et avec raison d'après tout ce que j'ai pu en savoir, qu'il s'y est conservé jusqu'à maintenant certaines choses dont l'équivalent a cessé depuis longtemps d'exister dans l'Église latine[1].

La question des rapports du Judaïsme et du Christianisme est certainement beaucoup plus complexe que vous l'envisagez, car cela n'expliquerait pas l'existence persistante de la tradition judaïque jusqu'à nos jours, qui pourtant doit bien avoir aussi sa raison d'être ; mais c'est un sujet qui nous entraînerait sans doute bien loin[2].

---

[1] Goffredo Pistoni (19 juin 1949).

[2] Goffredo Pistoni (24 juillet 1949). « Nous avons fait remarquer incidemment, il y a quelque temps, que le monde occidental n'avait à sa disposition aucune langue sacrée autre que l'hébreu ; il y a là, à vrai dire, un fait assez étrange et qui appelle quelques observations ; même si l'on ne prétend pas résoudre les diverses questions qui se posent à ce sujet, la chose n'est pas sans intérêt. Il est évident que, si l'hébreu peut jouer ce rôle en Occident, c'est en raison de la filiation directe qui existe entre les traditions judaïque et chrétienne et de l'incorporation des Écritures hébraïques aux Livres sacrés du Christianisme lui-même ; mais on peut se demander comment il se fait que celui-ci n'ait pas une langue sacrée qui lui appartienne en propre, en quoi son cas, parmi les différentes traditions, apparaît comme véritablement exceptionnel » (René Guénon, *Aperçus sur L'Ésotérisme chrétien*, Éditions Traditionnelles, 1983, p. 15).

Sur la plus grande difficulté de la réalisation à mesure qu'on s'éloigne de la source, je suis tout à fait de votre avis ; et aussi, malgré cela, sur une certaine subsistance de la tradition, d'une façon en quelque sorte invisible ; mais il n'en est pas moins vrai que, dans le cas du Christianisme, les difficultés et les obscurités paraissent plus grandes que partout. Évidemment, le voile « moral » est partiellement épais ; ce n'est tout de même qu'un voile, bien entendu, et le reste se trouve dessous comme il se trouve ailleurs, mais il n'est pas toujours facile de l'en dégager ; et surtout ce qu'il y a de terrible, c'est qu'actuellement on ne peut même pas y faire la moindre allusion sans soulever à la fois la fureur des adversaires du Christianisme et celle de ses prétendus défenseurs ! Le cas de ces derniers est d'ailleurs certainement le plus grave et le plus inquiétant : quand on voit des religieux déclarer que la « transcendance » du Christianisme consiste précisément à n'avoir aucune signification en dehors des banalités morales et sociales courantes, on a bien l'impression qu'il n'y a plus rien à faire contre une pareille déchéance... Et cela m'amène directement à votre autre question : tout de même, l'Islam n'en est pas à ce point, et les quelques « modernistes » qui diraient peut-être volontiers aussi des choses de ce genre n'y ont qu'une influence très limitée ; alors, il me semble vraiment qu'il y a plus d'espoir de résistance de ce côté[1].

Je n'ai jamais trouvé que l'élément « douleur » joue un tel rôle dans la tradition islamique ; ce n'est sûrement pas comme dans le Christianisme, où cela va si loin que la souffrance paraît souvent être prise pour une véritable fin, ce qui d'ailleurs est peut-être plutôt occidental que spécialement chrétien[2].

D'un autre côté, si au moyen âge il n'y avait pas besoin de donner certaines indications par écrit, c'est que ceux qui cherchaient et qui étaient réellement qualifiés pouvaient trouver, en Occident même, des organisations initiatiques répondant à leurs aspirations, mais il n'en est plus de même aujourd'hui. Quant au Christianisme actuel, il serait assurément à souhaiter que votre ami ne se trompe pas, mais je crois qu'il se fait bien des illusions ; du reste, je ne vois pas plus que vous ce que

---

[1] Guido di Giorgio (22 mars 1936).
[2] Guido di Giorgio (15 novembre 1947).

pourrait signifier une « reconstruction » de l'ésotérisme s'il y avait une initiation chrétienne encore vivante, celle-ci devant, par définition même, avoir conservé cet ésotérisme intact.

Ce que je ne comprends pas bien, c'est que vous pensiez que l'exotérisme soit préférable dans certains cas à l'ésotérisme, car ce n'est pas du même ordre, et vous paraissez envisager par là une voie ésotérique en dehors des organisations initiatiques, tandis qu'il ne peut s'agir alors que d'une simple étude théorique dont je ne vois pas le danger. Enfin, il est bien entendu que tout exotérisme a forcément un côté « social » (cela n'est pas propre au seul Christianisme), et on peut dire en effet que cela explique en partie ses limitations[1].

# II

# LA LANGUE SACRÉE

JE ME SUIS souvent demandé pourquoi la Tradition chrétienne est la seule qui ne possède pas une langue sacrée à proprement parler ; qu'en pensez-vous ?[2]

---

[1] Goffredo Pistoni (25 juillet 1950).

[2] Guido di Giorgio (8 novembre 1935). [Les plus proches collaborateurs de Guénon ont essayé de donner une réponse à cette question. Les remarques de Frithjof Schuon ne valent pas la peine d'être mentionnées. Jean Granger (Tourniac) et Marcel Maugy (Denys Roman) (*Les Traces de lumière*, Dervy, 1976, pp. 105, 107, *Réflexions d'un Chrétien sur la Franc-Maçonnerie*, Éditions Traditionnelles, 1995, p. 237) ont essayé d'expliquer pourquoi la tradition chrétienne n'avait pas de langue sacrée, soulignant que le mot *Amen*, tiré de la langue sacrée originelle, « est une clef de voûte du temple abrahamique, qui unit dans une même langue sacrée les trois filles spirituelles du monothéisme, 'sacralisant' en quelque sorte les prières prononcées, dans une langue non sacrée ». Marcel Clavelle (Jean Reyor) (*Pour un aboutissement de l'œuvre de René Guénon*, Archè, 1991, p. 16), dans son style équivoque habituel, semble surpris que Guénon soit étonné de l'absence d'une langue sacrée, car il est évident que la langue sacrée du christianisme est l'hébreu. Son incompréhension à propos de la question de Guénon est flagrante (« Tu me demandes des nouvelles de Clavelle : il écrit à *Symbolisme*, revue maçonnique. Et il est devenu sensiblement "occidentalisant" et même perfide », Michel Vâlsan à Vasile Lovinescu, lettre, 27 juin 1967) – *MAT*].

Votre remarque sur le caractère hétérogène des choses qui ont été incorporées à la tradition chrétienne est tout à fait exacte : je me demande s'il n'y aurait pas un certain rapport entre ce fait et celui que c'est la seule forme traditionnelle qui n'ait pas de langue sacrée qui lui soit propre ; il y a d'ailleurs là une anomalie qui est véritablement étrange, et je dois avouer que, bien que j'y ai souvent pensé, je n'ai jamais pu arriver à en trouver une explication satisfaisante[1].

Pour ce qui est de l'absence d'une langue sacrée dans la tradition chrétienne, ce que vous dites l'explique peut-être en effet, mais, en tout cas, il faut reconnaître que cela n'en facilite pas la compréhension, je veux dire si l'on veut aller au-delà du sens extérieur ; et n'est-ce pas à cause de cela, au moins en partie (car il peut y avoir aussi d'autres raisons), que l'ésotérisme chrétien a pu se perdre aussi complètement ? Il faudrait que je puisse encore trouver le temps de réfléchir à toute cela, mais j'avoue que, si je peux dire occasionnellement certaines choses sur le Christianisme, je n'aimerais guère avoir à écrire plus spécialement sur ce sujet, précisément à cause de cette obscurité dont il est entouré et qu'on ne retrouve pour aucune autre tradition[2].

À ce propos, il est admissible que, dans le Christianisme, certaines formules en grec aient eu la valeur de véritables *mantras* ; en latin, je ne le pense pas, car le latin n'a jamais eu aucun des caractères d'une langue sacrée ; pour le grec, par contre, le fait même que les lettres ont des valeurs numériques, comme en hébreu et en arabe, pourrait être l'indication de quelque chose en ce sens. Mais ce qui est tout à fait singulier, c'est que, en somme, les livres sacrés du Christianisme n'existent pas dans leur langue originelle ; il y a là quelque chose qui paraît anormal et qui ne se rencontre dans aucune autre forme traditionnelle, et cela est certainement un obstacle à l'emploi de certaines méthodes initiatique[3].

Le maintien du mot « Amen » sous sa forme hébraïque originelle (qui est d'ailleurs commun aux deux traditions chrétienne et islamique) est sûrement loin d'être sans importance, mais je ne crois pourtant pas qu'on puisse le

---

[1] Marcel Clavelle (Jean Reyor) (15 octobre 1936).
[2] Guido di Giorgio (15 novembre 1947).
[3] Vasile Lovinescu (29 septembre 1935).

regarder comme suppléant à l'absence d'une langue traditionnelle ; celle-ci constitue une particularité qui sûrement ne peut pas être sans raison, mais, quoi qu'on puisse en penser, il faut en tout cas reconnaître qu'elle est loin de faciliter l'étude du sens profond de la tradition chrétienne[1].

# III

# LE BAPTÊME

J'AI FAIT, dans les *Aperçus [sur l'Initiation]*, quelques allusions à l'origine initiatique du baptême ; il y a d'ailleurs plus généralement, à cet égard, quelque chose d'assez extraordinaire : il semblerait qu'il y ait dans le Christianisme beaucoup d'éléments représentant comme une « extériorisation » de choses qui auraient perdu, à partir d'une certaine époque, leurs caractères primitivement ésotériques[2].

Le baptême, dans les premiers temps, était conféré exclusivement par les évêques, et cela seulement à un jour déterminé (je crois que c'était la veille de Pâques) ; l'extension du droit de le conférer à tout chrétien, et en tout temps, est évidemment une conséquence du fait qu'il a été considéré comme une condition indispensable pour le « salut », de sorte qu'il fallait le rendre aussi facilement accessible qu'il se pouvait ; bien entendu, c'est cela aussi qui explique qu'on en soit venu à le donner aux enfants le plus tôt possible après leur naissance. Cette façon d'envisager le baptême semble bien n'avoir pas existé à l'origine, et il paraît même que, dans certaines églises tout au moins, ceux qui étaient nés de parents déjà chrétiens étaient considérés comme chrétiens de droit et n'étaient pas baptisés, ce qui a donné à penser à certains que le baptême chrétien dérivait du baptême des prosélytes qui était en usage chez les Juifs.

Quoi qu'il en soit, je ne pense pas qu'on ait jamais contesté la validité du baptême des protestants ; mais les autres rites ne

---

[1] Marcel Maugy (Denys Roman) (10 juin 1949).
[2] Ananda K. Coomaraswamy (27 mai 1946).

peuvent pas être accomplis en l'absence de prêtres, et il ne peut pas y avoir de prêtres là où il n'y a pas d'évêques pour conférer l'ordination ; on en revient donc toujours, en définitive, à la question de l'épiscopat et de la succession apostolique. D'autre part, il est vrai, comme vous le dites, que le Christ n'a mis d'autres conditions à sa présence que celle d'être réunis en son nom ; mais encore faudrait-il savoir tout ce qu'implique en réalité, notamment au point de vue rituel, les mots « en son nom », dont le sens est tout autre, et beaucoup plus « technique », que ce qu'ils peuvent représenter pour des modernes ; j'y ai déjà fait quelques allusions, et peut-être aurai-je encore l'occasion d'y revenir un jour ou l'autre. La formule « Ubi Christus, ibi Ecclesia » doit sans doute être considérée comme étant en rapport avec cette même question, le nom d'« Ecclesia » s'appliquant proprement à la réunion « au nom du Christ ». Les discussions en relation avec le « mouvement œcuménique » sont assurément intéressantes, mais ce qu'elles me paraissent prouver surtout, c'est qu'actuellement il y a un peu partout bien des divergences portant sur la notion même de l'Église ; et il se pourrait que l'oubli plus ou moins complet de la signification originelle de l'expression « au nom du Christ » soit pour beaucoup dans toutes ces difficultés. – Si on envisage une origine initiatique du Christianisme, il devrait y avoir, à cet égard, une forme rituelle d'invocation faisant l'objet d'une transmission régulière ; cela devenait impossible avec l'« extériorisation », du moins pour la généralité des Chrétiens, mais quelque chose de ce genre s'est conservé jusqu'à nos jours dans l'hésychasme, et c'est d'ailleurs une des raisons qui permettent de le considérer comme ayant un caractère réellement initiatique[1].

Pour ce qui est de la question du baptême réservé aux évêques, il est probable, d'après ce que vous me faites remarquer, que cela ne remonte pas tout à fait au début du christianisme, mais cependant il en est en tout cas fait mention chez les Pères qui sont antérieurs au concile de Nicée (je crois bien me souvenir que cela se trouve notamment chez Origène) ; mais ce que je ne comprends pas très bien, c'est la raison qui a pu amener cette restriction à un certain moment, tandis que, par

---

[1] Marcel Maugy (Denys Roman) (11 novembre 1949).

contre, la généralisation ultérieure de la faculté de baptiser est facilement explicable. L'exclusion des femmes de ce droit, d'après la *Didascalie*, est assez singulière aussi ; décidément, tout cela est extrêmement obscur, et semble même le devenir d'autant plus qu'on veut l'examiner de plus près[1].

# IV

# LES RITES

LE BUT DE LA liturgie est, en somme, le même que celui de tous les rites : communication d'influences spirituelles, mise en rapport avec des états ou tout au moins des éléments supra-humains. Mais, probablement en raison de son emploi spécial dans le Christianisme, ce mot de liturgie semble être restreint aux rites religieux ou similaires, en tout cas exotériques. En ce sens, il y a évidemment une liturgie ailleurs aussi que dans le Christianisme ; c'est peut-être dans l'Islam qu'on peut trouver ce qui est le plus comparable, avec la prière rituelle, ce qui d'ailleurs, en réalité, n'est pas du tout une « prière », car ce mot n'a jamais voulu dire autre chose que « demande », et ici il est tout à fait abusif... Dans le Brâhmanisme, il y a le rite des sacrifices du matin, du midi et du soir, etc. Il est bien entendu que tout ce qui n'a pas une forme fixée traditionnellement ne peut pas avoir de valeur de rite, ni par conséquent de liturgie dans le cas particulier où ce mot est applicable[2].

Il est évident que le sacrifice de Melchisédec doit être regardé comme supérieur à celui d'Abraham, de même que, parmi les aspects divins, El Elion est plus élevé qu'El Shaddaï ; du reste, les explications de Saint Paul, quant à la prééminence de Melchisédec sur Abraham, sont aussi nets que possible ; mais ce qu'on voit beaucoup moins bien, c'est le rapport du sacrifice d'Abel aux deux autres au point de vue d'une gradation

---

[1] Marcel Maugy (Denys Roman) (6 décembre 1949).
[2] Guido di Giorgio (10 février 1936).

hiérarchique, et je n'ai rien pu trouver qui permettra de résoudre cette question[1].

La comparaison que vous faites avec ce qui peut se produire aussi pour certains rites d'ordre exotérique, et particulièrement en ce qui concerne l'ordination sacerdotale dans le Christianisme, est très intéressante ; il ne me semble d'ailleurs pas douteux que ce doit être l'imposition des mains qui constitue ici l'élément le plus essentiel[2].

Pour ce qui est des Carmes, il me paraît bien sûr que, depuis longtemps déjà, et sans doute depuis leur « réforme » dans un sens purement mystique, il ne subsiste plus chez eux aucun ésotérisme ; mais je ne sais pas à quelle époque remontent les modifications qui ont été apportées à leur liturgie ; en tout cas, il paraît qu'actuellement (ce renseignement me vient d'un Père Trappiste[3]) ils poussent le formalisme extérieur à un point qui dépasse tout ce qu'on peut imaginer. La mention de Pythagore à côté d'Elie dans l'ancienne liturgie carmélitaine m'avait été signalée par Charbonneau-Lassay, qui m'avait montré aussi les symboles d'un caractère incontestablement initiatique, et quelques-uns même spécifiquement rosicruciens, que des Carmes du 15e siècle ou du début du 16e avaient tracés sur les murs de leur ancien monastère de Loudun ; et j'ajouterai que j'ai l'impression, bien qu'il ne me soit pas facile de la justifier, que cela ne s'éloigne peut-être pas tellement qu'on pourrait le croire de la question des organisations avec lesquelles Dürer a pu être en relation[4].

# V

# L'ÉGLISE D'ORIENT

À PROPOS du signe de la croix, il y a une chose dont je n'ai jamais trouvé l'explication : dans l'Église grecque, il se fait en

---

[1] Guido di Giorgio (17 janvier 1949).
[2] Marcel Maugy (Denys Roman) (31 juillet 1948).
[3] Un certain Père Tramblay. [N.d.É.]
[4] Marcel Maugy (Denys Roman) (31 juillet 1948).

allant de la droite à la gauche, et non pas de la gauche à la droite comme dans l'Église latine, et je ne sais quelle peut être la raison de cette différence ; auriez-vous quelque idée là-dessus ?[1]

D'abord, ce que vous dites de l'iconographie sacrée comme science encore vivante est très intéressant, et il est bien certain qu'on ne pourrait plus rien trouver de semblable actuellement dans l'Église latine, même dans les monastères. Seulement, voici le point essentiel : ceux qui contiennent cette tradition iconographique ont-ils encore connaissance de la portée véritable du symbolisme qui y est contenu, au point de vue hermétique par exemple, ou bien n'ont-ils gardé consciemment que le sens extérieur et purement religieux ? Je voudrais bien savoir si vous avez pu vous rendre compte de quelque chose de net à cet égard. – Parmi les Vierges dont vous parlez, y a-t-il des Vierges noires ? Vous savez sans doute que celles-ci ont une signification particulièrement importante au point de vue hermétique, et même à un point de vue plus universel (le noir symbolisant ici l'« indistinction » de *Prakriti*)[2].

Je passe à ce qui concerne les moines eux-mêmes et leurs pratiques : « prière du cœur » ou « prière de l'intelligence », cette assimilation est en effet remarquable et tout à fait conforme à l'enseignement de toutes les doctrines traditionnelles sur le cœur représentant le siège (si l'on peut dire) de l'intelligence supra-rationnelle. La description que vous faites de cette prière, y compris le rythme respiratoire, coïncide exactement avec ce qu'on m'a dit être en usage aussi dans certains monastères russes (si je me souviens bien, on l'y désigne par une expression

---

[1] Guido di Giorgio (17 janvier 1949). « Pour votre tableau utilisant le *swastika*, si vous ne pensez pas pouvoir l'exposer en public, ce n'est certainement pas une raison pour vouloir le détruire, car vous n'avez alors qu'à le « réserver » pour vous-même et pour quelques-uns. – Aucun des deux sens de rotation n'est bénéfique ou maléfique en lui-même ; tout dépend de la forme traditionnelle que l'on considère, ce qui est bénéfique pour l'une pouvant être maléfique pour l'autre et inversement, conformément à leurs caractéristiques propres. Dans une même forme traditionnelle, le sens opposé à celui qui est considéré comme bénéfique est parfois employé, non pour des actions maléfiques, mais pour ce qui est en rapport avec des événements malheureux, par exemple pour les rites funéraires. Il arrive aussi que la différence de sens serve de signe distinctif à deux traditions que les circonstances ont amenées à coexister dans une même région, comme le lamaïsme et le *bôn* au Thibet » (René Burlet, 31 juillet 1949).

[2] Vasile Lovinescu (3 septembre 1935).

qui doit signifier quelque chose comme « prière vraie » ou
« prière juste »). La « descente de la tête au cœur » est une chose
assez caractéristique, ainsi que la « chaleur du cœur » ; il paraît
que, dans certains cas, il se produit une chaleur même physique
qui s'extériorise et que quelques moines russes faisaient aussi
fondre de la neige à une certaine distance autour d'eux, ce qui
est tout à fait semblable aux effets produits par les ermites
thibétains… Évidemment, il doit s'agir, tout au moins à
l'origine, d'un procédé d'éveil de la *Shakti* ; et il y a aussi une
analogie avec l'« endogénie de l'immortel » dans les
enseignements taoïstes ; mais cela est-il encore compris et utilisé
ainsi actuellement ? Enfin, les cellules dont vous parlez
rappellent assez exactement la *Khalwah* qui est en usage dans
certaines organisations islamiques. – Voilà pour le côté
favorable ; mais, par ailleurs, si l'on admet que la formule peut
être prononcée indifféremment en n'importe quelle langue et
produire malgré tout les mêmes effets, cela est tout à fait
contraire au principe même des *mantras* et semble la réduire au
rôle d'une simple invocation religieuse. De plus, si le résultat
obtenu était vraiment la possession d'un état initiatique, il est
bien évident que, comme vous le dites, il serait acquis une fois
pour toutes et ne pourrait jamais se perdre. La possibilité de
perdre ce résultat rappelle bien plutôt le cas des états mystiques,
qui sont toujours quelque chose de transitoire et sujet à
s'évanouir ; il y a pourtant cette différence qu'ici du moins il y a
une méthode qui exclut la passivité, ce qui est assurément bien
préférable, même en admettant qu'il ne s'agisse que d'obtenir un
résultat du même ordre et ne dépassant pas le domaine
religieux. Le rôle du Maître, dans ce dernier cas, pourrait se
réduire à n'être qu'une garantie contre les dangers possibles ; si
au contraire il s'agit de quelque chose de réellement initiatique, il
doit y avoir transmission d'une influence spirituelle ; c'est
encore là un point douteux et qui serait à éclaircir plus
complètement ; ce que vous avez pu observer à ce sujet ne
paraît malheureusement pas bien satisfaisant… – Une autre
chose ennuyeuse, c'est cette insistance au sujet de l'humilité ; si
elle n'est considérée que comme un simple moyen de
« purification », je veux bien qu'elle puisse avoir sa valeur à ce
titre comme beaucoup d'autres choses, mais, cependant, non
pas uniformément pour tout le monde, car il y a lieu de tenir

compte des différences de nature des individus ; en tout cas, s'il en était ainsi, elle ne pourrait avoir de rôle qu'aux stades préliminaires, et il serait inconcevable qu'elle puisse influer sur les résultats déjà atteints. – Il est singulier aussi qu'on n'envisage pas la question de la qualification ; mais admet-on n'importe qui parmi les moines, ou bien n'y a-t-il pas quelques conditions, même physiques, comme il en existe pour l'ordination ? À ce propos, je me demande (bien que la question n'ait qu'un intérêt très secondaire) si les moines prêtres sont nombreux ou s'ils ne représentent qu'une minorité dans l'ensemble. – Enfin, il y a cette histoire du Diable qui, si elle est vraiment prise d'une façon littérale, n'est pas un bon signe non plus ; au point de vue initiatique, il est sûr que cela ne peut avoir aucun intérêt ; et, s'il était possible de l'entendre symboliquement, il serait encore exagéré de lui donner une telle importance... Sans doute, on peut admettre qu'une initiation très fermée se dissimule sous une phraséologie religieuse, mais alors il doit tout de même y avoir toujours quelque chose qui marque la possibilité de faire la transposition d'un domaine à l'autre.

Je n'ai jamais eu l'occasion de parler avec d'autres moines grecs que ceux du Mont Sinaï ; mais ceux-là sont complètement ignorants de tout ésotérisme. Leur bibliothèque même, où certains s'imaginent qu'il y a des choses très mystérieuses, ne contient absolument rien de cet ordre, mais seulement des manuscrits dont l'intérêt est plutôt archéologique. Il est vrai qu'il y a eu, à une certaine époque, un bibliothécaire tellement ignorant qu'il détruisait les livres qu'il trouvait en trop mauvais état ; qui sait ce qui a pu disparaître ainsi ?...

En résumé, mon impression est que, s'il y a réellement encore quelque chose au point de vue proprement initiatique (j'entends quelque chose de tout à fait conscient), c'est moins parmi les moines ordinaires qu'il faudrait le chercher que parmi les ascètes ou les solitaires ; mais alors le problème est d'y avoir accès d'une façon quelconque, et même l'entrée dans les monastères ne paraît pas pouvoir en faciliter beaucoup la solution (ceci sous la réserve des divers points obscurs sur lesquels j'ai appelé votre attention). Dans ces conditions, mon avis est qu'il n'y aurait certainement pas avantage à prendre une décision trop hâtive et que vous pourriez avoir à regretter ; la question demande sûrement à être examinée de plus près et en prenant tout le temps voulu ; mais d'ailleurs, si vous devez trouver là ce que vous cherchez, il est bien probable qu'il se présentera par la suite des circonstances de nature à faire disparaître tout doute et toute hésitation[1].

D'autre part, l'état d'esprit des moines en général, avec cette importance attribuée aux phénomènes, ne semble pas constituer un milieu très favorable ; cela peut certainement justifier des précautions telles que la recommandation de l'humilité ; mais il est tout de même étonnant qu'on ne réagisse pas autrement contre cette mentalité, en faisant comprendre que les phénomènes n'ont aucune valeur en eux-mêmes, et en coupant court à toutes les assertions du genre de celles que vous citez à ce propos, car c'est là, si l'on peut dire, une simple question d'éducation. Bien entendu, on pourrait répondre que cela même sert à dissimuler autre chose ; mais, s'il en était ainsi, cela confirmerait encore que les moines ordinaires sont considérés comme destinés à demeurer toujours des profanes, incapables de dépasser le niveau inférieur où les résultats obtenus sont uniquement d'ordre psychique ; et il est bien évident que ce n'est pas là ce qui peut vous intéresser… – Quant à la « prière du cœur », sa double utilisation n'est certainement pas non plus une chose impossible ; les remarques que vous me signalez paraissent confirmer son caractère original de *mantra* ; toute la question serait de savoir si certains, si peu nombreux qu'ils soient, l'utilisent encore consciemment à ce titre. Il y a d'autres exemples de pratiques dont l'origine est incontestablement initiatique, mais qui sont maintenant tombées entièrement dans le domaine religieux et exotérique ; le cas du chapelet ou du rosaire en est un des exemples les plus nets. – Pour en revenir à la « prière du cœur », je vois que le rôle du Maître est tout de même plus important qu'il ne m'avait semblé d'après votre précédente lettre ; cela laisse en tout cas ouverte la possibilité d'une véritable transmission spirituelle. D'autre part, le point concernant la purification par les éléments, que vous me rappelez, me paraît en effet réellement important, car je ne vois pas du tout en quoi une telle chose pourrait intervenir à un point de vue mystique ou plus généralement religieux ; cela est encore certainement initiatique à son origine, et il est seulement

---

[1] Vasile Lovinescu (3 septembre 1935).

à craindre que ce ne soit demeuré qu'à l'état de vestige incompris… J'en dirai autant du passage de l'« Invisible Guerre » que vous citez : tout cela peut se comprendre en un sens purement intellectuel et spirituel, mais aussi s'appliquer dans un domaine inférieur à celui-là ; c'est exactement comme pour la compréhension du symbolisme iconographique. – Sur ce dernier sujet, j'ai repensé encore, depuis que je vous ai écrit, à une chose assez curieuse : il y a une figuration symbolique de la Trinité qui est en usage dans l'initiation compagnonnique, et que vous trouverez reproduit dans le n° spécial du *Voile d'Isis* consacré au compagnonnage[1] ; or j'ai vu autrefois une icône exactement semblable (sauf que les inscriptions y étaient naturellement en grec) qu'on m'a dit provenir du Mont Athos, et on m'a assuré que les moines s'en servaient spécialement comme d'un support de méditation ; avez-vous vu quelque chose de ce genre ? – Tout cela étant dit, ma conclusion précédente n'est pas changée ; c'est qu'en somme il convient d'attendre que les choses se précisent par les circonstances mêmes, à moins que d'ici là quelque autre solution préférable ne se présente à vous. Il me semble qu'une initiation basée sur les formes chrétiennes, même aux époques où elle existait très certainement, ait toujours été quelque chose de beaucoup plus dissimulé et plus difficile à atteindre que les initiations orientales ; et tout ce qu'on peut connaître en fait d'ésotérisme occidental est toujours singulièrement obscur, sans doute parce

---

[1]

SANCTA TRINITAS UNUS DEUS

que le milieu était tel que de plus grandes précautions s'imposaient[1].

Il me semble que le terme employé par l'église byzantine doit avoir le double sens d'« initiation » et de « consécration » (cette dernière pouvant être aussi d'ordre exotérique), comme il en est d'ailleurs également en sanscrit pour le mot *dîkshâ*, qu'il faut traduire par l'un ou par l'autre suivant les cas auxquels il est appliqué[2].

Vasile Lovinescu me propose de faire un travail sur l'iconographie byzantine ; vous verrez là une partie des choses dont il m'a parlé au sujet du Mont Athos. Pour le reste de celles-ci, il s'agit d'une formule appelée « prière de l'intelligence » ou « prière du cœur », qui doit être prononcée d'une façon spéciale, réglée sur la respiration ; il paraît que cette pratique demande un entraînement qui ne peut être fait que sous la direction d'un maître ; j'avais déjà entendu dire que quelque chose de ce genre existait dans certains monastères russes. Mais ce qui est peut-être le plus intéressant, c'est l'histoire des sept ascètes mystérieux qui forment une sorte de centre spirituel très caché ; il paraît que ce n'est pas là une chose du passé, car un des moines qu'il a vus, lui a affirmé avoir rencontré l'un d'eux ; on dit que, quand un meurt, un des anachorètes (non pas un des moines ordinaires qui vivent dans les couvents) est appelé à le remplacer ; il semble d'ailleurs que la plupart des moines n'aient aucune communication consciente avec eux, de sorte que, si vraiment il s'agit d'une organisation initiatique, elle doit être en tout cas très fermée et limitée à un très petit nombre. Il y a dans tout cela bien des choses assez énigmatiques ; naturellement, le séjour assez court qu'il y a fait n'a pas été suffisant pour se rendre compte plus exactement de ce qu'il en est[3].

Quant au Christianisme oriental, je ne crois pas qu'il y subsiste grand-chose en fait de compréhension profonde. Les Syriens ne valent guère mieux que les Grecs, et le Coptes eux-mêmes sont généralement fort ignorants. Il y a bien encore quelques vieux moines coptes qui font exception, mais ils sont retirés en une région presque inaccessible, et ils n'admettent plus de nouveaux venus parmi eux ; c'est donc une tradition qui

---

[1] Vasile Lovinescu (29 septembre 1935).
[2] Marcel Maugy (Denys Roman) (10 juin 1949).
[3] Marcel Clavelle (Jean Reyor) (13 octobre 1935).

s'éteint et qui a perdu toute vitalité. Quant à l'Abyssinie, on dit bien qu'il y aurait là certaines choses intéressantes, mais je n'ai pas eu l'occasion de le vérifier par moi-même[1].

Quant à l'Église Égyptienne, je ne pense pas qu'il puisse s'agir des bohémiens (à l'origine indienne desquels je ne crois pas beaucoup) ; il doit s'agir de ce dont les Coptes actuels sont des descendants plutôt dégénérés et généralement ignorants. Mais ce qui est curieux, c'est que l'ancienne Église Celtique ou « Culdéenne » d'Irlande prétendait aussi se rattacher, non pas à l'Église Romaine, mais à l'Église Égyptienne[2].

# VI

# LES TEMPLIERS

IL Y A QUELQUE chose dont j'avais oublié de vous parler : c'est à propos des prêtres et évêques templiers, qui auraient été plus particulièrement accusés de manichéisme, et dont il n'a pas été question du tout dans le numéro du *Voile d'Isis* ; [Charbonneau] a vu, mais il ne se rappelle plus où, qu'il y avait neuf Évêques templiers, qui, dit-il, semblent avoir passé au travers les mailles du filet en 1307. Tout ce que vous dites au sujet des Templiers est certainement très juste ; je n'avais pas pensé au rapprochement entre les neuf évêques et les neuf qu'on dit s'être réfugiés en Écosse ; mais comment savoir ce qu'il y a de fondé sur cette dernière histoire ?[3]

À propos… je me demande si vous savez que l'étymologie réelle de *Montjoie* est *Mons Jovis*.

Pour l'interprétation du sceau des Templiers, il se peut que vous ayez raison ; il y a cependant une objection : c'est que les *deux* chevaliers sont *armés*, ce qui semblerait indiquer qu'ils sont tout deux engagés dans le combat ; *Krishna*, conduisant le char d'*Arjuna*, ne porte pas d'armes[4].

---

[1] Frithjof Schuon (5 juin 1931).
[2] Vasile Lovinescu (14 avril 1936).
[3] Emmanuel Hillel (29 septembre 1929).
[4] Correspondant non identifié (29 Septembre 1933).

Non seulement la tradition islamique donne un rang spirituel très élevé aux guerriers tués dans le *jihâd*, mais il y a ceci de spécial qu'on les considère comme n'étant pas morts véritablement ; je dois dire que c'est là un point qui est assez difficile à expliquer clairement.

Le nom de l'étendard des Templiers s'orthographie *Beaucéant*, avec un *c* et non un *s* ; il paraît même que l'orthographe primitive serait *Boucéan* ; l'origine de ce nom est tout à fait obscure, et je n'en ai vu aucune explication satisfaisante[1].

Pour comprendre vraiment le symbole et le rôle des ordres chevaleresques, il faudrait se pénétrer de cette idée que ces ordres furent à l'origine des organisations initiatiques et que, par suite, le sens premier de leurs ornements symboliques doit se rapporter à un processus de réalisation spirituelle. Dans le cas particulier de la Toison d'Or, dont le nom même est si parlant, il y aurait lieu de noter que cet Ordre qui « par devant longtemps avait été pensé en la secrète imagination du Duc Philippe Le Bon », est conféré à Christian Rosenkreutz, le fondateur légendaire de la fraternité rosicrucienne au troisième jour des « Noces chymiques »[2].

Il y a doute sur le lieu exact de l'assemblée annuelle des Druides : ce peut être dans le pays des Carnutes ou sur les confins de ceux-ci, à cause du double sens de l'expression latine « in finibus » employée par César ; j'en ai d'ailleurs dit quelque chose dans mon article sur *La triple enceinte druidique* (juin 1929). En tout cas, vos remarques sur les Bituriges et sur Bordeaux sont curieuses, et celle qui concerne York me paraît encore plus

---

[Le sceau des Templiers :

]

[1] Correspondant non identifié (29 septembre 1933).
[2] Jean Granger (Tourniac) (date non spécifiée).

nette. D'autre part, comme je l'ai signalé dans *La terre du Soleil* (janvier 1936), il est à remarquer que les Templiers choisissaient souvent pour leurs établissements des lieux où se trouvent des vestiges préhistoriques, monuments mégalithiques ou autres ; il y a dans tout cela l'indication d'une « continuité » qui doit remonter très loin… Il est curieux aussi que les anciens aient souvent rapproché le Druidisme et le Pythagorisme ; cette sorte d'affinité qu'ils remarquaient entre les deux pourrait bien avoir été aussi pour quelque chose dans un cas comme celui d'York[1].

Il est très possible que les Pythagoriciens, quand ils ont été persécutés, se soient « abrités » dans les collèges d'artisans comme vous le dites, mais certains liens n'en devaient pas moins exister déjà antérieurement, de même que, au moyen-âge, il en existait sûrement entre les Ordres de chevalerie et les initiations de métier avant la destruction des Templiers ; ce sont du reste ces liens même qui, au fond, expliquent qu'ils aient pu effectivement trouver là un abri au moment voulu[2].

D'après Eugène Beauvois, les moines culdéens d'Irlande auraient fondé des établissements dans l'Amérique du Nord, ainsi d'ailleurs que les Templiers ; je ne sais trop ce qu'il en faut penser, n'ayant jamais eu l'occasion de voir moi-même ses ouvrages, mais il paraît que ce serait appuyé sur des raisons sérieuses[3].

# VII

# LE GRAAL

LES REMARQUES dont vous me faites part au sujet de la légende du Graal sont encore quelque chose de bien curieux ; on a cherché à identifier la cité de Saras avec différentes localités d'Égypte ayant des noms plus ou moins proches de celui-là, mais tout cela est très hypothétique ; ces noms n'ont

---

[1] Marcel Maugy (Denys Roman) (13 janvier 1949).
[2] Marcel Maugy (Denys Roman) (24 juillet 1950).
[3] Marcel Maugy (Denys Roman) (14 septembre 1950).

d'ailleurs aucun rapport réel avec celui des Sarasins (*Saraceni*), lequel n'est qu'une corruption de « Sharqiyin », Orientaux[1].

# VIII

# DANTE

POUR LA QUESTION de Dante et du Prophète, je vois plutôt là une apparente concession aux conceptions admises exotériquement, comme dans le cas du Zohar où le Christ est traité de la même façon ; et les remarques que vous faites à ce propos paraissent bien encore le confirmer. Il est certain qu'il y a eu dans les rapports de la Chrétienté et de l'Islam des choses bien extraordinaires, et qui sont très mal connues. Les Arabes sont restés en Provence, dans les Alpes, etc., au moins jusqu'au XIe siècle, mais l'histoire écrite par les Européens le cache soigneusement ; mais de nombreux noms d'origine arabe (noms de lieux et noms de personnes) restent toujours, en France aussi bien qu'en Italie ; je vous citerai seulement comme exemple la rivière appelée Ain (source), qui a donné son nom à un département dont le chef lieu est Bourg (tour ou forteresse)[2].

Pour la question de la « survivance » corporelle de Saint Jean, je ne m'explique pas plus que vous cette négation de Dante, qui est même plutôt étonnante ; la chose est évidemment tout aussi possible dans ce cas que dans ceux d'Hénoch et d'Elie. Certains ont prétendu que Dante avait voulu par là réserver exclusivement ce privilège au Christ et à la Vierge ; mais alors, précisément, que fait-on d'Hénoch et d'Elie ?[3]

---

[1] Vasile Lovinescu (19 mai 1936).
[2] Guido di Giorgio (22 mars 1936).
[3] Guido di Giorgio (8 mars 1948).

# IX

# LES ROSE-CROIX

LA LIGUE paraît bien avoir été la dernière manifestation extérieure de ce qui, antérieurement, s'était manifesté aussi dans la « mission » de Jeanne d'Arc ; je ne pense pas qu'on puisse parler proprement de R+C en ce cas ; mais le rôle des Guise n'en serait pas moins certainement intéressant à étudier. Bien que cela encore ne paraisse pas facile à éclaircir complètement[1].

Pour les « Supérieurs Inconnus », il semble qu'il s'agisse plutôt d'une action « sporadique » en quelque sorte, après la rupture des liens initiatiques réguliers pour le monde occidental[2].

Je n'avais jamais su en quelle occasion le symbole rosicrucien (ou apparemment tel) de Luther avait paru en premier lieu ; ce symbole a du reste un aspect assez particulier : la croix est posée sur un cœur, et celui-ci à son tour sur une rose ; il paraît qu'il aurait été proprement le sceau de la « Militia Crucifera Evangelica », mais la difficulté est de savoir si celle-ci (qu'on a prétendu faire revivre en Amérique) avait réellement des attaches avec le Rosicrucianisme[3].

Merci pour la gravure de Dürer ; la montagne du fond, avec la ville fortifiée qui se trouve à son sommet, me fait nettement penser à Montsalvat. – Les renseignements biographiques concernant Dürer sont intéressants aussi, et ils soulèvent assurément des questions assez complexes ; le caractère initiatique de beaucoup de ses œuvres, et aussi de certaines marques qu'il y a mises, n'est pas douteux en tout cas ; il a sûrement été rattaché à certaines organisations initiatiques artisanales, et il a aussi été par là en relation avec des personnages appartenant à d'autres organisations initiatiques d'un caractère plus ou moins différent (hermétique et peut-être rosicrucien) ; mais la question la plus difficile est évidemment de savoir à quel degré il a pu parvenir effectivement et si dans une certaine mesure tout au moins, il n'a pas servi surtout

---

[1] Vasile Lovinescu (16 mars 1937).
[2] Vasile Lovinescu (13 avril 1937).
[3] Marcel Maugy (Denys Roman) (14 mai 1949).

d'« instrument » pour véhiculer et exprimer certaines choses avant que l'obscuration moderne ne les oblige à rentrer entièrement dans l'ombre. Pour ce qui est de ses sympathies luthériennes (qui ne sont cependant jamais allées jusqu'à l'adhésion), j'avoue qu'il y a là quelque chose qui me paraît aussi embarrassant qu'à vous ; il est vrai qu'il ne faut pas toujours s'en rapporter aux apparences extérieures, qui recouvrent quelquefois des choses bien différentes ; et, quand vous dites qu'il y a protestants et protestants, il y a en effet, même en dehors de ce que vous citez, des indices qui pourraient le donner à penser. À ce propos, j'ai entendu dire autrefois des choses assez extraordinaires au chanoine Paquier, qui s'était fait une spécialité de l'étude de Luther : d'après lui, les thèses soutenues par celui-ci étaient en réalité tout à fait courantes depuis longtemps dans l'Ordre des Augustins auquel il appartenait, et les causes de la rupture avec Rome auraient été beaucoup moins doctrinales que politiques, si bien que la responsabilité devrait en être imputée non pas à Luther lui-même, mais à certains princes allemands qui se seraient servis de lui pour leurs propres fins ; et il en donnait notamment comme preuve que le général des Augustins, Seripando, soutint au concile de Trente des opinions à peu près identiques à celle de Luther, et plus modérées dans la forme seulement, et que, bien loin d'être excommunié ou même blâmé pour cela, il fut au contraire fait Cardinal ! D'un autre côté, le pasteur Lecerf, professeur à la Faculté de Théologie protestante, qui était strictement calviniste et n'aimait pas le Luthérianisme, soutenait que la théologie de Calvin était au fond en parfait accord avec celle de Saint Thomas, et lui-même n'hésitait pas à se déclarer ouvertement thomiste. L'opposition de Luther et de Calvin n'aurait été en somme, d'après cela, qu'une nouvelle forme de celle de l'augustinisme et du thomisme. Tout cela est évidemment très loin de l'esprit ultra-moderne des protestants dits « libéraux »[1].

Depuis que les vrais Rose-Croix se sont retirés de l'Occident, il semble bien qu'il n'y existe plus aucun centre initiatique réellement vivant[2].

---

[1] Marcel Maugy (Denys Roman) (31 juillet 1948).
[2] Un docteur non identifié (12 février 1935).

Même si la retraite des Rose-Croix en Asie est symbolique, elle représente la réabsorption d'un centre secondaire dans le centre suprême, son rôle étant terminé[1].

# X

# LA RÉFORME

LES PRINCES allemands qui ont soutenu ou poussé Luther sont généralement considérés, je crois, comme n'ayant eu en cela que des visées politiques, et c'était en tout cas l'opinion du chanoine Paquier dont je vous parlais la dernière fois ; mais assurément il se peut très bien que cette explication soit insuffisante et qu'il y ait eu autre chose, chez certains tout au moins. Il se peut même que la réforme ait été provoquée en réalité pour des raisons d'ordre « cyclique » et, comme vous le dites, la « qualité » des instruments employés ne compte pas toujours beaucoup en pareil cas. Ce qu'il serait bon de savoir, c'est si l'affirmation du « libre examen » a été nettement posée dès l'origine, car c'est là surtout ce qui ouvrait la porte à toutes les déviations individualistes ; votre remarque au sujet de l'« aspect ternaire » et de ses applications est sûrement intéressante ; cependant, il semble difficile que le protestantisme, qui n'a pas d'unité véritable (c'est là précisément une conséquence du « libre examen ») soit, même en dehors de toute autre considération, mis sur le même pied que les églises catholique et orthodoxe pour compléter le ternaire dans le Christianisme ; quant à la correspondance des trois branches avec les apôtres Pierre, Jean et Paul, je ne sais vraiment trop ce qu'il faut en penser... – Quoi qu'il en soit, les passages de *Positions protestantes* que vous me citez sont assez remarquables en effet et me surprennent tout autant que vous ; il semblerait qu'il y ait actuellement quelque chose de changé dans la mentalité de certains milieux protestants, surtout peut-être ceux où l'on se préoccupe de la question de l'union des églises ; mais jusqu'à quel point ce changement pourrait-il être interprété

---

[1] Vasile Lovinescu (19 mai 1936).

comme un retour à l'esprit originel de la Réforme, ou tout au moins comme se rapprochant de celui-ci ?[1]

À propos du protestantisme, votre remarque sur l'abandon presque complet des rites est certainement tout à fait juste, et, même en mettant de côté toute question de doctrine, c'est là évidemment une lacune des plus graves et qui montre bien que quelque chose d'essentiel s'est perdu ; quant à la doctrine, j'espère que vous pourrez trouver plus de précisions sur la question du « libre examen », car il va de soi que, au point de vue traditionnel, cela a beaucoup plus d'importance que des nuances théologiques plus ou moins subtiles qui ont pu ne s'accentuer qu'après coup, comme conséquence plutôt que comme cause de la scission[2].

Il est vrai qu'il y a aussi, par contre, le fait qu'il semble, comme vous le dites, y avoir eu, depuis le seizième siècle, un nombre assez considérable d'initiés authentiques parmi les protestants ; mais cela ne s'expliquerait-il pas, au moins dans une certaine mesure, par l'hostilité croissante des autorités catholiques à l'égard de tout ésotérisme ? Il faut d'ailleurs reconnaître que certains, comme Jacob Boehme, ont été aussi en butte à bien des persécutions dans leur propre Église. Les nouveaux renseignements concernant Dürer confirment bien encore ses rapports étroits avec la Réforme[3].

Le cas d'Eckarthausen est moins clair, et ressemble un peu à celui de Boehme ; il y a bien chez lui une part d'hermétisme, mais jusqu'où cela va-t-il ?[4]

Pour en revenir à la question principale, il est certain que l'échec des tentatives de redressement du Catholicisme peut avoir amené à chercher une autre solution ; ce qui est assurément étonnant dans ce cas, c'est que la Réforme ait eu des suites si peu heureuses au point de vue traditionnel[5].

---

[1] Marcel Maugy (Denys Roman) (14 mai 1949).
[2] Marcel Maugy (Denys Roman) (10 juin 1949).
[3] Marcel Maugy (Denys Roman) (11 novembre 1949).
[4] Vasile Lovinescu (13 avril 1937).
[5] Marcel Maugy (Denys Roman) (11 novembre 1949). [Cela devrait être lié au mouvement rosicrucien, qui a tenté, sans succès, d'inspirer une « réforme » de la société chrétienne en décomposition, ce qui suggère les limites des inspirateurs « Rose-Croix » – *MAT* : « Il est vrai que les protestants, et plus particulièrement les Luthériens, se servent habituellement du mot "évangélique" pour désigner leur propre doctrine, et, d'autre part, on sait que le

La question de l'origine du sacerdoce chrétien est fort obscure, comme tout ce qui se rapporte aux premiers temps du Christianisme, et je suis bien persuadé que cette obscurité a été voulue pour dissimuler certains changements qui se sont produits pendant cette période. Il ne s'agit du reste pas là de la hiérarchie ecclésiastique, mais, si des modifications ont été apportées dans celle-ci, elles peuvent bien avoir été liées aussi à tout le reste, quoique je doive avouer que je ne vois pas exactement de quelle façon. Quoi qu'il en soit, suivant certains, la hiérarchie primitive aurait compris seulement les évêques et les diacres ; les prêtres auraient alors été seulement, suivant la signification étymologique de leur désignation, les « anciens » de la communauté, lesquels n'exerçaient que des fonctions d'ordre purement administratif. Je me souviens d'avoir notamment entendu développer cette thèse, il y a bien longtemps, par un certain Père Tramblay, un ancien Trappiste qui n'était peut-être pas très orthodoxe sous tous les rapports, mais qui avait certainement une érudition considérable (il était d'ailleurs docteur en théologie). Seulement, s'il en était réellement ainsi (je ne peux naturellement rien affirmer moi-même, ne disposant pas de la documentation nécessaire), l'existence de l'épiscopat, avec la succession apostolique qu'elle implique, n'en demeurerait pas moins un élément tout à fait essentiel ; ce même P. Tramblay insistait beaucoup là-dessus, disant même nettement que toute église sans évêques devait être considérée comme inexistante. Si l'on admet cela, il y a dans le cas de la Réforme et plus particulièrement du Calvinisme, quelque chose qui paraît véritablement inexplicable et impossible à justifier ; j'ai tenu à vous signaler ce point de vue, et vous me direz ce que vous en pensez[1].

---

sceau de Luther portait une croix au centre d'une rose ; on sait aussi que l'organisation rosicrucienne qui manifesta publiquement son existence en 1604 (celle avec laquelle Descartes chercha vainement à se mettre en rapport) se déclarait nettement "antipapiste". Mais nous devons dire que cette Rose-Croix du commencement du XVII<sup>e</sup> siècle était déjà très extérieure, et fort éloignée de la véritable Rose-Croix originelle, laquelle ne constitua jamais une société au sens propre de ce mot ; et, quant à Luther, il semble n'avoir été qu'une sorte d'agent subalterne, sans doute même assez peu conscient du rôle qu'il avait à jouer ; ces divers points, d'ailleurs, n'ont jamais été complètement élucidés » (René Guénon, *L'ésotérisme de Dante*, Gallimard, 1981, p. 25)].

[1] Marcel Maugy (Denys Roman) (8 septembre 1949).

# XI

# PADRE PIO

IL PARAÎT qu'il y aurait eu, aux environs de Rome, une apparition de la Vierge sur laquelle les autorités ecclésiastiques font le silence ; avez-vous entendu parler de cela ? On me dit aussi qu'il s'est produit dernièrement en France plusieurs choses du même genre ; je dois dire que tout cela ne me paraît pas très rassurant, car ces manifestations ont trop souvent des « dessous » assez ténébreux ; mais, bien entendu, le cas de Padre Pio fait l'effet d'être quelque chose de tout différent. Je me demande aussi, à propos de ce dernier, si on s'en occupe plus ou moins officiellement à Rome, et si on lui est favorable ou défavorable ; cela ne prouve rien d'ailleurs, mais pourrait donner une indication sur les tendances qui prédominent actuellement dans le monde ecclésiastique. Sur ce qui se passe dans celui-ci, il m'est revenu des choses qui semblent indiquer un assez grand désordre et une pénétration de plus en plus accentuée des idées modernes[1].

Il va de soi que tous les doutes qu'on peut avoir sur l'état actuel de l'Église ne concernent pas une situation contingente, et que cela ne change rien quant à vos réflexions sur le Christianisme *en lui-même* ; ce sont là deux ordres de choses tout à fait différents. Aussi ne suis-je pas étonné des conséquences qu'a eu pour vous votre visite à Padre Pio, et sans doute cela valait-il mieux ainsi, car la pratique des rites d'une tradition est non seulement importante, mais même essentielle ; cela s'accorde tout à fait, comme vous avez pu le voir, avec ce que j'ai écrit moi-même sur la nécessité de l'exotérisme ; mais que de gens aujourd'hui ne peuvent pas ou ne veulent pas comprendre cela !

J'ai été très intéressé par ce que vous me dites de Padre Pio et de la visite que vous lui avez faite ; il est heureux que vous ayez pu arriver finalement à surmonter pour cette fois votre horreur des voyages ! Il semble vraiment qu'il y ait là quelque chose de tout à fait extraordinaire à bien des égards ; cette ressemblance étonnante que vous lui avez trouvée avec

---

[1] Guido di Giorgio (15 novembre 1947).

Mohammed Kheireddin est bien étrange aussi… Que son rôle, comme vous le dites, soit tout autre que d'enseigner, cela n'a en somme rien d'invraisemblable ; il s'agirait plutôt, si je comprends bien, d'une sorte d'action qui s'exerce autour de lui par le fait de sa seule présence, ce qui fait penser au rôle des *afrâd* dans l'ésotérisme islamique (et il est bien entendu qu'il peut y avoir quelque chose de semblable dans toutes les formes traditionnelles). Quant à l'hostilité qui existe contre lui dans le clergé, je n'ai pas besoin de vous dire que je n'en suis nullement étonné ; c'est même plutôt le contraire qui serait surprenant, avec les tendances qui dominent actuellement. D'après tout ce qu'on me dit, les idées modernes gagnent de plus en plus de terrain dans les milieux ecclésiastiques de tous les pays ; croiriez-vous qu'il y a dans le clergé français un mouvement considérable pour demander l'adoption d'une liturgie en langue vulgaire ? Si les choses en arrivaient là, on peut se demander ce qui resterait encore de réellement valable au point de vue rituel… Autre symptôme : la revue *Études* des Jésuites français ne fait plus autre chose que de défendre le point de vue scientiste et évolutionniste ; on dit qu'ils ont été rappelés à l'ordre par Rome, mais qu'ils n'en ont tenu aucun compte ; et ce qui est encore pis, ils ont publié récemment une déclaration du cardinal Liénart en faveur de l'évolutionnisme ! Ce ne sont là que quelques exemples parmi beaucoup d'autres, et tout cela n'est malheureusement guère de nature à permettre un trop grand « optimisme » sur ce qui peut s'être conservé *consciemment* dans l'Église actuelle en plus de ce qu'on y voit extérieurement… Il est vrai qu'on ne sait jamais exactement ce qu'il peut y avoir encore dans certains monastères ; mais, même à cet égard, ce qu'en disent ceux qui sont mieux placés pour s'en rendre compte est loin d'être encourageant (il semblerait y avoir d'avantage à ce point de vue dans l'Église grecque orthodoxe). Au fond, je croirais plus volontiers seulement à l'existence en quelque sorte indépendante, çà et là, de quelques êtres exceptionnels, et ce Padre Pio semble bien en être un[1] ; et tout

---

[1] [Padre Pio est le nom d'un capucin et prêtre italien né Francesco Forgione, le 25 mai 1887 à Pietrelcina, mort le 23 septembre 1968 à San Giovanni Rotondo. Il avait pris le nom de Pie (en italien Pio), en hommage au pape Pie V, quand il rejoignit l'ordre des frères mineurs capucins. Il fut connu pour être le premier prêtre et l'un des rares hommes à qui l'on attribue des *stigmates*. Le

ce qu'on peut sans doute espérer des autorités ecclésiastiques, c'est que du moins elles les laissent à peu près tranquilles et ne les empêchent pas d'exercer cette « action de présence » dont je parlais[1].

J'ai été très intéressé par le récit de votre voyage, comme vous pouvez le penser ; mais c'est vraiment dommage que vous ayez dû encore vous faire accompagner par quelqu'un qui semble vous avoir plutôt gêné, et aussi, à un autre point de vue, que Padre Pio soit toujours aussi inabordable à cause de la foule, qui paraît même, d'après ce que vous dites, devenir encore de plus en plus énorme. Bien entendu, je pense tout à fait comme vous que tous ces gens ne peuvent rien comprendre d'une action profonde et ne voient rien d'autre que l'extérieur ; c'est déjà quelque chose qu'ils en reçoivent une certaine influence ; évidemment, chacun en prend ce qu'il peut, et, puisque la chose est « publique », il ne serait même pas concevable qu'il puisse en être autrement... Mais, pour lui-même, je comprends bien que le courant dirigé vers lui par cette foule fournisse un certain support à son action ; et ne pourrait-on pas dire que l'influence ressentie par ces gens, malgré leur incompréhension, en est comme la réciproque, ou comme une sorte de « choc en retour », naturellement bénéfique ? – Ces mots ou ces sons qu'il prononce pendant la messe sont vraiment quelque chose de bien étrange ; mais ce qui est peut-être le plus étonnant, c'est qu'on le laisse ainsi libre de faire tout ce qu'il veut, même ce qui pourrait passer extérieurement pour des infractions à la liturgie ; il serait curieux de savoir ce que ses supérieurs peuvent voir réellement dans tout cela... – Je ne crois pas qu'on puisse parler d'une « hostilité » qu'il aurait

---

Padre Pio a fait l'objet de deux investigations officielles conduites par les autorités du Saint-Siège dès le 20 mars 1983, qui conclurent à l'authenticité de certains miracles en 1990, après avoir rassemblé 73 témoignages en 104 volumes. Suite à l'avis favorable donné le 13 juin 1997 par la Congrégation pour la cause des saints, le Padre Pio est déclaré bienheureux le 2 mai 1999 au Vatican, en présence de plus de 200 000 personnes par le pape Jean-Paul II. Le 16 juin 2002, Jean-Paul II le canonise sous le nom de sanctus Pius de Pietrelcina tout en ouvrant une procédure de reconnaissance officielle des *stigmates* par l'Église, des escarres détachés de ses stigmates lorsqu'il était toujours en vie étant utilisées comme reliques à cet effet. Sa tombe est ainsi devenue un haut lieu de pèlerinage].

[1] Guido di Giorgio (8 mars 1948).

contre vous ; le mot de « méfiance », que vous employez aussi, serait peut-être plus juste, en ce sens qu'il doit assurément voir qu'il y a chez vous quelque chose de différent des autres à qui il a affaire, et qu'il est possible qu'il en éprouve comme un certain gêne. Quant à ce qui vous est arrivé quand vous avez voulu servir sa messe, cela encore est bien singulier, mais pourtant peut-on vraiment le lui attribuer, et qu'est-ce qui vous fait penser cela malgré que lui-même l'ait nié ? Le malaise que vous avez ressenti n'aurait-il pas plutôt été dû à quelque réaction inconsciente du « psychisme » collectif de la foule ? Bien entendu, je ne voudrais rien affirmer, mais je vous dis seulement ce qui me paraît le plus vraisemblable… Ce que vous dites de l'impression que vous fait son regard, comparé à celui qu'en ont les autres, me paraît bien aussi indiquer qu'il ne doit pas y avoir chez lui quelque chose d'hostile. Si vous pouviez y retourner avec ce prêtre dont vous parlez, ce serait sans doute mieux qu'avec votre ancien élève ; c'est seulement tout ce monde qui forcément sera toujours gênant pour l'aborder, car il ne semble pas qu'on puisse espérer que cette affluence diminue[1].

# XII

# LE SOLEIL DE MINUIT

POUR « L'HIVER qui aurait un mois d'un seul jour », le sens ne me paraît pas douteux : si le Cancer avait une étoile d'une telle clarté, elle brillerait pendant toute la nuit autant que le soleil pendant le jour, de sorte qu'il n'y aurait pas de nuit tant que le soleil est dans la constellation opposée, c'est-à-dire dans le Capricorne (la fête de Saint Jean l'Évangéliste est le 27 décembre)[2].

Merci de votre prompte réponse et de vos indications sur le soleil de minuit, que je vais transmettre à Charbonneau. Il en a besoin parce qu'il paraît que ce phénomène a servi à symboliser le Christ dans les pays septentrionaux, « la venue du Sauveur

---

[1] Guido di Giorgio (25 février 1949).
[2] Guido di Giorgio (8 mars 1948).

ayant éclairé la terre comme le soleil de minuit éclaire la nuit d'une douce lueur »[1].

---

[1] Emmanuel Hillel (29 septembre 1929). « Vers minuit, j'ai vu rayonner le soleil » (Apulée, *L'Âne d'or*).

# FRAGMENTS
# DOCTRINAUX

## CINQUIÈME PARTIE

## ÉTUDES SUR LA
## FRANC-MAÇONNERIE

## I

## LA FRANC-MAÇONNERIE

IL FAUT QUE je vous signale que j'ai trouvé les dates des premiers rituels anglais imprimés : 1838 (G. Claret), et ensuite 1869 (A. Lewis) ; antérieurement, il n'existait en Angleterre que des rituels manuscrits. Je trouve comme indication des différents rituels en usage : *Promulgation* (1809-11), *Reconciliation* (1813-16), *Stability* (1820), *Emulation* (1823). – Autre remarque : il est inexact de désigner comme « rite d'York », ainsi qu'on le fait souvent, celui qui est pratiqué actuellement en Angleterre ; le rite d'York était celui des « Anciens », et ce qui existe depuis l'« Union » est en réalité une sorte de compromis entre celui-là et celui des « Modernes »[1].

Au sujet des éléments existant dans la Maç∴ française et qui, ne pouvant provenir de la G∴ L∴ d'Angleterre, doivent avoir une origine antérieure à celle-ci, il est assez curieux que monsieur Lepage, dans une lettre que j'ai reçue avant-hier, fait aussi la même réflexion sans que je lui en aie parlé le moins du monde. Il me reparle de *The Genesis of Freemasonry*, qui, paraît-il, a été précédé de deux autres livres, *Early Masonic Pamphlets* et *The Early Masonic Catechisms*, je ne sais s'il sera possible de les avoir, mais je crois que ce serait très important, car il y a là des choses tout à fait inédites sur le symbolisme et le rituel opératifs. C'est à ce propos qu'il dit : « Il ressort de cette lecture que la Maç∴ française, même dans son état actuel, est plus proche de l'esprit primitif de la Maç∴ ancienne que la G∴ L∴ d'Angleterre. J'ai trouvé dans Knoop des pages stupéfiantes à ce sujet, notamment quant à la rédaction des Constitutions d'Anderson. » – D'autre part, vous verrez dans mes prochains comptes rendus que j'ai fait une allusion à l'antériorité vraisemblable de la Maç∴ française, à propos d'une note parue dans *Masonic Light*[2].

Pour vos réflexions sur le même sujet, il est bien certain que l'impression qu'ont les Maçons français qui visitent les LL∴ étrangères vient surtout de ce que tout s'y fait avec un sérieux et une dignité auxquels ils ne sont pas habitués.

L'absence de documents anciens en France est sans doute assez singulière, d'autant plus qu'il n'est pas à supposer qu'ils aient fait l'objet d'une destruction comme celle qui eut lieu en Angleterre entre 1717 et 1723, et à laquelle quelques-uns ont pourtant échappé ; mais il faut dire qu'on ne paraît pas pouvoir trouver davantage de documents concernant les LL∴ qui existèrent en France dans la 1re moitié du 18e siècle et même un peu plus tard (à peu près jusqu'à la fondation du G∴ O∴) ; je ne sais pas trop à quoi cela peut tenir... D'autre part, s'il

---

[1] Marcel Maugy (Denys Roman) (30 septembre 1948).
[2] Marcel Maugy (Denys Roman) (5 novembre 1948).

s'agissait d'une Maç∴ introduite en France en 1688, ce ne serait pas tellement ancien, mais ce n'en serait pas moins notablement antérieur à 1717, ce qui est l'essentiel pour la question qui nous occupe. Je remarque aussi que, si cette Maç∴ était « écossaise » cela prouverait que cette désignation n'a pas été appliquée tout d'abord aux hauts grades comme on le prétend généralement[1].

Je ne vois pas beaucoup mieux que vous comment s'explique l'absence du grade de *Royal Arch* en France ; cependant, il y a lieu de tenir compte du fait que, en Angleterre, beaucoup de choses ont été réintroduites peu à peu pour combler autant que possible les lacunes de l'organisation de 1717, à commencer d'ailleurs par le grade de Maître lui-même. Il est aussi à remarquer que celui-ci correspond en partie au septième degré opératif, je veux dire en ce qui concerne la légende d'Hiram ; c'est sans doute pourquoi les grades de *Mark* et même de *Royal Arch* sont généralement considérés comme des développements se rattachant plutôt au grade de Compagnon ; mais il est évident qu'on n'a pas réussi à rétablir dans tout cela un ordre vraiment logique, ce qui montre combien il était difficile de réparer le « dégât » causé par Anderson et ses associés. Wirth a écrit quelque part qu'« Anderson était surtout très apte à gâter tout ce qu'il touchait », et cette appréciation me paraît tout à fait justifiée ![2]

Un point que je voudrais vous faire remarquer, bien qu'il n'ait qu'assez peu d'importance, est celui-ci : en France, on a l'habitude de dire Hiram-*Abi*, et il n'y a sans doute qu'à conserver cette forme ; mais en Angleterre, on dit Hiram-*Abif*, ce qui a intrigué bien des gens. Voici l'explication : *Abi* signifie évidemment « mon père » ; quant à *Abif*, c'est une déformation de *Abin*, « son père » ; les deux expressions se trouvent l'une et l'autre dans la Bible, et, dans un cas aussi bien que dans l'autre, le pronom possessif se rapporte à Hiram, roi de Tyr, qui, semble-t-il, donnait à l'autre Hiram ce nom de « Père », comme une marque de respect, car il va de soi qu'il n'était pas son fils au sens propre du mot. – D'autre part je ne crois pas que le nom du père d'Hiram puisse être *Aor* (lumière) comme vous l'avez écrit ; je l'ai toujours vu donné comme *Har* ou *Hor*, qu'on

---

[1] Marcel Maugy (Denys Roman) (5 novembre 1948).
[2] Marcel Maugy (Denys Roman) (8 septembre 1949).

interprète habituellement par « feu », ce qui n'est peut-être pas rigoureusement exact, mais qui en tout cas exprime l'idée de « chaleur », ce qui paraît ici avoir un rapport assez direct avec le travail des métaux. Quant au nom même d'*Hiram*, il est assez curieux qu'il se présente avec plusieurs variantes : dans certains passages bibliques, en effet, on trouve les formes *Hûram* et *Hirôm* ; je ne sais d'ailleurs pas au juste ce qu'on pourrait en tirer[1].

Je me suis longtemps demandé comme vous d'où pouvait venir l'histoire de l'apparition de Tubalcaïn à Hiram, d'autant plus que je n'ai jamais vu qu'il soit réellement question de la légende d'Hiram dans la « Maçonnerie d'Adoption ». Quand vous m'avez demandé le renseignement à ce sujet, je me suis souvenu de quelque chose dont Faugeron m'avait parlé, et je l'ai prié de faire la vérification. Voici donc ce qu'il en est : l'histoire en question se trouve dans un récit de Gérard de Nerval intitulé *La Reine de Saba et le roi Soliman*, ou encore *La Reine du Matin* (*sebah* signifie « matin » en arabe). Gérard de Nerval (qui du reste était Maçon) prétend avoir entendu ce récit au cours de ses voyages en Orient ; il doit y avoir là quelque chose de vrai, car les éléments musulmans qui s'y rencontrent ne s'expliqueraient pas sans cela ; mais il est probable qu'il l'a quelque peu « arrangé ». Quoi qu'il en soit, cet ouvrage a été imprimé en 1850 ; il est donc bien antérieur à celui de Saint-Albin, et il y a tout lieu de supposer que c'est là la véritable source où celui-ci a puisé son histoire, que d'autres ont ensuite répétée d'après lui et sans en contrôler la provenance, ainsi que cela arrive très souvent[2].

Il faut maintenant que je vous parle un peu de l'extraordinaire histoire de Raymond C…, dont il est question, ainsi que vous l'aurez vu, dans la dernière lettre de Clavelle : il y a quelque temps, j'ai reçu de lui (et c'est la première fois qu'il m'a donné signe de vie depuis la reprise des communications) une énorme lettre qui, chose assez bizarre, a été mise à la poste à Lausanne, et dont la partie la plus importante concerne la soi-disant possibilité, qu'il dit l'intéresser tout particulièrement, d'obtenir un rattachement lamaïque par l'intermédiaire de

---

[1] Marcel Maugy (Denys Roman) (12 mars 1949).
[2] Arturo Reghini (16 novembre 1924).

Calmels. J'en ai été plutôt stupéfait et, d'après tout ce que je sais de Calmels, je me suis bien douté tout de suite que, de ce côté, une telle possibilité était inexistante en fait. Seulement, ce que je craignais c'est que Clavelle ne soit pour quelque chose dans le « lancement » de cette idée, si l'on peut dire, d'abord à cause de l'intérêt que lui-même paraissait avoir témoigné à tout ce qui touche le Bouddhisme pendant ces dernières années, et ensuite parce que C... m'assurait s'être mis d'accord avec lui pour m'écrire à ce sujet. C'est pourquoi j'ai aussitôt demandé à Clavelle des explications sur ce qu'il avait dit exactement ; d'après sa réponse, que j'attendais pour pouvoir plus sûrement remettre les choses au point en écrivant à C..., il s'agit simplement d'« imaginations » de celui-ci, et j'aime beaucoup mieux qu'il en soit ainsi. Je n'avais rien remarqué d'anormal dans sa correspondance d'autrefois, mais Allar, qui l'a rencontré en Savoie l'an dernier, m'a dit alors qu'il ne lui avait pas paru très bien équilibré, et cette histoire semblerait de nature à lui donner raison... Son idée d'une « greffe mahâyâniste » (l'expression est de lui) sur la Maçonnerie n'est pas moins étonnante que le reste, et elle est même vraiment incompréhensible de la part de quelqu'un qui a sûrement lu ce que j'ai écrit au sujet du mélange des formes traditionnelles ; il y a même sur ce point, à la page 41 des *Aperçus* [*sur l'Initiation*] comme une réponse anticipée et assez explicite. D'autre part, l'idée de Maridort dont parle Clavelle, en ce qui concerne l'Islam (et tout cela nous ramène à la question de l'« aide orientale »), ne me paraît pas susceptible de donner grand'chose non plus, bien que du moins elle ne fasse pas appel à quelque chose d'aussi complètement « étranger » que le bouddhisme par rapport à la Maçonnerie (cela surtout à cause de Salomon, qui a même en réalité une place encore plus grande dans la « perspective » islamique que dans le Judaïsme lui-même).

Au fond, une aide ne pourrait résulter que de l'action d'individualités possédant une initiation orientale et appartenant en même temps à la Maçonnerie, et en laissant nécessairement celle-ci telle qu'elle est ; du moins, je ne vois pas d'autre hypothèse réellement plausible à cet égard. On pourrait objecter que, là où la chose s'est déjà produite, aucun effet appréciable n'en est résulté jusqu'ici ; mais cela tient sans doute surtout à ce que la Maçonnerie comprend partout des éléments beaucoup trop mêlés, et la première condition pour pouvoir faire quelque chose de sérieux à quelque point de vue que ce soit, serait assurément d'y opérer une sélection aussi rigoureuse que possible[1].

À propos des rapports entre la Maçonnerie et l'Islam, S. Must. [Michel Vâlsan] me raconte dans sa dernière lettre quelque chose de très curieux ; je vous transcris le passage : « Il y a quelques années, j'ai eu l'occasion de voir des planches arabes (vraisemblablement algériennes) dont une contenait des dessins qui donnaient en somme une interprétation maçonnique de la prière musulmane : les différentes phases de la *çalâh* étaient exprimées en tracés à l'équerre et au compas, ces outils figurant eux-mêmes avec leur propre tracé. C'était à la bibliothèque qu'administrait alors mon beau-père. Ce qui m'a beaucoup étonné, c'est que, sur les panneaux ainsi dessinés et portant des mots en arabe, il y avait aussi des mots en français (traduction), de sorte que je pense que ces toiles ont dû servir à quelque moment pour quelque exposition, ou reproduction dans quelque ouvrage, à moins qu'il ne s'agisse de tout autre chose... Avez-vous quelque idée sur ce que cela peut être ? Je regrette de ne pas pouvoir revoir maintenant ces documents. » Je dois avouer que je ne sais pas du tout ce que c'est, n'ayant jamais rien vu de semblable ; c'est dommage qu'il ne puisse pas se souvenir de quelques détails plus précis, permettant notamment de se rendre compte à peu près de quelle époque peuvent dater les planches en question (il est très possible que les mots en français y aient été ajoutés après coup). En tout cas, cela m'a fait repenser encore à ce que je vous avais dit, et dont je n'avais d'ailleurs rien dit jusqu'ici à S. Must. ; c'est seulement en lui répondant que je lui ai parlé à propos de cette histoire[2].

Quant au fond de la question concernant la Maçonnerie, il est bien entendu que je ne prétends nullement vous convaincre, et que d'ailleurs je n'y aurais aucun intérêt ; vous dites qu'il s'agit là pour vous uniquement d'une question de vérité, mais c'est exactement la même chose pour moi aussi. Vous savez du reste que je ne me suis jamais mêlé d'engager quelqu'un à se rattacher à telle ou telle organisation, non plus que de l'en détourner ; j'ai

---

[1] Frithjof Schuon (9 novembre 1946).
[2] Frithjof Schuon (16 janvier 1947).

même dit assez nettement que cela ne pouvait pas rentrer dans mon rôle ; je n'ai jamais eu ni le temps ni le goût de m'occuper de cas individuels, et je me suis toujours refusé à donner des conseils particuliers, à qui que ce soit, pour cela aussi bien que pour toute autre chose. Cela dit, je dois cependant faire deux ou trois remarques sur ce que vous me dites cette fois, et tout d'abord en ce qui concerne les hauts grades, car la nature réelle du rapport qu'ont ceux-ci avec la Maçonnerie paraît vous échapper. Quand je parle de la Maçonnerie proprement dite, je parle de la Maçonnerie comprenant exclusivement les trois grades d'Apprenti, de Compagnon et de Maître, auxquels on peut seulement ajouter les grades Anglais de *Mark* et de *Royal Arch*, complètement inconnus dans la Maçonnerie « continentale ». Quant aux multiples hauts grades tels que ceux auxquels vous faites allusions, il est évident qu'il y a là-dedans des choses d'un caractère très divers, et que la connexion que veulent établir les différents « systèmes » est tout à fait artificielle ; je suis d'autant moins disposé à contester cela que je l'ai moi-même écrit formellement dans un récent article ; mais, quelle que soit la façon dont toutes ces choses sont venues pour ainsi s'agglomérer autour de la Maçonnerie, elles n'en font partie intégrante à aucun titre, et, par conséquent ce n'est pas cela qui est en question. Un autre point sur lequel je voudrais attirer votre attention, c'est que, quand vous dites que les Loges qui n'avaient pas adhéré au schisme « spéculatif » n'ont rien pu faire pour arrêter ou en redresser les conséquences, il semble que vous ne teniez aucun compte de choses qui ont cependant quelque importance, telles que le rétablissement du grade de Maître totalement ignoré des gens de 1717, ou l'action de la « Grande Loge des Anciens », dont l'existence indépendante se prolongea jusqu'en 1813. Pour le dire franchement, j'ai l'impression que vous pensez toujours uniquement à ce que la Maçonnerie est devenue à une certaine époque en Italie et en France, et que vous ne vous faites aucune idée de tout ce qui concerne la Maçonnerie anglo-saxonne[1].

D'autre part, il faut faire attention que, dans la *Mark Masonry*, il y a en réalité 2 degrés distincts, ceux de Mark Man et de Mark Master ; en tout cas, le « Mark Master's token » (je ne crois pas

---

[1] Julius Evola (13 juin 1949).

qu'on emploie habituellement le mot « Tessera ») est bien la « monnaie du Temple » modifiée quant à la forme des caractères comme je vous l'ai dit (j'en ai une ici) ; la figure de cette même monnaie a été également adoptée comme sceau par la « King Solomon's Temple Lodge », qui est une des LL∴ les plus « sélectionnées » d'Angleterre. Elle représente d'un côté le vase de la manne et de l'autre la verge d'Aaron, qui étaient deux des objets conservés dans l'Arche d'Alliance ; la reproduction de la monnaie authentique (avec les caractères de forme ancienne) se trouve dans une des planches de l'ouvrage de S. Munk sur la Palestine (collection univers pittoresque)[1].

Une autre singularité énigmatique est ce que les paysans appellent la « Cocadrille » : c'est un crocodile desséché qui se trouve à l'intérieur de l'église d'Oiron, appliqué au mur, exactement comme ceux qu'on voit encore ici au-dessus des portes de quelques vieilles maisons ; on raconte que ce monstre ravageait autrefois le pays et y dévorait les gens, et qu'on finit par le prendre dans les douves du château ! Charbonneau pensait qu'il avait dû être apporté d'Orient par un membre plus ancien de la famille Gouffier, chevalier de Malte, dont le tombeau est un de ceux qui existent dans l'église, mais évidemment il est difficile de savoir si réellement il avait pu l'apporter vivant… Au lieu de « Cocadrille », certains disent aussi « Cacodrille », variante qui présente une signification tout à fait bizarre : « Kakos » signifie *mauvais* en grec, et « drille » est une des dénominations des Compagnons, de sorte que Cacodrille = mauvais compagnon, ce qui fait penser tout de suite aux meurtriers d'Hiram (et de Maître Jacques) ; il n'y a sans doute là qu'un rapprochement « accidentel », du moins suivant les apparences extérieures, mais, quand on songe aux rapports qui existent entre la légende d'Hiram et le mythe d'Osiris et au fait que le crocodile était dans l'ancienne Égypte un symbole typhonien, il faut tout de même convenir qu'il est vraiment bien combiné ! Cela, à propos du Poitou et de ses légendes, des Compagnons et autres « voyageurs », etc., me rappelle encore autre chose, qui nous amènerait cette fois à Rabelais ; L. Daudet y a fait allusion dans un de ses livres, et je retrouve la référence dans mes notes : *les Horreurs de la guerre*, p. 173 ; peut-être

---

[1] Marcel Maugy (Denys Roman) (19 octobre 1948).

pourrez-vous voir cela à l'occasion, d'autant plus que je me souviens que tout ce qu'il dit de Rabelais dans cette partie de son livre est assez curieux ; mais peut-être le connaissez-vous déjà. Vous serez bien aimable de me dire ce que vous pensez de tout cela ; il me semble qu'il y a là en tout cas un ensemble de rapprochements qui peuvent n'être pas sans intérêt à divers points de vue[1].

Votre idée de faire certains emprunts à la *Mark Masonry* me paraît juste en principe, car il est très vraisemblable que, à l'origine, la « marque » particulière était donnée au Compagnon, qui, en France, était parfois désigné aussi anciennement sous le nom d'« Expert » ; du reste, vous savez peut-être que même le *Royal Arch* est regardé comme ayant un lien plus spécial et plus direct avec le grade de Compagnon, quoique les raisons n'en soient pas indiquées bien explicitement[2].

Vous parliez aussi, à propos de la « marque », de « tessera » ; je suppose qu'il s'agit du « Mark Master's token », qui est une reproduction de ce qu'on appelle les « monnaies du Temple », reproduction d'ailleurs modifiée en ce que les inscriptions y sont en hébreu carré, tandis que, sur les monnaies authentiques, elles sont en caractère d'une forme plus ancienne. – Mais, si ce que vous envisagiez est parfaitement admissible en principe, ce serait peut-être assez difficile à réaliser ; et, d'autre part, il y a quelque chose qui me paraît encore plus important et qui tient, pourrait-on dire, à l'essence même du grade de Compagnon : c'est dans ce grade surtout que doivent intervenir les éléments d'origine pythagoricienne, que les « spéculatifs » ont toujours trop oubliés, bien qu'il en reste malgré tout certaines traces très nettes, notamment l'Étoile flamboyante et la prédominance attribuée à la géométrie (puisque même le G∴ A∴ de l'U∴ devient ici le G∴ G∴ de l'U∴)[3].

Pour votre question concernant le D∴ H∴ la solution adoptée officiellement est celle-ci : un Maçon reçu dans une L∴ mixte, et qui demande ensuite son admission dans une obédience régulière, n'est pas initié de nouveau, mais seulement « régularisé » ce qui est une formalité purement administrative ;

---

[1] Marcel Clavelle (Jean Reyor) (fragment de lettre non daté).
[2] Marcel Maugy (Denys Roman) (25 mars 1948).
[3] Marcel Maugy (Denys Roman) (25 mars 1948).

cela implique donc qu'on reconnaît son initiation comme valable, comme le serait d'ailleurs aussi celle qui serait constituée en dehors de toute obédience.

Ce qui est vrai, c'est que non seulement sept Maçons (mais il faut ajouter : ayant le grade de M∴) peuvent constituer une L∴ mais qu'il n'existe même aucun moyen de la constituer autrement ; ce n'est qu'ensuite que cette L∴ peut demander son rattachement à une obédience. Quant aux LL∴ dites « clandestines » en Angleterre (il n'en existe pas ailleurs), ce sont des LL∴ antérieures à la fondation de la G∴ L∴ et qui n'ont pas voulu s'y rattacher, mais ont continué à l'ignorer purement et simplement ; il doit y en avoir encore quatre en activité.

Il est certain que les fondateurs de la G∴ L∴ d'Angleterre en ont dévié l'esprit, mais on ne peut cependant les considérer comme des usurpateurs purement et simplement, puisque antérieurement, ils étaient eux-mêmes membres réguliers de l'ancienne Maç∴ opérative. Celle-ci, si diminuée qu'elle ait été à cette époque n'était pourtant pas éteinte, et elle ne l'a même jamais été puisqu'elle existe encore actuellement... Il y a aussi les grades écossais qui ont été institués surtout pour réagir contre l'intrusion de l'esprit protestant.

La Maçonnerie opérative a toujours continué d'exister en Angleterre comme une organisation à part, assez comparable au compagnonnage ; elle correspond du reste à ce que sont en France les Compagnons Tailleurs de pierre, aujourd'hui presque complètement disparus, quoi qu'en prétende le trop fameux « M∴ de l'OE∴ » qui en dépit de tous les titres dont il se pare, n'a jamais pu s'y rattacher régulièrement.

Je ne sais plus où j'ai trouvé la date de 1702 pour la mort de Chr. Wren ; depuis lors, j'ai en effet vu aussi celle de 1723 ; il semble donc qu'il faille admettre que 1702 soit seulement la date à partir de laquelle, pour une raison ou une autre, il aurait cessé toute activité.

Il est exact que le G∴ O∴ a supprimé le titre de Grand Maître (à peu près en même temps que la formule du G∴ A∴ si je ne me trompe) comme trop peu « démocratique » ; la fonction est remplie par le président du Conseil de l'Ordre ; mais l'absence du titre le met dans l'impossibilité de traiter d'égal à égal avec la plupart des Obédiences maçonniques des autres pays, la Grande Maîtrise étant généralement considérée comme un « landmark ».

D'autre part, la Grande Maîtrise n'a jamais été occupée par aucun Roi de France ; il n'y a qu'un seul pays, la Suède, où le Roi soit le Grand Maître. En Angleterre, si le roi est Maçon, ce qui n'est pas le cas actuellement, il porte le titre de « Protecteur de la Maçonnerie » ; Édouard VII, qui était Grand-Maître quand il était Prince de Galles, a abandonné cette fonction à son avènement, et a été remplacé par le duc de Connaught qui l'occupe encore maintenant. Il est vrai que le roi d'Angleterre a de droit un autre titre, celui de Grand-Maître de l'Ordre Royal d'Écosse ; mais s'il n'est pas Maçon, il ne peut exercer effectivement cette fonction et est remplacé par un Pro-Grand-maître, si bien qu'alors le titre n'est que purement honorifique.

L'Ordre Royal d'Écosse est un rite de hauts-grades, qui se considère même comme le plus ancien de tous, puisqu'il fait remonter son origine à Robert Bruce (1306-1329), c'est lui qui est aussi désigné par l'appellation de ROSY-CROSS of Heredom of Kilwinning (qui s'écrit R. S. Y. C. S. of H. R. D. M. of K. L. W. N. G.)[1].

Dans la Maç∴ opérative, les travaux du septième degré sont toujours accomplis par trois personnes seulement, représentant les trois GG∴ MM∴, et en dehors de la présence de tout autre assistant[2].

D'un autre côté, il est bien évident qu'une organisation opérative qui admet des femmes ne peut pas être régulière[3].

Napoléon avait été initié à Malte (en 1798 si je ne me trompe) à la Maçonnerie et peut-être aussi à quelque chose d'autre ; quand il vint ici, il adhéra à l'Islam et prit le nom d'Ali, fait qui semble assez peu connu. Les Loges militaires qui existaient dans la plupart de ses régiments semblent bien, en Allemagne surtout, avoir joué dans ses conquêtes un rôle peut-être plus grand que celui des batailles elles-mêmes ; la reddition des villes se traitait bien souvent entre ces Loges militaires et les Loges locales. — Son rôle aurait dû être de réaliser une sorte d'unification ayant un même lien avec l'Orient (par l'Égypte si la

---

[1] Emmanuel Hillel (12 mai 1935).
[2] Marcel Maugy (Denys Roman) (8 septembre 1949).
[3] Marcel Maugy (Denys Roman) (30 septembre 1948).

chose avait réussi de ce côté). Il est difficile de dire exactement quand sa « déviation » a commencé, mais ce qu'il y a de certain, c'est qu'elle est devenue définitive lors de son divorce et de son second mariage[1].

Pour Napoléon, je pensais, en connexion avec Malte, à quelque chose se rattachant aux Ordres de chevalerie ; il est d'ailleurs assez curieux que Malte paraisse avoir été un « centre » dès les temps préhistoriques[2].

On raconte beaucoup de choses sur le rôle des Stuarts par rapport à la Maçonnerie écossaise ; mais il est permis de se demander si ce rôle n'a pas été surtout nominal et plutôt « représentatif », si l'on peut dire, que véritablement effectif[3].

Pour ce qui manque à la Maçonnerie, du fait qu'elle est devenue simplement « spéculative », ce sont en somme les moyens de passer d'une initiation virtuelle (toujours valable comme telle) à une initiation effective ; malheureusement, il y a là quelque chose qui, pour bien des raisons (et même si l'état d'esprit était plus favorable qu'il ne l'est présentement), paraît assez difficile à restaurer en fait, bien que, naturellement, la possibilité en subsiste toujours en principe ; il y a, dans le rituel même, de multiples points qui posent des énigmes presque insolubles ![4]

Il est bien entendu que les relations entre des organisations appartenant à des formes traditionnelles différentes ne sont jamais « de droit » et ne peuvent avoir un caractère « officiel », si l'on peut employer ce mot en pareil cas. Même le fait qu'il y ait des membres communs peut n'avoir pas d'autres conséquences : ici, par exemple, il y a des membres de diverses *turuq* qui sont Maçons en même temps, mais cela ne va pas plus loin et la Maçonnerie n'a pas pour cela le moindre appui des *turuq* comme telles. Au surplus, il va de soi qu'une organisation ne pourrait demander un appui quelconque que si elle avait déjà des résultats valables et sérieux à présenter ; il est donc certainement beaucoup trop tôt pour envisager cette question et se demander sous quelle forme un tel appui serait possible[5].

---

[1] Vasile Lovinescu (10 novembre 1936).
[2] Vasile Lovinescu (13 avril 1937).
[3] Vasile Lovinescu (22 juin 1937).
[4] Louis Caudron (4 avril 1938).
[5] Louis Caudron (20 mai 1938).

# II

# LES HAUTS GRADES

POUR LE « Prince de Mercy », je n'ai guère d'autres renseignements que ceux que j'ai donnés dans mon article et ceux que contient le Manuel de Vuillaume. Je ne sais si Ragon a donné un rituel d'ouverture et de fermeture, et je me demande où il peut l'avoir fait ; bien que j'ai une bonne partie de ses rituels (où il y a d'ailleurs des conceptions bien discutables), il me manque celui de Kadosch, mais je pense qu'il ne s'y trouve qu'une simple analyse des onze grades précédents, sans aucune indication rituélique, car il en est ainsi dans le rituel de Rose-Croix pour les grades allant du 4e au 17e. D'autre part, ce qui est certain, c'est que l'interprétation bouddhiste de Goblet d'Alviella est entièrement fantaisiste ; l'autre nom du grade, celui d'« Écossais Trinitaire », suffirait à le montrer. L'analogie entre les noms de « Prince de Mercy » et de « Seigneur de Compassion » est bien superficielle ; du reste, on ne voit pas, même au simple point de vue historique, comment une influence bouddhique réelle aurait pu s'introduire là-dedans. Cette fascination qu'exerce le Bouddhisme sur l'esprit de tous les orientalistes et « historiens des religions » est vraiment quelque chose d'extraordinaire[1].

Je connais un seul rite initiatique où l'ouverture de la caverne se trouve dans la voûte : c'est celui du 14e degré de la Maç∴ Écossaise (Grand Écossais de la Voûte Sacrée) ; il y a d'ailleurs dans ces hauts grades bien des éléments d'origines très diverses et assez souvent difficiles à déterminer[2].

Votre remarque au sujet des possibilités qu'offrent à certains les grades additionnels est juste, bien que ce ne soit peut-être pas la seule raison de leur existence, car il y a lieu aussi de tenir compte d'une sorte de rôle de « conservation » joué par la Maç∴ à l'égard des formes qu'ils représentent, par suite du fait qu'elle est la seule organisation initiatique ayant subsisté en

---

[1] Arturo Reghini (13 juillet 1924).
[2] Ananda K. Coomaraswamy (19 décembre 1937).

Occident avec une vitalité suffisante pour assurer cette conservation au moins relative[1].

# III

# LE SYMBOLISME MAÇONNIQUE

IL Y A, dans le rituel maçonnique anglais, une formule très significative : « …That I may travel in foreign countries » ; ces « pays étrangers » sont interprétés comme les « autres » mondes, les états qui sont au-delà du domaine sensible[2].

J'ai commencé, pour le numéro d'avril [1940 des *Études Traditionnelles*], à traiter la question de la « pierre angulaire » ; je dis commencé seulement, car le sujet est décidément bien complexe, et, pour l'expliquer un peu complètement il faut entrer dans des développements qui auraient été trop longs pour un seul article (étant donné du moins le nombre de pages restreint dont nous disposons). Il y a beaucoup de choses dans les rituels anglais de *Mark Masonry* et de *Royal Arch Masonry*, mais le langage en est si « archaïque » qu'on a parfois de la peine à comprendre le sens exact de certains mots[3].

Pour ce que vous m'avez dit au sujet de M. Burckhardt, j'ai oublié de vous signaler un point qui se rattache au même ordre d'idées, et auquel j'ai repensé depuis : dans les symboles de la *Royal Arch Masonry*, la « Keystone » est souvent représentée avec une sorte de figure annulaire tracée en sa partie centrale : ce n'est pas une ouverture, mais cela semble être comme un rappel de l'« œil » que la « Keystone » elle-même recouvre. D'ailleurs, cette figure circulaire se trouve ainsi placée naturellement au-dessus de la partie supérieure de l'arche, qui est aussi une « porte » ; cela correspond donc bien encore à ce que vous me disiez[4].

---

[1] Marcel Maugy (Denys Roman) (8 septembre 1949).
[2] Ananda K. Coomaraswamy (4 juin 1938).
[3] Ananda K. Coomaraswamy (20 mars 1940).
[4] Ananda K. Coomaraswamy (16 avril 1940).

Les trois bougies encadrant le tableau doivent être placées à l'Orient, au Midi et à l'Occident, le Nord seul n'étant pas éclairé ; elles correspondent d'ailleurs ainsi aux places occupées (du moins normalement) par les trois principaux Officiers (et aux trois « stations » de Vishnou).

Le port des gants est très certainement d'origine opérative ; au même titre que celui de l'épée dans certaines circonstances, l'usage des armoiries etc., il constituait, au moyen-âge, un des privilèges accordés à certaines corporations et qui les assimilait dans une certaine mesure à la noblesse ; il y aurait des recherches très curieuses à faire sur ce sujet qui a évidemment un rapport très direct avec la question des relations existant entre les initiations artisanales et la chevalerie. D'autre part, au point de vue symbolique, la couleur blanche des gants exprime l'idée de pureté (au sens rituel), de sorte que leur port pendant les travaux correspond à l'affirmation, qui se trouve dans la tradition islamique, que, « pendant qu'un homme travaille ses mains sont toujours pures »[1].

Il est à remarquer aussi qu'on ne trouve nulle part la mention du compas et de l'équerre placés sur le Livre Sacré ; je crois qu'il faudrait que ce soit mentionné expressément, puisque c'est là un point tout à fait essentiel[2].

Il n'est pas douteux que dorien et ionien sont généralement (et non pas seulement en ce qui concerne les ordres d'architecture), considérés, en quelque sorte comme deux complémentaires, le premier correspondant au principe masculin et le deuxième au principe féminin, ce que leurs noms même paraissent d'ailleurs indiquer assez nettement[3].

Pour ce qui est du [symbole IOI], vous savez sans doute qu'il est considéré comme étant plus particulièrement en relation avec les deux saints Jean ; en fait, il représente effectivement le cycle solaire annuel limité par les deux solstices ; on a quelques fois remarqué que, pour que cette représentation soit entièrement correcte, les deux tangentes devraient être horizontales ; mais il est très probable que leur position verticale est due à une assimilation avec les deux col∴, qui en effet, sous un de leurs aspects, ont aussi cette

---

[1] Marcel Maugy (Denys Roman) (21 juin 1948).
[2] Marcel Maugy (Denys Roman) (31 juillet 1948).
[3] Marcel Maugy (Denys Roman) (30 septembre 1948).

signification (Cf. notamment le symbolisme des colonnes d'Hercule)[1].

Votre interprétation de la parole de Maître est bien exacte ; la forme correcte est « Mah ha-bênah », ce dont la forme anglaise ne s'éloigne en somme pas trop, puisqu'elle n'en diffère qu'en ce que la finale y est devenue muette (ce qui peut d'ailleurs s'expliquer par une intention de réduire l'ensemble à trois syllabes) ; les autres formes sont beaucoup plus dénaturées, et celle du Rite français est même presque méconnaissable, puisqu'on a parfois mis en doute qu'il puisse s'agir d'un mot hébreu ! – Je pense que vous avez très bien fait de vous mettre à l'étude de l'hébreu ; pour ce qui est de Fabre d'Olivet, vous pourrez sûrement y trouver bien des choses intéressantes, mais il faut le lire avec précaution, car tout n'y est pas à accepter sans réserves. Quant à l'arabe, il a beaucoup de ressemblance avec l'hébreu pour les racines, mais il est vrai que la grammaire est beaucoup plus difficile et plus compliquée[2].

À propos du mot sacré, je voudrais vous demander quelque chose : le verbe signifiant « construire » en hébreu est *banah*, mais, dans le lexique que j'ai sous la main, je ne trouve pas le substantif dérivé (qui en tout cas ne doit pas être très différent de l'arabe *bannâ*, « constructeur ») ; ne pourriez-vous vérifier ou faire vérifier quelle en est la forme exacte ? Voici pourquoi : dans la forme anglaise du mot, les 2 premières syllabes du moins sont correctes, tandis qu'elles ne le sont pas dans les autres ; mais la troisième me paraît encore défigurée, et je voudrais pouvoir me rendre compte de ce qu'il en est exactement[3].

Pour le mot hébreu signifiant « constructeur » votre retard est tout à fait excusable et n'a en somme pas grand inconvénient ; je m'explique maintenant pourquoi il ne se trouve pas comme mot distinct dans le lexique que j'ai, puisque ce n'est en réalité qu'une forme verbale. Je vois par là que la forme anglaise du mot est beaucoup moins dénaturée que les autres, et elle ne l'est même qu'en ce que la finale y est devenue muette ; cela confirme bien ce que je pensais, et, au fond, c'est seulement sur l'exactitude de la voyelle *o* que j'avais des doutes,

---

[1] Marcel Maugy (Denys Roman) (19 octobre 1948).
[2] Jean Granger (Tourniac) (fragment de lettre non daté).
[3] Marcel Maugy (Denys Roman) (5 novembre 1948).

à cause de la forme arabe qui est différente ; en définitive, la transcription tout à fait correcte de l'ensemble serait donc : « Mah ha-bônah »[1].

Un point important : [au sujet] des instruments du meurtre d'Hiram, car il y a plusieurs versions différentes en ce qui concerne les deux premiers. À mon avis tout au moins, ce doit être ainsi en réalité : premier, règle de 24 pouces (coup à la gorge) ; deuxième, équerre (coup au cœur) ; troisième, maillet (coup à la tête). De cette façon, la progression suit celle des divisions du temps : premier, journée de 24 heures ; deuxième, saison (quart de l'année) ; troisième, cycle annuel (en raison de la forme cylindrique du maillet). Ce symbolisme temporel est loin d'être négligeable ici, surtout si l'on fait à cet égard un rapprochement avec la formule du *Shatapatha Brâhmana* suivant laquelle « Prajâpati est l'Année », du moins sous un certain rapport, ce qui a aussi sa correspondance dans le nombre des briques employées pour la construction de l'autel védique ; vous vous souviendrez peut-être, à ce propos, que j'ai parlé de l'étroite relation existant entre le sacrifice de *Prajâpati* (ou *Purusha*) et le meurtre d'Hiram et d'Osiris dans mon article *Rassembler ce qui est épars* (n° d'octobre-novembre 1946). – Il est à remarquer que la règle de 24 pouces constitue en quelque sorte une « anomalie », très probablement voulue, puisque, normalement, ce sont des divisions dénaires qui conviennent aux mesures rectilignes, tandis que les divisions duodénaires s'appliquent aux mesures circulaires. Je me souviens que, dans le *Speculative Mason*, quelqu'un a posé une question plutôt naïve : « Qu'est devenue la règle de 24 pouces dans la Maç∴ française depuis l'adoption du système métrique ? » La vérité est que cette mesure n'a jamais changée et n'a pas à changer, pas plus que celle de quatre pouces pour la largeur de cordon dont nous avons déjà parlé... – J'avais fait autrefois à [la Loge] Thébah un exposé sur le symbolisme de la légende d'Hiram[2].

L'objection à laquelle donne lieu le coup donné sur l'épaule, c'est qu'il ne serait en correspondance directe avec aucun des centres subtils de l'être humain, contrairement à ce qui a lieu pour les autres. Quant au coup à la tête, il me semble qu'il doit

---

[1] Marcel Maugy (Denys Roman) (26 décembre 1948).
[2] Marcel Maugy (Denys Roman) (12 mars 1949).

plus précisément être porté au front, et non pas au sommet de la tête, car la considération de ce dernier ne doit réellement intervenir qu'au grade de *Royal Arch*, en raison du caractère « extra-individuel » du centre correspondant. Incidemment, le coup au front me fait penser au rite (aujourd'hui tombé en désuétude, paraît-il) qui consistait à frapper avec un marteau d'argent le front du Pape qui venait de mourir ; mais ces deux rites sont dans un rapport en quelque sorte inverse, car ici il s'agissait d'un dernier effort de « revification » ; on retrouve donc encore là le double pouvoir du *vajra* ou des instruments qui le symbolisent. – Après avoir fait partir ma dernière lettre, je me suis aperçu que j'avais dû m'expliquer insuffisamment au sujet de la règle de 24 pouces : en réalité, 24 pouces font deux pieds, et il est évident que, si l'on dit 24 pouces, c'est pour marquer d'une façon explicite l'allusion à la division de la journée en 24 heures. D'autre part, ce qui a véritablement quelque chose d'anormal, c'est le fait même de la division du pied, en tant que mesure rectiligne, en 12 pouces et non pas en 10 ; il faudrait savoir d'où cela a bien pu provenir, et, comme je vous l'ai déjà fait remarquer à propos d'un autre sujet (4 pouces = 108 millimètres), la question de l'origine des anciennes mesures de longueur pose un certain nombre d'énigmes qui ne semblent pas des plus faciles à résoudre… La journée étant en réalité un cycle, il n'y a rien d'anormal dans sa division duodénaire, mais seulement dans sa représentation par la longueur d'une règle, rendue possible par l'application à celle-ci d'une division également duodénaire. En Chine, la longueur du pied a varié à diverses époques, corrélativement à celle de la « mesure de l'homme » (la hauteur du mât du char royal), mais il a toujours été divisé correctement en 10 pouces et non en 12.

Quant à l'expression suivant laquelle le Maître demande à être éprouvé par l'équerre et le compas, il n'est pas douteux qu'il s'agit là de tout autre chose et qu'elle se rapporte au symbolisme que j'ai exposé dans *La Grande Triade* (y compris la figuration qui y était donnée plus spécialement par la forme des anciens vêtements rituels chinois)[1].

Pour ce qui est du « cadavre » de la « petite Lum∴ », si on le prenait comme symbolisant la mort du « vieil homme », il ferait

---

[1] Marcel Maugy (Denys Roman) (30 avril 1949).

quelque peu double emploi avec le crâne du cabinet de réflexion. Il me semble que l'explication la plus plausible est celle qui est en rapport, comme vous le dites, avec l'ancien « sacrifice humain » pour la fondation d'un édifice ; certains ont aussi envisagé une interprétation semblable pour le meurtre même d'Hiram, mais malheureusement je ne peux plus du tout me rappeler où j'ai vu cela et par conséquent vous indiquer les références.

En tout cas, ce qui est certain, c'est que ce « sacrifice humain » (en sanscrit *purusha-mâdha*) est une représentation de celui du *Purusha* primordial suivant le Vêda ; vous pourrez vous reporter à ce sujet à mon article *Rassembler ce qui est épars*, et vous verrez que j'y ai aussi envisagé cette signification pour le meurtre d'Osiris et celui d'Hiram. Il n'est peut-être pas sans intérêt de remarquer encore, en ce qui concerne cette interprétation, que, au premier degré, le récipiendaire ne voit le « cadavre » que de loin et plus ou moins indistinctement, tandis qu'il aura à s'identifier avec lui au troisième degré ; il est facile de comprendre que quelqu'un qui sort à peine de l'état profane n'est pas apte à être la victime de ce sacrifice, ce qui implique une sorte de « divinisation »[1].

Je vous signale [aussi que] dans le langage spécial du Compagnonnage, le mot « vocation » est toujours employé dans le sens de « métier » : au lieu de demander à quelqu'un quel est son métier, on lui demande quelle est sa vocation[2].

D'autre part, il n'est pas douteux que le *pâsha* figure aussi le « nœud vital », qui joue un grand rôle dans certaines initiations, en particulier dans le Compagnonnage (où il est représenté par une cravate nouée d'une façon spéciale)[3].

Je ne sais plus si je vous ai fait remarquer que tout ce que je vous ai dit au sujet du tonnerre, etc., contribue à justifier l'interprétation de l'énigmatique « faculty of abrac » par *ha-baraq* (en hébreu) ou *el-barq* (en arabe), l'éclair ou la foudre[4].

---

[1] Marcel Maugy (Denys Roman) (11 novembre 1949).
[2] Correspondant non identifié (29 septembre 1933).
[3] Ananda K. Coomaraswamy (2 avril 1939).
[4] Marcel Maugy (Denys Roman) (6 décembre 1949).

# IV

# INITIATION MAÇONNIQUE

CE QUE VOUS dites pour l'initiation maçonnique est exact ; naturellement, la concentration doit alors prendre pour support, de préférence, les symboles propres à cette initiation ; bien que ce côté de « réalisation » soit complètement perdu de vue aujourd'hui en général, on peut sans doute atteindre ainsi certains résultats ; malheureusement, il n'y a pas à espérer de l'organisation d'autre aide que la seule transmission de l'influence initiatique[1].

La Maçonnerie et le Compagnonnage peuvent toujours transmettre une initiation virtuelle, mais, dans l'état actuel des choses, il ne faut pas compter y trouver le moindre appui pour aller plus loin, car on n'y soupçonne même pas ce que peut être une réalisation quelconque[2].

Ce que vous avez répondu à Clavelle au sujet de la Maçonnerie coïncide en somme, sur les points essentiels, avec ce que je lui avais déjà écrit moi-même ; il en est ainsi notamment en ce qui concerne la méthode de réalisation faisant en quelque sorte corps avec l'exercice même du métier ; il va de soi, d'ailleurs, que cette question de réalisation n'est pas, dans les circonstances présentes, celle qui se pose de la façon la plus immédiatement urgente… Il est tout à fait exact qu'autrefois, comme vous le dites, « les Maçons pratiquaient toujours l'exotérisme du monde où ils vivaient », et cela parce que la Maçonnerie elle-même n'est liée à aucune forme exotérique déterminée ; pour cette raison précisément elle n'est incompatible avec aucune, en principe tout au moins, de sorte que la question d'un changement de forme traditionnelle ne peut même pas se poser réellement en pareil cas. J'ajoute qu'elle n'est pas incompatible non plus avec toute autre initiation surtout si on ne l'envisage en quelque sorte qu'à titre « accessoire », ce qu'en tout cas son état actuel justifie assurément… Par rapport à l'Islam en particulier, personne, dans les pays islamiques mêmes, n'a jamais pensé qu'il puisse y

---

[1] Vasile Lovinescu (27 juillet 1935).
[2] Éric Ollivier (26 septembre 1946).

avoir une incompatibilité quelconque, et cela aussi bien au point de vue ésotérique qu'au point de vue exotérique ; ici, par exemple, il y a toujours eu depuis longtemps des Maçons à la fois parmi les *ulamâ ez-zâhir* et parmi les membres des diverses *turuq*. Pour ceux-ci, il y a d'ailleurs au moins un exemple illustre : celui de l'émir Abdel-Qader, qui, en dehors de son rôle extérieur, était un *mutaçawwuf* éminent (ce que les historiens européens paraissent naturellement ignorer), et qui se fit recevoir Maçon lors de son séjour à Alexandrie. Voici encore quelque chose de plus : le Sheikh Elîsh disait que « si les Maçons comprenaient bien leurs symboles, ils seraient tous Musulmans » ; et, à ce propos, il expliquait les 4 lettres du nom d'Allah, sous le rapport de leurs formes comme correspondant respectivement à la règle, au compas, à l'équerre et au triangle… Mais cela, j'aime mieux ne pas le dire à Clavelle, pour le moment du moins, afin de ne pas l'influencer dans un certain sens ; je vous remercie de me laisser toute latitude pour lui donner mon avis, mais cependant je préférerais que vous lui disiez tout de même (ou à moi, afin que je puisse en tenir compte) ce que vous pensez en ce qui le concerne spécialement. En effet, si la question de principe est très facile à résoudre, il peut n'en être pas de même pour les cas particuliers ; à cet égard, je lui avais parlé de la possibilité, pour certains, d'un danger de « dispersion », et ce que je voulais dire par là était, au fond, la même chose que ce que vous envisagez aussi en parlant des inconvénients que peut avoir le contact avec un certain psychisme collectif ; il est évident que ce danger n'existe pas pour tout le monde indistinctement et qu'on ne peut rien dire de général là-dessus ; et c'est là, en somme, le seul point que je trouve réellement embarrassant pour le cas de Clavelle lui-même[1].

Pour ce qui est de l'invocation d'un nom divin et de la façon dont celui-ci pourrait être « donné » pour que cette invocation soit pleinement valable, je suis naturellement tout à fait de votre avis ; il y aurait lieu seulement de préciser dans quelles conditions la chose serait possible, et je pense aussi qu'elle devrait être réservée à une sorte de « cercle intérieur ». Le Nom *El Shaddaï* est, vous le savez, celui qu'on dit avoir été invoqué

---

[1] Frithjof Schuon (9 novembre 1946).

plus particulièrement par Seyidna Ibrahim [Abraham] ; il est plus que probable que, en général, on ne doit guère comprendre quel rapport il peut y avoir entre celui-ci et les rites des constructeurs (je n'ai d'ailleurs jamais vu soulever cette question nulle part) ; mais ne pourrait-on pas dire que ce rapport résulte de ce qu'il bâtit de ses mains la *Kaabah* avec Seyidna Ismaïl ? En ce cas, il y aurait là encore un lien assez remarquable avec l'Islam, et qui serait même de nature à justifier encore plus complètement la communication du Nom, comme vous l'envisagez, par des membres d'une organisation islamique[1].

Mais, en laissant de côté cette question tout à fait « personnelle », ce que j'ai voulu dire, c'est que, pour pouvoir aboutir à quelque chose, il aurait fallu pouvoir trouver des modalités compatibles avec la forme particulière de l'initiation maçonnique, ce qui est très difficile à apprécier pour qui n'a pas une connaissance directe de celle-ci. J'ai donné quelques précisions se rapportant à cette question dans mon article *Travail initiatique collectif et « présence » spirituelle*. À part cela, il est bien entendu que je suis tout à fait de votre avis sur la distinction qu'il convient de faire entre la Maç∴ en elle-même et la mentalité de certains Maçons et même de certaines collectivités maçonniques actuelles ; mais du reste, à notre époque, il y aurait sûrement lieu de faire aussi une distinction semblable dans bien d'autres cas, à commencer par celui du Christianisme lui-même[2].

Je ne sais trop pourquoi je pense en ce moment à une chose bizarre dont je ne peux malheureusement pas retrouver la référence, et que je vous signale tout au moins à titre de curiosité : quelqu'un, mais je ne me rappelle plus qui, a relevé que, dans les documents du moyen-âge concernant la construction des églises, il est fait mention à maintes reprises d'ouvriers qui sont tombés des échafaudages en travaillant à la voûte, mais qui d'ailleurs ne se sont pas blessés dans leur chute ; et il trouvait étrange que tant de gens tombent de si haut sans jamais se faire aucun mal ! Je me demande si ces prétendus accidents n'auraient pas été en réalité une façon dissimulée

---

[1] Frithjof Schuon (15 juin 1947).
[2] Frithjof Schuon (13 juillet 1950).

d'indiquer quelque chose se rapportant à une « épreuve de
l'air »[1].

---

[1] Marcel Maugy (Denys Roman) (13 janvier 1949). [Il existe une légende
roumaine (« Il y a aussi, entre autres choses, des légendes roumaines qui sont
extrêmement curieuses » (Maugy, 16 septembre 1948)), appelée *La légende du
Monastère d'Arges*, qui montre la collaboration du Maître Manole et du Prince
Noir, comparable à celle des Franc-Maçons et des Templiers ; dans cette
légende, le grand maître maçon Manole construit un monastère et, quand le
travail est terminé, il tombe du haut de celui-ci, *he is smitten*, et se transforme en
une fontaine. Il y a une autre légende qui dit qu'une des rosettes de la
cathédrale de Lincoln a été faite par un maître maçon, mais que pendant son
absence, un des apprentis a amélioré la fenêtre. Lorsque le maître est revenu, il
a constaté le talent supérieur de l'apprenti ; ce qui l'a désespéré et pour cette
raison il s'est jeté de la fenêtre et s'est écrasé sur le sol (William Hutchinson,
*The Spirit of Masonry*, Bell Publishing, 1982, pp. 28-9). Mais la légende a une
signification symbolique et une origine beaucoup plus ancienne, et elle est
probablement liée à l'expression *The Builder is Smitten*. Dans le rituel que
Prichard a révélé, il est fait allusion à la recherche de la « Parole perdue » et au
fait que la « Parole du maître » est *The Builder is Smitten* (Samuel Prichard,
*Masonry Dissected*, Poemandres Press, 1996, pp. 26-29) – *MAT*. À propos de la
« Parole du Maître », en rapport avec l'expression *smitten*, voir Reghini : « Mais
le véritable mot sacré traditionnel du troisième grade, qui revient d'ailleurs
dans le récit de la mort d'Hiram fait dans le rituel et dans la découverte de son
cadavre, est : Mac Benah… Pour Marconis le mot de maître symbolise la
régénération : "ce mot signifie littéralement 'produit de la putréfaction' et
donne l'idée de la condition nécessaire au développement des autres êtres et
au principe d'une nouvelle existence". Ailleurs il écrit que "Mac B'nah signifie
*aedificantis putrido, filius putrefactionis*, qui se traduit : la chair quitte les os, et
symbolise le règne animal (!?)". Pour Ragon aussi Mac Benah signifie : la chair
quitte les os, ou mieux, fils de la putréfaction ; ailleurs il avait dit qu'il
signifiait : fils de la mort. Pour Lenoir, le mot sacré de maître est Jéhovah…
De Castro, en exposant le rituel du grade de maître, dit aussi que les premiers
des neuf maîtres qui "touchèrent le cadavre, s'étant exclamé Macbenaht, cette
phrase devint le mot d'ordre du troisième grade". Ce mot se rapporte donc
directement à la mort d'Hiram. Il figure déjà dans le rituel de Prichard où il est
donné comme le mot de maître et traduit : *the builder is smitten*, soit : le
constructeur est frappé. Si nous consultons le dictionnaire hébraïco-
chaldaïque, nous trouvons effectivement que *maq* signifie : putréfaction,
pourriture, et *bèn* signifie : fils ; donc *maq-ben* est le fils de la putréfaction. Nous
trouvons aussi que *bànàh* signifie : fabriquer, édifier… Si, au lieu d'écrire *Maq*,
putréfaction, pourriture, nous écrivions : *makkh*, frapper, abattre, alors l'idée
de la première phase de l'initiation (phase de la mort) serait exprimée par la
métaphore : abattre, faire tomber, et l'idée de la seconde phase (celle de la
renaissance) par la métaphore analogue : édification spirituelle, élévation…
avec une signification semblable à celle que donne Prichard… Dans l'égyptien
ancien, le mort est conçu comme celui qui tombe… En hébreu nous
retrouvons la même association… La métaphore où mourir = tomber, se

Il y a un point qui me paraît appeler une rectification tout à fait nécessaire : c'est l'application de l'équerre par les pointes, qui ne correspond réellement à rien de plausible ; comme je vous le disais déjà dans ma dernière lettre, il n'est aucunement douteux qu'elle doit être posée *à plat* sur la poitrine du récipiendaire, l'angle étant tourné vers le haut. La chose est assez difficile avec le bijou du Vén∴, de sorte que cela devrait peut-être entraîner aussi une modification à cet égard ; il me semble d'ailleurs que, même en dehors de cette considération, il serait préférable de se servir d'une équerre plus grande que celle-là. Quoi qu'il en soit, l'objection concernant la façon d'appliquer l'équerre est certainement la plus grave qu'il y ait à formuler sur tout le contenu du rituel ; ce qui est l'essentiel dans une équerre en tant qu'instrument de mesure, c'est l'angle droit et non pas les pointes, et d'ailleurs la longueur respective des côtés, qui est très importante dans d'autres cas, est ici tout à fait

---

retrouve également dans les langues de la famille indo-européenne... En grec πέος signifie cadavre et chute... La métaphore de la caducité est diffuse et spontanée parce qu'elle se base sur une observation immédiate. Dante, pour lequel *nomina sunt consequentia rerum*, semble justement se référer à cela dans le vers : *E caddi come corpo morto cade* (et chus, comme tombe corps mort) [l'un des plus beaux vers rythmiques de Dante – *MAT*]. Pour reprendre les mots du hiérophante païen, Quintus Nantius Aucler : "le propre du cadavre est de tomber" » (Arturo Reghini, *Les Mots Sacrés et de Passe*, Archè, 1985, pp. 68-74, 90-92). « Il est d'ailleurs bien évident que tout ce qui peut être communiqué extérieurement ne saurait être véritablement la "parole perdue", et que ce n'en est qu'un symbole, toujours plus ou moins inadéquat comme toute expression des vérités transcendantes ; et ce symbolisme est souvent très complexe, en raison même de la multiplicité des sens qui y sont attachés, ainsi que des degrés qu'il comporte dans son application... La première chose qu'il y a lieu de remarquer à cet égard, c'est que le grade de Maître, tel qu'il est pratiqué dans la *Craft Masonry*, insiste sur la "perte de la parole", qui y est présentée comme une conséquence de la mort d'Hiram... Maintenant, si l'on restitue la forme correcte de ce mot, on s'aperçoit que son sens est tout autre que ceux qui lui sont ainsi attribués : ce mot, en réalité, n'est pas autre chose qu'une question, et la réponse à cette question serait le vrai "mot sacré" ou la "parole perdue" elle-même, c'est-à-dire le véritable nom du Grand Architecte de l'Univers... Dans l'initiation maçonnique, au contraire, le "mot substitué" est une question qui ouvre la possibilité de retrouver la "parole perdue", donc de restaurer l'état antérieur à cette perte ; là est en somme, exprimée symboliquement d'une façon assez frappante, une des différences fondamentales qui existent entre le point de vue exotérique et le point de vue initiatique » (René Guénon, *Études sur la Franc-Maçonnerie et le Compagnonnage*, Éditions Traditionnelles, 1980, II, pp. 34, 36-37)].

en dehors de la question ; à vrai dire, il me semble même qu'il y aurait avantage à employer une équerre à branches égales pour correspondre à la symétrie du corps humain[1].

Merci pour ce passage des *Mémoires* de Casanova que vous voulez bien me signaler. Je me souviens maintenant que je l'ai vu autrefois cité dans quelque ouvrage maçonnique, mais je ne sais plus lequel exactement ; il me semble que ce doit être un ouvrage de Ragon ; mais ne l'ayant vu depuis bien des années, je n'y pensais plus… Il donne en effet une idée très juste au sujet du secret initiatique ; sans doute pourrais-je le citer, soit dans quelque article, soit en tous cas quand j'arrangerai mes articles sur l'initiation pour en faire un volume[2].

# V

# LA GRANDE TRIADE

IL S'AGIT d'une loge destinée à demeurer très fermée (une des conditions d'admission est une connaissance suffisante de mon œuvre) et où l'on se propose spécialement d'appliquer, dans toute la mesure du possible, les vues que j'ai exposées, notamment dans les *Aperçus* [*sur l'Initiation*]. Je suis heureux de ce résultat qui me donne maintenant le certitude que le travail que j'ai fait et auquel j'ai consacré toute ma vie ne sera perdu[3].

La réception de Clavelle[4], de Maridort[5] et de Maugy[6] à la L∴ « La Grande Triade » a dû avoir lieu le 10 juillet. On estime qu'il y aura déjà une trentaine de demandes d'affiliation à examiner à la rentrée ; il me semble que c'est vraiment beaucoup, mais j'espère que du moins on fera un tri sérieux dans tout cela ; c'est tout ce que j'ai su de nouveau là-dessus jusqu'à maintenant. D'autre part, j'ai appris qu'Ivan Cerf a l'intention de faire obtenir à Clavelle (mais je crois que celui-ci

---

[1] Marcel Maugy (Denys Roman) (14 septembre 1950).
[2] Ananda K. Coomaraswamy (16 mai 1936).
[3] Ivan Cerf (17 mai 1947).
[4] [Marcel Clavelle – noms de plume : Jean Reyor, Sirius, Leprévôt, Hugonin].
[5] [Roger Maridort – nom de plume : Giorgio Manara].
[6] [Marcel Maugy – nom de plume : Denys Roman].

n'en sait rien encore) le poste de bibliothécaire de la G∴L∴ ; il est fort à souhaiter que cela réussisse, car il me semble que cette situation lui conviendrait tout à fait bien, et c'est sûrement ce qu'il y aurait de mieux pour l'aider à sortir enfin des difficultés au milieu desquelles il se débat toujours[1].

À titre documentaire je vous transcris un extrait d'une lettre du Fr∴ Corneloup, directeur du *Symbolisme*, à un de ses collaborateurs qui me l'a communiquée : « Je suis allé visiter la "Grande Triade" ; j'ai été très favorablement impressionné. Je ne connaissais pas Ivan Cerf ; d'après ce que j'en avais entendu dire, je craignais de trouver chez lui beaucoup de cabotinisme. Je ne dirais pas qu'il en est totalement dépourvu mais ce qu'il en peut exister chez lui est parfaitement supportable et est presque naturel chez un artiste qui ne manque pas de valeur. Je dirai même que cela le sert en la circonstance : comme il a un physique approprié, il évoque fort bien un grand hiérophante. Il préside donc parfaitement, avec dignité et l'autorité qu'il faut. » Cela pourra vous donner une idée de l'impression que produit Cerf sur un Maçon « moyen » ; j'ajoute que le Fr∴ Corneloup a été surtout très frappé, et beaucoup plus que je ne m'y serais attendu de sa part, par le travail de Clavelle, à qui il a d'ailleurs écrit depuis lors[2].

---

[1] Frithjof Schuon (22 juillet 1947).

[2] [Joannis Corneloup a publié ses souvenirs sur « La Grande Triade » dans *Je ne sais qu'épeler !* (Éditions Vitiano, 1971), chapitre IV, *« La Grande Triade » et l'œuvre de René Guénon*. Sa lettre adressée au Vénérable-fondateur, Ivan Cerf, trahit son arrogance, son ignorance et son individualisme. Les visites à la loge ont été l'occasion pour Corneloup de se poser en tant que superviseur et juge suprême… une attitude ridicule ; il ressemblait plus à un espion. Mais il n'y a pas grand-chose à attendre d'un disciple d'Oswald Wirth et, par conséquent, nous ne sommes pas surpris par son adhésion aux théories évolutionnistes et matérialistes, même si imputer ces théories à la Franc-Maçonnerie est un peu grotesque (pp. 168, 185, 196, 198). Il a eu aussi la mauvaise idée d'intituler son chapitre IX, *L'homme et son destin*, qui est comme un défi au livre de Guénon *L'homme et son devenir…* Toutefois, la déclaration la plus antitraditionnelle et aberrante de Corneloup est la suivante : « la véritable doctrine initiatique a toujours été qu'il faut s'initier soi-même et qu'on ne peut l'être par personne » (p. 90). Dans ses comptes rendus concernant Corneloup, René Guénon a essayé d'être aussi bienveillant et conciliant que possible, en soulignant principalement les éléments positifs ; il a fait la même chose avec François Ménard (voir *Études sur la Franc-Maçonnerie et le Compagnonnage*, tome II, Éditions Traditionnelles, 1978), même si celui-ci n'a pas vraiment approuvé Guénon, tout comme Corneloup qui était une sorte d'ennemi caché. Dans une

Maintenant, pour ce qui est de la constitution d'un cercle intérieur, à laquelle il faudra certainement en venir le plus tôt possible, voici ce qu'il en est présentement : la plupart des fondateurs de la « Grande Triade » semblent malheureusement, pour des raisons diverses, insuffisamment qualifiés pour en faire partie ; les uns sont trop superficiels et ne paraissent guère pouvoir se modifier (c'est notamment le cas du G∴M∴ Dumesnil de Gramont) ; les autres, qui ont certainement de meilleures possibilités de compréhension, ont d'autres défauts plus ou moins gênants. En somme, en réservant le cas de Cerf jusqu'à nouvel ordre, il ne reste parmi eux que Mordvinoff qui est très bien à tous les points de vue et que je connais d'ailleurs depuis très longtemps[1] ; il n'a pas à la G∴L∴ l'autorité qui était

---

lettre adressée à Corneloup (27 août 1946), et publiée dans *Je ne sais qu'épeler !* (p. 121), Ménard écrit toutes sortes d'invraisemblances sur Guénon : « Quand je l'ai connu, il venait de perdre sa femme et, d'après son thème et d'après les recoupements que j'ai pu faire, cette femme a eu une immense influence sur son orientation intellectuelle. J'ai l'impression qu'elle était d'origine orientale car j'ai vu dans son cabinet de travail un grand portrait de femme de type hindou. D'ailleurs, il me semble bien que tout ce qu'il a écrit de mieux et de plus clair a été écrit du vivant de cette femme, et revu par elle… Il faut se reporter à cette revue très intéressante qui débuta comme "Organe Officiel de l'Église Gnostique" pour comprendre l'évolution intellectuelle de René Guénon… Il reconnaît d'ailleurs que tout ce qu'il sait vient de Matgioi qu'il qualifie dans la *Gnose* du titre de notre Maître. Il nous l'a dit aussi à nous-même en nous donnant pour seuls guides les ouvrages sur la doctrine ésotérique : les "Voies métaphysiques et rationnelles" de Matgioi… Il a le grand tort d'exprimer ces vérités d'un ton qui respire un immense orgueil intellectuel… Il ne s'agit que de comparer le "brouillon" de ce livre [*L'Homme et son devenir selon le Vêdânta*] publié en articles dans la *Gnose* pour saisir la différence et l'influence féminine. Les livres qu'il écrivit seul, comme *Le Roi du Monde*, se ressentent de cette confusion si particulière » – *MAT*].

[1] « Créée [le 14 mai] 1947, la Loge maçonnique "La Grande Triade" emprunta son nom à un ouvrage de René Guénon paru l'année précédente. Rattachée à la Grande Loge de France et fondée à l'initiative du Comte Mordvinoff, un russe exilé à Paris, elle comptait à l'origine sept membres qui avaient trouvé dans les écrits de Guénon les raisons d'espérer une renaissance de la Maçonnerie » (Jean-Baptiste Aymard, *La naissance de la Loge « La Grande Triade » dans la correspondance de René Guénon à Frithjof Schuon*, Connaissance des Religions, *René Guénon, L'éveilleur 1886-1951*, Dervy, 2002) ; « Mais parmi ces fondateurs il y en avait un différent des autres, et qui était d'ailleurs le promoteur de cette fondation : c'était un Russe en exil, le comte M… (nous lui donnons son titre pour le distinguer de plusieurs autres fondateurs qui avaient la même initiale). Celui-là était vraiment un "guénonien", c'est-à-dire qu'il ne considérait pas Guénon seulement comme un "géant de la pensée", mais bien

nécessaire pour la fondation de la « Grande Triade » mais naturellement cela n'a aucune importance pour l'organisation du cercle intérieur[1]. Seulement, il va de soi que lui seul ne suffit

---

comme le "transmetteur" d'une doctrine non-humaine, expression de la Tradition primordiale, "mère et maîtresse" de toutes les traditions orthodoxes sans exception, – ce qui valut d'ailleurs très normalement à cet interprète d'être en butte à l'hostilité d'un bon nombre d'exotéristes exclusifs et militants... À vrai dire, "La Grande Triade" n'avait pas été fondée par des guénoniens au sens strict de ce mot. Le Maçon russe qui avait eu l'idée de cette fondation était bien, lui, un guénonien. Dès la renaissance de l'Ordre maçonnique en France, après son long sommeil durant l'occupation, ce Russe, M...f, estimant que les bouleversements provoqués par la guerre risquaient de précipiter encore la marche de l'Occident et même du monde vers un destin redoutable, pensa que l'occasion pouvait être propice à une entreprise visant à faire connaître aux Francs-Maçons l'œuvre de Guénon et l'intérêt qu'elle présente pour la Maçonnerie. Il fit lire à quelques-uns de ses Frères des livres tels que *Le Règne de la Quantité* et *La Grande Triade*. L'intérêt qu'il rencontra fut si vif qu'il s'enhardit à tenter la même expérience avec quelques-uns des plus hauts dignitaires de son Obédience, la Grande Loge de France. Le succès dépassa ses espérances. On convint bientôt de fonder une Loge qui aurait pour but de recevoir des candidats ayant "une certaine connaissance de l'œuvre" de Guénon. Le Grand Orateur Ivan Cerf, le futur Grand Maître Antonio Coën, plusieurs Grands Officiers et Conseillers fédéraux étaient au nombre des fondateurs. Le Grand Maître Michel Dumesnil de Grammont, faisait partie de la Loge. Tous ces Frères étaient des "admirateurs", récents à n'en pas douter (puisqu'ils devaient à M...f leur connaissance de Guénon), mais réels et sincères. Aucun d'eux, cependant, n'avait droit à la qualification de "guénonien" » (Denys Roman, *René Guénon et les destins de la Franc-Maçonnerie*, Les Éditions de l'Œuvre, 1982, pp. 140, 160).
[1] « Les fondateurs de la Grande Triade ont été Dumesnil de Gramont (…), Antonio Coen (…), Yvan Cerf (…)… Un certain nombre de membres du Conseil fédéral sont venus ensuite… et certains frères qui n'ont pas occupé de fonctions importantes dans l'Ordre en particulier des russes avec Alexandre Mordvinoff et Wladimir Lyczinski. Lyczinski a beaucoup fréquenté Guénon rue Saint-Louis en l'Île et j'ai une anecdote amusante. Je sais qu'elle va horrifier certains guénoniens ! Un jour, au repas qui suivait la tenue de la Grande Triade, je lui demandais s'il avait connu Guénon : "bien sûr je l'ai bien connu, nous allions quelques-uns le jeudi soir chez lui, on passait la soirée ensemble. Guénon était un homme intéressant, mais sa femme étaient plutôt plus intelligente que lui. [Un grand silence suivit !]"… Pour ce qui est de la Grande Triade il est évident qu'il n'est pas question de faire du déballage, il n'y a pas de linge sale mais je dois dire d'une part que Jean Reyor / Clavelle a été exclu avec des motifs sérieux de la Grande Triade du vivant de Guénon, et que Grager / Tourniac n'en a jamais fait partie et qu'il a plutôt apporté la zizanie partout où il est passé » (Claude Gagne, *La Grande Triade, une fidélité au frère Guénon*, Politica Hermetica, n° 16 – 2002, L'Âge d'Homme). Claude Gagne nous a aussi fourni les informations suivantes, durant l'élaboration de

pas, ce qui oblige à attendre quelque peu, jusqu'à ce que plusieurs des « nouveaux » soient parvenus au grade de Maître ; cela ne tardera d'ailleurs sans doute pas trop, puisque Clavelle, Maridort et Maugy sont dès maintenant dispensés des délais normaux, de sorte qu'ils le recevront probablement en juillet prochain. Il y a plusieurs façons possibles de constituer ce cercle intérieur, mais, comme je l'ai écrit dernièrement à Clavelle, celle qui me paraît préférable, tout au moins pour commencer, serait de lui donner la forme d'une « Loge d'instruction » qui, bien entendu, serait indépendante de toute Obédience ; on reviendrait donc ainsi, en un certain sens, à l'ancienne idée d'une Loge indépendante, mais comme elle ne ferait pas d'initiations et comme tous ses membres seraient des Maçons déjà reconnus comme réguliers et resteraient en même temps membres actifs de la « Grande Triade », cela n'aurait plus aucun des inconvénients que cette solution aurait présentés sans l'existence préalable de cette dernière. En somme, ma conclusion est qu'il n'y a pas lieu de désespérer ni de se désintéresser de la chose, mais seulement d'attendre qu'on puisse compléter le nombre requis pour que cette organisation soit « juste et parfaite »[1].

Pour la réponse de Clavelle à Corneloup, votre réserve au sujet du passage de la p. 2 est très justifiée, du moins en principe ; mais j'ai pensé, en lisant cela, qu'il avait voulu profiter

---

*Fragments Doctrinaux* : « Je suis entré à la Grande Triade au début de l'année 1954 et en suis toujours membre. J'en ai assumé toutes les fonctions souvent plusieurs fois, sauf celle de secrétaire en titre, bien que j'aie parfois remplacé le titulaire. Quant à une loge sauvage, il n'en existe aucune trace avant la mort de Guénon. Toutefois, après la mort de Guénon, Clavelle (exclu de la Grande Triade quelques jours avant la mort de René Guénon), Granger (Tourniac) et quelques autres créèrent une Loge sauvage *René Guénon* qui ne dura qu'un an et qui ne parvint à se réunir que sept fois. J'en ai les procès-verbaux. Plus tard, Clavelle créera une autre Loge et me demanda d'y participer, ce que je refusai. Enfin, Tourniac créa un système en quatre grades qu'il nomma la *Sainte Fraternité*. Avant de mourir il désigna son successeur que le président actuel fit passer pour fou afin de prendre sa place. Toutes ces forgeries ont pour appât la transmission d'un mot, qui aurait été transmis par Guénon par correspondance, et aurait la vertu de transformer un intellectuellement faible en Grand Initié. Plus tard, Tourniac en revendiquera la transmission, réelle cette fois, par le *Royal-Arch* anglais, différent de celui, plus ancien par sa légende et historiquement, du *Rite Écossais Ancien et Accepté* ».
[1] Frithjof Schuon (25 avril 1948).

de cette occasion pour présenter une sorte de vue d'ensemble de l'initiation, d'autant plus que je savais que, dans son intention, sa mise au point était destinée tout autant, si ce n'est même plus, aux membres de la « Grande Triade » qu'à Corneloup lui-même. Il y a cependant encore autre chose, car son travail pour l'obtention du grade de Maître, qu'il vient de me faire parvenir, contient des considérations tendant à expliquer pourquoi il pense que, dans l'état actuel des choses, la Maçonnerie ne peut plus se limiter à la seule perspective d'une initiation artisanale, par suite de la disparition en Occident des initiations d'un autre ordre (chevaleresque et sacerdotal) ; et, à ce propos, il fait notamment allusion à la destruction de l'Ordre du Temple, ce qui rejoint d'une certaine façon ce que vous dites vous-même. D'autre part, je dois ajouter que, au point de vue de la Maçonnerie proprement dite, le symbolisme du grade de *Royal Arch* (d'ailleurs complètement inconnu en France) indique tout au moins l'existence d'une porte ouverte sur les « Grands Mystères ». J'ai depuis quelque temps des nouvelles beaucoup plus rassurantes en ce qui concerne Cerf ; il paraît que s'il ne m'écrit pas directement, c'est parce que sa correspondance est actuellement « surveillée » au départ, je ne sais pas par qui ni pour quelles raisons... Quoi qu'il en soit, il m'a fait envoyer expressément l'assurance « qu'il est en communication constante avec ma pensée et principalement lorsqu'il dirige les travaux et que tout le travail qu'il fait y est absolument conforme ». J'apprends à l'instant une chose inattendue : quelques membres haut-gradés du Grand Orient se proposent d'y fonder une Loge travaillant dans le même esprit que la « Grande Triade » ![1]

# VI

# LA LOGE THÉBAH

J'AI FAIT aussi une remarque à propos de cette liste : n'a-t-on pas rétabli à la G. T., comme on l'avait fait autrefois à Thébah,

---

[1] Frithjof Schuon (7 juin 1948).

les fonctions des Diacres, auxquelles on attache beaucoup d'importance dans la Maç∴ anglaise ? Je voudrais aussi, pour une raison semblable, vous demander où siège le 2ᵉ Surv∴ ; c'est là un point qui peut amener des modifications notamment dans le rituel d'ouverture ; si vous ne connaissez pas celui qui était en usage à Thébah, et qui était une adaptation d'un ancien rituel opératif anglais, il faudra que je tâche de le retrouver pour vous en envoyer la copie.

Je viens de me rappeler tout à coup que le trop fameux Marquès Rivière avait reproduit tout le rituel de Thébah (ouverture, initiation au 1ᵉʳ degré et clôture) en appendice à son livre *La Trahison spirituelle de la F∴ M∴*[1].

Il serait d'ailleurs possible d'avoir connaissance autrement du rituel en question s'il est encore en usage à Thébah, ce que je ne sais pas du tout. Il ne doit plus y rester que fort peu des anciens membres ; du reste, dès après la guerre de 1914, il y avait eu un grand changement, et qui n'était certes pas dans un sens favorable ; c'est d'ailleurs pourquoi beaucoup avaient cessé d'y

---

[1] Marcel Maugy (Denys Roman) (25 mars 1948). [Nous reproduisons ici un fragment de ce rituel : « Vénérable : À quelle heure les apprentis Maçons sont-ils dans l'usage d'ouvrir leurs travaux ? 1ᵉʳ Surveillant : À midi, Vénérable Maître. Vénérable : Quelle heure est-il, Frère 2ᵉ Surveillant ? 2ᵉ Surveillant: Midi plein, Vénérable Maître. Le Vénérable frappe alors 3 coups de maillet à égale distance. Ensuite, se tournant vers le 1ᵉʳ Diacre, il lui donne le mot sacré tout bas dans l'oreille : le 1ᵉʳ Diacre le porte au 1ᵉʳ Surveillant, qui l'envoie par son Diacre au 2ᵉ Surveillant, lequel après l'avoir reçu, frappe un coup de maillet et dit : Vénérable Maître, tout est juste et parfait. Le Vénérable ôte son chapeau et dit : À la gloire du Grand Architecte de l'Univers, au Nom et sous les Auspices de la Grande Loge de France, je déclare les travaux ouverts au Grade d'apprenti dans la Respectable Loge constituée à l'Orient de Paris sous le n° 347 et le titre distinctif de THÉBA » (J. Marquès-Rivière, *La Trahison Spirituelle de la F∴ M∴*, Éditions des Portiques, 1931, pp. 259-260). Puisque nous avons mentionné ce livre, nous aimerions citer encore quelques lignes, cette fois sur l'Agarttha : « À mon point de vue, il existe un monde subtil rempli d'embûches. On le nomme, chez les occultistes, plan astral ; je préfère employer le mot de "plan vital" [C'est curieux, parce que c'est exactement la terminologie utilisée par Shrî Aurobindo]… Bien des êtres et des événements qui n'ont d'existence que dans le vital ont été pris par des voyants de bonne foi comme des êtres ou des événements physiques. C'est, par exemple, le cas de Saint-Yves d'Alveydre, lorsqu'il a décrit le Roi du Monde et l'Agarthâ. Certains ont fait la même erreur avec ce qu'ils appellent la Grande Loge Blanche et ce qui s'y rattache » (*ibid.*, p. 247) – *MAT*].

aller… De toute façon, je crois qu'il serait utile que vous visitiez cette L∴ pour voir ce qu'il en est maintenant. – Dans ce rituel vous pourrez trouver une définition de la fonction des Diacres ; ce qui est assez remarquable, c'est que cette fonction, qui est sûrement d'origine opérative, correspond presque exactement à celle des *nuqabà* dans les *Turuq* islamiques. – D'autre part, le 2e Surv∴ siège naturellement au milieu de la col∴ du Midi, ainsi que cela doit être normalement ; l'usage français n'est dû en somme qu'au besoin d'établir une sorte de fausse symétrie entre les positions des deux Surv∴. – Je vous signale encore un détail du même rituel qui est conforme à ce qui existe dans la Maç∴ anglaise : la présence, sur les plateaux des Surv∴, d'une colonnette de bois ; pendant les travaux, celle du 1er Surv∴ est debout et celle du 2e Surv∴ couchée, tandis que c'est l'inverse quand les travaux sont suspendus[1].

Il faut que je vous signale une chose que j'avais oubliée la dernière fois et qui se trouve d'ailleurs aussi dans votre version : c'est que l'adjonction des mots « Liberté, Égalité, Fraternité », à la suite de l'acclamation traditionnelle, me paraît tout à fait injustifiée, et qu'elle a même plutôt un caractère profane ; à Thébah, autrefois, on ne l'admettait pas. Ce qui est le plus curieux, c'est que la véritable origine de cette devise est dans un écrit antimaçonnique du 18e siècle ; je ne peux malheureusement pas retrouver actuellement la référence précise. Il va de soi que la légende occultiste qui l'attribue à L.-Cl. de Saint Martin ne repose absolument sur rien, pas plus que tant d'autres du même genre[2].

---

[1] Marcel Maugy (Denys Roman) (3 mai 1948).
[2] Marcel Maugy (Denys Roman) (31 août 1948). Claude Gagne nous a aussi fourni les informations suivantes en ce qui concerne René Guénon : « Abdul Hadi et Matgioï furent ses maîtres, ainsi qu'il l'a écrit, et à la fin de sa vie il était toujours à la recherche des papiers d'Abdul Hadi. Ses relations avec Barlet, et dans une moindre mesure Sédir, furent importantes. En Maçonnerie, il ne fut pas initié, mais fut intégré au troisième degré à la Loge Thébah de la Grande Loge de France, dont la "Grande Triade" fait partie ».

# FRAGMENTS
# DOCTRINAUX

---

## SIXIÈME PARTIE

## INITIATION ET RÉALISATION
## SPIRITUELLE

---

## I

## RÉALISATION MÉTAPHYSIQUE
## ET RÉALISATION MYSTIQUE

QUANT À la mystique, je ne la méprise pas aussi complètement que vous semblez le croire ; je ne regarde point la
« réalisation » mystique comme illusoire, mais seulement comme
incomplète, et je vous accorde très volontiers qu'il y a là quelque
chose de plus que la simple théorie. Seulement, je pense que

vous reconnaîtrez, de votre côté, que cette réalisation diffère profondément de la réalisation métaphysique, et cela dans son principe même puisqu'elle s'effectue en mode passif ; c'est d'ailleurs pour cette raison qu'elle ne peut pas dépasser certaines limites. Pour plus de précision, je dirai que ces limites sont celles d'un état individuel envisagé dans l'intégralité de son extension, quant aux autres états, ils ne peuvent alors être perçus que par réflexion en quelque sorte, et non pas d'une façon directe et immédiate. Une seconde conséquence du caractère passif de la réalisation mystique, c'est son défaut d'ordre : s'y mélangent des éléments très divers d'où une confusion entre l'intellectuel et le sentimental, confusion qui est d'ailleurs inévitable toutes les fois qu'une certaine réalisation n'est pas appuyée sur une base théorique suffisante.

Maintenant, peut-on parler de « mystiques intellectualistes » comme vous le voudriez ? Comme ce qui caractérise essentiellement le mysticisme comme tel paraît être la présence de l'élément sentimental, il me semble que tout ce qu'on a le droit de dire, c'est qu'il peut se trouver dans le mysticisme des reflets d'intellectualisme ; mais ces reflets ne correspondraient-ils pas précisément à la réflexion des états supérieurs que la réalisation mystique n'atteint pas directement ? Quant à Spinoza, que vous me citez à ce propos, je ne sais pas jusqu'à quel point on peut le dire mystique au sens propre de ce mot, mais, en tous cas, je n'accepterais pas de le regarder comme vraiment intellectualiste, bien qu'il ait été, à certains égards, plus loin que le rationalisme cartésien, grâce à la connaissance qu'il avait de la philosophie judaïque du moyen-âge, et en particulier de Maïmonide ; mais il resterait à déterminer jusqu'à quel point il a compris celui-ci, qui semble lui être bien supérieur, encore que les Juifs n'aient jamais été très métaphysiciens.

Vous avez raison de ne pas vouloir séparer la réalisation de la théorie et de dire qu'elle forme un tout indissoluble ; en métaphysique pure également, il doit en être ainsi, mais la théorie doit cependant précéder toute réalisation, parce qu'elle seule peut fournir à celle-ci la base indispensable. En d'autres termes, la connaissance théorique est la préparation nécessaire de la connaissance effective, mais elle ne peut être que cela, et ce caractère doit influer sur la façon dont sera présenté l'exposé de la théorie elle-même. Je veux dire que, même si on laisse de côté tout ce qui n'est pas d'ordre exclusivement théorique, il n'en faudra pas moins tenir compte de ce qui devra ainsi rester « sous-entendu » ; c'est ce qui se produit pour l'emploi des mots « virtuellement » et « effectivement » qui nous a justement amené à aborder cette question de la réalisation. J'espère que vous me direz dans votre prochaine lettre si vous concevez mieux la possibilité de la réalisation métaphysique, maintenant que j'ai essayé de vous indiquer ce qui la distingue de la réalisation mystique. Je dois d'ailleurs ajouter que cette dernière est la seule chose qu'on puisse trouver en Occident quand on veut sortir du point de vue simplement théorique. Et pourtant, ici encore, je suis tenté de faire une restriction : peut-être y a-t-il eu autre chose au moyen-âge, mais alors c'est quelque chose que nous ne connaissons plus du tout ; cela s'est-il perdu complètement, où en est-il subsisté quelques traces qui, en ce cas, seraient bien cachées ? C'est là une question qu'il serait intéressant d'élucider, mais je crois que c'est fort difficile.

Quant à « l'effort de vie intérieure », vous avez très bien vu que ce n'est pas du tout de cela qu'il s'agit, ni même de rien d'analogue à cela, quand on parle de réalisation métaphysique. Cela ne pourrait même avoir aucun sens ici, puisque cette réalisation doit précisément aller au-delà de la vie, aussi bien que de toutes les autres conditions limitatives qui définissent tel ou tel état particulier d'existence. D'ailleurs, les mystiques eux-mêmes vont déjà beaucoup plus loin que le domaine de la psychologie, sans sortir pour cela de l'état individuel humain, ni, par conséquent, de la vie qui est une des conditions de cet état. Cette expression de « vie intérieure » a pris un sens bien fâcheux avec les modernistes, sens qui n'est pas sans quelque rapport avec celui de « l'intuition » bergsonienne ; ce ne sont même là, au fond, que des expressions diverses d'une même tendance[1].

Je suis tout à fait de votre avis quand vous parlez d'une décadence, non de la mystique, mais de la théorie de la mystique, et de l'influence fâcheuse que la philosophie moderne a pu exercer sur cette branche de la théologie. Cela est juste surtout si vous pensez, comme c'est probable, à certains théologiens tels que Görres, qui ne s'est jamais complètement débarrassé de la mentalité protestante qu'il devait à ses origines. Ceci dit, et pour en venir au fond de la question, il me semble que, tout en vous

---

[1] Noële Maurice-Denis Boulet (3 janvier 1918).

accordant l'inexactitude de certaines interprétations courantes des états mystiques, il n'est tout de même pas possible de regarder comme « mystiques » des états d'ordre purement intellectuel. Si on étend le sens du terme au-delà de certaines limites, tout ce que je vous ai dit pourra en plus s'y appliquer ; aussi est-il bon de toujours s'entendre sur les définitions, et d'autant plus que l'extension dont il s'agit n'est pas sans entraîner certaines confusions dangereuses. Vous regardez l'élément sentimental comme purement accessoire chez les mystiques ; je pense au contraire que sa présence constitue un caractère essentiel du mode mystique de réalisation. Je ne veux pas dire qu'il en soit la fin, loin de là ; seulement, il est un moyen propre à ce mode, et qui le distingue précisément des autres, en même temps qu'il explique en partie ce que la réalisation mystique a d'incomplet. Dire qu'elle est incomplète, du reste, ce n'est pas du tout dire qu'elle soit négligeable ou méprisable, loin de là ; et c'est même fort heureux si vraiment, comme vous me l'assurez, la mystique n'est point en déclin de nos jours, car sans cela il ne resterait plus en Occident la moindre trace de réalisation d'aucune sorte. Je commence par vous dire tout cela afin que vous ne puissiez pas vous méprendre sur mes intentions.

D'un autre côté, il me semble que, quand vous parlez de métaphysique, vous pensez toujours à la théorie, en la séparant de la réalisation, peut-être parce que vous concevez celle-ci en mode mystique exclusivement. Au contraire, quand je parle de métaphysique, je pense *surtout* à la réalisation, puisque la théorie n'est qu'une préparation à celle-ci. Vous contestez que cette préparation soit indispensable ; je veux bien qu'elle ne le soit pas forcément pour une réalisation partielle, mais il n'en est plus de même si l'on envisage la possibilité d'une réalisation *complète* ; il est vrai que vous ne voyez peut-être pas encore très bien ce que j'entends par là, car c'est évidemment difficile à exprimer.

Ceci m'amène directement à une autre considération : vous insistez beaucoup, et avec raison, sur le caractère *inexprimable* des états mystiques ; mais cela est tout aussi vrai pour la réalisation purement métaphysique, et la théorie elle-même doit toujours réserver la part de cet inexprimable qui est l'essentiel, en laissant la conception ouverte sur des possibilités illimitées ; c'est pour cela que la métaphysique vraie exclut toute expression de forme systématique. Maintenant, vous dites que, « pour ceux qui réalisent, il leur importe peu de s'exprimer clairement » ; j'irai même plus loin, et je dirai qu'il leur est indifférent de ne pas s'exprimer du tout. L'expression, nécessairement inadéquate, n'a pas d'autre intérêt que d'aider à concevoir certaines choses ; elle est un « adjuvant » mais rien de plus, et cela qu'il s'agisse de l'expression par les mots ou par des symboles quelconques.

Je ne crois pas avoir jamais dit que la mystique soit « un moyen d'exprimer la métaphysique » ; on pourrait peut-être dire cela de la théologie, mais c'est là une toute autre question. Toute réalisation, même partielle, dépasse immensément l'expression ; et celle-là ne peut pas être qualifiée justement de « stade inférieur », car c'est une réalisation qui est tout ce qu'elle peut être, étant donné son point de départ. Vous reconnaissez vous-même qu'elle n'est pas complète, c'est-à-dire qu'elle ne peut aller que jusqu'à certaines limites ; mais j'attribue cela à son caractère « irrégulier », si l'on peut ainsi parler, tandis que vous y voyez une nécessité de toute réalisation, quelle qu'elle soit ; c'est bien là, à ce qu'il me semble, la plus grande différence qu'il y ait entre nous.

Vous craignez de rabaisser la religion en lui reconnaissant un caractère symbolique ; pourtant, pouvez-vous nier ce caractère pour tout ce qui, dans la religion est *moyen d'expression*, que ce soit dans l'ordre du dogme ou dans celui du rite ? Ne croyez point que ce soit là une raison de rejeter le pouvoir effectif du rite comme le font les protestants, bien au contraire ; et l'existence de ce pouvoir, lorsqu'on le reconnaît, est précisément un des meilleurs exemples pour montrer le rôle d'un élément symbolique comme *support* d'une réalisation quelconque. J'ajoute que, pour moi, symbole ou expression, c'est au fond la même chose, de sorte que le rôle de la théorie, en métaphysique, ne peut pas être autre que celui que je viens d'indiquer, et encore avec cette différence que l'efficacité n'en est pas immédiate ; mais ce qu'on *connaît* véritablement ne peut jamais être perdu et doit amener tôt ou tard une réalisation correspondante.

Autre chose encore : vous dites que, dans la contemplation mystique, « l'intelligence entre en jeu en mode intuitif et inexprimable ». Pour l'inexprimable, d'après ce que je viens de vous dire, c'est commun à toutes réalisations ; quand au caractère intuitif, je devrais en dire autant s'il appartient vraiment (j'entends dans l'ordre intellectuel) aux états mystiques. En effet, l'intuition intellectuelle n'est-elle pas ce qui constitue proprement et essentiellement la métaphysique ? Sans cela, celle-ci ne pourrait pas être « supra-rationnelle » comme elle doit l'être ; ne pas lui reconnaître ce caractère équivaut pour moi à nier la métaphysique, ou, ce qui revient au même, à attribuer ce nom à quelque chose qui ne sera en réalité qu'une pseudo-métaphysique. La traduction en mode rationnel, avec toutes ses imperfections inévitables, ne peut intervenir en métaphysique que pour l'exposition, non pour la connaissance même ; et c'est seulement dans cette expression rationnelle ou discursive que l'erreur risque de s'introduire, l'intuition n'en étant pas susceptible en raison de son caractère direct et immédiat.

Si j'ai fait tout à l'heure une réserve en ce qui concerne le rôle de l'intuition intellectuelle dans les états mystiques, c'est d'abord parce que sa présence est ce qui définit la métaphysique comme telle, et c'est aussi parce que je crains que vous confondiez quelque peu cette intuition intellectuelle avec la « vision intellectuelle » des mystiques, d'autant plus que je sais que beaucoup font en effet cette confusion, même parmi les théologiens. Il y a pourtant là, deux choses essentiellement distinctes : il ne faut pas oublier que la *vision* intellectuelle est un *phénomène* mystique (absolument arbitraire), phénomène qui dépasse d'ailleurs de beaucoup, comme vous le dites, toutes les lois de la psychologie (et il est permis de rire des psychologues du genre de Delacroix qui prétendent expliquer ces choses) ; mais enfin l'emploi même de ce mot de « phénomène », si on veut lui accorder un sens (et il me semble qu'il le faut bien), n'indique-t-il pas qu'il s'agit de quelque chose qui se passe dans le domaine de l'individualité ? Et ce sont les limites de ce domaine qui, pour moi, marquent celles de la réalisation mystique ; mais il doit être bien entendu que je veux parler ici, non de l'individualité restreinte et fragmentaire qui est tout ce que l'on envisage d'ordinaire sous ce nom, mais bien de ce que j'appelle, pour l'en distinguer, l'individualité *étendue*, avec le développement intégral de toutes les possibilités qu'elle comporte, et qui sont *indéfinies* (mais non infinies). Vous semblez me donner raison quand vous parlez, pour le mystique, de « l'invasion *en lui* de quelque chose qui n'est pas lui », et que je ne puis interpréter comme « son accession à un domaine supra-individuel », mais seulement comme l'action d'un principe supra-individuel dans le domaine individuel. Vous voudrez bien réfléchir un peu à cette expression de « phénomène mystique », et me dire si vous lui trouvez une autre signification possible ; pour ma part, je ne lui en vois pas. En tous cas, il ne peut évidemment être question de « phénomènes » d'aucune sorte au point de vue métaphysique ; avec mon interprétation cela s'explique par le caractère universel de tout ce qui est métaphysique, et, d'autre part, c'est peut-être ce qui marque le plus nettement la différence profonde entre les deux modes de réalisation, mystique et métaphysique, parce que, en indiquant leurs domaines respectifs, cela montre par là même jusqu'où l'un et l'autre peuvent conduire ; et je reviens ainsi à la question de la possibilité d'une réalisation « complète ».

Vous dites qu'« une réalisation complète et absolue sous tous les rapports supposerait la libération *totale* et *effective* de toutes les conditions de l'existence humaine ». Moi-même, je ne crois pas avoir jamais dit autre chose et même j'ajouterai : non seulement de l'existence humaine, mais aussi de tout autre mode d'existence individuelle, quel qu'il soit. Nous sommes donc complètement d'accord sur ce point ; seulement, nous ne le sommes plus sur les conséquences qu'il convient d'en tirer. Cela vient surtout de ce que vous considérez toujours l'être humain uniquement comme être humain, et, à ce point de vue, vous avez certainement raison, puisque l'état humain est un état individuel et conditionné, il est évident que l'être ne peut, en restant dans cet état, se libérer des conditions qui le définissent précisément, et qui, en somme, font toute sa réalité, du moins lorsqu'on se borne à l'envisager en lui-même. Puisque vous admettez que le mystique « n'est jamais libéré que partiellement et virtuellement », c'est donc qu'il n'est jamais autre chose qu'un individu humain ; il a, comme tout être individuel, la possibilité d'être autre chose, mais la possibilité seulement. Je ne vois donc pas comment vous pouvez logiquement penser qu'il atteint un domaine supra-individuel ; il me semble plutôt que nous devrions être tout à fait d'accord en ce qui concerne le mystique : il étend son individualité indéfiniment, il peut parvenir à réaliser toutes les possibilités dont elle est capable : mais l'individualité étendue n'en reste pas moins l'individualité, avec toutes les conditions limitatives qui la font être ce qu'elle est.

Maintenant, vous dites que « la réalisation absolue ou totale, l'unité infinie, la vision béatifique ne peut être atteinte *en cette vie* ». Ici encore, nous sommes bien d'accord, et penser autrement serait tout à fait contradictoire, puisque ce serait tout simplement penser que l'universel peut être compris dans l'individuel, ou l'inconditionné dans le conditionné (la *vie* n'étant du reste, tout comme le temps et l'espace, qu'une des conditions de l'existence humaine individuelle). Je n'ai donc jamais voulu dire que la réalisation complète était possible « en ce monde », car, par « ce monde », je ne peux pas entendre autre chose que l'ensemble des conditions de notre individualité actuelle. Seulement, en affirmant cette impossibilité, je ne veux pas dire non plus qu'une telle réalisation doive nécessairement être différée jusqu'après la mort, puisque précisément cet *après* n'a plus de sens dans l'ordre extra-individuel, le seul dont il y ait à tenir compte en ce qui concerne cette réalisation. Supposer cela, c'est supposer que l'inconditionné est affecté par les contingences relatives au cours de l'existence humaine, à son commencement et à sa fin (qui ne sont commencement et fin que du point de vue de l'individualité, et je dirai même de l'individualité restreinte), c'est donc regarder l'inconditionné comme conditionné, c'est-à-dire encore retomber exactement dans la même contradiction que tout à l'heure, quoique d'une autre façon.

Ainsi, l'individu, en tant qu'individu, ne peut aucunement sortir des conditions qui le font être tel ; mais l'être qui est un individu humain est aussi autre chose en même temps, et c'est à ce titre qu'il peut rendre effective la communication qui existe virtuellement entre son état humain et ses autres états (et cela pour tout ou partie des états en question). Que ce résultat soit obtenu à partir de l'état humain ou de n'importe quel autre, il est d'ailleurs finalement le même, car l'état humain doit nécessairement se retrouver, au même titre que tous les autres, dans l'être total. D'autre part, tous les êtres ayant à cet égard des possibilités rigoureusement équivalentes, la réalisation devra finalement être atteinte par tous, à partir d'un état ou d'un autre ; vous voyez que je vais ici plus loin que vous, et que, pour moi, c'est seulement au point de vue humain que « beaucoup (et même tous) sont appelés, mais peu sont élus » ; mais, à ce point de vue, il est parfaitement vrai que « peu sont élus », c'est-à-dire que peu réalisent effectivement *à partir* de l'état humain, soit pendant la vie, soit après la mort, c'est-à-dire, pour parler d'une façon plus exacte métaphysiquement, soit la partie de l'individualité humaine que représente l'existence terrestre, soit dans l'extension ou le prolongement posthume de cette même individualité (prolongement qui peut d'ailleurs être envisagé comme « perpétuel », c'est-à-dire temporellement indéfini).

En arrivant à ce point, il se présente une difficulté : il semblerait, d'après ce que je viens de vous dire, que cela n'a aucune importance que l'individualité humaine soit prise pour base de la réalisation plutôt que n'importe quel autre état, si le résultat final doit être identique dans tous les cas. De plus, l'état humain n'est qu'un état parmi les autres et comme les autres ; du point de vue de l'universel, s'il ne peut en rien être désavantagé par rapport aux autres, il ne peut prétendre non plus à aucun privilège. Cependant, il importe au contraire beaucoup que cet état humain fournisse la base effective de la réalisation ; mais, pour le moment, je ne peux guère insister là-dessus, et je me contenterai de vous assurer que la difficulté que je viens de vous signaler (afin d'aller au-devant d'une objection que vous m'auriez certainement faite de vous-même) n'est nullement insoluble, encore qu'il faille beaucoup de précautions pour en exprimer à peu près convenablement la solution.

Il reste encore un autre côté de la question : que devient l'individualité humaine pour l'être qui est parvenu à la réalisation complète ? En un sens, elle est comme si elle n'existait pas, car toute contingence n'est rien au regard de l'universel ; mais en un autre sens, elle est, dans l'être total, un élément aussi nécessaire que tous les autres (avec un symbolisme mathématique, on pourrait représenter l'être total non pas comme une somme arithmétique, mais comme une *intégrale* de tous ces éléments qui sont ses états d'existence). En tous cas, dès lors que l'être est dans un état inconditionné, les conditions de son état individuel, n'étant plus limitatives, ne peuvent exister pour lui qu'en mode illusoire ; mais, quant aux apparences et par rapport aux autres individus humains, il n'y a rien de changé. Je ne sais si je me fais très bien comprendre sur ce point ; ce sera à vous de me dire s'il est nécessaire d'y apporter quelques précisions complémentaires.

Sous un certain rapport, on pourra dire que la réalisation métaphysique s'opère *en sens inverse* de la réalisation mystique. En effet, cette dernière implique l'action d'un principe universel dans le domaine individuel, action qui peut être désignée symboliquement comme une « descente » de ce principe (mais, bien entendu, sans que le principe en soit aucunement affecté). D'autre part, la réalisation métaphysique peut être regardée en quelque sorte comme une prise de possession des états supérieurs, c'est-à-dire comme une « ascension » de l'être réalisé dans ces états. Naturellement « descente » et « ascension » ne sont ici que des expressions figurées ; mais c'est en somme une autre façon d'exprimer le caractère « actif » de l'une des deux réalisations par rapport au caractère « passif » de l'autre. Du reste, l'opposition n'existe que sous un rapport, quant aux moyens et non quant aux fins ; la réalisation complète entraîne nécessairement *par surcroît* les effets que produit toute réalisation partielle.

À l'égard de l'opposition relative que je viens de vous indiquer, je note encore spécialement votre citation du *Symbole* de Saint Athanase : « Non conversione divinitatis in carnem, sed assumptione humanitatis in Deum ». On pourrait en trouver là une application, peut-être inattendue pour vous, au sujet du caractère « non mystique » de certains états que vous regardez cependant comme mystiques. Cela prouve une fois de plus combien il est nécessaire de savoir exactement ce qu'on entend par « mystique » ; il me semble bien que, si l'on écarte quelqu'un des caractères qui me paraissent essentiels à sa définition, ce mot n'offre plus aucun sens précis, et que, par suite, il n'y aurait même plus d'intérêt à le conserver, dès lors qu'on voudrait y faire tout rentrer, c'est un peu comme le cas des termes corrélatifs, qui ne peuvent avoir de sens que l'un par rapport à l'autre.

Il faut encore, pour n'être pas trop incomplet, marquer une différence des deux réalisations quant à leurs préparations respectives : la préparation théorique est indispensable à la réalisation métaphysique, mais non à la réalisation mystique ; cela vous l'admettez comme moi. J'ajouterai seulement que cette préparation théorique ne concerne que ce qui est de l'ordre métaphysique pur, à l'exclusion de tout ce qui est de l'ordre des connaissances relatives (comme la connaissance proprement scientifique), qui est ici sans aucune importance. D'un autre côté, il y a aussi une certaine préparation qui est tout à fait particulière à la réalisation mystique : c'est celle que l'on pourrait appeler « morale », si ce mot ne risquait pas d'être pris dans un sens plutôt défavorable ; cette préparation, dont la nature est étroitement connexe de l'élément sentimental du mysticisme, étant de l'ordre des contingences humaines (sinon même sociales), ne pourrait avoir aucun effet quant à la réalisation métaphysique. Cela vous paraîtra sans doute un peu étrange, car je crains que vous ne voyiez entre le point de vue métaphysique et le point de vue moral la possibilité d'un rapport qui, pour moi, ne peut pas exister. Je sais bien, d'autre part, que l'idée de « charité », à laquelle je pense plus particulièrement ici, est susceptible d'une certaine transposition analogique ; mais ne pourrait-on en dire autant de toute idée de n'importe quel ordre ? Et, puisque l'ordre intellectuel est le seul qui soit en rapport *direct* avec l'universel, n'est-il pas préférable d'envisager seulement, au point de départ, ce qui est purement intellectuel, sans aucun mélange du domaine sentimental ? Du reste, les conséquences n'ont rien qui puisse inquiéter personne, puisque, dans les résultats, tout le reste se retrouvera également comme *par surcroît*.

Il semble d'ailleurs (mais vous ai-je bien compris sur ce point ?) que même la préparation « morale » ne vous apparaît pas comme absolument indispensable à la réalisation mystique ; cela vous aidera à comprendre qu'elle soit tout à fait indifférente à un autre mode de réalisation mais en même temps cela montrerait encore ce caractère « irrégulier » qui est propre au mode mystique. Là, il est bien vrai qu'il n'y a aucune méthode ; mais je ne peux pas dire comme vous qu'il n'y en a aucune pour « réaliser » en quelque mode que ce soit. Toute méthode n'est que préparatoire, bien entendu ; mais, même avec cette restriction, vous ne voulez pas l'admettre, parce que, dites-vous, « ce serait admettre que le surnaturel obéit à la nature ». Est-ce bien exact ? Si cette préparation est *purement métaphysique* ? Le mot même de « métaphysique », ne veut-il pas dire « au-delà de la nature » ? Il n'y a pas de conciliation possible entre la métaphysique et un « naturalisme » quelconque, tandis que le mysticisme peut, sans se contredire et sans se nier lui-même, admettre un certain « naturalisme », à titre provisoire tout au moins. Parler de surnaturel ou de métaphysique, ce ne sont sans doute que deux façons différentes d'exprimer des choses équivalentes, pour ne pas dire identiques ; c'est pourquoi il importe d'insister avant tout sur le caractère « supra-rationnel » de la métaphysique vraie. Bien entendu, rien de ce que les philosophes modernes croient pouvoir appeler métaphysique ne saurait rentrer dans une telle conception ; tout cela n'est pour moi que de la pseudo-métaphysique.

Le caractère relatif et « phénoménal » de l'ordre mystique se manifeste encore dans ce fait que les états mystiques sont susceptibles de contrefaçon : il y a une « mystique diabolique » aussi bien qu'une « mystique divine », et les apparences extérieures peuvent être les mêmes dans les deux cas. En métaphysique, il n'y a rien de tel, parce que, n'ayant pas affaire aux phénomènes, on est par là même en dehors de toute dualité de ce genre.

Quant au « don » mystique, je l'interprète en ce sens que l'individu ne peut, par ses moyens, entrer en rapport avec l'universel ou que, considéré simplement en lui-même il n'est absolument rien par rapport à l'universel. Je suppose bien, d'ailleurs, que les différences qui ne sont que dans le langage ne peuvent pas vous embarrasser : du langage métaphysique au langage théologique ou inversement une traduction peut être plus ou moins difficile, mais je suis persuadé qu'elle est toujours possible, à l'exception de ce qui, dans la métaphysique, ne trouve pas sa correspondance en théologie (l'inverse d'ailleurs n'ayant pas lieu)[1].

Ceci m'amène directement à répondre à une de vos premières questions : peut-on séparer la théorie de ce qui se rapporte à la réalisation ? Il le faut bien, d'après ce que je viens de vous dire, et même il faut en quelque sorte séparer la théorie en deux, ce qui n'empêche pas, bien entendu, que la partie qui se borne à la considération de l'Être soit incomplète en elle-même, ni que la théorie tout entière doive normalement servir de préparation en vue de la réalisation ; mais, si la théorie doit

---

[1] Noële Maurice-Denis Boulet (19 décembre 1918).

être présentée en premier lieu, c'est que son étude doit évidemment être indépendante de ce qui ne peut venir qu'après. D'ailleurs, l'enseignement métaphysique véritable est tel que chacun ne peut aller que jusqu'au point où le lui permet l'étendue de son horizon intellectuel. Autrement dit, chacun peut accepter tout ce qu'il peut comprendre, et ne peut même pas ne pas l'accepter dès lors qu'il l'a compris. Aucune considération étrangère à la métaphysique ne peut intervenir là-dedans, et cela s'applique d'ailleurs, quoi que vous en pensiez, aussi bien à la réalisation qu'à la théorie ; il s'agit là de choses qui ne peuvent être ni en accord ni en désaccord avec quoi que ce soit d'autre, parce qu'il n'y a véritablement aucun point de comparaison. Aussi ce que vous pouvez penser des rapports de la métaphysique et de la théologie ne concerne-t-il *exclusivement* que cette portion de la métaphysique que vous connaissez, je veux dire celle qu'envisage la scolastique, et qui est proprement l'ontologie ; pour tout le reste, la question ne saurait se poser de la même façon.

Il faut encore que je vous fasse une autre remarque préliminaire : c'est que, comme je ne vous ai parlé que de la *possibilité* de la réalisation métaphysique (et je ne pouvais d'ailleurs pas vous parler d'autre chose), vous avez envisagé la question à un point de vue qu'on pourrait dire plus philosophique que vraiment métaphysique. Je veux dire par là que vous discutez comme s'il s'agissait de savoir si cela est ou n'est pas, alors que, pour moi, toute la question est de comprendre que cela est, et comment cela est. Du reste, il est un point sur lequel vous pouvez vous rassurer entièrement : c'est quand vous parlez d'une illusion possible à cet égard ; il ne peut pas y avoir d'illusion dans l'ordre intellectuel. Le danger est donc plutôt pour les mystiques, et là il est très réel, parce que là il s'agit, en partie tout au moins, de *phénomènes*. Je vous ai déjà fait allusion à cela en parlant de l'opposition de la « mystique divine » et de la « mystique diabolique », et j'insisterai seulement sur la similitude extérieure des phénomènes dans l'un et l'autre cas. Ainsi, s'il s'agit de bilocation, par exemple, ou de l'insensibilité physique dans l'extase, on en trouvera sans doute beaucoup d'exemples dans la vie des saints, mais peut-être plus encore dans les histoires de sorciers, et les apparences sont rigoureusement les mêmes.

Enfin, je pense qu'il est tout à fait inexact de dire qu'il s'agit de « chercher mieux que la sainteté » ; la vérité est qu'il s'agit d'*autre chose*, et qu'il n'y a pas de commune mesure, encore que, dans la totalité absolue, tous les points de vue particuliers (c'est-à-dire différents du point de vue métaphysique ou universel) doivent évidemment se trouver compris « par surcroît ». En tous cas, je ne crois pas que personne puisse prétendre que les moyens importent plus que la fin, ce qui, bien entendu, ne veut pas du tout dire qu'ils soient sans aucune importance.

Pour en revenir au surnaturel, j'ajouterai que, s'il est de l'essence de l'individu humain, ce n'est d'ailleurs que comme possibilité virtuelle et qui ne peut jamais être que *virtuelle* pour l'individu comme tel, puisque cette possibilité ne peut être effective qu'au-delà du domaine individuel. Je vous accorde donc que l'identification à Dieu n'est pas réalisable, c'est-à-dire ne peut pas être rendue effective, pour la créature en tant que créature, si vous entendez par « créature » l'individu comme tel (et je me demande si vous pouvez entendre autre chose). Quand j'emploie ici l'expression « en tant que », je veux dire que, pour qu'on puisse envisager l'« identité suprême » comme effectivement réalisée, le rapport sous lequel il faut envisager l'être n'est pas le rapport sous lequel il est « créature » ou individu, car il faut évidemment l'envisager comme inconditionné. D'ailleurs, en tant que l'être est inconditionné, il est permanent, et alors, pour parler rigoureusement, on devrait dire que l'identité est réalisée sans « identification ». – Ce que je viens de dire pour le surnaturel dans les individus est aussi ce qu'on peut dire pour l'intellect, qui, étant d'ordre universel, ne peut jamais être que virtuellement dans les individus. Du reste, ce ne sont là, au fond, que deux façons différentes d'exprimer la même chose, l'une plus théologique, quand on parle du surnaturel, et l'autre plus purement métaphysique, quand on parle de l'intellect.

Une dernière remarque sur cette question : quand vous parlez d'un « don extérieur », qui n'aurait aucun fondement dans l'essence de l'être qui le reçoit, cela me fait penser aux « dénominations extrinsèques ». Or, de ce que j'ai dit plus haut, il résulterait qu'il n'y a pas de dénominations purement extrinsèques, puisque de telles dénominations n'auraient aucune vérité. C'est d'ailleurs ce que dit Leibnitz, mais je crois qu'on peut lui donner raison sur ce point sans accepter pour cela toutes les conséquences qu'il veut en tirer quant à sa conception de la substance individuelle[1].

Vous dites que vous ne voyez aucun avantage à essayer de réaliser simultanément par deux voies différentes. À vrai dire, je ne crois même pas que cela soit possible, et il vaut mieux que chacun choisisse la voie qui lui est la mieux appropriée ; c'est même pour cela que la réalisation métaphysique ne supprime pas l'autre, ou même les autres s'il y en a, et ne les rend pas inutiles. C'est pour cela aussi que je vous disais qu'il est heureux que la réalisation mystique existe en Occident, où sans cela il n'y aurait plus absolument rien. Seulement, on ne peut pas dire qu'un mode de réalisation soit plus adapté qu'un autre à la nature humaine, d'une façon générale ; c'est bien à *l'homme* que s'applique la réalisation métaphysique, et non à je ne sais quel autre être dont nous n'avons pas à nous préoccuper (encore que la possibilité d'une telle réalisation doive se trouver en tous les êtres, dès lors qu'elle est d'ordre universelle, ce qui la distingue essentiellement de tous les autres modes plus ou moins spéciaux). – D'autre part, je dirais volontiers qu'un mode de réalisation qui est subordonné à un point de vue tel que le point de vue religieux (ou, plus généralement, à tout autre point de vue que le point de vue métaphysique pur) n'est par là même adapté qu'à *certains* hommes, et non à tous[2].

Vous semblez ensuite confondre « immutabilité » et « immobilité » ; puis vous dites que les Orientaux « *se croient* parvenus à la connaissance parfaite ». Non, ceux qui y sont parvenus le *savent*, d'une façon certaine, et, quant aux autres, ils savent du moins où ils pourront trouver cette connaissance, pour peu qu'ils en aient les moyens intellectuels ; y a-t-il en Occident quelque chose d'équivalent à cela ? De même les sages hindous (les vrais bien entendu, ceux qui sont des sages *complets*) ne *tendent* pas à réaliser leur connaissance, ils la réalisent *effectivement* (sans quoi d'ailleurs cette connaissance elle-même demeurerait imparfaite et insuffisante) ; je dirais volontiers qu'il y a là une question de *fait*, si le mot de « fait » ne se restreignait le plus ordinairement au domaine expérimental, dont il ne s'agit

---

[1] Noële Maurice-Denis Boulet (16 février 1919).
[2] Noële Maurice-Denis Boulet (30 mars 1919).

aucunement ici. Certes, il y a là bien autre chose que de
« fugitives lueurs d'éternité » ; ce qu'un être a réalisé constitue
pour lui une acquisition permanente, que rien ne saurait jamais
lui faire perdre, et cela si incomplète et si partielle qu'ait été sa
réalisation. Il n'est pas permis de parler ici d'« égarement
philosophico-mystique » ; d'abord c'est fort impropre quant il
s'agit de gens qui n'ont rien de mystique et pour qui le point de
vue philosophique est inexistant ; je maintiens le sens que j'ai
donné au mot « mystique », et, à moins que ce mot ne puisse
s'appliquer indistinctement à n'importe quoi, ce qui est
purement intellectuel ne peut être ni mystique ni pseudo-
mystique, parce que, tout d'abord, il ne peut être ni religieux ni
pseudo-religieux (et qui dit mystique dit forcément religieux par
là même, ou bien, encore une fois, les mots ne signifient plus
rien). Ensuite, si ce dont il s'agit pouvait être de l'« égarement »
ou de l'« illusion », ce pourrait en être tout aussi bien de penser
que 2 et 2 font 4, car il n'y a pas plus de certitude dans ce cas
que dans l'autre ; vous donnez entièrement raison aux
sceptiques, qui auraient seuls le droit de s'exprimer ainsi. Du
reste, c'est toujours une chose extrêmement grave, quand on est
en présence d'une doctrine véritablement traditionnelle, que de
vouloir la taxer d'« erreur » ou de s'exprimer à son égard d'une
façon peu respectueuse ; les Catholiques ont moins que
quiconque le droit d'adopter une telle attitude, puisqu'ils se
réclament aussi d'une doctrine qui a un caractère traditionnel (et
c'est ce qui en fait sa valeur) ; en agissant ainsi ils s'exposeraient
à être traités de même par les représentants des autres doctrines,
si ceux-ci étaient animés d'un semblable esprit d'exclusivisme
(ce n'est pas le cas, il est vrai, mais ce n'est pas une raison pour
en profiter). Il est étonnant qu'on ne semble pas songer à cela,
et puis, enfin, en admettant qu'il y ait lieu de discuter (et il y a
lieu tant qu'on n'est pas arrivé à la compréhension parfaite
d'une doctrine), ne peut-on le faire sans injurier ? (je pense à ce
propos au Père Mainage, prenant prétexte de ses conférences
sur le théosophisme pour insulter les hindous de la façon la plus
odieuse, tout en faisant preuve de la plus parfaite ignorance de
leurs doctrines.) Il y a des procédés de discussion qui, même
aux yeux de gens peu compétents, pourvu seulement qu'ils
soient désintéressés dans l'affaire, ne donnent pas du tout
l'impression qu'on a raison, ni même qu'on est bien sûr de soi.

Pour en revenir à la réalisation, vous dites que son terme est « essentiellement surnaturel » : je veux bien admettre cette façon de parler, encore qu'elle puisse prêter à équivoque ; et même en mettant de côté toute subtilité d'interprétation, ce qui est vraiment métaphysique, étant « au-delà de la nature » par définition, ne peut en effet être dit que « surnaturel ». Vous déclarez que ce terme ne peut être atteint « sans le secours de la grâce » ; c'est possible, mais êtes-vous sûre que ce secours fait défaut, simplement parce que ce dont il s'agit ne s'appelle pas de la même façon dans toutes les langues ? Et encore le mot « grâce », à part l'inconvénient qu'il a d'être pris ordinairement dans une acception trop peu métaphysique, est une des traductions les plus approchées dont disposent les langues occidentales pour le mot sanscrit *prasâda* ; vous me direz alors que j'ai eu tort de ne pas parler de cela, mais je n'ai pas prétendu faire un exposé complet, et il y a bien d'autres choses non moins importantes que j'ai dû également passer sous silence. Enfin, vous prétendez que le but final de la réalisation ne peut être atteint « par les procédés de la métaphysique » ; les connaissez-vous donc ? Je me permets de le mettre formellement en doute, et il me semble que vous êtes ici beaucoup moins prudente que lorsqu'il s'agissait de vous prononcer sur le caractère authentique des doctrines que j'ai exposées[1].

Puisque vous me parlez de Saint Bernard, vous ne savez sans doute pas que j'ai moi-même écrit quelque chose sur celui-ci ; on me l'avait demandé pour un recueil de vies de Saints, et cela a été édité ensuite avec une brochure séparée, dont je joins un exemplaire à cette lettre. Étant donné le cadre qui m'était imposé pour ce travail, il ne m'était guère possible de faire autre chose qu'une sorte de résumé historique ; j'ai réussi cependant à y introduire quelques allusions qui, pour ceux qui les comprennent, peuvent donner une idée du véritable caractère du personnage. En effet, ce caractère, pour moi, est bien initiatique et non pas simplement mystique : les correspondances que vous envisagez me paraissent donc tout à fait justifiées[2].

---

[1] Noële Maurice-Denis Boulet (28 juillet 1921).
[2] Ananda K. Coomaraswamy (5 novembre 1936).

Je vous remercie de m'avoir communiqué aussi dans votre troisième lettre, les nouvelles précisions données par votre ami ; naturellement, cela ne change rien à ce que j'ai déjà dit, malgré la distinction qu'il cherche à faire entre différents types d'initiation ; les « qualifications » initiatiques sont d'ailleurs tout autre chose que les « qualités » profanes avec lesquelles il semble avoir tendance à les confondre. J'ajoute seulement que certaines similitudes extérieures entre le langage des mystiques et la terminologie initiatique ne doit pas faire illusion ; les mêmes mots, comme celui d'« union » par exemple, ne sont aucunement pris dans le même sens, et je crois d'ailleurs l'avoir signalé en diverses occasions[1].

Ce qui est exact en ce qui concerne Râmânuja, c'est qu'il y a chez lui une prédominance de la voie *bhakti* ; mais on ne peut dire en aucun cas que cette voie mène au même but que celle de *jnâna* ou de la connaissance : Îshwara n'est pas le suprême Brahma, mais seulement le Non-Suprême[2].

# II

# ÉSOTÉRISME ET EXOTÉRISME

QUANT À LA distinction entre l'exotérisme et l'ésotérisme, ce que vous dites dans votre dernière lettre me paraît juste en un certain sens, mais on peut aussi marquer plus nettement leur différence à la fois par leur domaine et par leur but : le domaine de l'exotérisme est toujours celui de l'individualité humaine (avec ses prolongements indéfinis), tandis que, pour l'ésotérisme, il s'agit au contraire essentiellement de dépasser celle-ci, alors même qu'il la prend comme un point de départ et un support nécessaire ; le but de l'exotérisme est le « salut » (état encore individuel), tandis que le but ultime de l'ésotérisme est la « Délivrance » ou l'« Identité Suprême », c'est-à-dire l'état absolument inconditionné[3].

---

[1] Goffredo Pistoni (25 juillet 1950).
[2] Un docteur non identifié (19 novembre 1934).
[3] Goffredo Pistoni (24 juillet1949).

Quant à trouver dans le Catholicisme un moyen pour dépasser l'exotérisme, il faudrait pour cela qu'il existe une initiation prenant pour base cette forme exotérique qu'est le Catholicisme lui-même ; cela n'a évidemment rien d'impossible en principe, et il y en a sûrement eu au moyen âge, mais malheureusement je doute fort qu'il en existe encore actuellement, ou alors elles sont tellement cachées et limitées à un nombre de membres si restreints qu'elles sont pratiquement inaccessibles ; ce n'est là qu'une situation de fait, bien entendu, mais on n'en est pas moins obligé d'en tenir compte[1].

D'autre part, il est vrai qu'il faut, d'une certaine façon, traverser le domaine psychique pour aller au-delà ; mais cela ne peut pas être considéré réellement comme une préparation en vue d'atteindre le spirituel, mais seulement comme une chose inévitable en fait, et en tout cas il est dangereux de s'y arrêter. Il faut au contraire viser constamment au-delà, sans se laisser détourner de la voie qui doit conduire au spirituel ; ce n'est qu'ensuite qu'on pourra aborder le psychique par en haut et y redescendre sans avoir plus aucun danger à en redouter, si toutefois cela présente encore un intérêt pour des raisons quelconques[2].

Ce que vous dites des limitations de Râmânuja est tout à fait exact : sa doctrine vaut pour un certain point de vue relatif, mais non au-delà. On pourrait dire qu'il est hétérodoxe « négativement », quand il se mêle de nier ce qui dépasse son propre point de vue ; il en est d'ailleurs de même de quiconque, étant compétent pour un certain domaine seulement, prétend juger de ce qui est au-delà ; et vous pourriez en faire l'application aux docteurs des religions exotériques, quelles qu'elles soient, qui ont la prétention de formuler une appréciation quelconque sur ce qui relève de l'ésotérisme[3].

Quant aux questions que vous soulevez dans votre lettre, permettez-moi de vous dire très franchement que ces difficultés me paraissent venir surtout de ce que vous ne faites pas une distinction assez nette entre le point de vue religieux, d'une part, et le point de vue métaphysique et initiatique, d'autre part ; quels que puissent être leurs rapports par certains côtés, il ne

---

[1] Goffredo Pistoni (22 septembre 1949).
[2] Goffredo Pistoni (8 novembre 1949).
[3] Un docteur non identifié (12 février 1935).

faut jamais les confondre ou les mélanger, car ils se rapportent à des domaines totalement différents, et ne peuvent par conséquent interférer l'un avec l'autre. Tout ce que vous énoncez comme vérités religieuses appartient à ce que la doctrine hindoue appelle la connaissance « non-suprême » ; il suffit de situer chaque chose à sa place et dans son ordre pour qu'il n'y ait aucun conflit possible. Surtout, il ne faut pas oublier que le mysticisme appartient entièrement au domaine religieux ; il n'y a donc aucune comparaison possible entre mystique et métaphysique. Les deux voies, à part les différences extrêmement nettes de leurs modalités, ne sont en réalité point faites pour atteindre le même but ; et l'« union mystique » n'est pas la *jîvan-mukta*, pas plus que le « salut » n'est la « Délivrance ». Tout ce qui est religieux, y compris le mysticisme, concerne les possibilités individuelles, dans l'extension indéfinie dont elles sont susceptibles, et ne les dépasse pas ; c'est d'ailleurs sa raison d'être, comme celle de la réalisation métaphysique est au contraire d'aller au-delà ; et c'est bien pourquoi l'une peut servir de base à l'autre. Il en a été ainsi dans l'ésotérisme chrétien du moyen âge, il en est toujours ainsi dans l'ésotérisme islamique ; et, de celui-ci, je vous citerai cet aphorisme qui me paraît convenir parfaitement à ce dont il s'agit : « Tant qu'un homme désire le Paradis ou craint l'Enfer, il ne saurait prétendre au moindre degré d'initiation ».

Je dois aussi appeler votre attention sur le fait que le point de vue religieux est nécessairement lié à certaines contingences historiques, tandis que le point de vue métaphysique se réfère exclusivement à l'ordre principiel. Si vous parlez d'« avatars multiples », c'est que vous vous tenez dans le domaine des apparences ; mais, dans la réalité absolue, ils sont « le même » ; le Christ-principe n'est pas plusieurs, quoi qu'il en puisse être de ses manifestations terrestres ou autres. Le « Médiateur », suivant toutes les traditions, c'est l'« Homme universel », qui est aussi le Christ ; de quelque nom qu'on l'appelle, cela n'y change rien, et je ne vois pas quelle difficulté il peut y avoir là-dedans.

La voie « ascétique » serait, dans son ordre, plus comparable à la voie initiatique que ne l'est le mysticisme, ne serait-ce que parce qu'elle implique une méthode et un effort positif ; le mysticisme, lui, est plutôt tout le contraire à cause de son caractère de passivité. La voie ascétique peut donc être une préparation à une réalisation d'un autre ordre, beaucoup plus que la voie mystique, qui apparaît même plutôt comme incompatible avec celle-ci. Mais je ne pense pas d'ailleurs qu'on puisse dire que rien de ce qui dépasse la religion élémentaire soit ouvert à tous ; l'ascétisme convient seulement à quelques-uns, et le mysticisme à quelques autres ; quant à ce qui est au-delà du domaine religieux, il va de soi que cela s'adresse encore à un beaucoup plus petit nombre. Celui qui trouve sa satisfaction à un certain niveau aurait le plus grand tort de vouloir le dépasser ; il y a là une question de hiérarchie nécessaire, contre laquelle ne peuvent rien tous les sophismes de l'égalitarisme démocratique dont beaucoup de catholiques même sont malheureusement pénétrés aujourd'hui, même peut-être parmi ceux qui s'en doutent le moins[1].

Je remarque d'abord que, quand vous parlez des « traditions de famille, de race, etc. », vous employez ce mot de tradition dans un sens qu'on lui donne en effet souvent dans le langage courant, mais que je me refuse absolument à accepter ; pour nous, en effet, comme je l'ai souvent expliqué, ce nom ne peut être donné légitimement qu'à ce qui est essentiellement caractérisé par la présence d'un élément supra-humain, ce qui évidemment n'est pas le cas ici. – D'autre part, tout ce que vous dites de l'intégration d'éléments traditionnels, même dans la mesure où il s'agit réellement de tradition religieuse, reste entièrement dans les limites du domaine exotérique et n'a par conséquent absolument rien de commun avec les « petits mystères ».

Il est possible qu'on arrive par là, dans le cas le plus favorable, à obtenir certains états « mystiques » ou quelque chose de comparable à ceux-ci, mais non pas, très certainement, la restauration de l'« état primordial ». Il est d'ailleurs à craindre que, en fait, les résultats ne soient le plus souvent que d'ordre psychologique ou « subjectif », c'est-à-dire tout à fait inexistants et illusoires au point de vue d'une réalisation quelconque. – Il y a sûrement dans tout cela bien autre chose que de simples questions de terminologie ; au fond, j'y vois surtout une confusion entre l'exotérisme et l'ésotérisme, qu'il faudrait que

---

[1] R. Martinez Espinosa (23 février 1934).

vous vous attachiez avant tout à dissiper pour que nous puissions arriver à mieux nous comprendre[1].

Le rituel religieux sert de point d'appui à ceux qui sont rattachés à une organisation initiatique relevant de la même forme traditionnelle à laquelle ce rituel appartient (dans l'Islam par exemple) ; mais je ne vois pas très bien l'importance qu'il peut avoir en dehors de cela, c'est-à-dire comme simple moyen de préparation, surtout s'il n'est pas sûr qu'on obtienne le rattachement initiatique dans la même tradition, car alors on ne fait plutôt que renforcer un lien qui peut ensuite constituer un obstacle dans l'ordre psychique pour se rattacher à autre chose. Il est certain, en effet, que le mélange d'éléments appartenant à des formes traditionnelles différentes peut provoquer, surtout au début, des réactions psychiques désagréables et parfois même dangereuses[2].

Quant à l'*upanayana*, j'ai justement envisagé cette question dans un de mes articles du numéro de mars [1940 des *Études Traditionnelles*] (vous m'en aviez déjà parlé autrefois), et, plus généralement, celle de la différence entre *samskâra* et *dîkshâ*. Les *samskâras*, pour lesquels je vous ai emprunté le terme de « rites d'intégration » (et les sacrements chrétiens rentrent aussi dans cette définition) sont communs à tous les membres d'un certain groupe, sans autre qualification plus particulière, et ils ont, par suite, un caractère « social » que ne peuvent pas avoir les rites proprement initiatiques. Pour ce qui est du caractère de « seconde naissance », c'est là quelque chose qui, en réalité, s'applique dans les deux ordres à la fois ; je dois dire d'ailleurs que j'ai écrit en partie cet article pour répondre à une question assez souvent posée à propos du baptême chrétien, qui est considéré aussi comme une « seconde naissance », et qui pourtant n'a évidemment rien d'une initiation[3].

Pour la question de *dîkshâ*, ou plus précisément de savoir ce qui doit ou non être considéré comme une initiation à proprement parler, il est bien certain que la distinction n'est pas toujours entièrement claire quand on veut entrer dans le détail des cas particuliers. Les raisons peuvent bien en être celles que vous envisagez : d'une part, il y a des traditions où la distinction

---

[1] Goffredo Pistoni (29 septembre1949).
[2] Vasile Lovinescu (29 septembre 1935).
[3] Ananda K. Coomaraswamy (20 mars 1940).

de l'exotérique et de l'ésotérique n'est pas nettement tranchée, de sorte qu'il peut y avoir une multitude de degrés intermédiaires ; d'autre part, des rites qui ont été initiatiques à l'origine ont pu, par la suite, devenir simplement religieux, et on a particulièrement cette impression en ce qui concerne beaucoup de rites chrétiens ; malheureusement l'histoire des débuts du Christianisme est terriblement obscure !

Pour l'*upanayana*, l'exclusion des femmes et des *Shûdras* ne suffit pas à lui donner le caractère d'une initiation, puisque, comme je l'ai fait remarquer dans mon article, l'ordination chrétienne, qui, actuellement tout au moins, n'est certainement pas une initiation, exclut également non seulement les femmes, mais aussi certaines catégories d'hommes telles que les esclaves, les bâtards, les infirmes (il est d'ailleurs assez curieux qu'il n'y ait presque aucune différence entre les conditions requises pour cette ordination et pour l'initiation maçonnique).

Un autre point qui me paraît important est celui-ci : toute initiation a un caractère permanent, elle est quelque chose d'acquis une fois pour toute ; cela ne suffit pas à la définir, puisque ce caractère existe aussi pour certains sacrements (comme le baptême et l'ordination), mais ce qui ne répond pas à cette condition ne peut pas être considéré comme une initiation proprement dite. Cela justifierait encore ce que j'avais pensé tout d'abord au sujet de la *dîkshâ* préparatoire à un sacrifice, puisqu'elle n'a qu'un effet purement temporaire ; je crois donc que le mot, dans ce cas, ne devrait pas être traduit par « initiation », mais plutôt par quelque chose comme « purification » ; et je ne vois toujours pas d'autres moyens que celui-là pour qu'il n'y ait pas de contradiction dans le fait qu'une *dîkshâ* puisse être accomplie par quelqu'un qui lui-même n'est pas *dîkshita*[1].

---

[1] Ananda K. Coomaraswamy (7 juin 1940).

# III

# MYSTÈRE, AMOUR ET INITIATION

JE NE VOIS pas du tout pourquoi ni comment la difficulté ne commencerait qu'en ce qui concerne les « grands mystères », car ne peut aborder ceux-ci que celui qui a tout d'abord parcouru entièrement la voie des « petits mystères ». L'« état primordial » est la perfection et le terme des « petits mystères », et il me paraît bien évident que, avant d'y parvenir (et de passer de là aux « grands mystères »), il faut nécessairement être passé par les degrés précédents, et, tout d'abord et avant tout, avoir reçu la première initiation donnant l'entrée au domaine des « petits mystères ». Je ne vois donc pas comment une question se rapportant à l'« état primordial » pourrait se poser pour quelqu'un qui n'a même pas encore reçu cette première initiation, ni quel intérêt elle pourrait présenter dans ces conditions, car, en cela comme en toutes choses, on ne peut pas prétendre commencer par la fin[1].

Je me permets encore une question : en quel sens précis prenez-vous le mot « Mystère » ? S'il veut dire pour vous l'« inexprimable », ce qui est d'ailleurs son acception primitive et étymologique, je puis parfaitement l'employer aussi de la même façon. Par contre, si vous admettez la signification courante d'« inintelligible » ou d'« inconnaissable », je suis obligé de la rejeter, car l'inintelligible ne peut être que l'absurde, c'est-à-dire l'impossible ou le pur néant. Métaphysiquement, il n'y a pas d'inconnaissable ; il faut laisser cela à Kant (avec son « noumène ») et à Spencer, ou, plus généralement, aux pseudo-métaphysiciens et aux positivistes, qui, pour une fois, se trouvent d'accord là-dessus. Il est vrai que c'est bien commode pour eux tous, si chacun peut décréter « inconnaissable » tout ce qui lui est inconnu, et appeler « mystère » tout ce qu'il ne comprend pas ![2]

Voici autre chose que je ne comprends pas : « Pour les Orientaux, dites-vous, il y a de l'inexprimable, mais point de mystère ». Pour eux et pour moi, mystère et inexprimable ne

---

[1] Goffredo Pistoni (22 septembre 1949).
[2] Noële Maurice-Denis Boulet (16 février 1919).

sont précisément qu'une seule et même chose ; et le sens primitif et étymologique du mot « mystère » semble bien nous donner raison. Si ce même mot en est arrivé à signifier pour certains quelque chose d'inconcevable, cela prouve tout simplement que ceux qui lui ont donné cette acception étaient en effet incapables de concevoir ce qu'ils ne pouvaient exprimer ou tout au moins se représenter par une image quelconque. Si vous affirmez qu'il y a de l'« inconnaissable », vous êtes avec Spencer et les positivistes ; ceux qui prennent cette attitude ne sont que logiques en concluant de là que la métaphysique n'existe pas, pour eux du moins, car cela ne l'empêche évidemment pas d'exister en soi, et aussi pour d'autres[1].

Il n'y a plus qu'un dernier point sur lequel je suis obligé de m'arrêter : c'est que vous paraissez trouver extraordinaire que je rattache l'« amour de charité » à l'ordre affectif, à quoi donc voudriez-vous que je le rattache ? Ce ne peut pourtant pas être à l'ordre intellectuel ; et j'avoue bien volontiers n'avoir jamais pu comprendre ce que Spinoza voulait entendre par « amour intellectuel », une telle expression me paraissant foncièrement contradictoire. Vous dites n'avoir jamais contesté que l'amour, l'humilité, etc., soient au principe de la voie mystique ; il me semble que c'est reconnaître que l'élément sentimental est essentiel à celle-ci, et alors nous sommes d'accord au moins sur ce point, car je n'ai jamais dit que cet élément constituait le *terme* de la voie mystique, mais simplement son moyen caractéristique, celui dont la présence fait qu'elle est proprement mystique. Seulement, voici quelle est la difficulté : l'ordre sentimental n'a de raison d'être que dans l'individu et par rapport à l'individu ; comment donc ce qui s'y rapporte pourrait-il conduire au-delà des possibilités individuelles ? En tout cas, s'il le peut, ce ne sera jamais qu'occasionnellement et comme « par accident » ; et du reste, dans ces conditions, *n'importe quoi* pourrait en faire autant et être pris tout aussi bien pour base ou support d'une réalisation ; mais, normalement, on ne peut attendre là rien de plus qu'une extension (qui peut être indéfinie) de l'individualité. Ce qui est de l'individu ne peut, en lui-même, avoir d'effet en dehors du domaine individuel, de même que ce qui est action ne peut libérer de l'action ; s'il en

---

[1] Noële Maurice-Denis Boulet (28 juillet 1921).

était autrement, l'effet ne serait pas dans la cause et lui serait supérieur. – Je sais bien que l'idée de « charité » peut être transposée analogiquement, comme n'importe quelle idée peut l'être ; mais alors il ne saurait plus être question d'une application exclusive au domaine humain, qui est apparemment tout ce que vous envisagez. Il faudrait plutôt l'entendre au sens d'une « charité cosmique », comme les Arabes l'entendent, par exemple, quand ils parlent du saint qui « soutient les mondes par sa respiration » (ce qui se réfère d'ailleurs à une des significations symboliques du chapelet chez les Orientaux). En tout cas, si vous prenez la charité comme on le fait d'ordinaire, dans un sens moral et social, son caractère sentimental ou affectif est manifeste ; et le mot d'« amour » que vous y joignez vient encore confirmer cette interprétation. – Quant à l'« abnégation de soi », elle ne me paraît qu'un reflet bien affaibli de ce que les Orientaux appellent de divers noms qui signifient tous l'« extinction du moi », extinction qui consiste en ce que les conditions individuelles, et par suite l'individualité elle-même, ne peuvent exister qu'en mode illusoire pour l'être qui a réalisé (sans qu'il y ait d'ailleurs rien de changé quant aux apparences) ; il me semble que je vous ai déjà indiqué cela la dernière fois. Ici encore, je ne vois pas qu'il y ait d'opposition véritable ; seulement, chacun va plus ou moins loin dans les possibilités de l'être, et il n'y a de métaphysique qu'autant qu'on envisage la communication avec les états supra-individuels, communication dont le seul moyen est la connaissance intellectuelle pure. Je pourrais dire de celle-ci à peu près ce que vous dites en l'appliquant à autre chose : en dehors de cela, il n'y a qu'illusion, mais sans vouloir nier par là que cette illusion soit aussi une réalité, et même toute la réalité que comportent les possibilités individuelles, humaines ou autres[1].

Quant aux moyens de la réalisation, vous dites, d'une part, que « vous ne croyez pas qu'aucun moyen, aucune tradition, aucun travail humain soit nécessaire à Dieu pour agir », et, d'autre part, que « le surnaturel pour nous ne se réalise que moyennant certaines conditions » ; comment conciliez-vous ces deux choses ? Je vous avoue que je ne le vois pas très bien ; mais je crois que nous sommes d'accord en ceci : si la

---

[1] Noële Maurice-Denis Boulet (16 février 1919).

préparation théorique est une condition indispensable pour la réalisation métaphysique, il n'en est pas de même pour la réalisation mystique, pour laquelle elle n'est pourtant pas inutile. Mais je ne vois rien d'étonnant à ce que les idées reçues directement par les mystiques soient identiques à celles qu'exprime la Tradition, dès lors que ces idées sont vraies, et que la vérité est une et existe indépendamment de l'esprit qui la conçoit. Tout cela s'explique parfaitement, soit par l'intuition intellectuelle, soit même, dans certaines limites, par cette extension des facultés individuelles dont je parlais tout à l'heure ; il existe, dans ce dernier ordre, une « clairvoyance » véritable, naturellement bien différente de celle des théosophistes et des occultistes (laquelle est surtout de l'auto-suggestion), mais qu'il est nécessaire de distinguer de l'intuition intellectuelle pure. Pour le caractère intransmissible de toute réalisation, nous sommes aussi tout à fait d'accord : les paroles et les autres symboles ne sont jamais qu'un moyen, un support ou un point de départ, et rien de plus ; le contemplatif peut être absolument incapable de traduire la vérité dont il a connaissance, et, du reste, il se rend toujours compte que toute expression est inadéquate. Je vous rappelle aussi, à ce propos, que toute conception métaphysique vraie doit toujours faire la part de l'inexprimable, qui est même ce qu'il y a de plus important ; théoriquement même, il y a là de l'incommunicable.

Je me demande si tous les mystiques accepteraient votre interprétation de ce qu'ils appellent le « pur amour » ; de plus, le désir, même entendu au sens analogique, ne peut être identifié à la volonté : dans ma pensée, c'était du désir et non de l'intelligence que la volonté se distinguait par l'actif et le passif. D'ailleurs, désir ou volonté ne sont jamais qu'un moteur initial, la fin étant, comme vous le dites, d'ordre intellectuel ; et il faut ajouter que, dans l'ordre transcendant, on ne peut plus faire aucune distinction entre des facultés, comme il en existe dans l'ordre individuel[1].

Pour l'élément sentimental qui intervient dans la religion et qui constitue une des caractéristiques de son point de vue même, il me semble que la chose ne peut pas faire de doute. D'autre part, dès lors qu'il est question d'« Amour », il y a là

---

[1] Noële Maurice-Denis Boulet (27 mars 1921).

tout au moins une forme d'expression sentimentale ; il doit d'ailleurs être bien entendu que cela est susceptible d'une transposition, dans laquelle un terme comme celui-là n'a plus en somme qu'une valeur symbolique ; et il est aussi légitime de prendre des symboles dans cet ordre que dans tout autre. Vous parlez de la « Charité cosmique », et vous avez raison ; mais la religion, pour remplir son rôle propre, doit en envisager plus particulièrement les applications dans le domaine individuel et social ; il faut seulement qu'elle laisse ouverte la possibilité de passer de là à un ordre supérieur, mais qui n'est plus de son ressort en tant que religion proprement dite. – Pour la prière, un article de F. Schuon, qui doit paraître ce mois-ci dans le *Voile d'Isis*, répondra mieux à votre question que je ne pourrais le faire dans une lettre. – Les procédés du *Hatha-Yoga* n'ont rien à voir avec ces idées d'amour, de charité, etc. ; il existe dans l'Inde une autre voie préparatoire, celle du *Bhakti-Yoga*, où il se trouve par contre quelque chose de ce genre, bien qu'envisagé à un autre point de vue, et uniquement à titre de moyens secondaires. Quant à l'humilité, il semble que ce soit quelque chose de très spécialement occidental ; elle ne peut d'ailleurs se comprendre que par opposition à l'orgueil, et je crois qu'au fond l'une ne va pas sans l'autre : se considérer comme le dernier des êtres, c'est encore vouloir se distinguer en quelque façon ; et il semble qu'il soit beaucoup plus difficile pour un Occidental d'admettre que l'état humain est tout simplement un état occupant un rang quelconque parmi une indéfinité d'autres[1].

En vue d'une initiation hindoue ou islamique, il est évident qu'une certaine connaissance du sanscrit ou de l'arabe est nécessaire ; il ne s'agit pas d'une connaissance spécialement « linguistique » et grammaticale, car ce n'est pas là ce qui importe au fond, mais d'une connaissance donnant la possibilité de *comprendre*, d'abord parce que la langue propre à une tradition est réellement une base dont la forme même de cette tradition est inséparable, et aussi parce que, dans tous les pays orientaux, les gens qui possèdent de véritables connaissances traditionnelles ignorent généralement les langues occidentales[2].

---

[1] Vasile Lovinescu (18 mars 1935).
[2] Vasile Lovinescu (29 septembre 1935).

Il est exact que les livres peuvent servir de support à certaines influences, surtout, semble-t-il, les vieux livres qui ont appartenu précédemment à d'autres personnes qui ont pu y laisser quelque chose d'elles-mêmes[1].

# IV

# LE PÈLERINAGE ET LES VOYAGES INITIATIQUES

POUR CE QUI est du *hajj*, toutes les circonstances en ont une signification symbolique ; mais sur le point précis dont vous me parlez, je n'ai jamais vu d'interprétation[2].

Vos remarques au sujet d'Ulysse sont très justes ; ses voyages ont toujours été regardés, dans l'antiquité, comme ayant une signification initiatique (de même aussi que celui des Argonautes). Il semble même qu'il y avait toute une interprétation ésotérique et traditionnelle d'Homère, qui ne se serait perdue qu'à une époque relativement récente[3].

# V

# L'INITIATION EXCEPTIONNELLE

LA QUESTION des individus exceptionnels se trouvant dans un milieu où il n'y a plus d'initiation est effectivement assez embarrassante à certains égards ; il peut, dans certains cas tout au moins, arriver qu'il soit remédié à cette situation par des circonstances également exceptionnelles ; mais la vérité est que ceci ne relève pas de la juridiction du *Qutb*, mais de ce qui est

---

[1] Louis Caudron (30 avril 1939).
[2] Guido di Giorgio (5 décembre 1924).
[3] Un docteur non identifié (26 septembre 1936).

représenté par la fonction d'El-Khidr, en tant que maître des *Afrâd*[1].

Un centre spirituel peut connaître l'intention de quelqu'un par des moyens très divers, qu'il serait toujours erroné de chercher à limiter ; mais, à part ces cas bien rares, celui qui se bornerait à attendre l'initiation en quelque sorte passivement risquerait, je crois, d'attendre bien longtemps, du moins dans les pays où il n'existe plus d'organisations initiatiques vraiment effectives ; il ne faut jamais oublier que nous sommes à une époque anormale à cet égard[2].

Les initiations par des voies en quelque sorte anormales, tout en étant toujours possibles, surtout quand les conditions sont elles-mêmes anormales comme c'est le cas pour l'Occident actuel, sont cependant quelque chose de trop incertain pour qu'on puisse jamais y compter ; et, de plus, il est douteux qu'elles puissent constituer l'équivalent complet d'une initiation régulière[3].

# VI

# LA RÉALISATION ET LA DÉLIVRANCE

L'ÊTRE QUI a obtenue le « salut » n'a rien réalisé effectivement ; il a seulement acquis une virtualité qui lui permettra d'arriver à une certaine réalisation dans le cours de ses états posthumes ; cette réalisation, se situant dans les prolongements de l'état humain, doit naturellement aboutir à l'« état primordial », mais elle peut être différée jusqu'à la fin du cycle actuel.

La « divinification », pour reprendre l'expression que vous employez, implique nécessairement la sortie du Cosmos (c'est-à-dire du monde manifesté) ; elle ne peut donc pas consister dans

---

[1] Ananda K. Coomaraswamy (31 janvier 1938).
[2] Vasile Lovinescu (27 juillet 1935).
[3] Vasile Lovinescu (29 septembre 1935).

une harmonisation avec le rythme cosmique, et celle-ci ne peut être dans tous les cas qu'une simple étape préparatoire[1].

En tout cas, il ne faut jamais oublier que la lecture des livres, quels qu'ils soient, ne peut être rien de plus qu'un point de départ pour la réflexion et la méditation.

Il n'entre pas dans mon rôle d'indiquer les moyens « pratiques » de réalisation, ce serait d'ailleurs tout à fait inutile, non pas seulement à cause de l'incompréhension occidentale, mais parce que, sans transmission initiatique régulière, ces moyens sont inopérants ; ce qui peut en être appris par les livres ne sert donc absolument à rien[2].

Quant à indiquer à quiconque une voie de « réalisation », c'est là une chose que je dois m'interdire rigoureusement ; je ne puis accepter de « diriger » personne ni même de donner de simples conseils particuliers, cela étant entièrement en dehors du rôle auquel je dois me tenir. Croyez bien qu'il s'agit là d'une règle tout à fait générale, qui n'implique aucun doute à l'égard de vos intentions, et que je dois même observer tout aussi bien en ce qui concerne les personnes que je connais le mieux. J'ai même donné des avertissements à ce sujet, à diverses reprises, dans le *Voile d'Isis*, pour répondre à des questions que j'avais reçues en ce sens ; et j'ai précisé que je ne pouvais mettre personne en relation directe avec des organisations initiatiques, n'en ayant point reçu la charge ; j'avoue d'ailleurs que je suis fort loin de souhaiter que cela m'arrive jamais, pour de multiples raisons[3].

L'« Adepte » est proprement celui qui est arrivé à la perfection de quelque chose par rapport aux « petits mystères » (*adeptus minor*), c'est l'homme réintégré dans l'état primordial ; par rapport aux « grands mystères » (*adeptus major*), c'est le *jîvan-mukta*[4].

La question que vous avez soulevée est bien « théorique », car, dans les conditions présentes, il n'est pas concevable qu'un Adepte joue un rôle de chef d'État ou d'armée ; il ne peut prendre de telles fonctions extérieures que dans des cas exceptionnels, se rapportant à cette fondation des États dont

---

[1] Goffredo Pistoni (26 mars 1950).
[2] Un docteur non identifié (19 novembre 1934).
[3] Vasile Lovinescu (19 août 1934).
[4] Vasile Lovinescu (24 juin 1935).

vous parlez dans votre article ; autrement, il exercera toujours son influence d'une façon invisible. – Pour ces cas d'exception, les moyens qui ont pu être employés se rapportent à des conditions dont nous ne pouvons guère nous faire une idée actuellement. Il va d'ailleurs de soi que la façon d'agir d'un Adepte ne peut pas être comparée à celle d'un homme ordinaire, même quand elle lui ressemble extérieurement, parce que les motifs en sont différents ; si donc il a employé des moyens qui nous paraissent choquants, c'est que la vraie raison nous en échappe, et je crois que c'est là tout ce qu'on peut dire… Il y en a eu aussi qui ont simulé la folie ; que faut-il en conclure ?[1]

On ne peut pas dire que la Délivrance soit une « impossibilité » de manifestation, puisqu'elle totalise au contraire toutes les possibilités ; elle ne supprime que les limitations parce que celles-ci sont quelque chose de purement négatif.

Les *siddhis* ou pouvoirs du Yogî ne sont bien, comme je l'ai dit, que des conséquences secondaires de son état et qui n'ont pas d'intérêt par eux-mêmes ; ceux qui recherchent de telles choses peuvent être certains de ne jamais atteindre le but qui seul compte. D'autre part, pourquoi vouloir que le *jîvan-mukta* ait un aspect spécial et un genre de vie particulier ? Étant au-delà des formes, il peut revêtir une apparence formelle quelconque ; étant parvenu au but, il n'a plus aucune règle à suivre, car toute règle n'est qu'un simple moyen, et « il est à lui-même sa propre loi ». On dit que Râmakrishna avait atteint l'état de *Parama hamsâ*, c'est-à-dire un état spirituel élevé mais encore conditionnel ; il n'avait donc pas réalisé l'Identité suprême qui est obtenue une fois pour toute et dont l'être ne sort pas, quelles que soient les apparences. Il est d'ailleurs très difficile de savoir exactement ce qu'il en est de ce cas de Râmakrishna, tout ce qui le concerne ayant été dénaturé par ses disciples, surtout par Vivêkânanda. Quant à Romain Roland, mieux vaut n'en rien dire ; sa sympathie pour l'Orient est sans doute réelle, mais ne procède que d'une sentimentalité niaise et s'adresse à un Orient qui n'a guère de ressemblance avec la

---

[1] Vasile Lovinescu (27 juillet 1935).

réalité ; il ne comprend rien à ces choses et ferait beaucoup mieux de ne pas se mêler d'en parler.

La question concernant l'intuition intellectuelle ne se pose pas pour nous, car nous ne nous soucions pas de « critique de la connaissance » ; la philosophie profane n'a pas qualité pour s'occuper de ce dont il s'agit ; d'ailleurs, quand je vois le soleil, tous les raisonnements des philosophes ne réussiront pas à me prouver que je ne le vois pas, et c'est la même chose pour l'intuition intellectuelle (qui n'est pas une opération spéciale, mais une connaissance immédiate par identification du connaissant et du connu)[1].

Pour les questions ayant trait à la « réalisation », il est bien évident que le *jîvan-mukta* n'est plus un individu, quoiqu'il en garde les apparences, puisqu'il est au-delà des limitations qui définissent l'individu comme tel ; mais son état est tout le contraire d'une « extase », car ce mot, étymologiquement, exprime l'idée de « sortie de soi », et alors il n'y a plus rien hors de « soi » ; sous cette réserve ce que vous dites du passage de Tchoang-Tseu est exact. Seulement je ne vois pas comment se justifie la conséquence que vous en tirez en ce qui concerne une « absence de rapport » entre le *jîvan-mukta* et son enveloppe formelle ; il n'est plus affecté par celle-ci, mais il peut s'en servir, suivant la comparaison hindoue, « comme le charpentier se sert de ses outils » ; et il ne faut pas oublier que tout est contenu dans le « soi ».

Quant à savoir s'il existe réellement des *jîvan-mukta*, ce n'est pas une question sur laquelle il y ait à discuter, c'est une question de fait ; quand vous voyez le soleil, les plus beaux raisonnements des philosophes ne peuvent rien contre ce fait ; ici, c'est exactement la même chose. Plus généralement, il n'y a pas à discuter sur la possibilité d'un état quelconque ; pour celui qui ne l'a pas atteint, c'est parfaitement inutile, et, pour celui qui l'a atteint, il est évident que la question ne se pose plus.

Mais, ce qui m'étonne, c'est que vous parliez d'ouvrages traitant de cas historiques de *jîvan-mukti* ; comment cela pourrait-il exister, puisqu'il s'agit de quelque chose qui échappe forcément à toute investigation « extérieure » ?

---

[1] Un docteur non identifié (3 décembre 1932).

L'auteur d'un tel ouvrage n'étant pas lui-même un *jîvan-mukta*, pourrait toujours se tromper, si bien que cela ne servirait à rien ; et, en allant plus au fond des choses, je dois ajouter que le véritable *jîvan-mukta* est toujours inconnu quant à ses « pouvoirs », tout ce qu'on peut dire, c'est que, ayant réalisé la « totalité », il a par là même, et « par surcroît », tout ce qui appartient à tous les états ; cette seule considération rend superflue d'entrer dans des détails quelconques à cet égard ; et, notamment, pour ce qui est des *siddhis*, je pense que, pour bien des raisons, il est préférable de ne pas s'y appesantir (surtout à cause du côté « phénoménique » qui détourne tant de gens de l'essentiel)[1].

Cela me rappelle une histoire : quelqu'un ventait un jour à Mohyid-din ibn Arabi un personnage qui s'élevait en l'air et faisait d'autres choses extraordinaires de ce genre ; Mohyiddin répondit simplement : « Il faut croire que c'est un homme qui n'a pas grand chose à faire ! »[2]

Le *jîvan-mukta* étant essentiellement « au-delà du nom et de la forme », il est bien clair qu'il peut revêtir n'importe quelle forme, sans avoir à recourir à aucun moyen « magique » ; n'oublions pas que la magie appartient entièrement au domaine de l'illusion et ne dépasse pas les possibilités (et même les possibilités inférieures) de l'individu. À la vérité, ce n'est pas le « centre » qui, dans le cas que vous envisagez, doit être transporté ici ou là (vous avez parfaitement raison de le dire non localisable), mais inversement, telle ou telle chose qui est amenée à coïncider avec le centre (quoique ce ne soit là encore, bien entendu, qu'une façon de parler, mais peut-être la moins inexacte)[3].

Malgré votre explication au sujet de l'emploi que vous avez fait du mot « extase », je continue à penser qu'il est impropre de toute façon : le *jîvan-mukta* n'est pas sorti du moi, puisque, dans son cas, il n'y a plus de moi ; évidemment on ne peut pas sortir de ce qui n'existe pas... Peut-être est-ce précisément pour cela qu'on ne peut pas parler ici « d'absence », ni d'apparence « phénoménale » spéciale. Tout cela ne peut avoir une raison d'être que dans les cas où l'être a atteint des états encore

---

[1] Un docteur non identifié (15 juillet 1933).
[2] Un docteur non identifié (26 janvier 1936).
[3] Un docteur non identifié (15 juillet 1933).

conditionnés (états qui peuvent même n'être que de simples modalités de l'état humain, ainsi qu'il en est pour les mystiques par exemple). C'est seulement quand on envisage les choses du point de vue d'un état tel que le nôtre que l'état inconditionné paraît être tout ce qu'il y a de plus éloigné ; en réalité, c'est exactement le contraire, par là même qu'il contient tout (c'est d'ailleurs pourquoi il est possible d'y parvenir à partir de n'importe quel état). Les difficultés que vous envisagez proviennent simplement, au fond, de ce qu'on en parle comme d'un état ; il n'est guère possible de faire autrement, sans doute, mais il faut bien comprendre qu'il ne se situe pas dans une série d'états ; le tout n'est pas une des parties.

Je dois vous faire remarquer aussi que, pour la réalisation suprême, on ne peut pas parler « d'évidence purement interne », parce qu'il n'y a pas d'interne ni d'externe, toute distinction étant dépassée ; j'ajoute que, tant qu'on n'en est pas encore arrivé là, l'interne, en tout cas, vaut toujours plus que l'externe ; et, pour ce qui est du scepticisme des « occidentaux », je pense que vous conviendrez que cela est sans importance ![1]

Quant à votre question au sujet des « pouvoirs », lorsque vous dites : « sans possibilité de phénomènes contraires à l'ordre naturel de l'Univers », si vous parlez de l'ordre total, c'est évident, puisque tout y rentre nécessairement ; seulement, je ne sais pas pourquoi on l'appellerait « naturel ».

Mais il peut s'agir de phénomènes qui soient complètement en dehors de l'ordre habituel d'un certain état, pour qu'ils impliquent l'intervention d'autre chose (qui peut être d'ailleurs très différent suivant les cas, même si les phénomènes comme tels, c'est-à-dire les apparences, sont semblables : cas du saint et du sorcier par exemple). Mais, dès lors qu'il est question de « phénomènes », cela n'a qu'un intérêt bien relatif ; pour l'être qui est parvenu à un certain état, même encore bien éloigné de la Délivrance, l'exercice de tels « pouvoirs » est totalement indifférent ; et, s'il lui arrive de les exercer accidentellement, c'est pour des raisons d'un autre ordre ; c'est là tout ce qu'on peut dire d'une façon générale. Quant il s'agit de *jîvan-mukta*, je ne pense pas que ses « pouvoirs » soient distingués des attributs de Brahma (en tant que « non suprême », car le « suprême » n'a

---

[1] Un docteur non identifié (19 décembre 1933).

pas d'attributs, il est *nirguna*) d'une façon autre que nominale ; on en parle aussi comme on parle du *jîvan-mukta* lui-même et c'est exactement la même chose.

Enfin je m'étonne que vous puissiez dire que, la totalisation étant réalisée, il n'y a plus de place pour telle ou telle chose, quelle qu'elle soit d'ailleurs ; cela est contradictoire : s'il y a vraiment totalisation, il y a place pour tout[1].

Vous demandez comment on sait qu'il existe en fait des hommes possédant l'état de *jîvan-mukta* (et je dirai même qu'il en existe toujours) ; on pourrait répondre qu'on le sait par la Tradition, mais ceci, naturellement, exigerait d'autres développements... Cependant, on peut dire aussi que, s'il n'en existait pas, le lien conscient de l'humanité terrestre avec le Principe se trouverait rompu, et qu'alors, cette humanité même cesserait d'exister[2].

La méditation est plus importante que les lectures, qui ne peuvent du reste que lui fournir un point de départ, et qu'il y a généralement avantage à ne pas trop multiplier pour éviter toute dispersion. Les rites ont une efficacité par eux-mêmes, mais il est bien évident que l'attention et la concentration la renforcent notablement. Je me permettrai de recommander plus particulièrement de ne pas négliger la récitation régulière du *wird* (rosaire), car c'est là ce qui fortifie spécialement le lien avec la *tarîqa*. Enfin, je pense que chacun doit chercher à utiliser ses tendances naturelles plutôt qu'à les combattre ; mais, naturellement, il y a là autant de modalités différentes que d'individualités[3].

Je ne suis pas du tout surpris de ce que vous me dites des effets salutaires du jeûne tels que vous les avez observés ; c'est même plutôt le contraire qui m'aurait étonné, car ce résultat est tout à fait normal. Quant à ce que vous dites, que la connaissance théorique semble parfois bien près de la connaissance réelle, cela est exact aussi ; il est certain que la séparation n'est pas si tranchée en fait qu'elle ne le paraît quand on en parle, et que le passage peut se faire comme insensiblement... Puisque vous parlez de formules pour renforcer les états (de compréhension) dont il s'agit, je verrais

---

[1] Un docteur non identifié (19 décembre 1933).
[2] Un docteur non identifié (4 septembre 1934).
[3] Louis Caudron (30 août 1935).

surtout la répétition de l'invocation *Ya Latîf* ; malheureusement, il n'est pas possible d'indiquer le rythme par lettre[1].

Le fait de prier les yeux ouverts dans l'Islam me paraît s'expliquer très naturellement si l'on pense qu'il ne s'agit pas d'un rite dans lequel on doive s'isoler, tout au contraire (la nécessité même de l'orientation vers un centre commun l'indique suffisamment). L'emploi du chant dans les séances (qui n'est d'ailleurs pas général) se rapporte en somme à l'utilisation du rythme sous ses différentes formes. Concernant les mouvements accompagnant le *dhikr*, je dois dire que je n'aime guère ici l'emploi du mot « danse », à cause des confusions très profanes auxquelles il donne lieu inévitablement (du reste, en arabe, on ne dit jamais *raqs* en pareil cas)[2].

Vous me dites que A.b.R., qui est Wahabite, reproche aux soufis de se balancer pendant leurs incantations disant que le Prophète aurait recommandé de ne pas se balancer pour se distinguer des juifs. Je ne sais pas si la tradition dont il s'agit est bien authentique, mais, en tout cas, il faudrait savoir à quoi elle s'applique au juste, et il est probable que ce doit être uniquement à la prière, car, pour tout le reste, personne ne paraît en tenir compte ; et d'ailleurs, en ce qui concerne le *dhikr*, le balancement a des raisons plus spéciales. Sur ces questions, il faut beaucoup se méfier de toutes les opinions des Wahabites qui sont des adversaires déclarés de tout ce qui est d'ordre ésotérique.

Évidemment, les exposés doctrinaux, quels qu'ils soient, ne peuvent jamais avoir qu'un caractère de « préparation », et ils ne peuvent pas avoir l'action directe qu'ont les rites ; mais, tout de même, je ne pense pas que ce soit une raison pour les négliger[3].

On dit tout à fait couramment ici que quiconque désire le Paradis ou craint l'Enfer est encore bien loin d'être réellement *mutaçawwuf*[4].

Pour ce qui semble vous causer une certaine gêne (dans l'accomplissement de « dévotions » en mode islamique), il faut dire d'abord que naturellement une forme traditionnelle doit être prise comme un tout, l'exotérisme représentant un point

---

[1] Louis Caudron (31 décembre 1935).
[2] Louis Caudron (23 février 1936).
[3] Louis Caudron (9 mars 1936).
[4] Louis Caudron (29 mars 1936).

d'appui nécessaire pour ne pas « perdre terre » ; et il est probable que, dans une organisation initiatique chrétienne du moyen âge, vous auriez eu à peu près la même impression que celle que vous avez actuellement. D'un autre côté, comme je l'ai dit bien souvent, il ne faut pas oublier que ce qui est l'essentiel, c'est le rattachement initiatique et la transmission de l'influence spirituelle ; cela fait, chacun doit surtout travailler par lui-même, et de la façon qui lui convient le mieux, pour rendre effectif ce qui n'est encore que virtuel. Il va de soi qu'il vaudrait mieux avoir le choix entre une diversité de méthodes permettant à chacun d'être aidé aussi complètement qu'il se peut, mais malheureusement ce n'est pas le cas actuellement ; en tout cas, ce qui est destiné à être une aide ne doit jamais devenir un empêchement pour personne. J'ajoute que S. [Schuon] est très excusable de ne pas envisager peut-être suffisamment l'adaptation qu'il faudrait pour chacun, car il est évident que cela demande une expérience qu'il ne peut avoir encore ; et je vois d'ailleurs que vous comprenez cela très bien ; mais il est à craindre que d'autres ne le comprennent pas comme vous… Il faut pourtant espérer que tout cela s'arrangera peu à peu ; il faut bien penser qu'il s'agit en somme d'un « début », dans des conditions qui ne s'étaient encore jamais présentées jusqu'ici. Pour le balancement du *dhikr*, en somme, on peut dire que cela est lié d'une façon générale à la question du rythme, et que, en outre, ces mouvements ont par eux-mêmes une certaine action sur les centres subtils[1].

Au sujet du *dhikr*, A. a évidemment raison en principe (quand il parle de l'importance de son accomplissement vis-à-vis de la réalisation des états supérieurs), mais je pense que, pratiquement, il ne faut rien exagérer, et que des séances quotidiennes seraient peut-être excessives. Quant à l'invocation du Nom suprême que vous avez demandé à S., mon avis est bien qu'il ne faut pas aller trop vite, et qu'en somme il y a tout avantage à procéder graduellement.

Les autres nouvelles que vous me donnez, en ce qui vous concerne, me paraissent vraiment très satisfaisantes ; sans doute, il faut toujours craindre de s'exagérer la portée de certains résultats, mais, tout de même, tout cela semble bien marcher

---

[1] Louis Caudron (29 mars 1936).

d'une façon parfaitement « normale », si l'on peut dire. D'autre part, ce que vous me dites de la façon dont la solution de certaines questions se présente à vous comme d'elle-même me paraît aussi un excellent signe... Pour la question du « Point primordial », la concentration et l'expansion peuvent être comparés aux deux phases de la respiration (et à celles des mouvements du cœur) ; et tout cela peut naturellement s'appliquer à différents niveaux. Si on envisage les choses au degré de l'Être, on pourrait dire que l'indifférenciation « diffuse » correspond à son Unité, et la contraction à sa polarisation en essence (le point) et substance (l'espace vide, pure potentialité)[1].

La question des qualifications ne se rapporte pas à la personnalité, mais seulement à la possibilité de prendre l'individualité humaine pour base de la réalisation ; il me semble que cette considération doit modifier quelque peu la façon dont vous avez envisagé la chose[2].

La réalisation initiatique est bien une « conquête » par là-même qu'elle est « active », et elle implique donc essentiellement l'initiative venant de l'individu ; mais il est évident que celui-ci ne peut atteindre par lui-même ce qui le dépasse ; il y faut donc nécessairement une intervention d'éléments supra-individuels, en réponse à l'aspiration de l'individu, et c'est cette intervention, quelque forme qu'elle revête, qui constitue proprement la « grâce ». Naturellement, on peut, si l'on veut, parler ici des « Anges », puisqu'ils représentent en définitive les états supérieurs ; mais il ne faut pas oublier que, au fond, toute « personnification » a encore un caractère « illusoire ». On peut bien aussi rapporter au « Maître » l'action de la *barakah*, puisqu'il est vrai que celle-ci provient de lui, mais cela ne veut pas dire qu'il faille qu'il intervienne « en personne » pour que cette action se produise ; et cela s'applique même au cas où elle prend une forme telle que les apparences pourraient le faire croire (la forme d'une apparition par exemple). Il est bien entendu que, en parlant de « réponse » tout à l'heure, je pensais à la loi des actions et réactions concordantes, qui s'applique en effet, mais ici entre des états différents, c'est-à-dire, si vous voulez, dans le sens « vertical »[3].

---

[1] Louis Caudron (13 novembre 1936).
[2] Vasile Lovinescu (5 janvier 1936).
[3] Vasile Lovinescu (19 mai 1936).

Pour ce qui est de votre autre question, je pense que les avantages de la contemplation supportée par des moyens tels que le *dhikr* sont bien en effet ceux que vous dites, et que par conséquent il convient d'en profiter ; la contemplation pure et simple peut sembler quelque chose de plus direct, mais en fait, quant aux résultats à en obtenir, c'est plutôt le contraire qui peut avoir lieu dans bien des cas[1].

Je suis toujours un peu gêné par l'emploi que vous faites, en tout cela, de la terminologie alchimique, parce que je ne suis jamais tout à fait sûr de la comprendre exactement dans le même sens où vous-même avez voulu l'entendre ; vous savez en effet à combien d'interprétations diverses elle peut donner lieu.

Quant à la question des conditions pour que, de virtuelle, la réalisation deviennent effective, je ne crois pas qu'il soit possible de les formuler nettement ; c'est là une chose qui peut se produire d'une façon assez subite à un moment donné, et que, à cet égard, je comparerais volontiers à la cristallisation d'une solution sursaturée ; et il est bien évident qu'il y a là quelque chose qui échappe à toute initiative de la part de l'individu.

Vous avez grandement raison de vous maintenir toujours en état de parfaite lucidité ; comme le dirait le Sheikh d'ici, « il ne faut jamais oublier que c'est l'homme qui doit dominer le *hâl* (l'état) et non pas le *hâl* qui doit dominer l'homme »[2].

Il n'y a assurément aucun inconvénient, au point de vue de la méditation proprement dite, à faire appel au Vêdânta ou à toute autre forme traditionnelle ; il faut seulement éviter le mélange dans ce qui est en relation directement avec les rites.

La lecture du Corân peut très certainement « ouvrir » beaucoup de choses, mais, bien entendu, à la condition d'être faite dans le texte arabe et non pas dans des traductions. Pour cela et aussi pour certains écrits ésotériques, il s'agit là de quelque chose qui n'a aucun rapport avec la connaissance extérieure et grammaticale de la langue ; on me citait encore l'autre jour le cas d'un Turc qui comprenait admirablement Mohyid-din Ibn 'Arabî, alors que de sa vie il n'a été capable d'apprendre convenablement l'arabe même courant ; par contre,

---

[1] Vasile Lovinescu (10 novembre 1936).
[2] Vasile Lovinescu (30 décembre 1936).

je connais des professeurs d'El Azhar [université au Caire] qui ne peuvent pas en comprendre une seule phrase !![1]

Pour les effets de la répétition d'un *mantra*, il n'est pas nécessaire en effet d'en connaître le sens, mais il faut qu'il y ait eu une transmission par laquelle il ait été vivifié. Autrement, et surtout dans le cas de quelqu'un qui appartient à une autre forme traditionnelle, s'il arrive que certains effets se produisent malgré tout, ils risquent fort d'être plutôt maléfiques[2].

Pour les états de concentration dont vous parlez, je crois comme vous qu'il n'y a qu'à continuer ainsi, tout au moins jusqu'à nouvel ordre ; du reste, il y a rarement avantage à vouloir trop hâter les résultats ; et ce n'est pas pour rien que la patience est si souvent recommandée dans le Corân ![3]

Il faut dire pourtant qu'il n'est guère possible d'obtenir immédiatement des réalisations complètes ; et peut-être même vaut-il mieux, en un sens, que cela vienne graduellement ; ce n'est d'ailleurs pas pour rien que la patience est recommandée 72 fois dans le Coran ! En tout cas, rien ne se perd jamais, et même les états qui semblent n'être que passagers laissent toujours une trace permanente dans l'être, de sorte qu'ils préparent quelque chose de plus définitif, qui se produit quelque fois d'une façon apparemment soudaine, et qui est pourtant la conséquence de tout ce qui l'a précédé... D'autre part, la pratique des rites ne peut en rien empêcher la méditation métaphysique, mais ne peut au contraire que lui être une aide et un support[4].

En Europe il n'est pas toujours possible [pour un musulman] de se dispenser d'assister à un rite étranger, ne serait-ce que pour des raisons de simple politesse, comme dans le cas de l'assistance à un mariage ou à un enterrement par exemple ; dans un tel cas, il suffit évidemment de garder une attitude neutre pour que cela ne puisse avoir aucun inconvénient grave ; mais je dis bien une attitude neutre, et non pas hostile, ce qui d'abord n'aurait aucune raison d'être, et ensuite serait le meilleur moyen de s'attirer en retour des réactions déplaisantes, pour ne pas dire plus. Mais le cas de la communion pascale est quelque

---

[1] Louis Caudron (26 juin 1937).
[2] Louis Caudron (23 octobre 1938).
[3] Louis Caudron (4 avril 1938).
[4] Vasile Lovinescu (14 avril 1936).

chose de tout différent, et, en réalité, la question ne peut même pas se poser, puisqu'il y a là des conditions imposées par l'Église catholique et qu'il est impossible de remplir[1].

À ce propos, vous connaissez peut-être un livre du P. Wallace (ancien missionnaire anglican converti au catholicisme), intitulé *De l'Évangile au Catholicisme par la route des Indes*. Il y a là-dedans des considérations très intéressantes, et qui montrent une compréhension des doctrines hindoues que je n'ai rencontrée dans aucun autre ouvrage européen ; cela aussi est quelque chose de « vécu ». La « réalisation » est demeurée incomplète, mais elle a été déjà assez loin ; le mot même y est, ainsi que certaines autres expressions dont je me sers moi-même, et j'ai trouvé cette concordance assez remarquable[2].

Pour Virgile, je comprends bien qu'il est en effet difficile de savoir ce qu'il en est exactement ; il est possible qu'il n'ait pas dépassé le point de vue cosmologique, comme vous le dites, mais alors cela soulèverait encore une autre question : qu'était au juste l'initiation pythagoricienne et jusqu'où allait-elle ? Elle me paraît bien aussi, d'ailleurs, se référer surtout aux *petits mystères* ; il se peut cependant qu'il y ait eu plus à l'origine, du moins à l'époque romaine et encore plus tard. Il y a dans tout cela quelque chose qui n'est pas facile à éclaircir complètement, bien que Reghini et d'autres aient pensé avoir retrouvé plus ou moins intégralement le sens de la tradition pythagoricienne, et que certains prétendent même qu'elle est toujours vivante dans une organisation très cachée qui existerait encore en Italie même[3].

Pour le passage de l'*Inferno* où Virgile fait retourner Dante pour qu'il ne voie pas Méduse, il me semble que le point essentiel est celui-ci : il s'agit d'éviter la « pétrification » causée par le regard de ladite Méduse ; or, en général, le fait de retourner ou de regarder en arrière, au contraire, est dit précisément avoir pour conséquence la « pétrification » ; il y a donc là comme une sorte d'inversion qui peut être en rapport avec le fait que la chose se produit au cours de la « descente ». Je crois qu'en somme c'est dans l'idée même de la « pétrification » que doit résider surtout l'explication.

---

[1] Louis Caudron (26 juin 1937).
[2] Guido di Giorgio (5 décembre 1924). Voir *Recueil*, p. 124.
[3] Guido di Giorgio (15 novembre 1947).

Pour l'histoire d'Ulysse, les vers 94–96 seraient plus particulièrement de nature à justifier votre interprétation ; d'autre part, la mention des colonnes d'Hercule, comme limite que l'homme ne doit pas franchir, est à remarquer, en connexion avec ce que j'ai signalé dans la fin de mon article *À propos des deux saints Jean* ; elles semblent bien indiquer ici qu'Ulysse a suivi une voie illégitime, et, bien qu'il aperçoive de loin la montagne du Purgatoire, il ne peut pas y arriver, ni à plus forte raison atteindre le « Paradis terrestre » qui se trouve à son sommet[1].

Quand vous aurez eu le temps de lire mon étude sur Dante, j'espère que vous voudrez bien me dire ce que vous en pensez. En tout cas, je puis vous assurer qu'il y a là tout autre chose qu'un travail « livresque » ; les citations diverses n'ont qu'une importance accessoire, l'essentiel est d'un ordre très différent ; mais nous en reparlerons quand j'aurai vos appréciations[2].

# VII

# LES POSSIBILITÉS D'INITIATION SUBSISTANT ENCORE DANS LE MONDE

MALHEUREUSEMENT, je ne peux pas vous donner une réponse bien satisfaisante en ce qui concerne les possibilités d'initiation subsistant encore dans le monde occidental. Je ne pense pas que, à cet égard, il se trouve actuellement quoi que ce soit dans le Christianisme, non plus d'ailleurs que dans le Judaïsme. Au surplus, je ne sais pas, d'après ce que vous me dites, si vous êtes particulièrement attaché à une forme de tradition déterminée, ce qui est naturellement un point très important[3].

Toutes vos réflexions sont parfaitement justes, et, à vrai dire, je ne vois guère autrement que vous la fin du désordre actuel : je

---

[1] Marcel Maugy (Denys Roman) (11 novembre 1949).
[2] Guido di Giorgio (5 décembre 1924).
[3] Éric Ollivier (31 mars 1946).

ne crois pas qu'il y ait grand espoir d'éviter une catastrophe, et les choses semblent même aller de plus en plus vite... Mais ce n'est pas une raison pour ne rien faire, bien au contraire. Pour la constitution d'une élite occidentale, il est bien certain que ne peuvent en faire partie que ceux qui sont d'*esprit* occidental, ce qui n'est pas le cas pour ceux qui peuvent comme vous le dites, être absorbés par l'Orient, car c'est là en effet une possibilité incontestable, et il n'y a pas que la question de naissance à considérer surtout à une époque où rien ni personne n'est à sa vraie place. Pour ce qui est de l'adhésion à une tradition orientale, il est certain que non seulement l'Islam est la forme la moins éloignée de l'Occident, mais c'est aussi la seule pour laquelle la question d'origine n'a pas à se poser en aucune façon et ne peut jamais constituer un obstacle[1].

Quant aux possibilités de restauration de la tradition initiatique occidentale, je ne dis pas qu'elles n'existent pas malgré tout, mais ce n'est tout de même pas si simple que vous semblez le penser. Plusieurs personnes que je connais ont déjà eu, depuis un certain temps, l'idée de constituer une loge maçonnique ayant un caractère véritablement initiatique, mais elles n'ont pas pu y réussir jusqu'ici ; en effet, à part que le recrutement des premiers éléments n'est pas tellement facile, cela soulève une foule de questions comme celle du rattachement à une Obédience et d'autres dont il ne me serait guère possible de vous donner une idée. Enfin, si quelque chose de ce genre arrivait à se réaliser un jour, je ne manquerais pas de vous aviser ; vous n'êtes d'ailleurs pas le premier à qui je fais cette promesse.

N'exagérez pas mon importance ! Car, au fond, mes travaux ne sont qu'une « occasion » d'éveiller certaines possibilités de compréhension, que rien ne pourrait donner à ceux qui en sont dépourvus ; mais du moins est-il toujours une satisfaction pour moi de constater que ce n'est pas peine perdue, si peu nombreux que soient ceux qui en profitent vraiment[2].

À la vérité, je dois dire que je ne comprends pas très bien l'« appel » que vous m'adressez, car, par moi-même, je ne suis rien ; je n'ai d'ailleurs jamais fait la moindre promesse... sauf, si

---

[1] Frithjof Schuon (5 juin 1931).
[2] Louis Caudron (15 janvier 1935).

l'on veut, celle d'écrire tout ce que je pourrais pour ceux qui sont capables d'en profiter. Cela dit, je vais tâcher de répondre à vos questions ; du reste, la réponse est d'autant plus simple et plus facile que je dois m'abstenir d'influer sur les décisions de qui que ce soit, car c'est à chacun qu'il appartient de choisir lui-même la voie qui lui convient le mieux.

En somme, vous avez maintenant devant vous, sans quitter l'Europe, la possibilité de rattachement à deux organisations initiatiques, l'une occidentale, l'autre orientale. Ceux qui voudront se rattacher au Soufisme ne pourront mieux faire que de s'adresser à Schuon, qui est maintenant tout à fait qualifié pour cela, et qui, je crois, est tout disposé à s'en occuper activement. D'autre part, ceux qui voudront se rattacher à la Maçonnerie n'auront qu'à s'adresser à un autre de nos amis qui a l'intention de constituer une Loge d'esprit vraiment traditionnel et initiatique. Je dois ajouter qu'il n'y a pas la moindre incompatibilité entre ces deux rattachements, et que, pour une même personne, ils ne sont nullement exclusifs l'un de l'autre.

Maintenant, il est bien certain que, pour une « réalisation » entreprise suivant une voie quelconque, l'ambiance actuelle de l'Europe est peu favorable ; cependant, cette difficulté ne doit pas être absolument insurmontable ; elle oblige seulement à prendre des précautions particulières pour éviter autant que possible le danger qui peut résulter de l'agitation extérieure. D'autre part, la voie du soufisme me paraît pouvoir mener plus loin que l'autre et donner des résultats plus sûrs, d'autant plus que, étant donné l'état présent de la Maçonnerie, ce dont je viens de vous parler aura forcément dans une certaine mesure le caractère d'une « expérience ».

Pour ce qui est de l'aide de l'Orient, elle va de soi en ce qui concerne le Soufisme et elle est en somme acquise par le fait même du rattachement à cette forme traditionnelle. Quant à la Maçonnerie, tout dépend logiquement du résultat qui pourra être obtenu par la constitution d'une Loge telle que celle-ci est en projet et dont je vous parlais ci-dessus ; il serait donc prématuré d'en parler en ce moment.

Pour la difficulté de pratiquer les rites islamiques dans des pays tels que l'Europe, la question est souvent discutée ; l'avis qui semble prévaloir, et qui me paraît en tout cas le plus justifié par les principes mêmes de la *sharīyah*, c'est qu'il peut y avoir en effet des exceptions pour des personnes vivant dans les pays non islamiques, leur condition pouvant être assimilée à un état de voyage ou de guerre ; mais il faut ajouter que ceci ne concerne que ceux qui s'en tiennent au seul point de vue exotérique. Pour une « réalisation » d'ordre ésotérique, par contre, il ne faut pas oublier que l'observance des rites constitue ici la base nécessaire ; et il est d'ailleurs évident que celui qui veut le « plus » doit tout d'abord, et comme condition préalable, faire le « moins » (c'est-à-dire observer les rites qui sont communs à tous)[1].

Je suis très heureux de votre décision en ce qui concerne le rattachement au Soufisme ; je regrette seulement un peu ce retard de 2 ou 3 mois, mais enfin c'est peu de choses. Puisque B. vous a rassuré sur les points qui pouvaient vous préoccuper, vous n'avez certainement plus à hésiter. Pour les moyens tirés d'autres traditions, je pense que B. a voulu faire allusion à des choses d'ordre également initiatique : c'est ainsi que, par exemple, les voies Naqshabandiyah de l'Inde se servent parfois de méthodes tantriques. Quant il s'agit de l'ordre religieux et exotérique, comme c'est le cas pour les rites catholiques, ce n'est pas tout à fait la même chose ; je ne veux pas dire, bien entendu, que cela puisse avoir des inconvénients « essentiels », mais seulement qu'il faut être prudent pour éviter des « interférences » d'influences psychiques qui pourraient être sinon dangereuses, du moins gênantes[2].

J'approuve tout à fait les conclusions que vous tirez dans le sens d'une plus grande prudence à observer à l'avenir quant à l'accueil de nouvelles personnes au sein de la *tarîqa*, et il est certain qu'il vaudrait beaucoup mieux ne pas parler de la possibilité d'un rattachement initiatique avant d'avoir plus de garanties. Ce que vous me dites au sujet de l'autre membre de votre groupe est vraiment extraordinaire ; on a peine à imaginer un pareil ensemble de confusions et de contradictions ! Sûrement, de pareilles conditions sont aussi peu favorables que possible pour un travail profitable ; et il est évident que, en plus de la question de la qualification, il y aurait lieu d'envisager aussi

---

[1] Louis Caudron (17 mai 1935).
[2] Louis Caudron (7 juillet 1935).

celle de la préparation, surtout, comme vous le dites, si l'on tient compte de l'état d'esprit occidental... Pour la considération de la santé, je suis d'accord avec vous : il n'y a pas lieu d'en faire une condition essentielle (pour l'initiation), d'une façon générale, mais tout de même, dans des cas particulièrement graves, on pourrait tout au moins ajourner un candidat, et d'autant mieux que, en fait, il serait alors incapable de retirer un bénéfice réel de son admission immédiate. Reste la question du thème astrologique ; C. n'a pas tort, sans doute, de faire des réserves sur la valeur des résultats qu'on peut en tirer ; mais, malgré cela, je ne vois vraiment pas qu'il puisse y avoir un inconvénient à s'en servir à titre d'indication. Il faut bien tenir compte des contingences individuelles, puisque la qualification même dépend de celles-ci ; il est évident que, s'il ne s'agissait que de la personnalité, tout le monde serait qualifié ; la question ne se pose que parce que telle individualité doit être prise comme support de la réalisation, et il s'agit en somme de savoir si elle en est capable effectivement[1].

Pour le moment des cérémonies initiatiques, il est exact que certaines organisations hindoues, et peut-être d'autres aussi, tiennent compte des influences astrologiques ; mais cela n'existe pas dans les organisations islamiques, ou du moins je n'en connais aucun exemple ; il y a là évidemment une question de « modalités » différentes. L'impeccabilité peut, dans certains cas, être considéré comme attachée à une fonction plutôt qu'à un degré, mais il est évident que, pour le *jîvan-mukta* tout au moins, les actes ne peuvent entraîner aucune conséquence ; et, même à des degrés très inférieurs à celui-là, il en est de même des actes accomplis avec un parfait détachement ; voyez à ce sujet la *Bhagavad-Gîtâ*[2].

Je ne crois pas du tout que ceux qui sont capables d'atteindre une réalisation complète, je veux dire d'une façon effective et non seulement virtuelle, puissent être aussi nombreux que vous paraissez le supposer ; en tout cas, ils le sont certainement moins à notre époque qu'en tout autre temps ; et on pourrait dire que les conditions mêmes de cette époque apportent à cet égard toutes sortes d'obstacles intérieurs et extérieurs[3].

---

[1] Louis Caudron (31 janvier 1936).
[2] Louis Caudron (17 avril 1936).
[3] Vasile Lovinescu (6 juin 1936).

Je suis aussi de plus en plus persuadé que les formes constituées du Christianisme sont actuellement incapables de fournir un appui effectif à une restauration de l'esprit traditionnel ; j'avais envisagé cela surtout pour qu'on ne puisse me reprocher d'avoir négligé quelque possibilité[1].

Pour ce que j'ai dit dans *Orient et Occident* au sujet du rôle possible de l'Église catholique (comme représentant une forme traditionnelle occidentale pouvant servir de base à certaines réalisations, ainsi que cela a d'ailleurs eu lieu au Moyen-Age), je dois dire que je ne me suis jamais fait d'illusions sur ce qui pouvait en résulter en fait dans les circonstances actuelles ; mais il ne fallait pas qu'on puisse me reprocher d'avoir paru négliger certaines possibilités, au moins théoriques, ou ne pas en tenir compte[2].

La restauration initiatique en mode occidental me paraît bien improbable, et même de plus en plus comme vous le dites ; au fond, du reste, je n'y ai jamais beaucoup compté, mais naturellement je ne pouvais pas trop le montrer dans mes livres, ne serait-ce que pour ne pas sembler écarter « a priori » la possibilité la plus favorable. Pour y suppléer, il n'y a pas d'autre moyen que de recourir à une autre forme traditionnelle, et la forme islamique est la seule qui se prête à faire quelque chose en Europe même, ce qui réduit les difficultés au minimum. Une occasion se présentant, j'ai pensé tout de suite qu'il convenait de ne pas la laisser échapper puisque cela pouvait présenter par là un intérêt d'ordre tout à fait général[3].

La légende d'Ahaswerus se rapporte surtout à l'état d'« errance » du peuple juif ; la tentative actuelle pour lui redonner un siège fixe est bien, à cet égard, un « signe des temps ». Ce qui est très remarquable aussi, c'est que, précisément en même temps, des efforts sont faits aussi dans différents pays pour fixer les Bohémiens ; les deux choses vont évidemment ensemble[4].

Vous parliez de Vulliaud, mais connaissez-vous sa *Kabbale Juive* ? C'est sans doute le livre le plus sérieux sur ce sujet, bien qu'il soit un peu trop encombré par des discussions qui noient

---

[1] Frithjof Schuon (22 décembre 1931).
[2] Roger Maridort (29 avril 1933).
[3] Louis Caudron (27 juin 1936).
[4] Vasile Lovinescu (6 juin 1936).

l'essentiel ; il a eu l'intention d'en faire une autre édition en élaguant tous ces « à-côtés », et il est regrettable que, jusqu'ici du moins, il ne l'ait pas réalisée. Je n'ai pas vu l'ouvrage récent d'H. Sérouya, mais ce qu'on m'en a dit, et aussi un article du même auteur dont j'ai eu connaissance, m'en donne une opinion tout à fait défavorable. – Pour ce qui est de l'initiation kabbalistique elle-même, on peut dire qu'elle est pratiquement inaccessible[1].

S'il est certain qu'il existe encore des Kabbalistes, il ne l'est pas moins qu'ils se refusent absolument à communiquer quoi que ce soit aux non Juifs ; il paraît qu'ils sont généralement fort difficiles pour admettre même des élèves Juifs, et que certains ne veulent plus avoir d'élèves du tout. En somme, c'est toujours la même chose : tout se ferme de plus en plus, et il y a même des choses qu'on semble vouloir laisser éteindre, tout au moins extérieurement : c'est comme certains monastères Coptes où l'on ne reçoit plus personne, si bien qu'il ne s'y trouve plus que quelques moines très âgés, qui meurent les uns après les autres sans être remplacés[2].

Ces efforts pour fixer les Bohémiens et les Juifs ne sont certainement pas sans signification, en effet ; il me semble bien que tout cela soit en rapport avec l'« arrêt » de la « roue » ou le changement de ○ en □ à la fin du cycle ; c'est d'ailleurs là une des questions dont je me propose de parler dans mon prochain livre[3].

Quant à la « Garde de Fer », ce que vous m'en dites ne me paraît pas entièrement rassurant ; je me méfie toujours de certaines « révélations » et « missions » (je n'ai vu que trop de choses de ce genre) ; et je ne pense pas qu'actuellement un mouvement « extérieur » quelconque, en Europe, puisse réellement être fondé sur des principes traditionnels. Le mieux me paraît être de se tenir autant que possible à l'écart de toutes ces activités, qui ne peuvent guère qu'être inutilement dangereuses. Il faudrait d'ailleurs s'entendre sur le sens exact de ce que vous appelez une « restauration shivaïte », je ne pense pas que cela doive forcément impliquer un usage extérieur de la violence[4].

---

[1] Jean Granger (Tourniac).
[2] Marcel Clavelle (Jean Reyor) (11 novembre 1933).
[3] Marcel Clavelle (Jean Reyor) (27 juin 1935).
[4] Vasile Lovinescu (28 août 1936).

Maintenant, la question qui se pose devant tout cela est surtout celle-ci : y a-t-il encore actuellement quelqu'un qui conserve consciemment le dépôt de la tradition dacique ? Il semble bien que ce serait là la condition essentielle de la possibilité du « renouveau » que vous envisagez[1].

La pratique du rituel orthodoxe, en tant qu'elle constitue un rattachement à une tradition exotérique, est assurément beaucoup mieux que rien du tout ; mais où peut-elle mener en la circonstance ? Si d'autre part on assure qu'il n'y a plus d'initiation dans le Christianisme, il viendra toujours un moment où la question se posera du rattachement à une autre forme traditionnelle pouvant fournir la base d'une réalisation initiatique ; et alors les liens établis ou renforcés par ladite pratique ne se trouveront-ils pas constituer un obstacle ? Il y a là quelque chose qui peut paraître plus ou moins contradictoire ; peut-être pourrait-on voir un peu ce qu'il y a au fond en demandant s'il peut y avoir une initiation qui ne se rattache pas à une forme traditionnelle déterminée, ou qui se concilie avec des pratiques appartenant à une autre forme ?[2]

Il est certain que la question n'a guère qu'un intérêt théorique, et vous avez tout à fait raison de penser que cela montre bien encore qu'il n'y a plus de possibilités initiatiques réelles pour l'Occident en dehors du côté islamique[3].

Pour ce qui est de la question que vous posez au sujet d'une organisation initiatique, je ne puis bien entendu qu'approuver entièrement vos intentions ; mais malheureusement cela est bien difficile à trouver à notre époque, du moins en Europe même, et surtout quand il s'agit de la possibilité encore plus restreinte d'une initiation féminine. Vous n'êtes d'ailleurs pas la seule à poser cette question, bien loin de là, surtout depuis la publication de mes *Aperçus sur l'initiation* ; j'ai même été étonné, je dois le dire, de la proportion du nombre des femmes parmi les personnes qui m'écrivent à ce sujet. J'ai déjà parlé de votre cas, de même que de plusieurs autres, et je verrai ce qu'il sera possible de faire à cet égard ; soyez sûre que, si quelque possibilité sérieuse se présente, je ne manquerai pas de vous en informer. En attendant, je ne saurais trop vous engager à vous

---

[1] Vasile Lovinescu (10 novembre 1936).
[2] Vasile Lovinescu (6 juin 1937).
[3] Louis Caudron (23 septembre 1938).

méfier de tous les groupements dont vous pourrez avoir connaissance ; la plupart n'ont absolument aucune valeur au point de vue initiatique, et il en est même quelques-uns qui sont encore bien pires et dans lesquels agissent des influences fort suspectes[1].

Je comprends bien que vous ayez été quelque peu découragée au sujet des Chevaliers du Paraclet ; vous n'êtes d'ailleurs pas la seule à avoir rencontré cet obstacle dont vous parlez, et d'autres aussi ont dû finalement y renoncer. Bien entendu, M. C. [Marcel Clavelle] n'y est absolument pour rien, et même, au fond, je crois que ce n'est la faute de personne, mais plutôt seulement celle des circonstances défavorables ; il m'écrivait dernièrement que, à son avis, on peut à peine dire que cela représente encore une possibilité initiatique[2].

Quant à votre autre question, il y a en réalité une grande différence entre le *pitri-yâna* (celui qui suit la « voie des ancêtres ») et ces cas, assez exceptionnels comme vous le dites, des individus ayant mené une vie en quelque sorte « à rebours » ; cette différence est d'ailleurs formellement indiquée à la fin de la *fatihah* (1re sourate), et vous pourrez vous reporter à ce que j'ai dit à ce sujet dans le *Symbolisme de la Croix* (pp. 185-187).

En fait, c'est le *pitri-yâna* qui, surtout dans les conditions du *Kali-Yuga*, correspond au cas de l'immense majorité des hommes, la délivrance « différée » est la seule qui pourrait être envisagée pour eux si quelque délivrance pouvait être envisagée ; mais que voulez-vous faire, par exemple, de tous ceux qui ne sont rattachés effectivement à aucune tradition, comme c'est le cas de la plupart des Occidentaux actuels ?[3]

---

[1] Mme Nacht (26 juin 1947).
[2] Mme Guerreiro (29 mars 1950).
[3] Louis Caudron (4 avril 1938).

# FRAGMENTS DOCTRINAUX

## SEPTIÈME PARTIE

## SYMBOLES DE LA SCIENCE SACRÉE

## I

## LES SYMBOLES GÉOMÉTRIQUES

J'AI REPENSÉ au symbole de l'étoile à six branches, qui peut fort bien, comme vous le disiez, représenter l'union de la nature divine et de la nature humaine dans la personne du Christ. Le triangle ∇ serait la nature humaine, « faite à l'image de Dieu », donc figurée comme le reflet inversé du triangle divin Δ. Au moyen âge, le ternaire humain « spiritus, anima, corpus » était très souvent assimilé au ternaire des principes alchimiques « sulfur, mercurius, sal ». D'autre part, au point de vue Kabbalistique, le double triangle est la figure du nombre 6, qui est le nombre de l'union et de la médiation ; c'est aussi le nombre de la création, et, comme tel, il convient encore au Verbe : sous ce dernier rapport, le symbole n'est pas autre chose que la traduction du « per quem omnia facta sunt » du Credo. – Il est remarquable aussi que, en Chine, six traits disposés autrement représentent également le principe médiateur, qui unit en lui les deux natures céleste et terrestre. Bien entendu, ces diverses interprétations ne s'excluent nullement ; il y a toujours une multiplicité de sens dans un même symbole, et c'est même là un des principaux avantages du symbolisme, beaucoup moins étroitement limité, comme moyen d'expression, que le langage ordinaire.

Un fait curieux (et j'y pense précisément à propos de la porte), c'est qu'un certain nombre de symboles sont communs au Christ et à la Sainte Vierge ; ce point me semble digne d'attention[1].

Je ne crois pas que l'étoile à six branches et le double triangle puissent, à proprement parler, être regardés comme deux symboles réellement distincts ; ce sont plutôt deux formes différentes d'un même symbole. En tout cas, les significations qui se rapportent au nombre 6 sont certainement communes aux deux formes. On pourrait peut-être voir aussi un certain rapport entre la première et l'étoile des Mages, ce qui, d'ailleurs, ne nous éloignerait pas tant des autres significations qu'il peut le sembler au premier abord[2].

D'abord, si le double triangle est appelé « sceau de Salomon », c'est parce que Salomon avait, dit-on, un anneau sur lequel était gravé ce signe, et dont la possession lui donnait le pouvoir de commander à toutes les forces de la nature ; cette tradition est commune aux Juifs et aux Musulmans. Le même signe porte encore d'autres noms, notamment celui de « bouclier de David », et aussi celui de « bouclier de Mikaël » ; cette dernière désignation est particulièrement intéressante à cause du rôle tout spécial qui est attribué dans l'angélologie

---

[1] Louis Charbonneau-Lassay (24 novembre 1924).
[2] Louis Charbonneau-Lassay (23 décembre 1924).

hébraïque à Mikaël, l'archange solaire, par qui se manifeste la gloire divine.

Quant au triangle dans lequel est inscrit le nom de יהוה, je ne crois pas qu'on puisse dire qu'il ne soit qu'un emblème vide de sens dans les églises chrétiennes ; sa signification demeure toujours. D'autre part, je ne pense pas non plus qu'il en soit question dans les prescriptions liturgiques de la Bible, ni qu'il figure actuellement dans les synagogues, où le signe le plus habituel est le double triangle avec le nom שרי (*Shaddaï* = le Tout-Puissant). Du reste, vous savez que les Juifs sont très réservés dans l'emploi du nom tétragrammatique יהוה, qu'ils écrivent aussi rarement que possible, et qu'ils ne prononcent jamais, le remplaçant par *Adonaï* (le Seigneur) dans la lecture du texte sacré. On dit qu'autrefois le Grand-Prêtre seul avait le droit de le prononcer une fois l'an, lorsqu'il pénétrait dans le Saint des Saints. Il est probable que le triangle contenant ce nom devait être un signe réservé, qu'on n'exposait pas publiquement, parce qu'il avait un caractère particulièrement sacré ; il y a quelque chose d'analogue dans l'Inde, mais le mot qui est inscrit dans le triangle est *Aum*[1].

J'ai vu ces jours derniers, au Louvre, un vase étrusque sur lequel figurent à la fois le swastika ordinaire 卍 et le swastika clavigère semblable à celui dont vous m'aviez communiqué le dessin : 卐

D'autre part, sur des vases grecs archaïques, il y a, à côté du swastika sous des formes variées, un autre signe ⋈ ou ⋈ fréquemment répété, et que je n'avais pas remarqué jusqu'ici ; je me demande quelle peut en être la signification exacte ; peut-être savez-vous quelque chose là-dessus[2].

La figure de la triple enceinte s'est en effet conservée jusqu'au moyen âge, comme beaucoup d'autres symboles antiques ; il y en a du reste un exemple dans votre brochure sur le Cœur de Chinon[3]. Pour moi, les trois enceintes représentent

---

[1] Louis Charbonneau-Lassay (25 février 1925).
[2] Louis Charbonneau-Lassay (19 février 1927).
[3] [

tout simplement trois degrés d'initiation ; c'est là un symbolisme très répandu dans les temps et les lieux les plus divers. Quant au cercle dans le carré, il a sans doute des significations multiples, mais il paraît être surtout une figure de l'« Anima Mundi » ; je me demande même s'il n'y aurait pas quelque indication à cet égard dans le *Timée* de Platon, mais actuellement mes souvenirs ne sont pas assez précis pour que je puisse l'affirmer[1].

Pour le symbole de la triple enceinte, il est certain qu'il y a, outre ce que je vous disais la dernière fois, une signification se rapportant aux trois mondes ; mais elle est d'ailleurs étroitement rattachée à celle que je vous indiquais. En effet, les degrés d'initiation (quand il s'agit d'initiation réelle, bien entendu) sont partout et toujours mis en correspondance avec certains états, qui sont représentés comme autant de mondes. Le symbolisme des cieux chez Dante est basé sur le même principe ; il faut même remarquer à ce propos que, dans l'Inde, les cercles planétaires sont parfois figurés comme autant d'enceintes concentriques entourant le Mêru. Le sens vraiment initiatique est indéfiniment multiple, pourrait-on dire, et, en raison des correspondances qu'il entraîne, il renferme tous les autres sans jamais rien limiter ; c'est par là qu'il n'a aucune commune mesure avec les interprétations profanes (je prends ce dernier mot dans le sens qu'on pourrait appeler « technique »)[2].

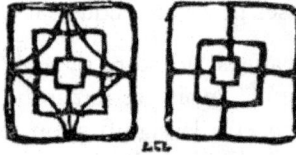

Voir aussi, par exemple, la triple enceinte à l'église du Theillement, en Normandie :

]

[1] Louis Charbonneau-Lassay (30 janvier 1929).
[2] Louis Charbonneau-Lassay (8 février 1929).

La « mandorla » est appelée aussi *vesica piscis*, mais je pense que c'est uniquement à cause de sa forme et qu'il serait difficile de tirer de cette dénomination des considérations d'un ordre bien profond, tandis que le symbolisme de l'amande (« luz ») est au contraire très important ; ceci, bien entendu, sans préjudice des autres rapports symboliques de la figure en question, soit avec la *yoni*, soit avec une construction géométrique qui est liée à celle du triangle équilatéral, et peut-être d'autres encore[1].

Le chariot solaire dont la caisse est carrée ou rectangulaire et de toit en forme de dôme (p. 16 [de votre article *Ushnisha and Chatra*]) correspond exactement aux formes que le symbolisme chinois assigne respectivement à la terre ou au ciel. Mais, d'autre part, je remarque, au sujet des monnaies chinoises, quelque chose qui semble être une anomalie par rapport à l'interprétation envisagée p. 17, vers la fin de la note 1 : si la pièce elle-même est ronde, le trou dont elle est percée en son centre est généralement carré ; comment l'expliquer ? Il semble que, pour ce cas, il faudra envisager une autre interprétation : la partie centrale représentant la terre, entourée de toutes parts par le ciel[2].

---

[1] Ananda K. Coomaraswamy (2 décembre 1935).

[2] Ananda K. Coomaraswamy (26 juillet 1938). « On dit encore que le Ciel, qui enveloppe ou embrasse toutes choses, présente au Cosmos une face "ventrale", c'est-à-dire intérieure, et la Terre, qui les supporte, présente une face "dorsale", c'est-à-dire extérieure ; c'est ce qu'il est facile de voir par la simple inspection de la figure ci-contre, où le Ciel et la Terre sont naturellement représentés respectivement par un cercle et un carré concentriques (fig. 8) :

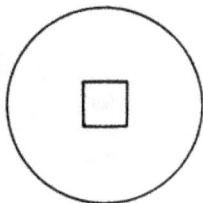

Fig. 8

On remarquera que cette figure reproduit la forme des monnaies chinoises, forme qui est d'ailleurs originairement celle de certaines tablettes rituelles : entre le contour circulaire et le vide médian carré, la partie pleine, où s'inscrivent les caractères, correspond évidemment au Cosmos, où se situent les "dix mille êtres", et le fait qu'elle est comprise entre deux vides exprime symboliquement que ce qui n'est pas entre le Ciel et la Terre est par là même en dehors de la manifestation. Cependant, il y a un point sur lequel la figure

Pour votre tableau utilisant le *swastika*, si vous ne pensez pas pouvoir l'exposer en public, ce n'est certainement pas une raison pour vouloir le détruire, car vous n'avez alors qu'à le « réserver » pour vous-même et pour quelques-uns. – Aucun des deux sens de rotation n'est bénéfique ou maléfique en lui-même ; tout dépend de la forme traditionnelle que l'on considère, ce qui est bénéfique pour l'une pouvant être maléfique pour l'autre et inversement, conformément à leurs caractéristiques propres. Dans une même forme traditionnelle, le sens opposé à celui qui est considéré comme bénéfique est parfois employé, non pour des actions maléfiques, mais pour ce qui est en rapport avec des événements malheureux, par exemple pour les rites funéraires. Il arrive aussi que la différence de sens serve de signe distinctif à deux traditions que les circonstances ont amenées à coexister dans une même région, comme le lamaïsme et le *bôn* au Thibet. L'opposition *swastika-sauvastika* est une pure fantaisie au point de vue linguistique : le nom de *swastika* est le seul qui s'applique dans les deux cas indistinctement, et *sauvastika* n'est qu'un adjectif qui en est dérivé et qui désigne ce qui se rapporte au *swastika*. Quant aux expressions « vers la droite » et « vers la gauche », elles sont très équivoques et peu satisfaisantes ; ce qu'il faut considérer en réalité, pour éviter toute erreur, c'est si une personne

---

peut paraître inexacte, et qui correspond d'ailleurs à un défaut nécessairement inhérent à toute représentation sensible : si l'on ne prenait garde qu'aux positions respectives apparentes du Ciel et de la Terre, ou plutôt de ce qui les figure, il pourrait sembler que le Ciel soit à l'extérieur et la Terre à l'intérieur ; mais c'est que, là encore, il ne faut pas oublier de faire l'application de l'analogie en sens inverse : en réalité, à tous les points de vue, l'"intériorité" appartient au Ciel et l'"extériorité" à la Terre, et nous retrouverons cette considération un peu plus loin. Du reste, même à prendre simplement la figure telle qu'elle est, on voit que, par rapport au Cosmos, le Ciel et la Terre, par là même qu'ils en sont les extrêmes limites, n'ont véritablement qu'une seule face, et que cette face est intérieure pour le Ciel et extérieure pour la Terre ; si l'on voulait considérer leur autre face, il faudrait dire que celle-ci ne peut exister que par rapport au principe commun en lequel ils s'unifient, et où disparaît toute distinction de l'intérieur et de l'extérieur, comme toute opposition et même tout complémentarisme, pour ne laisser subsister que la "Grande Unité" » (René Guénon, *La Grande Triade*, Gallimard, 1980, pp. 36-37).

accomplissant la rotation aurait sa droite ou sa gauche tournée vers le centre[1].

Artus Gouffier, comte de Kerhavas, était le frère de l'amiral, et un autre frère fut abbé de Saint-Denis ; lui-même remplissait la fonction de Grand Écuyer sous Henri II, et il passait pour être le seigneur le plus riche de son temps (c'est de lui que la légende populaire fit le marquis de Carabas, par déformation du nom de Kerhavas). Je suis allé autrefois avec Charbonneau au château d'Oiron qui était sa résidence, et qui n'est pas très loin de Loudun ; un des murs de la cour est couvert d'une série de signes qu'on dit être les marques des chevaux des écuries de Henri II ; or, parmi ces signes, beaucoup ont un caractère nettement hermétique, et il en est notamment un assez grand nombre où le sceau de Salomon se trouve en combinaison avec divers autres éléments. À ce propos, il est à noter que, à la même époque, le sceau de Salomon servait particulièrement de marque à certaines organisations d'initiation artisanale (c'est d'ailleurs ce qui m'avait fait penser à vous parler de cela à propos de Dürer), d'où sa présence, en Allemagne surtout, sur les enseignes des brasseries où elles se réunissaient ; c'est même pourquoi on le voit encore aujourd'hui dans certaines marques de bières, bien que naturellement ceux qui l'emploient ainsi n'en sachent plus du tout la raison.

D'un autre côté, le fait qu'il s'agisse de marques de chevaux, que ce soit d'ailleurs réel ou supposé, est intéressant aussi, étant donné que tout ce qui se rapporte aux chevaux a souvent servi, et dans les traditions les plus diverses, de « couverture » à des choses d'ordre initiatique. Charbonneau supposait que ces signes avaient peut-être été composés par quelqu'un des Carmes de Loudun qui, vers le même temps, tracèrent sur les murs de leur monastère des symboles dont le caractère hermétique et initiatique n'est pas douteux non plus ; sans naturellement pouvoir rien affirmer, il me disait qu'il pensait même plus spécialement, à cet égard, à ce frère Guyot dont il vous a peut-être montré la curieuse signature « rosicrucienne »[2] (il en a

---

[1] René Burlet (31 juillet 1949).

[2]

d'ailleurs donné la reproduction dans un de ses articles de *Regnabit*)[1].

À propos du *swastika*, ce mot est bien masculin en sanscrit ; il n'y a donc aucune raison de le faire féminin en français[2].

# II

# LES SYMBOLES ANIMALIERS[3]

POUR LA multiplicité de sens et d'applications d'un même symbole, ce que vous dites du poisson est très juste ; on pourrait faire la même remarque pour beaucoup d'autres, notamment pour le cerf, qui est aussi le Christ et le fidèle, et même plus souvent le fidèle, en raison de cette parole de Job (VII, 2) : *Sicut cervus desiderat ad fontes aquarum.*

À propos du poisson, vous savez sans doute que ce symbole est fort ancien, et qu'il se trouve presque toujours en relation avec un aspect du Verbe. Je ne veux pas parler seulement de l'Oannès chaldéen et du Dagon syrien (dont il a été souvent question dans les publications du Hiéron de Paray-le-Monial) ; dans l'Inde aussi, le poisson représente la première manifestation de Vishnou.

J'ai appris récemment qu'il existe, au porche sud de l'église de Perros-Guirec, une représentation de la Trinité dans laquelle le Fils est figuré sous la forme d'un lion ; le saviez-vous ? Je crois que la chose est assez rare ; j'espère en avoir une photographie, que je pourrai vous communiquer si vous ne l'avez déjà[4].

---

[1] Marcel Clavelle (Jean Reyor).

[2] Louis Charbonneau-Lassay (25 février 1926).

[3] [Les nombreux extraits de lettres à Louis Charbonneau-Lassay sur le sujet animalier montrent bien à quel point René Guénon a participé et soutenu activement les recherches de cet auteur, qui devaientt être finalement publiées sous le titre *Le Bestiaire du Christ* en 1940, remarquable ouvrage où Guénon y est souvent cité en référence – *GP*].

[4] Louis Charbonneau-Lassay (23 décembre 1924). [Il est également possible que le tympan du porche sud représente incomplètement (en raison de la dégradation de l'édifice) le « Christ en Gloire » (et non le Père) et, autour de lui, l'aigle (et non la colombe), symbole de Saint Jean, et le lion, symbole de Saint Marc – *MAT :*

Quant à l'origine de ce symbole du serpent qui se mord la queue, il est très possible qu'elle soit égyptienne ; rien ne prouve d'ailleurs qu'elle ne remonte pas plus loin que l'époque alexandrine. Je me méfie toujours quand on attribue quelque chose aux Gnostiques sans préciser davantage ; il y en a eu de tant de sortes, et ce qu'on en sait est si incomplet ! Du reste, il est bien probable qu'ils se sont servis de beaucoup de symboles qu'ils n'ont pas inventés. Le sens le plus habituel de l'οὐροβόρος est celui, non pas d'éternité, mais de perpétuité, c'est-à-dire d'indéfinité temporelle ; c'est un symbole cyclique, ce qui ne l'empêche pas d'avoir en même temps d'autres significations. D'ailleurs, d'une façon générale, vous savez que le serpent a un aspect bénéfique et un aspect maléfique, et qu'il en est de même pour beaucoup d'autres figures symboliques ; le lion, notamment, est aussi dans ce cas. Il y aurait toute une théorie à développer là-dessus, et je crois qu'on ne l'a jamais fait ; il est vrai que ce sont là des choses assez difficiles à expliquer[1].

Quelle est donc la provenance de ce monogramme dit de Henry III, dans lequel la forme de l'S en double serpent est vraiment bien curieuse ?[2] Pour le signe mérovingien dont vous m'envoyez l'empreinte, il ne me paraît pas douteux que c'est bien le même symbole. – Quant à l'ouroboros, vous avez tout à fait raison de le rapprocher du « cycle annuel » ; d'ailleurs, dans la *Pistis Sophia*, ouvrage alexandrin qu'on attribue généralement

---

]

[1] Louis Charbonneau-Lassay (25 février 1925).
[2] [Le monogramme d'Henry III du Saint-Empire :

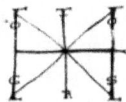

]

aux Gnostiques valentiniens (mais qui pourrait tout aussi bien appartenir aux Ophites), le corps du serpent est représenté comme divisé en douze « éons » (le sens primitif du grec αἰων est aussi celui de « cycle ») qui correspondent aux douze signes du zodiaque. D'autre part, le symbole du « cycle annuel » a une très grande importance dans beaucoup de traditions anciennes et peut donner lieu à une foule de considérations très curieuses, permettant d'expliquer en même temps certaines particularités de la disposition des zodiaques qui figurent au portail des églises. Peut-être arriverai-je quelque jour à faire une étude sur cette question, quoique ce soit assez compliqué et difficile à exposer clairement, comme d'ailleurs tout ce qui se rattache aux théories cycliques ; jusqu'ici, je n'ai eu que l'occasion d'y faire quelques allusions çà et là.

On m'a envoyé dernièrement une brochure sur *les chapiteaux de l'église de Saint Nectaire*, étude iconographique par l'abbé G. Rochias. J'y trouve quelque chose que je crois susceptible de vous intéresser ; je transcris le passage : « Il y a deux chapiteaux semblables, dont chacun nous montre trois aigles, les ailes éployées et étendues en forme de bras de croix. Celui du milieu a la tête droite et paraît vivant. Les deux autres ont la tête inclinée sur la poitrine et semblent morts : le bec de celui de droite est resté entr'ouvert, dans la position où la mort l'a surpris. – Dans la faune symbolique, l'aigle, roi des airs, est une image du Christ. Ceux de ces chapiteaux ont tout l'air de figurer le Christ en croix : celui de la face principale, le Christ encore vivant sur la croix, et ceux des faces latérales, le Christ mort. »

J'oubliais quelque chose à propos des chapiteaux de Saint Nectaire : sur plusieurs d'entre eux, le diable figure accompagné de *fruits d'arum* ; sauriez-vous quelle peut être l'origine de ce symbole que je n'avais encore jamais rencontré ?[1]

L'ibis est, chez les Égyptiens, l'hiéroglyphe de Thoth, c'est-à-dire de la Sagesse. Dans l'Amérique centrale, le héron blanc représente le centre spirituel du monde. En appliquant ces

---

[1] Louis Charbonneau-Lassay (2 décembre 1925). [Cette fleur, toxique et malodorante, était considérée au Moyen Âge comme un des attributs du diable. Son nom vient de celui du frère de Moïse, Aaron, qui fabriqua en son absence le fameux veau d'or ; le mot *arum* עָרוּם signifie « rusé » : « Le serpent était le plus rusé de tous les animaux des champs que Dieu avait faits » (*Genèse* 3 :1) – *MAT*].

symboles au Christ, on n'en a donc pas altéré la signification. –
Sur le sceau dont vous me donnez le dessin, il est difficile de
savoir si l'oiseau représenté est un héron ou une cigogne, mais
c'est presque certainement l'un ou l'autre. En Extrême-Orient,
c'est plutôt la grue qui tient la même place dans le symbolisme[1].

Je viens de trouver quelque chose de curieux à propos de
l'ibis : Élien, indiquant les diverses raisons symboliques pour
lesquelles cet oiseau était vénéré par les Égyptiens, dit
notamment que, quand il ramène sa tête et son cou sous ses
ailes, il prend la figure d'un cœur[2].

Votre amulette pisciforme est vraiment très curieuse ; elle
me fait penser que l'Astarté phénicienne pourrait bien avoir été
identifiée avec la déesse syrienne Atergatis ou Dercito. Il y
aurait des considérations bien remarquables à développer sur le
symbolisme du poisson ; il me semble d'ailleurs que nous en
avons déjà parlé. Vous savez aussi que, au Hiéron, on a toujours
considéré Oannès et Dagon comme des figures du Christ, et il
me semble que c'est avec raison ; peut-être seulement ne l'a-t-
on jamais justifié assez clairement[3].

Il y a un symbole du Christ dont j'ai toujours oublié de vous
parler et qui a une certaine importance : c'est le griffon ; en
avez-vous rencontré des exemples dans l'iconographie ? Il me
semble qu'il doit y en avoir ; en tout cas, ce symbole se trouve

---

[1] Louis Charbonneau-Lassay (18 juin 1925).

[2] Louis Charbonneau-Lassay (22 août 1925). « L'ibis fut pris, lui aussi, pour un
des emblèmes du cœur. C'est que, nous dit Elien, "quand l'ibis ramène sa tête
et son cou sous ses ailes, il prend la figure d'un cœur, et c'est par un cœur que
les Égyptiens représentaient autrefois hiéroglyphiquement l'Égypte."... L'art a
parfois représenté l'ibis dans cette attitude symbolique, même très
tardivement : un bijou en forme d'applique émaillée du XIIIe siècle, dont
l'érudit collectionneur poitevin, le comte Raoul de Rochebrune, possédait une
reproduction représentant l'ibis blanc, la tête penchée en avant et dans
l'attitude qui lui donne en effet la forme indiquée par Elien » (Louis
Charbonneau-Lassay, *Le Bestiaire du Christ*, Albin Michel, 2006, pp. 574-575) :

[3] Louis Charbonneau-Lassay (30 décembre 1925).

chez Dante, pour qui la double nature de cet animal représente
l'union de la nature divine et de la nature humaine dans le
Christ. Il est à remarquer, d'autre part, que le griffon, chez les
anciens, est souvent figuré tenant la roue du monde[1].

Le *makara* correspond au signe zodiacal du Capricorne qui
est bien en effet *Janua Cœli*, ou l'entrée du *dêva-yâna*. – Quant à la
soi-disant « tête de Gorgone », il est tout à fait compréhensible
que ses cheveux représentent les rayons solaires ; mais à quelle
époque a-t-on commencé à en donner l'interprétation qu'on
connaît le plus habituellement ? Certains veulent faire dériver
cette « tête de Gorgone » de la représentation du poulpe ; mais
c'est une manie de certains, que je considère comme fort peu
sérieux, de vouloir retrouver le poulpe partout, de sorte que je
m'en méfie beaucoup ; qu'en pensez-vous ? (le poulpe,
d'ailleurs, se rapporte en réalité au signe du Cancer, c'est-à-dire
à l'opposé même du Capricorne.) – Il me semble, d'autre part,
qu'une tête très semblable se trouve dans les anciennes
sculptures de l'Amérique centrale, où elle doit avoir aussi une
signification « solaire » ; et je n'arrive pas à retrouver cela
exactement en ce moment[2].

Pour ce qui est du Sphinx, nous sommes bien d'accord
aussi ; il est tout à fait fantaisiste de vouloir, comme certains
l'ont fait, trouver une combinaison de quatre éléments dans le
Sphinx « égyptien », qui n'en comprend réellement que deux ;
par contre, les Kerubim sont bien effectivement des
« tétramorphes » (cf. Visions d'Ezéchiel). Maintenant, pourquoi
le Sphinx grec semble-t-il envisagé surtout sous son aspect
« maléfique », et pourquoi ce nom même de Sphinx dérivé de
*Sphiggï* qui, si je me souviens bien, signifie « étrangler » ou
« étouffer » ? Il y a quelque chose que je ne me m'explique pas
très clairement[3].

---

[1] Louis Charbonneau-Lassay (19 février 1927).
[2] Ananda K. Coomaraswamy (28 mars 1940).
[3] Ananda K. Coomaraswamy (20 décembre 1945). [Dans la mythologie
grecque, le Sphinx est la fille de Typhon et d'Échidna. Elle est représentée
avec un buste de femme, un corps de lion et des ailes d'oiseau. Son nom
provient du grec ancien Σφίγξ-Sphígx, dont l'étymologie n'est pas assurée. Le
rapprochement que les Grecs faisaient avec le verbe σφίγγω-sphíggô, signifiant
« étrangler », est une étymologie populaire qui ne repose sur rien ; la forme
originelle est peut-être Φίξ-Phíx, utilisée chez Hésiode. Le mot grec est
féminin, ce qui explique les transcriptions anciennes *Sphinge* ou *Sphynge*. Si

J'ai vu surtout le symbole de l'abeille dans les traditions égyptienne et chaldéenne, ce qui ne semblerait pas indiquer une origine hyperboréenne ; il y a surtout un sens se rapportant à la royauté (le même mot chaldéen *sâr* signifie à la fois prince et abeille). Ce qui est curieux, c'est que le même symbole semble avoir été pris par les premiers rois de France, car on a trouvé des abeilles d'or dans leurs tombeaux, et certains veulent même voir dans la figure de l'abeille une des origines possibles de la « fleur de lys » (qui réunit probablement en elle plusieurs symboles différents, mais pouvant se disposer sur un même schéma, en rapport avec le nombre 6). Chose singulière, ce symbole de l'abeille a encore été repris beaucoup plus tard par Napoléon ; mais je ne sais pas quelles peuvent être, historiquement, les raisons qui l'y ont amené ; il y a d'ailleurs en ce qui le concerne, bien des points assez énigmatiques... – Maintenant, il se peut qu'il y ait encore, pour l'abeille, autre chose que tout cela : on m'a signalé il y a quelques temps, à ce sujet, l'histoire d'Aristée et des abeilles dans les *Géorgiques* de Virgile ; il y a sûrement là quelque chose qui mériterait d'être examiné de plus près, mais je dois avouer que, jusqu'ici, je n'en ai eu ni le temps, ni l'occasion ; peut-être vous serait-il possible de voir de ce côté, car je me demande si cela n'aurait pas un rapport direct avec ce que vous avez en vue...

Je vois aussi, à propos des abeilles, que j'ai noté une similitude du taureau d'Aristée avec le « taureau primordial » de la tradition perse, du corps duquel sortent tous les êtres vivants. Il y a, d'autre part, une bizarre ressemblance entre le nom latin de l'abeille, *apis*, et le nom du taureau sacré des anciens Égyptiens[1].

Nous avons déjà parlé du sanglier de Calydon, tué par Hercule si je ne me trompe. Par contre, chez les Phrygiens, c'est Atys qui est tué par un sanglier. Il faut croire, en tout cas, que le rôle symbolique du sanglier est particulièrement important puisque c'est lui qui, dans l'Inde, donne son nom au *Kalpa* actuel appelé *Shrî-Shwêta-Varâha-Kalpa*. Il est même assez curieux que

---

l'usage français a retenu le masculin pour le mot commun, la désignation de nombreuses statues étrusques utilise la forme féminine. Les Grecs connaissaient également le Sphinx égyptien, mâle, nommé ἀνδροσφιγξ-ándrosphigx].

[1] Vasile Lovinescu (9 novembre 1935).

ce soit la troisième manifestation de Vishnu, plutôt que la première, qui caractérise ainsi tout l'ensemble du cycle[1].

Blaise ou Beleiz est le nom celtique du loup, qui était le symbole de Belen : la même chose se trouve chez les Grecs pour l'Apollon Lycien, avec un curieux rapprochement entre les désignations du loup (*lukos*) et la lumière (*lukê*). Le nom de Blois est aussi le Beleiz celtique ; le loup est d'ailleurs resté dans les armes de la ville ; et il y a des monnaies dites Blesances, où la tête d'Apollon du type ordinaire est remplacée par une tête de loup[2].

Une question qui m'est suggérée par des réflexions d'un correspondant : comment pourrait-on présenter le symbolisme hindou de la vache pour le rendre facilement compréhensible à des personnes qui n'ont pas de connaissances doctrinales particulières ? Cela a quelque importance, car vous savez que c'est l'un des points que les Occidentaux s'efforcent plus spécialement de caricaturer et de tourner en ridicule[3].

---

[1] Emmanuel Hillel (6 septembre 1924). [« Kaçava est honoré pendant Krita, Trêta, Dwâpara, Kali, sous des couleurs, des noms, des formes multiples et de différentes façons. Dans le Krita-yuga il est blanc… Il est célébré sous les noms de Hamsa, Suparna… Dharma… Manu » (*Bhâgavata Purâna* I, XI). *Hamsa* devrait être associé avec le sanglier, *varâha*, parce que de même que le présent *Kalpa* est appelé *Shwêta-Varâha-Kalpa*, ainsi, analogiquement, cet emblème doit se retrouver au début du *Manvantara* actuel. Les deux premiers *avatâras*, *matsya* et *kurma-avatâra*, avaient la fonction principale de réaliser le transfert de l'ancien vers le nouveau *Manvantara*. *Kurma* quant à lui doit stabiliser le nouveau monde. Après cela, Vishnu s'est manifesté sous la forme d'un sanglier (*varâha-avatâra*) (il est Rishi Raghu avec une tête de sanglier), quand il a déchiré Hiranyaksha (« l'œil d'or » – un nom qui suggère l'« âge d'or » et le centre), le chef des démons (*asuras*) qui ont jeté la Terre au fond de l'océan. C'est Vishnu-*varâha* qui l'a ramenée comme une « terre nouvelle ». Parce qu'il produit la terre sur laquelle les hommes vont commencer à vivre, le cycle est appelé *Varâha-Kalpa* (dans la Genèse, la terre est produite le deuxième jour). Les auteurs antiques écrivirent que les hommes de l'« âge d'or » se nourrissaient de glands, la nourriture du sanglier. Pausanias (VIII.2-3) mentionne les Pélasges d'Arcadie et le très-sage et très-beau Pélasgos, qui a enseigné aux gens de porter des peaux de sanglier et de manger un gland particulier de chêne – *MAT*].

[2] Emmanuel Hillel (29 septembre 1929).

[3] Ananda K. Coomaraswamy (22 août 1938). [« Mr. Tilak in his *Arctic Home in the Vedas* has accepted the general conclusions of European scholarship, but by a fresh examination of the Vedic Dawn, the figure of the Vedic cows and the astronomical data of the hymns, has established at least a strong probability that the Aryan races descended originally from the Arctic regions

# III

# LES SYMBOLES FLORAUX

JE NE ME rappelle pas avoir vu de figures associant la croix à la grenade, mais je ne suis pas surpris qu'il en existe, car la grenade est un symbole tout à fait analogue à la rose, qui a aussi, parmi ses divers sens, celui de fécondité. Ce symbole n'est pas seulement phénicien, il est aussi hébraïque, puisque des grenades figuraient sur les chapiteaux des colonnes du temple de Jérusalem. À propos de symboles phéniciens, j'ai vu en Algérie des monuments de l'époque romaine sur lesquels étaient associés la croix et le croissant, et qui pourtant n'étaient ni chrétiens ni musulmans (le croissant était l'emblème de Tanit)[1].

Astarté, Istar et Tanit sont en effet identiques (les deux premiers noms n'en sont d'ailleurs qu'un sous deux formes un

---

in the glacial period » (Sri Aurobindo, *The Secret of the Veda*, Ari Aurobindo Ashram, Pondicherry, 1971, p. 28). « But I had already found that the Vedic cow was an exceedingly enigmatical animal and came from no earthly herd. The word *go* means both cow and light and in a number of passages evidently meant light even while putting forward the image of the cow. This is clear enough when we have to do with the cows of the sun – the Homeric kine of Helios – and the cows of the Dawn… Indra is invoked as the maker of perfect forms to drink the wine of Soma; drinking he becomes full of ecstasy and a "giver of cows" » (*ibid.*, p. 41). « The cow and horse, *go* and *aśva*, are constantly associated. Usha, the Dawn, is described as *gomatī aśvavatī*… A study of the Vedic horse led me to the conclusion that *go* and *aśva* represent the two companion ideas of Light and Energy, Consciousness and Force, which to the Vedic and Vedantic mind were the double or twin aspect of all the activities of existence » (*ibid.*, p. 42). « The number seven plays an exceedingly important part in the Vedic system, as in most very ancient schools of thought. We find it recurring constantly, – the seven delights, *sapta ratnāni*; the seven flames, tongues or rays of Agni, *sapta arciṣaḥ*, *sapta jvālāḥ*; the seven forms of the Thought-principle, *sapta dhītayaḥ*; the seven Rays or Cows, forms of the Cow unslayable, Aditi, mother of the gods, *sapta gāvaḥ*; the seven rivers, the seven mothers or fostering cows, *sapta mātaraḥ*, *sapta dhenavaḥ*, a term applied indifferently to the Rays and to the Rivers » (*ibid.*, p. 92). « The seven rays or cows are Aditi the infinite Mother, the Cow unslayable, supreme Nature or infinite Consciousness, pristine source of the later idea of Prakriti or Shakti, – the Purusha is in this early pastoral imagery the Bull, Vrishabha, – the Mother of things taking form on the seven planes of her world-action as energy of conscious being » (*ibid.*, p. 93). « The Cow is the outer symbol, the inner meaning is the Light » (*ibid.*, p. 99)].

[1] Louis Charbonneau-Lassay (25 février 1925).

peu différentes). À propos de vos statuettes, il est bon de remarquer que le triangle ∇, la coupe dont il est le schéma, et aussi la fleur de lotus dans une de ses significations, sont des signes ayant tous un rapport direct avec l'eau, laquelle est partout le symbole du principe féminin[1].

Voici encore une référence intéressante à ajouter à vos innombrables fiches, si toutefois vous ne l'avez pas déjà : Saint Bernard représente l'union du Verbe avec l'humanité, dans la personne du Christ, sous la forme d'« un lis pur dont la corolle éclatante de blancheur forme une coupe gracieuse, une couronne qui représente la nature humaine, et dont les pistils dorés symbolisent les rayons de la divinité » (*Sermon* LXX, 5). Cela ressemble beaucoup à ce que vous nous avez dit au sujet de la marguerite ; c'est tout à fait le même symbolisme[2].

# IV

# LE NOM

VOTRE IDÉE au sujet de la « puissance du nom » est sûrement juste, et le rappel de la définition des « devoirs » des officiers pourrait aussi être rapprochée de l'importance que la Tradition chinoise donne aux « dénominations correctes ».

C'est certainement une erreur de mettre le nom avant le prénom ; ce n'est là qu'un usage très moderne et essentiellement profane (papiers administratifs, etc.), que j'ai toujours trouvé d'autant plus choquant que le mot « prénom » lui-même signifie précisément « avant le nom ».

En tout cas, la raison pour laquelle ce nom était tenu secret (et il est probable que le cas de Rome ne fut pas unique à cet égard) est que des ennemis qui auraient réussi à le connaître auraient pu s'en servir pour s'emparer de la ville, la connaissance du véritable nom d'un être (ou d'une « entité » quelconque) donne en quelque sorte pouvoir sur lui, parce que

---

[1] Louis Charbonneau-Lassay (23 janvier 1926).
[2] Louis Charbonneau-Lassay (25 août 1926).

ce nom s'identifie à son essence même dont il est l'expression la plus adéquate[1].

# V

# LA SYMBOLIQUE DES NOMBRES, DES LETTRES ET DES MOTS

VOUS ME demandez comment se nomme le Verbe chez les Hindous ; il n'a pas seulement un nom, il en a un grand nombre, suivant les aspects sous lesquels on l'envisage. En effet, d'abord, la *Trimûrti* ne correspond pas à la Trinité chrétienne comme on l'a quelquefois supposé ; mais elle est constituée en réalité par trois aspects du Verbe, en qui toutes choses ont leur commencement (aspect producteur, *Brahmâ* = A), leur support (aspect conservateur, *Vishnu* = U), et leur fin (aspect transformateur, *Shiva* = M). Le monosyllabe *Aum* est un nom synthétique renfermant ces trois aspects, auxquels ses trois lettres correspondent comme je viens de l'indiquer, sans parler de leurs autres significations symboliques. D'autre part, un nom très général est *Îshwara*, « le Seigneur » ; un autre est *Swayambhû*, « Celui qui subsiste par soi-même » ; et il y en a encore bien d'autres. Dans le cas dont il s'agissait, celui du cheval blanc, c'est la dernière manifestation de *Vishnu*, à la fin de ce monde, c'est-à-dire du cycle actuel ; vous voyez que c'est identique à ce qui se trouve dans l'*Apocalypse*[2].

Le *Rex Nemorensis* dont vous me parliez doit être le même personnage que ce qu'on appelle souvent le « prêtre de Nemi » (je crois que Renan a écrit quelque chose sous ce titre). Je sais qu'il existe un lac de *Nemi*, mais je ne sais pas exactement en quelle région de l'Italie il se trouve. En tout cas, c'est *Nemi* qui est le nom actuel de la localité dont il s'agit ; mais à l'origine, ce ne devait pas être un nom propre, car c'est tout simplement le mot latin *nemus*, qui signifie « bois », et spécialement « bois sacré ». Ce mot est étroitement apparenté au *nemeton* celtique, et

---

[1] Marcel Maugy (Denys Roman) (13 janvier 1949).
[2] Louis Charbonneau-Lassay (25 février 1925).

aussi, par inversion, au *temenos* grec, qui signifient l'un et l'autre
« lieu consacré » ; les racines de ces mots, comme celles de
*templum* et de *sacratum*, expriment principalement l'idée de mettre
à part, de séparer du monde profane[1].

*Amen* doit certainement être rapproché de l'Égyptien *Amoun*
(qui, chose bizarre, donne Numa si on le lit à l'envers), le sens
principal semble être celui de mystère, de chose cachée ou
invisible ; de là dérive *Emounah*, qui signifie foi. Dans AMeN et
AUM, il y a deux lettres communes sur trois, A et M, qui
représentent deux opposés ou complémentaires ; N indique le
produit de ces deux termes et par conséquent est placé après,
tandis que U indique le lien qui les unit et, à ce titre, se place
entre eux. Seulement, les deux complémentaires ne semblent
pas être envisagés au même point de vue dans les deux cas bien
que figurés par des symboles hiéroglyphiques correspondants[2].

Je revois tout ce que vous m'écriviez sur A V M et A M N ;
c'est très intéressant, et je pense que c'est juste en grande
partie ; il faudrait que nous reparlions de cela aussi, et il serait
plus facile de le faire de vive voix. En tout cas, pour le point qui
vous semble embarrassant, c'est-à-dire les rapports et les
différences entre V et N, ce que je peux vous en dire pour le
moment, c'est ceci : V est le lien entre les deux termes opposés
ou complémentaires, d'où sa position intermédiaire (cette lettre
et le nombre correspondant 6 représentant le « médiateur ») ; N
est le produit de l'union de ces deux mêmes termes, d'où sa
position finale[3].

Naturellement, l'équivalent linguistique d'*agni* en latin est
*agnis* et non *agnus* ; la modification de la voyelle initiale est sans
importance et se produit fréquemment (par exemple dans le
sanscrit *antar* et le latin *inter*). Maintenant, je ne dis pas du tout
que les premiers chrétiens aient eu connaissance du terme
sanscrit ; il n'y a là qu'une correspondance ou une concordance
qui ne suppose nullement une communication directe, d'autant
plus que le rapprochement pouvait très bien se faire entre les
mots latins eux-mêmes, *agnis* et *ignis* ; il y en a de plus
extraordinaires, et qui ne supposent pas davantage un lien
étymologique. Du reste, il y a autre chose que la relation

---

[1] Guido di Giorgio (12 juin 1927).
[2] Guido di Giorgio (4 mars 1929).
[3] Guido di Giorgio (6 septembre 1929).

verbale ; dans le symbolisme hindou, le bélier est attribué à *Agni* ; et il y aurait sur tout cela bien des considérations à développer, ce que j'arriverai peut-être à faire quelque jour[1].

Ce que vous me dites de l'étymologie de *caelum* est très intéressant ; je ne savais pas qu'on trouvait la forme *caelare* pour *celare* ; est-ce la plus ancienne ? Dans ces conditions, le rapprochement avec le grec ουρανοσ n'est pas purement accidentel ; en effet, ce dernier mot est identique au sanscrit *Varuna*, et la racine *var* (qui se change très facilement en *ur*) signifie « couvrir » ; entre ce sens et celui de « cacher », il y a une parenté très étroite[2].

D'autre part, je ne crois pas à l'étymologie de « çûfî » venant de « çûf », laine ; comme toutes les autres qu'on m'a données, elle est plutôt un rapprochement fait après coup ; ce mot est plutôt un « chiffre » qui, comme tel, n'a pas de dérivation linguistique[3].

Le mot *barzakh* (au pluriel *barâzikh*) signifie proprement un « intervalle » qui sépare et unit à la fois des états différents ; analogiquement, il est appliqué à certains personnages dans une acceptation qu'on peut rapprocher du sens étymologique de « pontifex » et c'est d'ailleurs [pourquoi] Mohyiddin, notamment, est appelé *barzakh el-barâzikh*[4].

Dans les LL∴ opératives, le nom d'*El-shaddaï* est expressément mentionné dans l'invocation prononcée à l'ouverture par le Chaplain (Bro∴ Jak∴) ; votre remarque sur le nombre 345 de ce nom est juste, mais il y a encore d'autres choses assez remarquables. *Shaddaï* seul a pour nombre 314, qui est important aussi ; c'est en même temps le nombre de Metatron, et de plus, en arabe, c'est le nombre du nom « développé » de Mohammed (le F∴ Maridort pourra vous communiquer l'explication que je lui ai donnée sur ce dernier point). D'autre part, 345 est non seulement le nombre d'*El-Shaddaï*, mais aussi celui de *ha-Shem* (le Nom), ainsi que de *Mesheh*, la forme hébraïque du nom de Moïse, qui est d'ailleurs le retournement exact de *ha-Shem*[5].

---

[1] Arturo Reghini (19 juin 1924).
[2] Arturo Reghini (16 novembre 1924).
[3] Ananda K. Coomaraswamy (2 décembre 1935).
[4] Marcel Clavelle (Jean Reyor) (3 juillet 1936).
[5] Marcel Maugy (Denys Roman) (19 octobre 1948).

J'en viens aux autres questions contenues dans vos lettres, et, tout d'abord, il faut que j'appelle votre attention sur une chose qui est inexacte : il n'existe pas de racine *GAB*, car, en hébreu comme en arabe, toute racine est formée de *trois* lettres (il est bien entendu que les voyelles ne comptent pas). En réalité, les racines G B ` (je transcris comme je peux la lettre `*AïN*), « être rond », et G B R, « être fort », sont tout à fait distinctes, bien qu'elles aient les deux premières lettres communes. Par contre, il y a, dans les deux langues un certain rapport de sens entre les racines G B R, « être fort » et K B R, « être grand » ; il en est d'ailleurs assez souvent ainsi pour des mots qui ne diffèrent que par la présence respective des lettres G et K dans leur racine (il est d'ailleurs à remarquer qu'il y a des régions, en Irak, où K se substitue à G dans la prononciation vulgaire). D'autre part, pour ce qui est des nombres, GB` = 75, GBR = 205, KBR = 222, je ne vois pas du tout là-dedans ce qui peut donner 131 ; peut-être pourrez-vous m'expliquer d'où est venu ce nombre, et s'il y a eu confusion avec quelque autre mot ou seulement erreur de calcul[1].

À propos des nombres, je ne vois pas qu'il y ait, dans le symbolisme chinois, la différence que vous pensez y trouver : le Tao « sans un nom » est le Zéro métaphysique, indiqué peut-être même encore plus nettement là que partout ailleurs ; c'est seulement le Tao « avec un nom » qui peut être identifié à la « Grande Unité » (*Tai-i*), représentée par le Pôle ; mais je me demande si Granet a quelque idée de cette distinction tout à fait essentielle ; quant au deux, il représente bien partout la « polarisation » : les couples « Ciel-Terre », « Yin-Yang », etc., sont bien toujours au fond, des aspects de la dualité Purusha-Prakriti (contenue dans l'unité d'Îshwara ou de l'Être). Et c'est au trois que commence proprement la manifestation : « un a produit deux, deux a produit trois, trois a produit tous les nombres » (qu'on a tous en effet dès qu'on a quatre, puisque 1+2+3+4 = 10 ; et c'est pourquoi, dans les idéogrammes chinois, le signe + = 10, et 10 puissance 4 = 10 000 désigne l'indéfinité de tous les êtres).

Dans le diagramme du *Tai-Ki*, il n'y a pas réellement d'axe vertical, car il doit être regardé comme tracé dans un plan

---

[1] Marcel Maugy (Denys Roman) (8 septembre 1949).

horizontal ; on pourrait seulement dire qu'un des axes joue un rôle « relativement vertical » par rapport à l'autre ; mais alors pourquoi serait-ce le diamètre plutôt que la demi-circonférence (ou mieux l'ensemble des deux demi-circonférences) ? Je ne vois rien qui l'indique, et même la figure telle qu'elle est disposée habituellement (voir page 280 du livre de Granet) semble bien indiquer tout le contraire. Vous voudrez bien me dire si vous avez vu autre chose qui vous ait fait penser cela ; en tout cas, même si ce que vous dites se rencontrait quelquefois, ce ne serait encore pas une difficulté insurmontable, car il ne faudrait y voir qu'un cas particulier de cet échange des nombres et des symboles que Granet lui-même signale à plusieurs reprises (échange des nombres pairs et impairs entre le Ciel et la Terre, attribution de l'équerre à Fo-hi et du compas à Niu-Koua, etc.), mais dont, d'ailleurs, sa manie des explications « sociologiques » l'empêche de comprendre le véritable sens, car, satisfait de ce qu'il croit avoir trouvé à ce point de vue, il n'a même pas l'idée de chercher plus loin[1].

# VI

# LES ARMES SYMBOLIQUE

CHOSE CURIEUSE, le « wooden sword » se trouve aussi dans le rituel islamique : il est tenu en main par celui qui prononce la « Khotbah » du vendredi, et il est regardé comme représentant la puissance de la parole (une signification semblable est d'ailleurs donnée aussi à l'épée dans la Maçonnerie)[2]. – J'ai entendu dire que, jusqu'à une époque toute récente, il y avait dans certaines régions de la France (surtout dans le Nord) des compagnies d'archers qui avaient une sorte d'initiation ; mais je n'ai jamais pu avoir aucun renseignement défini sur la nature du symbolisme dont elle faisait usage ; il est probable que cela ne devait pas être sans rapport avec ce qui se rencontre ailleurs[3].

---

[1] Un docteur non identifié (26 août 1935).
[2] [Voir l'Annexe à la fin de cette partie – MAT].
[3] Ananda K. Coomaraswamy (28 mars 1937).

# VII

# LE TONNERRE ET LA PLUIE

EN PARLANT des accessoires destinés à produire les bruits, je pensais surtout à une sorte de baril métallique contenant des pierres, qui me paraît intéressant parce qu'il remonte probablement très loin. Carl Hentz, dans son livre *Mythes et symboles lunaires*, signale que, dans une danse sacrée d'une certaine tribu indienne, « le bruit du tonnerre est rendu par une caisse remplie de pierres qu'on secoue » (je viens de m'apercevoir, en recherchant cela, que c'est dans ce même livre que se trouve la figuration de la « danse du cerf » dont je vous ai parlé). Je me demande même si, par ailleurs, cet instrument n'aurait pas quelque rapport avec les « rhomboi » des mystères de l'antiquité, dont personne ne paraît savoir au juste ce que c'était[1].

J'en reviens à l'instrument destiné à imiter le bruit du tonnerre : le fait que, chez certains peuples, un tel instrument est soigneusement caché aux femmes, outre ce que vous en dites et qui est certainement fondé aussi, me paraît être en rapport avec le caractère essentiellement masculin qui est partout et toujours attribué aux symboles de la foudre, le *vajra* et ses divers équivalents. À ce sujet, vous pourriez voir aussi la curieuse légende chinoise de Yu le Grand et de sa femme (dans Granet, *Danses et légendes de la Chine ancienne*) ; ici, l'instrument employé est un tambour de pierre. – Quant au baril en question, plus j'y repense, plus je trouve des rapprochements qui tendent encore à montrer qu'il a en réalité beaucoup plus d'importance qu'on ne pourrait le croire à première vue. Dans certaines tribus indiennes, pour provoquer la pluie, un homme monte sur un toit (comme le couvreur dans les anciennes LL∴ opératives) et agite la calbasse remplie de cailloux ; il y a donc là quelque chose qui se rattache directement aux rites des « faiseurs de pluie » ou soi-disant tels. Or le véritable sens de ces rites, comme je l'ai indiqué, est un appel destiné à provoquer la descente des influences spirituelles du Ciel sur la Terre ; dans

---

[1] Marcel Maugy (Denys Roman) (31 août 1948).

l'initiation maç∴, la réponse à cet appel est donnée, lors de la consécration, par le maillet, équivalent de *vajra*, et l'épée flamboyante, qui a parmi ses différentes significations celle de l'éclair ; la concordance entre l'appel et la réponse paraît donc aussi nette que possible. Nous voilà bien loin, avec tout cela, des malencontreux « disques de bruitage » ; il serait peut-être intéressant que vous communiquiez ces remarques à nos FF∴ de la G. T., pour qui elles pourraient être le point de départ d'autres développements. J'ajoute qu'il me semble que cet instrument devrait normalement avoir sa place à l'occident, celui-ci correspondant à la Terre d'où est adressé l'appel aux influences spirituelles, tandis que l'Orient, d'où vient la réponse à cet appel, correspond au Ciel (c'est pourquoi il doit régulièrement avoir une forme semi-circulaire, non comprise dans les dimensions du « carré long », et équivalent, dans le tracé en plan horizontal, au dôme surmontant un édifice à base carrée). – Sur les rites de la pluie et de l'orage, et notamment en connexion avec l'oracle de Dodone et avec le « perron » de la fontaine de Barenton, il y a des renseignements intéressants dans un livre intitulé *Classical Mythology and Arthurian Romance*, par Charles Bertram Lewis (Oxford University Press, 1932) ; mais je ne sais pas si on peut le trouver en France dans quelque bibliothèque[1].

---

[1] [Avant de présenter les fragments les plus importants concernant le faiseur de pluie, les rites de la pluie et de l'orage, qui sont en connexion avec l'oracle de Dodone et avec le « perron » de la fontaine de Barenton dans la forêt de Brocéliande, nous tenons à souligner qu'on ne doit pas oublier, en lisant les renseignements de Lewis, le vrai symbolisme de ces rites, comme l'a expliqué René Guénon : « le véritable sens de ces rites, comme je l'ai indiqué, est un appel destiné à provoquer la descente des influences spirituelles du Ciel sur la Terre » ; de plus, nous trouvons ici la description du processus à la fois cosmogonique et initiatique (voir René Guénon, *Aperçus sur l'initiation*, Éditions Traditionnelles, 1992, p. 33), avec le changement de cycles (lorsque le vieux roi, transformé en dragon, est remplacé par le jeune héros), la décapitation, la conquête de la *Madonna Intelligenza*, qui sont des éléments symboliques qui auraient besoin de plus amples explications – *MAT.* « This spring at Brocéliande had strange rain and storm-making properties, which, though they have hitherto received but little attention, are really the crux of the problem raised by Chrestien's *Yvain* (Charles Bertram Lewis, *Classical Mythology and Arthurian Romance*, Oxford Univ. Press, 1932, p. 1)... Is it not possible that the storm-raising power of the spring is a survival of ancient rain-making ritual performed in the days when storms were produced by

methods of sympathetic magic like those once practised at Dodona? (*Ibid.*, p. 18)... As in *Yvain*, so here also [*Lanzelet* de Ulrich von Zatzikhoven] the scene is laid beside a spring in a forest – the beautiful forest of Bêhforêt in the neighbourhood of Dodona. The spring bursts forth from the roots of a lime-tree. From the branches of the lime-tree there hangs a bronze cymbal or gong with a hammer near by (*ibid.*, p. 19)... It was precisely the act of making the gong resound on the one hand and of pouring water on the slab on the other, which caused the thunderstorm. These curious traits, we would maintain, are survivals of ritual acts which were actually performed in a primitive stage of society, and their object was, by sympathetic on the principle that like produces like, to evoke thunder and rain (*ibid.*, p. 25)... The office of rain-maker, however, was not always limited to one man, as the legend of the Idaean Curetes shows. The Curetes used to clash their swords and shields together (*ibid.*, p. 28)... We shall endeavour to show, not only that Yvain plays the part of a rain-maker, but also that the thunderstorm in the forest of Broceliande is produced by the ordinary processes of sympathetic magic... it may be well perhaps first to summarize briefly what is known of the greatest rain-maker of all, Zeus, and take a glimpse at his famous sanctuary at Dodona (*ibid.*, p. 29)... That Zeus, the sky-god, was at the same time a great rain-maker is sufficiently proved by his cult names alone – Zeus Ὄμβριος on Hymettus, Zeus Ὑέτιος at Argos, Zeus Κέραυνος at Mantinea (*ibid.*, p. 30)... Now, the home of this Zeus who rules the angry storm-clouds was Dodona, and the cult of Zeus at Dodona was one of the oldest and most celebrated cults in Greece... In an oak forest surrounded by some marshy land at the foot of Mt. Tomarus was situated the temple and shrine of Dodonaean Zeus. In the sacred grove and not far from the temple was a gigantic oak, from the roots of which there bubbled up a spring. It was from the murmurings of this spring that the answers of the oracle were drawn... In very early times the sanctuary was surrounded by a number of bronze cauldrons or tripods, which were arranged so close to each other that if one of them were struck all the others reverberated in turn... In the time of Aristotle there was no longer a circle of tripods around the sanctuary, but in its place two pillars of equal height: on the top of the one was a boy holding a whip with thongs of bronze, and on the top of the other a bronze cauldron. The pillars were so placed that the lashes of the whip rested on the cauldron and made it resound. This was the famous gong of Dododa (*ibid.*, pp. 31-33)... We are thus led to conclude that the chief function of the gong at Dodona was connected with magic practices intended to produce thunder, lightning and rain (*ibid.*, p. 35)... At the head of this company of priests and priestesses was the august figure of the high priest, the representative of Zeus on earth and the living embodiment of the god... As the representative and human embodiment of Zeus, the priest-king of Dodona naturally lived in the Prytaneum, the "primitive palace of the Dodonaean king," beside the sacred hearth of Zeus... The Dodonaean king had many other functions... His task it was, therefore, to control the lightning, the thunder and the rain-storms, so that the earth might not be left without rain, but, duly watered, might bring forth her fruits in abundance and supply the needs of the people (*ibid.*, pp. 36-37)... [« Jésus répondit : Il est écrit : L'homme ne vivra pas de pain seulement, mais de toute parole qui sort de la bouche de Dieu » (*Matthieu* 4:4) ; bien sûr, nous devons comprendre la nourriture, comme dans la tradition hindoue, symbolisant surtout la connaissance, alors que la pluie correspond aux influences spirituelles – *MAT*]. As Zeus' representative, the priest-king could himself raise a thunderstorm, just as Minos did by uttering a prayer to Zeus, and in Italy the early kings of Rome and Alba, Numa [ma-Nu] and Romulus Silvius, as representatives of the Latin Jupiter (*ibid.*, p. 38)... we are inclined to suggest that some of the traditions about Dodona were, at some date we are unable to fix, transferred to the spring of Barenton in the forest of Broceliande (*ibid.*, p. 55)... [En fait, ce n'est pas un transfert, car le symbolisme de « faire la pluie » est universel et relié à la Tradition primordiale – *MAT*]. Scholars are all agreed that there was a gong in Chrestien's source, but no one, as far as we know, has attempted to show either what the gong looked like or what its function was... the gong's most important and primary function was... to imitate thunder and lightning... There is a curious trait in Chrestien's description of the spring which, in our opinion, has not received all the attention it deserves; it is the iron basin or cauldron which Chrestien depicts hanging from the pine-tree by a long chain which reaches right down to the spring (*ibid.*, p. 67)... The function of this basin is practically the same as the function of the cymbal in *Lanzelet* – it is a sort of gong (*ibid.*, p. 68)... We are inclined to think, as we have already suggested, that the chief function of the gong at Dodona was to produce thunderstorms (*ibid.*, p. 73)... so we may suppose that Yvain in Chrestien's source, before he threw water from the spring on to the emerald slab to imitate rain, must have set the gong in motion – or if the gong was no longer complete, he must at least have struck the basin hanging from the pine-tree with his sword or a hammer to imitate thunder and lightning (*ibid.*, p. 75)... It will perhaps be possible, by dividing the extant versions of the "custom" into groups and comparing them with each other, to reconstruct the original form... The first would comprise *Yvain* and all versions dependent upon *Yvain*... The chief features here are that it is the spring in the forest of Broceliande that is defended, ant that any knight desirous of challenging the defender has first to raise a thunderstorm at the spring... The second group is represented by certain poems with which we are already familiar – namely the *Lanzelet* and *Huon de Bordeaux*... The scene of the fight here is generally the neighbourhood of the defender's castle, and the challenge is given by means of a gong (*ibid.*, pp. 88-89)... the challenge by gong and the challenge by thunderstorm takes us back to the days of primitive rain-making magic, and we now see that, though they were no longer understood, faint traces of rain-making rites have lived on... A second important difference between this group [le défi avec la corne, en tant que troisième groupe – *MAT*] and our first group is the appearance of the motive of head impaled on stakes (*ibid.*, p. 107)... [Pour le symbolisme concernant les têtes décapitées voir les études d'Ananda K. Coomaraswamy – *MAT*]. We would, therefore, be prepared to maintain that, whether the challenge was given by thunderstorm, by gong, or by horn, the heads of the vanquished knights were originally impaled on stakes (*ibid.*, p. 113)... In the first place, the heroes are all magician rain-makers, as we have shown from their method of challenging their adversaries (*ibid.*, p. 121)... [En fait, il s'agit ici d'épreuves initiatiques – *MAT*]. The

À ce propos encore, il est bien entendu que le « perron » de Barenton était, suivant le sens ancien du mot, un bloc de pierre, et non pas, comme je l'ai vu expliquer gravement dans je ne sais plus quel livre, un escalier donnant accès à l'entrée d'un château !

Il y a dans tout cela quelque chose qui non seulement se rapporte évidemment à un symbolisme vraiment universel (comme celui dont parlait Mircea Eliade dans son article sur le Chamanisme dont j'ai rendu compte dans le n° de juillet-août

---

heroine of the various versions of the "custom" is also drawn in similar colours in each. She is herself the prize of the struggle between the challenger and the champion of the spring (*ibid.*, p. 122)... The "custom" in its main features may be summed up as follows: 1. A knight is invested with the duty of religiously defending a spring against all comers. This knight is a rain-maker, and can only be challenged to fight by another rain-maker after the latter raised a thunderstorm by pouring some water on a slab and striking three blows on a gong [les « faiseurs de pluie » sont, bien sûr, l'initiateur et le néophyte, le dragon et le héros solaire – *MAT*]. 2. Each time the champion of the spring is challenged in this way to fight, he cuts off the head of his assailant and impales it on a stake or fixes it on the wall of his castle... 4. When at last the champion is defeated and slained, his victorious foe automatically becomes guardian of the spring in his turn [comme Christian Rosenkreutz : « Elle ne voyait donc d'autre solution que de délivrer le gardien et de me transmettre sa charge, tout en désirant qu'un autre fût bientôt pris afin que je pusse rentrer... même on se moquait de moi et l'on me mit au doigt la bague que le gardien avait portée auparavant, afin que je fusse bien convaincu que sa fonction m'était échue » (*Les Noces Chymiques de Christian Rosencreutz*, Éditions Traditionnelles, 1994, pp. 135, 137) – *MAT*]... 5. He invariably marries the daughter of the dead knight and succeeds to his castle and lands (*ibid.*, p. 125)... The priestly kings of Dodona, like the champions of the spring in our poems, were all rain-makers, charged, as we have seen, with the task of controlling the lightning, the thunder and the rain, and the spot they so religiously defended was the sacred spring in the sanctuary of Zeus. Like the champions of the spring in our poems, they held office only so long as they could defeat all comers and so maintain their title; when the priestly king of Dodona was eventually defeated and slain, he was succeeded in his charge by his assailant, who cut off his head and fixed it on the castle wall or impaled it on a stake. Lastly, ...the successful challenger of the priestly king of Dodona, on taking up his new office of defending the sanctuary of Zeus, married the daughter of his dead predecessor... the myth that lies behind it might possibly be the myth of Oenomaus... Oenomaus, king of Pisa and the priest of Zeus, is defending the sanctuary of Zeus... the suitors who challenged him before the arrival of Pelops lost their heads in the adventure, for Oenomaus cut them off and nailed them to the wall of the palace. In the end Pelops came, defeated Oenomaus, won [and married his daughter] Hippodamia, and succeeded to the kingdom (*ibid.*, pp. 127-128)... »].

des *É. T.*), mais qui aussi, et par là même, touche plus particulièrement à ce qu'on pourrait appeler les origines (ou les attaches si vous préférez) « préhistoriques » de la Maç∴.. Seulement, on ne peut guère parler de ces choses à la généralité des Maçons actuels, qui, surtout s'ils sont toujours aussi influencés par les théories éthnologiques et sociologiques courantes que beaucoup l'étaient de mon temps, s'imagineraient probablement que, en faisant de tels rapprochements, on veut tout simplement les assimiler à des « sorciers » ![1]

# VIII

# SACRIFICE ET SANG SYMBOLIQUE

MERCI DE CE que vous me dites au sujet des empreintes de mains et de leurs différentes significations. En tant que protection contre les influences maléfiques, il existe encore actuellement ici le même usage que dans l'Inde. Quand on tue un mouton, soit pour *El-Aïd el Kebir*, soit en toute autre circonstance comme un mariage, la construction d'une maison, etc., on trempe la main dans le sang et on l'applique sur le mur. La couleur rouge des empreintes, même quand elle est obtenue autrement, ne serait-elle pas destinée à rappeler le sang de l'animal du sacrifice ?[2]

Pour l'idée de « signature », j'ai entendu dire que les anciens Arabes, pour rendre un engagement inviolable, se faisaient des entailles aux doigts, de façon à ce que le sang en coule, et appliquaient alors la main sur l'écrit ; je ne sais pas si la même chose se retrouve chez d'autres peuples…

En dehors de tout cela, il faut dire qu'il y a aussi une signification « sinistre » des empreintes de mains, en rapport avec des pratiques de magie noire : elles représentent alors surtout l'emprise des forces d'en bas, et elles sont ainsi l'exact

---

[1] Marcel Maugy (Denys Roman) (14 septembre 1950).

[2] « Car l'âme de la chair est dans le sang. Je vous l'ai donné sur l'autel, afin qu'il servît d'expiation pour vos âmes, car c'est pour l'âme que le sang fait l'expiation » (*Lévitique* 17 :11).

opposé des traces de pieds dont nous avons parlé. J'ajouterais
même qu'il y a une relation très frappante, et qui n'est
certainement pas « fortuite », entre ce dernier cas et les
manifestations fréquentes de mains isolées dans les
phénomènes psychiques de l'ordre le plus inférieur (sorcellerie
et spiritisme)[1].

Pour le symbolisme de la « décapitation », il est facilement
compréhensible en effet qu'il ait un double aspect comme tant
d'autres. Le rapprochement que vous faîtes avec les
représentations de Saint Denis (qui n'est d'ailleurs pas, sous ce
rapport, un cas unique dans l'hagiographie) me paraît tout à fait
justifié. Quant aux « têtes parlantes », il y en a une notamment
dans les légendes du Graal, mais je ne retrouve pas en ce
moment les indications précises[2]. – D'autre part, j'ai constaté
tout récemment une chose que je n'avais jamais eu l'occasion de
remarquer jusqu'ici, et qui me paraît tout à fait digne d'être
signalée : il s'agit de l'histoire biblique de Judith et Holopherne,
qui présente un parallélisme frappant avec le meurtre de Vritra
par Indra. Mon attention a été attirée là-dessus par un article,
d'ailleurs anonyme, paru dans le 1er numéro d'une nouvelle
revue *Dieu Vivant* ; l'auteur insiste particulièrement sur les

---

[1] Ananda K. Coomaraswamy (26 août 1938).

[2] « Of the two parts of the myth it is mainly with the 'Challenge' that we are
concerned. What happens is that an uncouth stranger (the Green Knight)
appears at Arthur's court on New Years Day, when all are seated at table; but
it is the 'custom' not to eat until some marvel has been seen or heard. The
stranger rides into Arthur's hall; and challenges any knight to cut off his head
upon condition that he shall submit to the same forfeit a year later. Gawain
takes up the Challenge and beheads the stranger, who walks off, with the head
in his hand; it speaks, calling upon Gawain to keep his word. So Gawain does;
the Green Knight spares his life and becomes his friend » (Ananda K.
Coomaraswamy, *Sir Gawain and the Green Knight : Indra and Namuci*, Speculum,
Vol. 19, No. 1, Jan. 1944) (Des deux parties du mythe, c'est principalement le
« Défi » qui nous retiendra ici. Un redoutable inconnu (le Chevalier Vert) fait
son apparition à la cour du Roi Arthur, le Jour du Nouvel An, alors que tout le
monde est à table ; or c'est la « coutume » de ne pas manger avant d'avoir vu
ou entendu quelque merveille. L'étranger pénètre à cheval dans la salle du Roi
et défie un chevalier de le décapiter, avec la condition que ce dernier s'expose
au même sort un an plus tard. Gauvain relève le Défi et décapite l'étranger,
lequel s'en va en emportant sa tête ; celle-ci parle, et somme Gauvain de tenir
sa parole. Gauvain le fait, mais le Chevalier Vert lui épargne la vie et devient
son ami », Ananda K. Coomaraswamy, *La Doctrine du Sacrifice*, Dervy, 1978, p.
102, tr. Gérard Leconte).

points les plus significatifs à cet égard, fait qui est d'autant plus curieux qu'il ne sait très probablement rien du symbolisme vêdique, et qu'en tout cas il n'y fait pas la moindre allusion. Holopherne « tient les eaux en réserve » comme Vritra, et (je cite l'article textuellement), « Pour que soit étanché la soif de Béthulie (lieu "situé sur la hauteur"), il faudra que Judith tranche la tête du détenteur des eaux et la rapporte en triomphe dans la ville ». De plus, le nom d'Holopherne « est un nom perse qui passe pour signifier le serpent » ; et Holopherne, regardé le plus souvent comme « l'image du Démon », est pourtant considéré au contraire par certains (notamment Saint François de Sales) comme « le symbole de la divinité » (car « le serpent est ambivalent historiquement ») ; c'est donc exactement l'*Asura* sous ses deux aspects opposés. Maintenant, on pourrait se demander quels rapports Judith peut bien avoir avec Indra mais cela me paraît assez clair : son nom est une forme féminine de celui de Juda ; or Juda, la tribu royale qui a pour emblème le lion, représente le *Kshatra* dans la tradition hébraïque ; en somme, la seule différence est donc qu'Indra (ou du moins son équivalent) est représenté ici comme agissant par sa Shakti, ce qui évidemment ne change rien à la signification du « mythe »[1].

# IX

# LES PERSONNAGES HISTORIQUES

VOUS DITE que la doctrine n'est efficace que si elle passe par un homme ; vous me permettrez d'être d'un avis tout contraire : la doctrine ne vaut que par elle-même, indépendamment des hommes qui lui servent de « véhicule », et qui, vis-à-vis d'elle, sont véritablement inexistants en tant qu'individus. – C'est bien pourquoi je ne peux comprendre l'intérêt que vous attachez à votre dernière question ; et mon article du n° de janvier [1934, *La « Religion » d'un Philosophe*] du *Voile d'Isis* vous apportera d'ailleurs plus de précisions à cet égard. Franchement, je n'ai pas l'habitude d'établir des sortes de classements scolaires ; ce n'est

---

[1] Ananda K. Coomaraswamy (2 octobre 1945).

pas seulement artificiel, c'est entièrement illusoire. Sans doute ne nous plaçons-nous pas là au même point de vue, car vous faites une comparaison dont le sens m'échappe : vous dites qu'il vous est très utile de savoir le méridien du Caire ; moi qui y habite, je ne le sais pas et je m'en passe très bien… Et puis je ne suis pas obligé de connaître les œuvres de tous les personnages que vous m'énumérez, et encore moins la peinture, la musique, etc. ; je n'éprouve pas le moindre embarras à avouer que, par exemple, J. S. Bach n'est pour moi qu'un nom qui ne me représente rien. Vous devez bien savoir, d'ailleurs, ce que je pense de tout ce qui n'a qu'une valeur de simple érudition… Je veux pourtant vous donner une idée de quelques difficultés auxquelles vous ne paraissez pas avoir pensé : l'auteur connu d'une œuvre ne peut-il pas avoir été, consciemment ou inconsciemment, le simple porte-parole d'une organisation initiatique ? Celle-ci ne peut-elle même pas, dans certains cas, avoir attribué certaines œuvres à un personnage inexistant ? — Le comte de Saint Germain est-il un personnage déterminé, ou seulement un nom conventionnel et collectif ? — Quand vous parlez de Râmakrishna, s'agit-il de celui qui a vécu, ou de ce que représentent les enseignements « arrangés » par Vivîkânanda et autres ? — Charlemagne doit-il être pris comme un homme, dont on ne sait pas grand'chose de sûr, ou comme un symbole de l'Empire ? — Et on pourrait continuer ainsi indéfiniment… En outre, en admettant que vous établissiez une certaine échelle initiatique, quelle qu'elle soit, comment pourrez-vous y placer « le catholique sans aucun soupçon d'un quelconque ésotérisme », puisque celui-ci est un profane ?[1]

---

[1] Vasile Lovinescu (16 décembre 1934).

# X

# ANNEXE[1]

COMME LES MOTS, les symboles tangibles ont leurs étymologies : en ce sens, c'est une affirmation universelle que l'épée est « dérivée » d'une « racine » ou d'un archétype, qui est l'éclair ; on peut en dire autant du *celt* ou hache préhistorique.

Le *Shatapatha-brâhmana* (I, 2, 4) décrit l'origine de l'épée sacrificielle, du poteau sacrificiel, du char (dont l'essieu est évidemment le principe) et de la flèche : ces quatre objets sont nés du *vajra* d'Indra (*vajra* : foudre, éclair, lance de diamant et *stauros*). « Quand Indra lança la foudre sur Vritra, celle-ci, ainsi lancée, devint quadruple. L'épée de bois (*sphya*) en représente un tiers ou peu s'en faut, le poteau sacrificiel un autre tiers ou peu s'en faut, et le char (c'est-à-dire l'essieu) un tiers ou peu s'en faut. Cependant le morceau (le quatrième et le plus petit) avec lequel il frappa Vritra se brisa et, volant au loin (*patitwâ*)[2], devint une flèche : de là vient le terme de « flèche » (*shara*), qui indique qu'il fut brisé (*ashiryata*). De cette façon, la foudre devint quadruple. Les prêtres se servent de deux de ces quatre formes pendant le sacrifice, alors que les hommes de sang royal se servent des deux autres dans la bataille… Maintenant quand il (le prêtre) brandit l'épée de bois, c'est la foudre (*vajra*) qu'il lance contre l'ennemi mauvais et haineux, de même qu'Indra lança autrefois la foudre contre le Dragon (*Vritra*)… Il la saisit

---

[1] Ananda K. Coomaraswamy, *Le Symbolisme de l'épée*, Études Traditionnelles, janvier 1938, n° 217.

[2] *Patitwâ* est aussi « tombant ». Le double sens est, nous ne dirons pas voulu, mais inévitable. Pour autant que la flèche est ailée (*patairin, patrin*), elle est virtuellement « un oiseau » (*patatri*), c'est-à-dire, conformément au symbolisme védique, une substance intellectuelle (cf. *Rig-Vêda*, VI, 9, 5) : comme l'oiseau, la flèche est d'origine divine, tous deux descendent du Ciel. Que cette « forme » de la flèche soit maintenant incorporée à un instrument fabriqué, c'est là précisément une descente de ce genre (*avatarana*), ou une « décadence » (*de-cadere*) d'un ordre supérieur de réalité à un ordre inférieur ; inversement, l'arme matérielle peut toujours être ramenée à son principe, c'est pourquoi elle est à la fois un instrument et un symbole. Enfin, *patitwâ* implique aussi l'idée de soustraction, comme celle d'une partie retranchée d'un tout ; et ce sens correspond à l'explication herméneutique que notre texte donne du mot *shara* (flèche).

(l'épée) avec l'incantation : « Incité par le divin *Savitri* (le Soleil), je te saisis avec les bras des *Ashwins*, avec les mains de *Pûshan* (le Soleil) »... Ainsi c'est avec les mains du Dieu qu'il la prend, non avec les siennes propres ; car c'est la foudre et aucun homme ne peut la tenir... Il murmure, et par là il l'aiguise : « Tu es le bras droit d'Indra », car le bras droit d'Indra est sans contestation le plus fort de tous les bras, et c'est pourquoi il dit : « Tu es le bras droit d'Indra ». « Tu as mille pointes, ajoute-t-il, et tu as cent tranchants », car le trait de foudre qu'Indra lança sur Vritra avait mille pointes et cent tranchants ; par là il rend l'épée de bois identique à ce trait de foudre. « Tu es le Vent au tranchant acéré[1] », ajoute-t-il ; car celui qui souffle ici est vraiment le tranchant le plus acéré, et, en effet, il traverse tous les mondes ; par là il la rend aiguisée. Lorsqu'il dit ensuite : « Le tueur de l'ennemi », qu'il dise, même s'il ne désire pas exorciser : « Le tueur de tel et tel ». Lorsque l'épée a été aiguisée, le prêtre ne doit toucher avec elle, ni lui-même, ni la terre : « De peur que je blesse... », etc. Ensuite, il brandit l'épée trois fois, chassant des trois mondes les *Asuras*, et il la brandit une quatrième fois pour les chasser « du quatrième monde qu'il peut ou non y avoir derrière ces trois[2] » ; les trois premiers coups étant donnés avec des formules chantées et le quatrième en silence.

Dans le texte du *Shatapatha-brâhmana* qui vient d'être cité, les mots « le tueur de l'ennemi » affirment en réalité : *In hoc signo vinces*. L'épée de bois est décrite comme droite (*Kâtyâyuna-shruti*, I, 3, 33, 39) et le terme courant pour épée, *khadga*, est employé aussi à son propos ; elle a donc dû avoir une garde, d'où il résulte clairement qu'elle a dû présenter la forme d'une croix. Le

---

[1] C'est-à-dire, bien entendu, comme aussi dans la terminologie chrétienne, le « Vent de l'Esprit » : « Le Vent qui est Toi-même gronde dans le firmament comme une bête sauvage prenant son plaisir dans les champs cultivés » (*Rig-Véda*, VII, 87, 2).

[2] Bien entendu, l'expression « qu'il peut ou non y avoir » n'a aucunement un sens sceptique (cf. Hermès, *Asclepius*, Lat. III, 22a : *quod dicitur extra mundum, si tamen est aliquid*). C'est dans le même sens que Jean Scot Erigène écrit : « Dieu lui-même ne sait pas ce qu'Il est, parce qu'Il n'est aucun *ce* ». Le sens est que les *Asuras* sont chassés, non seulement du triple cosmos, temporel et spatial, mais aussi de ce « quoi que ce soit » qui est au-delà de l'existence et ne peut, en conséquence, être défini comme aucune « chose ». « Qu'il peut ou non y avoir » répond précisément à la conception védique de l'Identité suprême (*tad êkam*) comme d'une identité de l'Être et du Non-Être (*sad-asat*), indéfinissable aussi bien en termes d'Être que de Non-Être.

rapprochement avec l'épée européenne s'impose de lui-même ; dans l'usage de la chevalerie chrétienne, épée et croix sont virtuellement identifiées ; ou du moins l'épée peut être employée comme un substitut de la croix de bois pour chasser les mauvais esprits ; elle joue alors, comme la croix, le rôle d'une arme sacrée ou apotropique.

Au Japon, d'une manière semblable, l'épée est « dérivée » d'un éclair-archétype. L'épée japonaise, qu'il s'agisse de l'épée shintôiste, de celle du roi ou de celle du Samouraï, est la descendante ou l'« hypostase » (*tsugi*, au sens où ce mot est pris dans le titre impérial *Hitsugi*, « Rejeton du Soleil », en sanscrit *âditya-bandhu*), la descendante ou l'« hypostase », disons-nous, de l'épée-éclair trouvée par Susa-no-Wo-no-Mikoto, que nous pouvons appeler l'« Indra shintôiste », dans la queue du Dragon des Nuages ; Susa-no-Wo-no-Mikoto tue le Dragon, le divise en morceaux et reçoit en récompense la dernière des filles de la Terre, dont les sept premières avaient été dévorées par le Dragon[1]. En d'autres termes, le héros solaire s'empare du *dard* du Dragon (du Père) ; cette « épée », il la rend sans doute aux Dieux, mais, dans un simulacre fabriqué par les mains de l'homme, et auquel une puissance est conférée par l'effet de rites appropriés, cette épée devient un véritable *palladium*, un talisman « tombé du ciel » (διοπετείς = *divo-patita*), soit comme objet de culte conservé dans un sanctuaire shintôiste, soit comme « symbolisant l'âme du Samouraï et formant, à ce titre, l'objet de son adoration ». « Adoration » ne semble pas, cependant, être ici le terme exact. L'épée d'un Samouraï est considérée à la fois comme l'être même du Samouraï, comme sa

---

[1] Holtom, D. C., *Japanese Enthronement Ceremonies*, Tôkyô, 1928, ch. III, « L'Épée ». On peut observer que ces cérémonies sont essentiellement des rites et c'est seulement à titres secondaires qu'elles s'accompagnent d'une pompe imposante, si appropriée que celle-ci puisse être par ailleurs. La plus solennelle de toutes ces « cérémonies » est celle du Grand Festival de la Nourriture Nouvelle, au sujet duquel M. Holtom écrit : « Ici sont accomplies les actions les plus extraordinaires qui soient observables aujourd'hui sur un point quelconque de la terre en rapport avec le couronnement d'un monarque. Au cœur de la nuit, resté seul avec deux personnes du sexe féminin chargées de le servir, l'Empereur, agissant comme Grand-Prêtre de la nation, accomplit des rites solennels qui nous ramènent aux débuts de l'histoire japonaise : ces rites sont si anciens que les raisons de leur accomplissement ont été oubliées. Derrière ce remarquable service de minuit, nous pouvons retrouver la cérémonie japonaise originale de l'investiture du souverain » (*ibid.*, p. 59).

propre âme (*tamashii*) ou son *alter ego*, soit comme l'incarnation d'un principe tutélaire (*mamori* = *ârakka dêvatâ*), et ainsi, comme une protectrice, au sens spirituel comme au sens physique du mot. La première conception, celle de l'épée envisagée comme une extension de l'essence propre, accuse une ressemblance étroite avec la doctrine de la Brihaddêvatâ, I, 74, où l'arme d'un Dêva « est précisément son ardente énergie (*têjas tv êvâyudham...* *yasya yat*) » et IV, 143, où, inversement, le Dêva « est, à plusieurs égards, son inspiration (*tasyâtmâ bahudhâ hi sah*, mieux rendu peut-être par « est diversement hypostasié en elle ») ». De la même façon, l'épée du Templier est un « pouvoir » et une extension de l'être propre, et non un « simple instrument », mais seul un observateur « du dehors » (*pro-fanus*) peut dire que le Croisé « adore » son épée. M. Holtom est, naturellement, un « bon » anthropologiste et il est satisfait des théories naturalistes et sociologiques par lesquelles on explique que l'arme ait été considérée comme un *palladium* d'origine céleste ; pour nous, qui voyons dans l'art traditionnel l'incarnation de certaines idées bien plutôt que l'idéalisation de certains faits, nous préférerions parler d'un *symbolisme adéquat* et d'une *adaptation*, à des nécessités humaines, de principes d'ordre supérieur.

La même idée ressort de deux autres observations. La première est que, dans des mystères célébrés par les Dactyles (prêtres de Cybèle) du Mont Ida, Pythagore fut purifié par une « pierre de foudre », laquelle, comme le dit Miss Harrison, n'était « très probablement rien d'autre qu'un *celt* de pierre noire, la forme la plus simple de la hache de l'âge de pierre ». La seconde observation est que la désignation des haches de pierre et des pointes de flèche comme « traits de foudre » et l'attribution qui leur est faite d'un pouvoir magique ont été « presque universelles ». Nous sommes d'accord avec Miss Harrison que cette idée n'est pas d'origine populaire ; mais nous ne pensons pas qu'elle soit pour cette raison d'origine récente, car nous ne trouvons guère de force, ni plus de sens, dans l'argument qu'elle exprime ainsi : « L'illusion très répandue que ces *celts* étaient des traits de foudre n'a pu s'emparer de l'esprit des hommes avant une époque où l'usage réel des haches ordinaires fut oubliée... elle ne peut donc avoir été très primitive » (*Themis*, pp. 89-90). « L'illusion... ne peut... » : la nécessité de cette conclusion n'apparaît à aucun point de vue :

car, si l'Hindou et le Japonais ont pu appeler « trait de foudre » une épée de bois ou de métal à une époque où cet instrument était « réellement en usage », il est difficile d'apercevoir pourquoi l'homme primitif n'en aurait pu faire autant, lui qui était aussi, en un certain sens, un « shamaniste ». Tout d'abord, il n'y a guère de doute que l'homme primitif n'ait attaché un « esprit » à ses armes par des incantations appropriées (comme le font l'Hindou et le Japonais, et de la même façon que l'Église chrétienne encore aujourd'hui consacre toute une variété d'objets faits de main d'homme, notamment dans le cas de la « transsubstantiation ») et qu'il les ait, par là, douées d'un caractère supra-humain. En second lieu, si nous considérons l'acceptation universelle de cette notion, qui est conservée encore aujourd'hui à l'état de « superstition » (*quod superest*), et si nous concluons de cette acceptation, et aussi de motifs d'ordre plus général, que l'homme primitif appelait déjà ses armes des « traits de foudre », bien qu'étant parfaitement conscient de les avoir fabriquées lui-même, alors comment pouvons-nous supposer sérieusement qu'il prenait cette appellation dans un sens plus littéral (ou dans un sens moins pleinement réel) que le fait le Brâhmane, lorsqu'il appelle son épée un *vajra* : trait de foudre, éclair ou diamant[1] ?

L'homme primitif, comme aucun écolier ne l'ignore, re-connaissait en toute chose l'existence d'une volonté – « le fer de lui-même attire un homme » – et il a été appelé pour cette raison un « animiste ». Ce terme est sans doute impropre, mais c'est seulement parce que l'homme primitif voyait en toutes choses, non une *anima* indépendante, une « âme », mais un *mana*,

---

[1] Voir René Guénon, *Les Pierres de Foudre*, dans *Le Voile d'Isis*, 34e année, 1929, pp. 344-351. M. P. Saintyves a réuni une documentation considérable sur les « pierres de foudre » dans *Pierres magiques : bétyles, haches-amulettes et pierres de foudre. Traditions savantes et traditions populaires* (Émile Nourry, Paris). On ne peut dire cependant qu'il ait véritablement compris son sujet, car, ainsi que M. René Guénon l'a observé, en ce qui concerne les armes préhistoriques, il ne suffit certes pas de dire, comme le fait l'auteur, qu'elles ont été regardées comme « pierres de foudre » parce qu'on en avait oublié l'origine et l'usage réels, car, s'il n'y avait que cela, elles auraient tout aussi bien pu donner lieu à une foule d'autres suppositions ; mais, en fait, dans tous les pays sans exception, elles sont toujours des « pierres de foudre » et jamais autre chose ; la raison symbolique en est évidente, tandis que l'« explication rationnelle est d'une déconcertante puérilité ! » (compte rendu dans les *Études Traditionnelles*, 13e année, p. 81).

une puissance plutôt spirituelle que psychique, indifférenciée en elle-même, mais dont toutes choses participent conformément à leur propre nature. En d'autres termes, il expliquait l'existence actuelle ou l'efficacité de toute chose contingente en se la représentant comme informée par un Être omniprésent, inépuisable, informel, non particularisé, et constituant la source de toute puissance : ce qui est précisément la doctrine chrétienne, islamique et hindoue de la nature de l'être contingent[1]. Nous dirons donc, pour conclure, que l'homme primitif parlait déjà de ses armes comme de « traits de foudre » et, en outre, qu'il savait ce qu'il voulait dire lorsqu'il les appelait ainsi[2] ; que ceci peut être étendu à des êtres plus raffinés, tels que l'Hindou et le Japonais, avec cette seule différence que ceux-ci peuvent prouver par chapitre et verset qu'ils font dériver leurs armes de la foudre tout en restant conscients de leur caractère d'objets artificiels et de leur usage pratique ; que, d'une façon semblable, le Chrétien « adore des idoles faites de main d'homme » (comme dirait l'iconoclaste ou l'anthropologiste), mais reste néanmoins capable de démontrer qu'il n'« adore » pas l'icône comme il le ferait d'un fétiche ; et, enfin, que s'il existe des paysans ignorants qui parlent de haches préhistoriques comme de « pierres de foudre » sans savoir que ce sont des armes, c'est dans ce cas seulement que nous avons affaire à une véritable superstition ou survivance – une superstition que la tâche de l'anthropologiste serait plutôt d'élucider que d'enregistrer purement et simplement[3].

---

[1] Cf. saint Augustin, *Confessions*, VII, 11 : « Ils ont l'être parce qu'ils viennent de Toi, et cependant ils n'ont pas d'être, puisqu'ils ne sont pas ce que Tu es » ; et Jami, *Lawath*, XII : « La Terre ne possède pas l'être réel, mais repose sur lui : c'est Toi qui est l'Être réel ».

[2] Strzygowski remarque, et nullement sans raisons, que « les Esquimaux ont une conception de l'âme humaine beaucoup plus abstraite que celle des Chrétiens… la pensée de maints peuples dits "primitifs" est beaucoup plus spiritualisée que celle de maints peuples dits "civilisés" »…. « Dans tous les cas, ajoute-t-il, il est clair que, pour ce qui concerne la religion, nous en arriverons à la nécessité d'écarter la distinction des peuples primitifs et des peuples civilisés » (*Spuren indogermanischen Glaubens in der bildenden Kunst*, 1938, p. 344). Si le paysan moderne est « superstitieux », ce n'est pas tant parce qu'il appelle des armes « pierres de foudre » que parce qu'il ignore le sens de cette expression.

[3] Comme M. Élie Lebasquais [Luc Benoist] l'a remarqué très justement, « par définition, l'archéologue devrait être le savant par excellence, le connaisseur unique des choses traditionnelles. Ce n'est pas exactement le cas aujourd'hui » (*Art et contemplation*, dans *Le Voile d'Isis*, 1935, p. 139).

# FRAGMENTS DOCTRINAUX

---

HUITIÈME PARTIE

## LA CRISE DU MONDE MODERNE

---

I

## RENÉ GUÉNON – *PERTINET AD ORIENTEM*

QUAND JE peux éviter une complication quelconque, j'en suis très heureux ; évidemment, cette attitude est tout le contraire de celle des philosophes, qui excellent en général à créer des problèmes artificiels. De même, je trouve inutile, sauf exceptions, l'emploi de toute terminologie compliquée ou trop spéciale ; il me semble en particulier et sans vouloir donner de conseil à personne, que les scolastiques gagneraient beaucoup à réserver leur terminologie aux traités didactiques et à tâcher partout ailleurs de la traduire en langage clair[1]. Les difficultés inhérentes à la compréhension sont bien suffisantes sans qu'on vienne en ajouter d'autres, et personne ne devrait être obligé d'apprendre une langue spéciale pour pouvoir comprendre certaines idées. Il ne s'agit pas de chercher à mettre les idées à la portée de tout le monde, car vous savez bien que j'ai horreur de la vulgarisation ; mais je pense que ceux qui sont vraiment aptes à comprendre ne sont pas forcément les plus capables de retenir des mots plus ou moins extraordinaires ; du reste, s'il en était autrement, la nullité intellectuelle de la plupart des érudits ne s'expliquerait pas bien[2].

Fort heureusement pour moi, j'ai connu les doctrines de l'Orient à une époque où j'ignorais à peu près complètement la philosophie, de sorte que, quand j'ai étudié celle-ci, elle ne pouvait avoir aucune prise sur moi. J'y ai fait allusion à la fin d'*Orient et Occident* parce que je tiens à ce qu'on comprenne bien que je ne suis pas allé de la pensée occidentale à la pensée orientale, mais que je suis, intellectuellement, tout à fait oriental. J'ai d'ailleurs conscience qu'il n'y a pas, dans mes livres, un seul mot qui n'ait pu être écrit par un Oriental de naissance[3].

L'indifférence des Hindous à l'égard des Occidentaux s'explique simplement par l'absence de tout souci de « propagande » ; quant à moi, pour la même raison je me borne à exposer certaines choses sans intention de convaincre qui que ce soit, et uniquement pour ceux qui peuvent les comprendre… s'il s'en trouve ; en tout cas, dès lors que cela est fait (peu importe par qui), il est inutile que d'autres le refassent[4].

Je ne sais ce qui a pu vous faire penser que Clavelle était mon représentant à Paris ; il est simplement un de ceux qui ont l'obligeance de s'occuper des choses que, du fait de la distance où je me trouve, je ne puis faire moi-même ; pour sa part, il

---

[1] J'ai été obligé de « fabriquer » en quelque sorte [le langage que j'emploie] pour rendre des choses inaccoutumées dans les langues occidentales (lettre à Vasile Lovinescu (13 avril 1937)).
[2] Noële Maurice-Denis Boulet (28 juillet 1921).
[3] Guido di Giorgio (17 août 1924).
[4] Un docteur non identifié (19 novembre 1934).

s'occupe plus particulièrement de ce qui concerne les *Études Traditionnelles*, comme d'autres le font pour les questions se rapportant à l'édition et à l'impression de mes livres, etc. ; je leur dois beaucoup de reconnaissance à tous pour l'aide qu'ils m'apportent ainsi, mais, en réalité, aucun d'eux n'est mon représentant à proprement parler ![1]

Pourquoi [l'auteur d'articles parus dans la revue hindie *Siddhant*, résumant mon *Introduction générale à l'étude des doctrines hindoues*,] m'attribue-t-il une « formation occidentale » dont heureusement j'ai été entièrement exempt ? Je note aussi incidemment que, pour l'affirmation que la tradition hindoue est venue du Nord, ce qu'il paraît contester, il n'y aurait qu'à le renvoyer, non point à des « Western scholars » dont l'opinion n'a aucune valeur pour moi, mais tout simplement au livre de B. G. Tilak, *The Arctic Home in the Veda*. Je ne veux pas insister davantage sur tout cela, mais cependant il y a quelques méprises que je ne crois pas inutile de vous signaler : ainsi, je n'ai très certainement jamais eu l'intention d'écrire « for the general reader in the West », mais au contraire uniquement pour ceux qui sont capables de comprendre vraiment, et qui, à notre époque, sont assurément bien peu nombreux ! Ce qui m'a beaucoup étonné aussi, c'est le regret de n'avoir pas de renseignements biographiques sur moi ; c'est là une chose à laquelle je me suis toujours opposé formellement, et avant tout pour une raison de principe, car, au regard de la doctrine traditionnelle, les individus ne comptent pour rien et doivent disparaître entièrement… Mais, malgré cela, je suis obligé tout au moins de rectifier les assertions erronées quand il s'en produit ; par exemple, je ne puis laisser dire que je suis « converti à l'Islam », car cette façon de présenter les choses est complètement fausse ; quiconque a conscience de l'unité essentielle des traditions est par là même « inconvertissable » à quoi que ce soit, et il est même le seul qui le soit ; mais on peut « s'installer », s'il est permis de s'exprimer ainsi, dans telle ou telle tradition suivant les circonstances, et surtout pour des raisons d'ordre initiatique. J'ajoute à ce propos que mes liens avec les organisations ésotériques islamiques ne sont pas quelque chose de plus ou moins récent comme certains semblent le croire ; en fait ils datent de bien près de 40 ans…

---

[1] Éric Ollivier (26 septembre 1946).

J'aimerais aussi que l'on n'insiste pas à me qualifier de « Français », car je suis entièrement indépendant de toute influence « locale » et, à part la langue, il me paraît évident qu'il n'y a rien de spécifiquement français dans ce que j'écris.

Une autre erreur qui n'a peut-être pas une bien grande importance, mais que je ne m'explique pas, c'est qu'on m'attribue la qualité de directeur (editor) des *Études Traditionnelles* ; la vérité est que j'en suis simplement un des collaborateurs réguliers, et d'ailleurs, à la distance où je me trouve, il serait bien difficile qu'il en soit autrement. Encore une dernière remarque : le fait d'être allé ou non dans l'Inde n'a absolument aucune importance en ce qui concerne la compréhension « intérieure » de la doctrine ; quant au souhait que j'y aille quelque jour, je dois dire que c'est une éventualité très improbable, car, pour de multiples raisons, je ne me déplace jamais[1].

Concernant l'éventuelle mise à l'Index de mes livres, la chose ne peut m'atteindre en rien personnellement ; je ne pense d'ailleurs pas que cela soit susceptible de diminuer beaucoup le nombre des lecteurs de mes livres (les décisions de l'Index ne font pas grande impression aujourd'hui, même dans les milieux ecclésiastiques), ni au contraire de l'augmenter sensiblement comme cela arrive parfois pour des ouvrages d'un autre genre (des romans par exemple, ou encore des ouvrages historiques). Au fond, ce ne serait fâcheux que pour l'Église elle-même, en ce sens que cela prouverait que l'incompréhension de ses représentants actuels est réellement incurable ; il y a sûrement eu déjà bien des abus de « juridiction », mais moins évidents tout de même que ne le serait celui-là ; remarquez d'ailleurs que, intentionnellement, j'ai pris soin de préciser cette question de « juridiction » à la fin du ch. XLV des *Aperçus sur l'Initiation*. Il est bien entendu que ce n'est certes pas moi qui, pour éviter une histoire de ce genre, ferai jamais la moindre concession au détriment de la vérité doctrinale ; il est vrai que, bien souvent, il suffit d'être assez habile pour trouver des formules appropriées, car, en somme, tout cela n'est guère que subtilités de langage : mais, pour ma part, je n'ai guère de goût pour ces subtilités[2].

---

[1] Alain Daniélou (27 août 1947).
[2] Louis Caudron (20 mai 1947).

# II

# *OCCIDENS* OU LE MONDE MODERNE

VOUS DITES que « c'est de sa propre Tradition que l'Occident trouvera la force de se réformer lui-même » ; pour ma part, je ne me souviens pas d'avoir dit autre chose, et je crois bien qu'il y a quelque chose de très semblable à cela dans ma conclusion. J'ajoute, il est vrai, que, pour suppléer à ce qui est métaphysiquement incomplet en Occident, il faudrait s'adresser à l'Orient, mais il est bien entendu que ceci ne concerne que *l'élite*. De plus, dans les conditions actuelles, il est fort peu vraisemblable que l'Occident soit encore capable de revenir à sa propre Tradition par lui-même et sans aucune aide ; c'est justement ici que devrait intervenir l'élite en question, avec l'appui de l'Orient. Il faut parfois se résigner à avoir des *alliés* qui ne sauraient être des *subordonnés*, ne pas admettre cela me paraît autrement *orgueilleux* que ce que vous essayez de flétrir de cette épithète. À ce sujet, je ne sais si j'ai bien compris l'expression « enseigner l'orgueilleuse sagesse de l'Orient » ; si elle veut vraiment dire ce que je crois, c'est encore une illusion à laquelle il faut renoncer : persuadez-vous bien que l'Occident n'a *rien* à enseigner à l'Orient (si ce n'est dans le domaine purement matériel, dont l'Orient ne veut pas entendre parler). Et il n'y a là aucun « orgueil » : la sagesse orientale (je pourrais aussi bien dire la sagesse purement et simplement) est entièrement dégagée de toute sentimentalité, l'orgueil et l'humilité lui sont pareillement étrangers… et indifférents[1].

Je n'ai jamais écrit la phrase soi-disant tirée de l'*Introduction à l'étude des doctrines hindoues* ; M. Le Cour a lu le passage de la même façon que l'inscription de Chinon ! Il s'agit de différentes hypothèses concernant la fin de la civilisation occidentale moderne ; la première, la plus défavorable, serait la perte de toute civilisation en Occident, « un état de dégénérescence plus ou moins comparable à celui des sauvages actuels ». Puis voici la phrase en question : « Le second cas serait celui où les représentants d'autres civilisations, c'est-à-dire les peuples orientaux, pour sauver le monde occidental de cette déchéance

---

[1] Noële Maurice-Denis Boulet (28 juillet 1921).

irrémédiable, se l'assimileraient de gré ou de force, à supposer que la chose fût possible, et que d'ailleurs l'Orient y consentît » (p. 333). Remarquez bien qu'il ne s'agit là que d'un remède à appliquer dans un cas tout à fait désespéré ; et je considère ensuite une troisième hypothèse, « un retour à l'intellectualité vraie et normal, qui, au lieu d'être imposé et contraint, ou tout au plus accepté et subi du dehors, serait effectué alors volontairement et comme spontanément ». Cette autre solution, que je déclare la meilleure si elle est possible, ce n'est pas autre chose que le retour de l'Occident à sa propre tradition. Alors, en quoi ai-je changé d'avis depuis l'époque où j'écrivais cela ?[1]

Le Catholicisme est la seule chose, dans le monde occidental actuel, à laquelle j'ai témoigné de la sympathie et que j'ai déclarée respectable, et les catholiques sont aussi, jusqu'ici, les seuls qui m'ont adressé des injures et des menaces. On pourra en conclure ce qu'on voudra ; pour moi, j'en conclus surtout que les Occidentaux, pris collectivement, ne sont « possibles » que quand on leur montre le bâton… Du reste, je ne vois aucune différence appréciable entre l'esprit de domination qui s'affirme à travers les lettres du P. Anizan et celui qui préside aux conquêtes coloniales ; que tout cela est peu « spirituel » ![2]

Je dois vous avouer, cependant, que je vous trouve un peu trop « pessimiste » en ce qui concerne la situation actuelle de l'Occident ; je suis persuadé, pour ma part, qu'un changement de direction demeure encore possible malgré tout. Je vous accorde qu'une entente entre l'Orient et l'Occident est irréalisable dans les conditions actuelles ; je crois même ne pas avoir écrit autre chose dans mon dernier livre ; mais ce sont ces conditions qu'il s'agit précisément de changer. D'une façon ou de l'autre, le développement de la prétendue civilisation moderne ne peut se poursuivre indéfiniment, et j'ai même bien des raisons de penser que cela ne peut guère aller au-delà de la fin du siècle actuel ; qu'arrivera-t-il alors ? Cela dépend de ce qui aura pu être fait d'ici là dans le sens que j'ai indiqué ; en tout cas, ne croyez-vous pas que cela vaille la peine d'essayer de faire quelque chose ?

---

[1] Louis Charbonneau-Lassay (19 février 1927).
[2] Louis Charbonneau-Lassay (8 juin 1928).

Naturellement, je suis tout à fait de votre avis en ce qui concerne les Américains, et aussi les Japonais, qui du reste sont fort mal vus dans toute l'Asie. Quant aux gens tels que Coomaraswamy et même Tagore, leur importance paraît beaucoup plus grande ici que dans leur propre pays, parce que ce sont les seuls Orientaux qui se montrent à l'Occident.

Quant à la tradition occidentale dont vous parlez, et qui, même si elle est éteinte, a laissé des traces encore visibles, je pense qu'elle doit être surtout d'origine celtique. Maintenant, existe-t-il encore des représentants authentiques du celtisme ? Certains le prétendent ; si c'est vrai, comment rentrer en rapport avec eux ? La question paraît assez difficile à résoudre ; et en tout cas, pour ma part, ma position est trop purement orientaliste pour que je puisse l'essayer[1].

Vous me demandez un éclaircissement au sujet de ce qui, d'après ce que j'ai dit dans *Orient et Occident*, pourrait être maintenu de la civilisation moderne. Les avantages de celle-ci sont, bien entendu, d'ordre purement contingent ; mais l'industrie, par exemple, est-elle absolument incompatible, en elle-même, avec l'existence d'un état normal et d'une véritable intellectualité ? Je ne le pense pas, à la condition qu'on la maintienne à sa place et qu'on ne lui permette pas d'absorber toute l'activité humaine comme cela se produit actuellement. En ce qui me concerne personnellement, je partage tout à fait votre horreur de la mécanique ; mais je ne crois pas qu'on doive se laisser influencer par ce qui n'est, après tout, qu'affaire de tempérament, au point d'en arriver à exclure des possibilités réelles[2].

Je suis tout à fait de votre avis en ce qui concerne l'invention de l'imprimerie et ses conséquences fâcheuses ; mais puisque cela existe, il faut bien en tenir compte et s'en servir.

Pour moi comme pour vous, la décadence occidentale a commencé au XIVe siècle, bien qu'elle se soit manifestée plus nettement à la Renaissance. Pour ce que vous dites de l'état actuel du catholicisme et de la prépondérance du côté moral et sentimental, vous n'êtes pas seul à penser ainsi ; je connais bien des gens, très catholiques d'ailleurs, qui le constatent et le

---

[1] Guido di Giorgio (17 août 1924).
[2] Guido di Giorgio (12 octobre 1924).

déplorent également. L'esprit moderne et les tendances démocratiques ont pénétré jusque là, et c'est bien ce qu'il y a de plus lamentable ; mais peut-être n'est-il pas encore tout à fait impossible de réagir[1].

L'ignorance dont vous parlez, en Amérique, ne m'étonne pas du tout ; pour les soldats américains, on a constaté la même chose ici que dans l'Inde, et on a eu en général l'impression d'une mentalité véritablement enfantine ![2]

Je vois avec plaisir que nous sommes tout à fait d'accord dans notre appréciation de la peinture et de la musique moderne ; le contraire m'aurait d'ailleurs bien étonné. Vous n'avez que trop raison de dire que tout est ainsi actuellement, et je pense que nous n'avons pas encore tout à fait atteint le point le plus bas, quoique nous nous en rapprochions manifestement avec une rapidité toujours croissante ; quelle malchance de devoir vivre dans une pareille époque[3].

Vous dites qu'il n'y a pas de hasard ; non seulement je suis entièrement d'accord avec vous là-dessus, mais cela me paraît même une chose tout à fait évidente ; au fond, le hasard n'est qu'une pseudo-idée inventée par les occidentaux pour ne pas avouer qu'il y a des choses dont les causes leur échappent, ou qui refusent de se plier à leur manie des explications rationnelles[4].

Ce que vous dites des conditions anormales et anti-traditionnelles de l'existence occidentale n'est certainement que trop vrai, et il est sûr que c'est là une source de difficultés supplémentaires dont il est impossible de ne pas tenir compte ; il faut évidemment tâcher de « neutraliser » tout cela le plus possible, mais je reconnais que ce n'est pas toujours facile ; il n'y a que celui qui aurait déjà atteint le but qui serait en droit de se considérer comme entièrement affranchi de toutes ces contingences.

Quant à aller vivre ailleurs, où les circonstances sont moins défavorables, ce n'est pas toujours réalisable non plus, et il y a aussi alors une autre question, celle de l'adaptation au milieu,

---

[1] Guido di Giorgio (5 décembre 1924).
[2] Ananda K. Coomaraswamy (15 juin 1946).
[3] Louis Cattiaux (2 avril 1949).
[4] Louis Cattiaux (8 juin 1949). [Le hasard et la chance signifient traditionnellement l'activité de Dieu dans l'anonymat – *MAT*].

qui, dans bien des cas, peut amener des difficultés d'un autre genre[1].

Je ne comprends que trop combien il doit vous déplaire de vivre dans le milieu européen actuel ; je m'estime heureux d'avoir pu en sortir avant qu'il ne soit tombé à ce niveau, car tout ce que j'en apprends me montre à quel point les choses se sont aggravées depuis une vingtaine d'années, et pourtant ce n'était déjà certes pas merveilleux à cette époque.

La grossièreté dont vous parlez ne m'étonne pas ; cela va d'ailleurs avec tout le reste ; quand les gens ont perdu leur tradition, ils ne peuvent que s'abaisser toujours de plus en plus et à tous les points de vue, jusqu'à ce que cela aboutisse à une catastrophe s'ils ne peuvent pas se redresser à temps pour l'éviter.

Oui, comme vous le dites, tout est truqué aujourd'hui ; on veut obliger les gens à vivre artificiellement pour les changer plus facilement en des sortes de machines, et la médecine a sûrement un grand rôle à jouer dans la réalisation de ce plan diabolique. Je regrette souvent de n'avoir ni le temps ni la facilité d'examiner de plus près la dite médecine avec toutes les précisions voulues ; il serait bien à souhaiter qu'il se trouve quelqu'un qui puisse et ose entreprendre cette tâche[2].

Ce que vous dites du genre d'ouvrages qui ont le plus de succès à Paris ne m'étonne pas beaucoup ; on a l'impression d'une sorte de folie qui gagne toujours de plus en plus. Je me félicite d'être bien loin de tout cela ; naturellement, par ce qu'on m'écrit et par les publications qui me parviennent, j'en ai des échos suffisants pour me rendre à peu près compte de ce qu'il en est ; mais du moins ai-je eu la chance de pouvoir m'arranger de façon à n'avoir aucun contact direct avec ce monde occidental[3].

L'influence occidentale et moderne (c'est la même chose au fond) gagne du terrain partout hélas, et on en arrive à redouter son intrusion même au Tibet ; c'est bien un signe que la fin du cycle ne peut plus être très éloignée... Tout de même dans les pays orientaux cette influence n'affecte encore qu'une minorité ;

---

[1] Louis Caudron (4 avril 1938).
[2] Louis Cattiaux (8 juin 1949).
[3] Louis Cattiaux (21 octobre 1949).

mais naturellement il n'y a que celle-ci qui soit connue en occident, ce qui fausse la perspective dans une large mesure.

Oui, à notre époque où tout est industrialisé et commercialisé, les médecins ne pensent plus guère qu'à leurs intérêts, et les fabricants de médicaments « à la mode » également ; mais il y a aussi dans le lancement de certains produits des « dessous », dont probablement ceux qui les recommandent sont généralement inconscients, et qui sont encore moins rassurants[1].

La vérité est qu'en Amérique n'importe quelle entreprise pseudo-spirituelle trouve toujours une clientèle, et celle-ci est même d'autant plus nombreuse et enthousiaste qu'il s'agit de quelque chose de plus « simpliste » et vide au point de vue intellectuel... ou de plus extravagant, car les fantasmagories de toutes sortes y prennent aussi avec une incroyable facilité[2].

Il ne faut pas compter que, quant à moi, je pourrai me déplacer, je n'ai jamais été voyageur, et maintenant surtout cette perspective m'effraierait tout à fait, car, pour aller d'un pays dans un autre, les choses sont devenues si compliquées à tous les points de vue que cela me paraît presque une impossibilité ; le plus curieux est que cela n'empêche pas les admirateurs du soi-disant « progrès » de vanter les facilités apportées aux communications par les inventions modernes[3].

Je comprends que vous ne vouliez pas faire ce voyage à la façon des touristes ; cette engeance est véritablement odieuse par sa sottise ahurie et incompréhensive, et, quand on en voit ici, on a l'impression de troupeaux de moutons plutôt que d'êtres humains[4].

---

[1] Louis Cattiaux (30 novembre 1949).
[2] Louis Cattiaux (2 janvier 1950).
[3] Louis Cattiaux (20 février 1950).
[4] Louis Cattiaux (20 mars 1950).

# III

# SUR LA TRADUCTION

UNE TRADUCTION du Corân, comme du reste de toutes les Écritures sacrées, est en réalité une chose tout à fait impossible ; je veux dire que la meilleure traduction concevable ne pourrait jamais rendre que le sens le plus extérieur, ce qui évidemment est tout à fait insuffisant, puisque ce qui lui échappe forcément est même, au fond, ce qu'il y a de plus essentiel[1].

Pour la question des langues, il est certain que, d'une façon générale, la traduction des textes sanscrits ne soulève pas autant de difficultés, ni d'un genre aussi particulier, que celle des textes arabes (et hébreux également)[2].

Ce que vous me citez de votre traduction du Corân, ou plutôt des notes qui l'accompagnent, ne m'étonne pas du tout, car cela est bien dans l'esprit des Ahmadiyah, très « modernistes », et nettement hétérodoxes sur différents points. Ils font partout une invraisemblable propagande ; ils disposent de fonds considérables, dont la plus grande partie vient d'ailleurs d'Angleterre[3].

# IV

# LA PHILOSOPHIE

VOUS AVEZ bien raison en ce qui concerne l'« idéalisme » ; quant aux « existentialistes » (dont on me dit que la vogue commence déjà à diminuer), je n'ai pas réussi jusqu'ici à comprendre leur jargon, ni à lire ce gros livre de Sartre intitulé *L'être et le néant* ; tout cela me paraît affreusement vide[4].

Le vocabulaire occidental a toujours été plus ou moins insuffisant et prête à bien des confusions, puisque même une

---

[1] Louis Cattiaux (7 février 1949).
[2] Louis Caudron (9 mars 1936).
[3] Louis Caudron (27 juin 1936).
[4] Guido di Giorgio (15 novembre 1947).

terminologie qui veut être aussi précise que celle des scolastiques n'en est pas exempte : mais il l'est devenu bien davantage dans les temps modernes. La grossière simplification cartésienne y est sûrement pour beaucoup, mais ne pensez-vous pas qu'elle n'aurait pas pu être adoptée aussi facilement et si généralement si elle n'avait répondu à une certaine mentalité qui existait déjà en occident et à laquelle elle n'a fait que donner une expression plus nettement définie ? Je ne crois pas qu'une philosophie puisse « prendre » si elle n'est pas comme une sorte de résultante et de « cristallisation » de tendances préexistantes, bien plutôt que le point de départ d'une nouvelle orientation de la mentalité.

Quoi qu'il en soit, il n'en est pas moins certain que c'est surtout depuis Descartes que les occidentaux n'ont plus su faire aucune distinction en l'« âme » et l'« esprit », qu'ils ont pris ces deux mots indistinctement l'un pour l'autre en les appliquant d'une façon aussi vague et confuse que possible. Je ne sais plus qui (peut-être est-ce Leibniz, mais je n'en suis pas sûr) a écrit qu'« il n'y a de chose si absurde qu'elle n'ait été dite par quelque philosophe » ; ce n'est assurément que trop vrai[1].

Quant à la philosophie [des Allemands], j'avoue que je n'ai jamais pu y prendre aucun intérêt, non plus d'ailleurs qu'à toute la philosophie moderne en général ; tout cela n'est que vaines abstractions et discussions oiseuses et purement verbales... Maintenant, il est possible que les circonstances actuelles aient changé quelque chose dans cette mentalité ; en tout cas, on verra bien quel accueil sera fait à mes livres de ce côté, et c'est sûrement une expérience à tenter[2].

J'ai entendu dire que Hegel aurait fait quelques emprunts aux doctrines hindoues, mais sans doute à la façon de Schlyel, Schopenhauer et autres, c'est-à-dire en les dénaturant pour les ramener à sa propre façon de voir. De tous les philosophes allemands, il n'y a que Leibnitz qui a eu quelque connaissance réelle, et encore cela n'allait pas très loin ; du reste, au fond, tout ce qui est « philosophie » n'est qu'une sorte de jeu auquel on aurait bien tort d'attacher une importance réelle ; il peut arriver

---

[1] Louis Cattiaux (20 mars 1950).
[2] Louis Cattiaux (2 janvier 1950).

que ce que dit un philosophe soit vrai ou faux, mais, dans tous les cas, ce n'est jamais que construction en l'air[1].

Je me méfie aussi beaucoup de ce qu'on peut trouver chez les philosophes ; il faut toujours craindre de trop leur prêter, car au fond ils sont terriblement bornés. Sans doute, il peut bien y avoir chez eux quelques lueurs, surtout à leur insu ; mais ils ont vite fait de se reprendre et de noyer cela dans l'amas de leurs théories « rationnelles » ![2]

# V

# *ORIENS* ET L'ORIENTALISME

NOUS SOMMES exactement du même avis pour ce qui est des orientalistes et de leurs méthodes. Je ne pense pas du tout que ces méthodes vaillent mieux quand elles sont appliquées par d'autres que par des Allemands ; mais il n'en est pas moins vrai qu'elles sont bien d'origine allemande. Sans doute, il y a une mentalité qui est commune à tous les peuples européens, mais à des degrés divers ; et je persiste à penser qu'il y a tout de même, chez les peuples dits latins, spécialement en France et en Italie, des possibilités qu'on ne trouverait pas en Allemagne ou en Angleterre, où la déviation est plus accentuée[3].

Pour Tagore, dont le côté sentimental vous déplaît, il ne faut pas oublier que c'est un poète, et aussi qu'une foule d'influences hétérodoxes se sont exercées sur lui. Lui non plus n'a rien d'une autorité doctrinale ; et, n'y aurait-il que le rôle joué par sa famille dans le mouvement du Brahma-Samâj, ce serait suffisant pour qu'il y ait, chez la plupart des Hindous, une certaine méfiance à son égard. On lui a longtemps reproché d'être en trop bons termes avec les Anglais ; il a fini par renvoyer ses titres et ses décorations, ce qui l'a fait remonter dans l'estime de ses compatriotes[4].

---

[1] Un docteur non identifié (19 novembre 1934).
[2] Un docteur non identifié (12 février 1935).
[3] Guido di Giorgio (17 août 1924).
[4] Guido di Giorgio (12 octobre 1924).

Ce que vous dites de la *Kabbale* de Vulliaud est très juste, quoique peut-être un peu sévère ; au fond, c'est à peu près ce que j'ai écrit moi-même sous une forme plus atténuée. J'ai parlé de cet ouvrage avec différentes personnes qui l'ont lu ; leurs appréciations concordent avec les nôtres et sont assez peu enthousiastes. Je n'ai pas encore eu l'occasion de lire le nouveau livre de Vulliaud sur le *Cantique des Cantiques*, qui est paru il y a trois ou quatre mois ; il paraît qu'il contient moins de discussions et de critiques que la *Kabbale*, mais encore beaucoup trop au gré de certains.

Puisque nous en sommes à Evola, il faut encore que je vous dise qu'il a été froissé des critiques que Reghini lui a adressées, sous une forme très modérée cependant. Il doit être assez vaniteux et voudrait n'avoir que des éloges ; il est vrai qu'il est très jeune. Vulliaud, qui n'a pas la même excuse, est presque aussi susceptible ; il paraît que lui aussi a été plutôt mécontent de mon article ; il s'imagine que lui seul connaît la Kabbale et est capable d'en parler. Il est à craindre qu'Evola n'en fasse bientôt autant pour les Tantras, dont il n'est pourtant pas très qualifié pour s'occuper ; il voit tout cela à travers sa philosophie, d'où une espèce de déformation à la manière allemande ; la conception véritable de la Shakti est tout autre chose qu'un « volontarisme »[1].

Je suis heureux d'apprendre que vous préparez un article établissant l'inexistence de l'idée de « ré-incarnation » dans les textes anciens, orthodoxes et même bouddhiques ; cela est très important et très utile, car cette interprétation grossière a fini par s'imposer d'une façon presque générale ; il est à remarquer qu'on ne la trouve pas dans les premières traductions, et certainement l'influence théosophiste a été pour beaucoup dans sa diffusion ; c'est vraiment une chose incroyable que la plupart des Occidentaux semblent incapables de comprendre la différence essentielle qui existe entre « trans-migration » et « ré-incarnation » ![2]

J'ai déjà remarqué aussi bien souvent ces extraordinaires confusions dont vous parlez pour la traduction d'*âtman* et d'autres termes. Du reste, il semble que les Occidentaux n'aient

---

[1] Guido di Giorgio (20 novembre 1925).
[2] Ananda K. Coomaraswamy (2 décembre 1935).

plus actuellement aucune idée d'une différence quelconque entre l'âme, l'esprit, etc. ; leur conception de la constitution de l'être humain est si grossièrement simplifiée ![1]

Je lis en ce moment un livre de Mrs Rhys Davids : *The Birth of Indian Psychology and its developments in Buddhism*, et j'y vois notamment ce dont vous me parliez dernièrement : cette confusion de « soul », « spirit », « self », etc., est véritablement effrayante ! Et que dire de son point de vue prétendu « historique » ?[2]

Ces temps-ci, on me demande de différents côtés ce qu'il faut penser de Shri Aurobindo Ghose, et j'avoue que je suis très embarrassé pour répondre à ce sujet, n'ayant pas eu l'occasion de lire ses écrits. Ce que je sais, c'est qu'il y a autour de lui tout un groupe de Français sur lesquels j'ai les plus mauvais renseignements et dont le rôle paraît très suspect ; on dit que ces gens ne laissent approcher de lui que qui leur plaît, et même que ce sont eux qui rédigent en réalité ce qui est publié sous son nom. Comment se fait-il qu'il puisse subir un pareil entourage ? Il y a là quelque chose que je n'arrive pas à m'expliquer ; si vous aviez des informations là-dessus, vous me rendriez vraiment service en m'en faisant part[3].

Bien que je vois que vous n'avez pas non plus de renseignements directs et précis sur certains points, je n'en suis pas moins heureux de savoir ce que vous pensez d'Aurobindo Ghose. J'ai eu autrefois des amis qui l'avaient connu, mais cela remonte à une époque bien lointaine, et où il était encore mêlé à l'activité politique ; il a certainement beaucoup changé depuis lors... Ce que vous dites de lui, par comparaison avec certains autres « grands hommes » actuels me paraît tout à fait juste[4]. – Je viens d'apprendre que deux livres de lui (mais je ne sais pas lesquels) viennent d'être traduits en français, par quelqu'un que je connais d'ailleurs un peu, et qui doit aller dans l'Inde à l'automne prochain pour lui soumettre sa traduction.

---

[1] Ananda K. Coomaraswamy (25 janvier 1936).

[2] Ananda K. Coomaraswamy (11 février 1936).

[3] Ananda K. Coomaraswamy (16 mai 1936).

[4] [Par conséquent, appeler Guénon « notre grand homme » n'était pas un bon choix de mots (*2001. Il y a cinquante ans, René Guénon*, Éditions Traditonnelles, 2001, *René Guénon, Franc-Maçon, chevalier ou prêtre ?* par deux Fils de la Veuve, p. 91 – *MAT*].

Quant aux *Essays on Gîtâ* d'Aurobindo Ghose, je n'ai pas eu l'occasion de les lire, mais je pense qu'il y a en tout cas quelque chose à en retirer, car j'en ai entendu parler favorablement. Ce qui est un peu ennuyeux, c'est qu'il n'écrit pas lui-même, de sorte que les choses risquent toujours d'être plus ou moins déformées par ses disciples, comme il est arrivé autrefois pour Râmakrishna[1].

Puisque vous parlez d'Aurobindo Ghose, il faut que je vous dise qu'il y a, dans son entourage, des personnes qui ne m'inspirent pas entièrement confiance ; il est même à craindre qu'elles ne fassent plus ou moins pour son enseignement ce que d'autres ont fait pour celui de Râmakrishna[2].

Ce n'est pas qu'Aurobindo Ghose soit si occidentalisé, mais c'est son entourage, en bonne partie français, qui est terrible, « arrangeant » ce qui se publie sous son nom, empêchant de l'approcher les gens qui ne plaisent pas aux « disciples », etc... Je ne me suis jamais bien expliqué cette bizarre situation[3].

---

[1] Vasile Lovinescu (24 juin 1935).

[2] Vasile Lovinescu (29 septembre 1935).

[3] Un docteur non identifié (17 novembre 1936). [Shrî Aurobindo (Ghose ou Ghosh) continue d'être une énigme ; si des livres comme *The Secret of the Veda* (Sri Aurobindo Ashram, Pondicherry, 1971), *Lights of Yoga* (1935) et *Bases of Yoga* (1936) (*Le guide du Yoga*, Albin Michel, 1970) sont entièrement traditionnels et très profonds, d'autres, principalement en raison de l'utilisation d'une terminologie moderne, sont très confus. Il est compréhensible que, dans la seconde moitié de sa vie, ses œuvres aient été réinterprétées par ses « disciples », mais les premières écritures sont tout aussi déroutantes : *The Secret of the Veda* a été rédigé sous forme d'une suite d'articles entre 1914-1921, dans l'*Arya*, un journal commencé par Aurobindo, et est un chef-d'œuvre ; d'autre part, *The Problem of Rebirth* (Sri Aurobindo Ashram, Pondicherry, 1978), contenant aussi des articles publiés dans *Arya* entre 1915 et 1921, est quant à lui une déception. L'insistance sur « l'évolution » et « la réincarnation », la référence aux sciences modernes, le style compliqué et enchevêtré utilisé, sont sources de confusion et de malentendus ; en fait, Shrî Aurobindo tente d'expliquer que la renaissance (*rebirth*) signifie une évolution de « l'âme » de Prakriti à Purusha, mais ses explications sont trop embrouillées et peu claires. Nous citons quelques-uns de ses propos les plus significatifs et les plus précis : « In former times the doctrine used to pass in Europe under the grotesque name of transmigration which brought with it to the Western mind the humorous image of the soul of Pythagoras migrating, a haphazard bird of passage, from the human form divine into the body of a guinea-pig or an ass. The philosophical appreciation of the theory expressed itself in the admirable but rather unmanageable Greek word, metempsychosis, which means the insouling of a new body by the same psychic individual...

Reincarnation is now the popular term, but the idea in the word leans to the gross or external view of the fact and begs many questions. I prefer "rebirth," for it renders the sense of the wide colourless, but sufficient Sanskrit term, *punarjanma*, "again-birth" [« De plus, peut-être à cause de l'insuffisance du mot "âme", qui peut désigner à peu près indifféremment tout ce qui n'est pas "corps", c'est-à-dire des choses aussi diverses que possible, l'auteur confond constamment la "transmigration", ou les changements d'états d'un être, avec la "métempsychose", qui n'est que le passage de certains éléments psychiques inférieurs d'un être à un autre, et aussi avec la "réincarnation" imaginée par les Occidentaux modernes, et qui serait le retour à un même état. Il est curieux de noter que ce terme de "réincarnation" ne s'est introduit dans les traductions de textes orientaux que depuis qu'il a été répandu par le spiritisme et le théosophisme », René Guénon, *Articles et Comptes Rendus*, I, Éditions Traditionnelles, 2002, p. 106 (*L'Âme et le dogme de la transmigration dans les livres sacrés de l'Inde ancienne*, par le D<sup>r</sup> Eric de Henseler)]... The true foundation of the theory of rebirth is the evolution of the soul, or rather its efflorescence out of the veil Matter and its gradual self-finding... The soul needs no proof of its rebirth any more than it needs proof of its immortality... Those [men] who accept [the theory of rebirth], take it usually ready-made, either as a cut and dried theory or a crude dogma. The soul is reborn in a new body, – that vague and almost meaningless assertion is for them [men] sufficient. But what is the soul and what can possibly be meant by the rebirth of a soul? Well, it means reincarnation; the soul, whatever that may be, had got out of one case of flesh and is now getting into another case of flesh... Even what we call the individual soul is greater than its body and not less, more subtle than it and therefore not confined by its grossness. At death it does not leave its form, but casts it off, so that a great departing Soul can say of this death in vigorous phrase, "I have spat out the body"... The bare idea of repeated births as the process of our soul existence does not carry us much farther than the simple material reality of this single life in the body... But the perception of rebirth as an occasion and means for a spiritual evolution fills in every hiatus. It makes life a significant ascension and not a mechanical recurrence; it opens to us the divine vistas of a growing soul... What we are is a soul of the transcendent Spirit and Self unfolding itself in the cosmos in a constant evolutionary embodiment of which the physical side is only a pedestal of form corresponding in its evolution to the ascending degrees of the spirit, but the spiritual growth is the real sense and motive » – *MAT*]. « Mais nous devons exprimer le regret que la terminologie qui y est adoptée ne soit pas toujours aussi claire qu'on pourrait le souhaiter : il n'y a sans doute aucune objection de principe à élever contre l'emploi de mots tels qu'*Overmind* et *Supermind*, par exemple, mais, comme ils ne sont point d'usage courant, ils demanderaient une explication ; et, au fond, la simple indication des termes sanscrits correspondants eût peut-être suffi à remédier à ce défaut » (René Guénon, *Études sur l'Hindouisme*, Éditions Traditionnelles, 1979, p. 164) ; « nous voulons d'ailleurs croire que Shrî Aurobindo lui-même n'y est pour rien, et qu'il ne faut voir là que la manifestation, de la part de certains de ses disciples, d'un zèle quelque peu indiscret et plutôt maladroit. Ce qui est peut-être plus grave au fond, c'est que l'introduction dont il s'agit est fortement affectée de

Sur Tilak lui-même, j'ai remarqué qu'il y avait, parmi ceux qui l'ont connu personnellement, des opinions extrêmement différentes : certaines vont jusqu'à le considérer comme un *jîvan-mukta*, tandis que d'autres prétendent qu'il n'a jamais été rien d'autre qu'un simple « scholar » ; il me semble qu'il y a là exagération à la fois dans un sens et dans l'autre[1].

Je n'ai jamais eu l'impression qu'il y ait quelque chose de bien intéressant chez Gandhi, qui, au fond, s'est toujours beaucoup ressenti de son éducation européenne et est resté très ignorant au point de vue traditionnel ; bien entendu, cela n'exclut pas qu'on ait pu se servir de lui d'une certaine façon, et j'ai aussi entendu faire quelques allusions à cela autrefois ; mais, en tout cas, il me semble que son rôle soit bien diminué maintenant… Quant à Ghosh, il était autrefois avec Tilak, à une époque où Gandhi était encore tout à fait inconnu dans l'Inde ; mais, depuis lors, il semble s'être complètement retiré de toute activité touchant de près ou de loin à la politique. À un autre point de vue, ce qui est quelque peu fâcheux en ce qui le

---

conceptions "évolutionnistes" » (*ibid.*, p. 179) ; « En d'autres termes, la "réalisation descendante", bien loin de s'opposer à la "réalisation ascendante", la présuppose au contraire nécessairement ; il aurait été utile de le préciser de façon à ne laisser place à aucune équivoque, mais nous voulons croire que c'est là ce que Shrî Aurobindo veut dire lorsqu'il parle d'"une ascension d'où l'on ne retombe plus, mais d'où l'on peut prendre son vol dans une descente ailée de lumière, de force et d'*Ananda*" » (*ibid.*, p. 215) ; « Dans la même revue également (n° de juin 1945) un article publié sous la signature de Shrî Aurobindo nous a causé un pénible étonnement ; nous disons seulement sous sa signature, parce que, jusqu'à nouvel ordre, nous nous refusons à croire qu'il soit réellement de lui, et nous préférons supposer qu'il ne s'agit que d'un "arrangement", si l'on peut dire, dû à l'initiative de quelque disciple mal avisé. En effet, cet article, intitulé *La Société et la spiritualité*, ne contient guère que de déplorables banalités "progressistes", et, s'il ne s'y trouvait çà et là quelques termes sanscrits, il donnerait assez exactement l'impression d'un prêche de quelque pasteur "protestant libéral" imbu de toutes les idées modernes ! Mais, pour dire toute la vérité, il y a déjà longtemps que nous nous demandons quelle peut être au juste la part de Shrî Aurobindo lui-même dans tout ce qui paraît sous son nom » (*ibid.*, p. 267). [Une visite à Auroville, la ville utopique et antitraditionnelle de Mirra Alfassa, établie non loin de l'Ashram de Sri Aurobindo en Inde, permettra de mieux comprendre la mentalité qui s'est développée chez les disciples d'Aurobindo. Nous voulons mentionner aussi, comme illustration, un autre lieu utopique et antitraditionnel en Inde, la « pagode mondiale Vipassanâ », non loin de Mumbai, un « centre universel de méditation » sous influence bouddhiste – *MAT*].

[1] Ananda K. Coomaraswamy (10 février 1939).

concerne, c'est qu'il y a dans son entourage des éléments français qui sont assez suspects ; de plus, il paraît que tout ce qui est publié sous son nom serait en réalité rédigé par ses disciples, et on m'a même assuré qu'il n'en contrôlait pas l'exactitude. Quant à Vivêkânanda, il est bien certain que, comme vous le dites, il n'y a aucun sens métaphysique qui apparaisse dans ses écrits, et d'ailleurs, s'il y avait eu chez lui une compréhension véritable, il n'aurait jamais entrepris cette sorte de propagande qui impliquait toutes sortes de concessions aux idées occidentales ; il est vrai que, d'après ce qu'on me dit, il l'a beaucoup regretté à la fin, et il serait arrivé à se rendre compte alors, mais trop tard, que c'était une erreur. Quant aux enseignements de Râmakrishna, on ne les connaît guère qu'à travers lui, et il est plus que probable qu'il les a « arrangés » en conformité avec sa propre façon d'envisager les choses[1].

Shrî Ramana a 71 ans, ce qui n'est pas un âge très avancé encore, mais ce qui est inquiétant, c'est qu'il ne veut rien faire pour réagir contre la maladie et paraît y être complètement indifférent. Je ne vois en effet personne qui puisse le remplacer, et, sachant ce qu'est son frère, je crains bien que, entre les mains de celui-ci, l'Ashram ne dégénère très rapidement en une sorte d'exploitation commerciale du genre de celles qu'on voit trop souvent s'établir autour de certains lieux de pèlerinage[2].

Je ne suis pas tout à fait de votre avis au sujet des Allemands ; ils excellent surtout dans les travaux d'érudition patiente, mais érudition et compréhension sont deux choses tout à fait différentes, et il ne faut pas oublier que les interprétations de leurs orientalistes sont au point de départ de bien des conceptions fausses qui ont cours dans tout l'Occident au sujet des doctrines orientales[3].

---

[1] Vasile Lovinescu (24 février 1936).
[2] Correspondant non identifié. [Seule la sainte montagne Arunachala semble immuable et non affecté par *Kali-yuga* (photo MAT) :

]
[3] Louis Cattiaux (2 janvier 1950).

La sympathie ne suffit pas et peut porter à faux ; il ne faut pas oublier que, sans même parler des théosophistes chez qui la chose est poussée jusqu'à la caricature, il y a des gens qui se sont pris de sympathie pour un Orient fantaisiste qu'ils ont rêvé et qui font le plus grand tort au véritable Orient ; Keyserling et Romain Rolland en sont des exemples assez typiques.

Quant à Paul Valéry, je me demande toujours ce qu'il veut dire, et s'il n'y a pas chez lui une sorte de « jeu » pseudo-intellectuel plutôt qu'une pensée sérieuse ; il est bien à craindre que l'influence dont vous parlez, si elle existe, ne soit purement verbale. Autrefois, le malheureux Alfred Jarry s'était emparé de quelques formules des Upanishads qu'il répétait à tort et à travers au milieu de ses divagations ; en avait-il jamais compris un seul mot ? Celui-là était devenu fou, ce qui n'est certes pas le cas de Valéry ; mais je vous le cite pour montrer qu'il ne faudrait pas se laisser illusionner par des emprunts extérieurs qui n'impliquent pas forcément une assimilation quelconque[1].

# VI

# LA GNOSE ET LE GNOSTICISME

VOTRE DERNIÈRE phrase renferme une méprise qui m'a profondément stupéfait, où avez-vous bien pu découvrir que je propose « une rénovation hindouiste de l'antique Gnose, mère des hérésies » ? Si vous preniez le mot « Gnose » dans son vrai sens, celui de « connaissance pure », comme je le fais toujours lorsqu'il m'arrive de l'employer (et c'est le sens où on le rencontre, par exemple, chez certains Père de l'Église), je n'aurais certes pas à protester contre l'intention de « rénover la connaissance » à l'aide des doctrines hindoues, encore que je ne sois peut-être pas très qualifié pour prétendre à un tel résultat ; mais tout le reste de votre phrase ne montre que trop clairement que ce n'est pas du tout cela que vous avez voulu dire. D'abord, la Gnose, ainsi entendue (et je me refuse à l'entendre autrement) ne peut être appelée « mère des hérésies » ; cela reviendrait à

---

[1] Un docteur non identifié (12 février 1935).

dire que la vérité est mère des erreurs ; s'il y a des êtres humains qui comprennent mal la vérité, et si c'est de là que naissent les erreurs, la vérité ne saurait assurément en être rendue responsable ; il serait tout aussi juste de parler, par exemple, « du Catholicisme, père du Protestantisme » ! En fait, vous confondez tout simplement « Gnose » et « gnosticisme » ; n'allez-vous pas, en un autre endroit, jusqu'à qualifier à la fois la métaphysique hindoue (et par là, au fond, tout ce qui est métaphysique vraie) de « gnose parfaite » (ce qui est très acceptable, puisqu'il s'agit en effet de la connaissance intégrale) et de « gnosticisme absolu » ? Je ne puis me résoudre à croire que vous ne sachiez pas ce que c'est que le gnosticisme historiquement tout au moins ; mais alors pourquoi cette assimilation que rien ne saurait justifier ? Assurément, ce n'est pas la première fois que je rencontre une pareille confusion et que j'ai à la relever ; mais, jusqu'ici, elle était toujours le fait de gens qui, pour vanter le gnosticisme et le faire passer pour ce qu'il n'est pas, le décorait indûment du nom de Gnose ; je me suis même attiré quelques haines en le leur reprochant... Cette fois, c'est exactement l'inverse qui se produit : c'est la Gnose, au sens de connaissance pure, qu'on veut frapper de suspicion en l'assimilant à cette mixture hétéroclite qui s'appelle (ou s'est appelée) le gnosticisme ; et pourtant, pour éviter toute fausse interprétation, je me suis soigneusement abstenu, dans tout mon ouvrage, d'employer ce mot de Gnose, malgré sa parfaite équivalence avec le sanscrit *Jnâna*, et je me suis contenté de celui de métaphysique, qui peut presque toujours s'y substituer sans inconvénient (quand cela n'est pas possible, on peut parler simplement de « connaissance »). Il n'y a là, de ma part, ni habileté ni manque de franchise (votre phrase pourrait le faire croire), mais seulement le désir d'écarter tout ce qui risque d'être mal compris, dans la mesure où il est possible de le prévoir ; mais je n'ai pas réussi, puisque, malgré toutes mes précautions, la fausse interprétation s'est produite tout de même, et du côté où je l'attendais le moins ! Si clairement qu'on s'efforce d'écrire, c'est à désespérer de se faire comprendre ; vraiment, si on ne peut dire que la morale n'a qu'une portée purement sociale sans être assimilé à Durkheim et autres sociologues ni parler de la connaissance intellectuelle pure sans être associé aux gnostiques de toute espèce, voire même placé

au-dessous des Théosophistes et dénoncé comme plus dangereux que ces malfaisants imbéciles, je commence à croire que le
mieux serait tout simplement de garder le silence. Si ce n'était si
fâcheux, ce serait plaisant, pour quelqu'un qui prend la défense
de l'orthodoxie traditionnelle dans tous les domaines, et qui ne
veut rien connaître en dehors de cette orthodoxie, de se voir
accuser de chercher à promouvoir l'hérésie !! Pour ce qui est
spécialement du gnosticisme est-il besoin de dire que cette
déformation grecque d'idées orientales incomprises ne m'intéresse pas le moins du monde ? Cela ne vaut pas beaucoup plus
qu'un système philosophique. Aurait-il donc fallu que j'aille me
défendre par avance, et sans aucun motif, de vouloir instituer
quoi que ce soit ? Il ne me serait pas venu à l'idée qu'on pouvait
me prêter de telles intentions, d'autant plus que j'avais dit que,
dans ma conclusion, il ne s'agissait que de possibilités fort
lointaines ; du reste, si l'élite dont j'ai parlé arrive à se constituer
un jour, ce ne sera certainement pas par une *association* quelconque ; il faut pour cela des moyens d'un ordre autrement
profond. En somme, je n'ai pas voulu dire autre chose que ce
que j'ai dit, et tout cela prouve que, en voulant « parler franc »,
comme vous dites, on court grand risque de prêter aux gens des
pensées qu'ils n'ont jamais eues. Cette dénaturation de mes
intentions est si grave à mes yeux, que je me verrai obligé de
profiter de la plus prochaine occasion pour formuler la
rectification qui s'impose[1].

# VII

## LE *KALI-YUGA*

JE SUIS tout à fait de votre avis pour ce que vous dites de l'état
de l'humanité actuelle en rapport avec le *Kali-Yuga* ; c'est
d'ailleurs ce que j'explique dans le volume que je viens de
terminer. D'autre part, il est bien certain que l'« initiation » ne se
comprend que par les conditions spéciales du *Kali-Yuga*, en
dehors desquelles elle n'aurait pas sa raison d'être. Il n'en est pas

---

[1] Noële Maurice-Denis Boulet (28 juillet 1921).

moins vrai qu'il faut bien, en fait, tenir compte de ces conditions ; c'est pourquoi, tout en étant parfaitement d'accord avec vous en principe, je dois pourtant maintenir tout ce que j'ai dit sur le rôle de l'élite. Ce rôle, d'ailleurs, n'est nullement propre aux traditions à forme religieuse ; l'exemple du Taoïsme en est une preuve suffisante ; et la même chose se retrouve partout, quoique quelquefois d'une façon moins tranchée (dans l'Inde par exemple). Depuis le *Kali-Yuga*, l'« initiation » existe en Orient aussi bien qu'elle a existé en Occident ; il y a là une nécessité de fait. De même pour le symbolisme : l'emploi de symboles comparables aux symboles hermétiques est tout à fait général aussi ; et ces symboles ne s'opposent point aux symboles naturels, mais s'y relient au contraire très normalement. En outre, le caractère symbolique de toute manifestation permet de donner aux faits historiques, aussi bien qu'à tout le reste, une tout autre valeur que celle qu'ils ont en eux-mêmes ; ceci pour ce que vous dites à propos de Dante ; le symbolisme de celui-ci est, si vous voulez, occidental dans sa forme extérieure, mais il est tout à fait équivalent aux symbolismes orientaux. Du reste, il n'y a eu vraiment d'opposition entre l'Orient et l'Occident que lorsque celui-ci a perdu sa tradition, y compris le sens du symbolisme ; l'hermétisme est beaucoup plus proche de l'esprit oriental que de l'esprit occidental moderne. Peut-être aurons-nous bientôt l'occasion de reparler de tout cela plus longuement[1].

J'ignorais tout à fait cet article d'Evola dont vous me parlez, mais je ne peux pas dire que cela me surprenne beaucoup après ce qu'il avait déjà écrit sur la montagne ; sûrement, il y a dans tout ce mélange quelque chose qui est pour le moins anormal, mais est-il bien sûr que ce soit réellement conscient ? Du reste, je me pose aussi la même question dans un cas comme celui de Sédir ; je sais d'ailleurs que, pour celui-ci, l'entourage a eu la plus grande part de responsabilité pour bien des choses ! En tout cas, tout cela encore ne donne pas une idée avantageuse du monde occidental actuel ; évidemment, vous avez raison de dire que ce bouleversement n'est rien si on envisage les choses du point de vue plus élevé, si ennuyeux qu'il puisse être d'ailleurs de se trouver dedans ; mais à le considérer en lui-même, je ne

---

[1] Guido di Giorgio (15 août 1927).

suis pas sûr qu'il soit moins considérable que celui de la fin de l'antiquité, et il paraît même à la fois plus profond et plus généralisé ; du reste, cela ne s'accorde-t-il pas avec le fait que nous en sommes à une phase plus avancée du *Kali-Yuga* ?[1]

Quant à la remarque que vous faites sur la persistance possible d'une tradition occidentale, elle est très juste, et cela correspond à une question qui me préoccupe comme vous : s'il y a encore des représentants authentiques de cette tradition, comment entrer en relations avec eux ? Il y a là une difficulté que vous seriez peut-être mieux placé que moi pour résoudre, parce que je suis, intellectuellement, beaucoup plus rapproché de l'Orient que de l'Occident[2].

Ce [que Mrs Coomaraswamy] vous a dit de l'état actuel de la mentalité dans l'Inde coïncide malheureusement avec l'impression que m'en avait donnée quelqu'un qui a fait un séjour de quelques mois il y a deux ans environ. Il faut bien en effet, comme vous le dites, que l'obscurité s'étende partout avant que le *Kali-Yuga* prenne fin ; mais, depuis quelques années, cela va incroyablement vite ![3]

Quant au fait qu'il y a actuellement bien des sortes de *Shûdras*, cela ne prouve-t-il pas surtout que les castes ne sont plus ce qu'elles étaient à l'origine, ce qui est assez compréhensible dans les conditions du *Kali-Yuga* ? Ne pourrait-on pas dire qu'il y a maintenant des gens qui se trouvent classés comme *Shûdra* sans l'être en réalité, de même que, par contre, il y a des *Brâhmanes* qui ne sont plus véritablement *Brâhmanes*, etc. ?[4]

La proximité de la fin du cycle présent ne fait de doute pour aucun de ceux qui ont connaissance de certaines données traditionnelles, toutes concordantes dans le même sens ; l'accélération sans cesse croissante dont vous parlez n'est pas plus douteuse, elle est même facile à constater dans tout ce qui se passe autour de nous ; je l'ai du reste indiqué expressément à diverses reprises, et surtout dans le *Règne de la Quantité*[5].

---

[1] Guido di Giorgio (22 mars 1936).
[2] Arturo Reghini (13 juillet 1924).
[3] Ananda K. Coomaraswamy (17 juin 1936).
[4] Ananda K. Coomaraswamy (27 mai 1946).
[5] Louis Cattiaux (2 janvier 1950).

# VIII

# VERS LA DISSOLUTION

L'ENVAHISSEMENT du psychique me paraît aussi plus grave que le matérialisme, et je constate à chaque instant qu'il gagne très rapidement de tous les côtés. Cela ouvre la porte à toutes les diableries imaginables ; c'est incroyable de voir ce qu'il en sort de partout ; on dirait qu'il n'y en aura jamais assez pour achever de tout détraquer ![1]

# IX

# MÉCANICISME ET MATÉRIALISME

VOUS N'AVEZ que trop raison pour les machines à diffuser le son, et ce qui est terrible, c'est que cette modernisation envahit partout de plus en plus ; croiriez-vous qu'à la Mecque, cette année, la grande innovation a été l'installation de microphones et de hauts parleurs pendant le pèlerinage ?[2]

# X

# DES VESTIGES INITIATIQUES

JE SUIS PERSUADÉ aussi qu'il doit subsister encore quelque initiation chez les Indiens d'Amérique ; en dehors de cela, il n'y a sûrement, comme en Europe, d'autres vestiges authentiques de cet ordre que ceux qui se trouvent dans la Maçonnerie, dont les possibilités de restauration sont malheureusement bien douteuses. À défaut d'initiation de forme occidentale, il faudrait que quelque chose vienne d'ailleurs pour assurer la continuité

---

[1] Guido di Giorgio (20 novembre 1936).
[2] Guido di Giorgio (17 janvier 1949).

indispensable d'une transmission, et il est bien difficile de dire actuellement jusqu'à quel point ce serait réalisable[1].

Vous me parliez de William Blake ; j'ai bien eu aussi toujours l'impression qu'il était tout à fait autre chose qu'un mystique, mais sans pouvoir dire à quoi il se rattache exactement (à part l'emploi de quelques symboles évidemment maçonniques). J'ai relu ses poèmes pendant que j'étais malade, et je dois dire que je suis toujours aussi embarrassé ; à côté de quelques choses très nettes comme celles que vous citiez, il y en a tant qui sont incompréhensibles ! Il faudrait notamment pouvoir trouver la « clé » des noms extraordinaires qu'il emploie, et qu'il ne doit pas avoir fabriqué d'une façon purement fantaisiste ; ses éditeurs semblent n'avoir pas osé risquer quelque hypothèse là-dessus ; auriez-vous quelque information à ce sujet ?[2]

Il y a encore des vestiges, je veux dire quelque chose qui représente bien des organisations initiatiques, mais en fort mauvais état : la Maçonnerie et le Compagnonnage. En dehors de cela, il n'y a que charlatanisme ou fantaisie, en un mot « pseudo-initiation »,... et même aussi parfois quelque chose de pire, qui relève de la « contre-initiation ». – Je dois cependant ajouter qu'il est possible qu'il y ait encore çà et là quelques Kabbalistes ; mais ils ne se font pas connaître et doivent être fort difficiles pour accepter des élèves, même parmi les Juifs ; quant aux non Juifs, cela leur est pratiquement inaccessible[3].

Il n'est que trop vrai aussi que la majorité des chrétiens actuels limitent leur horizon au point de vue qu'on désigne du nom barbare d'« historicisme », quant à la doctrine, il est évident que cela ne les intéresse en aucune façon.

J'ai souvent remarqué que, quand certains parlent de « transcendance » du Christianisme, ce qu'ils entendent par là est justement la négation de toute véritable transcendance, je veux dire de toute signification profonde ; je me demande ce qu'il pourrait bien y avoir de transcendant dans les banalités morales et sociales où ils se complaisent exclusivement. La vérité est que l'esprit moderne s'infiltre de plus en plus partout, même dans ce qui devrait lui être le plus radicalement opposé ; un exemple vraiment effrayant, c'est cette « réorganisation des

---

[1] Ananda K. Coomaraswamy (21 mai 1936).
[2] Ananda K. Coomaraswamy (4 décembre 1939).
[3] Un docteur non identifié (12 février 1935).

ordres religieux » dont on parle actuellement et qui, en fait, équivaut tout simplement à la disparition des ordres contemplatifs comme tels ; quand on voit des choses comme celles-là, on ne peut plus s'étonner de rien[1].

# XI

# LES MANIFESTATIONS TRADITIONNELLES EN ROUMANIE

MERCI DE toutes vos explications sur les manifestations traditionnelles en Roumanie ; il y a là des choses qui sont véritablement très intéressantes et que je ne connaissais pas du tout. – J'ai toujours pensé que l'histoire de Zalmoxis, si déformée qu'elle ait pu être par les historiens grecs, devait avoir une importance particulière en rapport avec l'Orphisme et le Pythagorisme. On la mélange souvent avec celle d'Abaris ; celui-ci semble avoir été un dieu scythe (ou son représentant) ; mais quelle parenté de race y avait-il exactement entre les Scythes et les Thraces ? En tout cas, il est certain que tout cela se rattache directement à la question de l'Apollon hyperboréen. Quant au nom de Zalmoxis comme désignant une fonction (comme celui de Zoroastre et bien d'autres), je pense que vous avez tout à fait raison. – La question des montagnes sacrées est aussi un point important ; le nom d'« Om » est curieux, même si sa similitude avec le monosyllabe sacré de l'Inde n'est due à aucun rapport étymologique ; mais que veut dire l'autre nom « Kaliman » ? – Pour Jean Huniadi, si je l'ai désigné comme hongrois, j'ai dû reproduire là simplement ce que j'ai trouvé dans les écrits théosophistes, sans penser à faire des recherches pour vérifier si la chose était exacte. – En tout cas, pour la fondation des trois principautés, le symbolisme hermétique est en effet évident, comme vous le dites ; et de même pour tout ce qui concerne les contes et le soi-disant « folklore » ; il est même rare, je crois, que ce symbolisme ait été conservé aussi clairement dans des cas

---

[1] Louis Cattiaux (7 octobre 1949).

similaires… – Ne penseriez-vous pas à faire quelque travail sur toutes ces questions ? Cela en vaudrait sûrement la peine, d'autant plus que le sujet, à ce point de vue surtout, n'a pas dû être beaucoup étudié jusqu'ici[1].

Il n'y a pas qu'avec vous que je sois en retard : j'écris aussi aujourd'hui seulement à M. Avramescu, de qui j'ai reçu une lettre quelque temps avant la vôtre ; il me demandait, pour le prochain n° de *Memra*, un article que je voulais lui envoyer en même temps, mais que je n'avais pu arriver à écrire jusqu'ici… Comme il me posait la même question dont vous aviez parlé avec lui, je lui dis que, quand il vous reverra à votre retour à Bucarest, vous pourrez lui communiquer ce que je vous ai déjà répondu à ce sujet. Il me parle aussi de Bô Yin Râ ; je pense qu'il ne peut y avoir aucun inconvénient à ce que vous lui fassiez part de ce que je vous en ai dit[2].

Je vous remercie d'avoir communiqué à M. Avramescu ce qui pouvait l'intéresser dans mes lettres ; je ne crois pas qu'il ait intérêt à abandonner le Judaïsme, car si restreintes qu'y soient actuellement les possibilités d'initiation, elles existent tout de même encore, tandis que, dans le catholicisme, cela me paraît plus que douteux[3].

Maintenant je crois n'avoir rien oublié de ces remarques, puisque vous me demandez ce que je pense de tout cela, la nature hyperboréenne de la tradition roumaine ou dace ne me paraît pas douteuse, et cela explique certainement bien des choses énigmatiques en ce qui concerne Orphée, Zalmoxis, etc. ; je ne vois même pas comment tous les passages des auteurs anciens que vous citez pourraient se comprendre autrement.

Il y a dans tout cela bien des indices d'une des étapes du « Centre », à une époque qu'il serait sans doute bien difficile de déterminer exactement ; à ce sujet, pourriez-vous me dire quelle est la latitude de la région dont il s'agit, et aussi quelles y sont les durées respectives du jour et de la nuit aux solstices d'été et d'hiver ? D'autre part, à quelles régions aboutirait la direction du

---

[1] Vasile Lovinescu (19 mai 1935).
[2] Vasile Lovinescu (3 septembre 1935). [Voici un exemple montrant que certains fragments des lettres de Guénon ne sont pas strictement privés, mais destinés au profit d'une plus large audience – *MAT*].
[3] Vasile Lovinescu (14 octobre 1935).

« sillon de Novac » si on la prolongeait du côté de l'Orient jusque vers l'Asie centrale ? Je n'ai pas ici de carte qui me permette de m'en rendre compte ; et cela peut avoir de l'importance pour déterminer la succession des différentes étapes. – Il semble que la venue des Celtes en Gaule ait été en somme assez récente, peut-être même seulement vers le VIᵉ siècle avant l'ère chrétienne ; il se pourrait très bien qu'ils y soient venus, non pas du Nord directement, mais de l'Est de l'Europe, de la région danubienne (peut-être avec quelques stations intermédiaires) ; et, en Gaule, il a dû s'opérer une jonction avec d'autres peuples qui y étaient établis antérieurement dont la tradition n'était pas hyperboréenne, mais atlantéenne ; s'il en est ainsi, la tradition dacique représenterait en tout cas une continuation de la tradition hyperboréenne sous une forme beaucoup plus pure que chez les Celtes. Naturellement, la jonction avec la tradition atlantéenne en certains points avait aussi sa raison d'être, mais c'est là une question tout à fait indépendante de l'autre.

Il faut encore que je vous signale un autre point, concernant les Pélasges : certains, comme Fabre d'Olivet, je crois, et en tout cas Saint Yves d'Alveydre, en font des peuples de race noire ayant occupé l'Europe avant la venue des Scythes hyperboréens, et que ceux-ci auraient refoulés en descendant du Nord ; mais cela ne repose probablement que sur des étymologies plus ou moins fantaisistes. D'autres, rapprochant leur nom de πελαγος, en font des peuples marins et navigateurs, dans lesquels ils veulent voir les descendants des Atlantes. D'après ce que vous exposez, il semblerait au contraire que les Pélasges aient été, comme les Scythes, un des noms des peuples hyperboréens eux-mêmes ; avez-vous examiné de près cette question qui ne paraît pas entièrement claire ? – Enfin, quant à la survivance de la tradition dace jusqu'au moyen âge, à l'époque de la fondation des principautés roumaines, elle n'a assurément rien d'invraisemblable ; pour ce qui se rapporte aux époques plus modernes, il peut ne s'agir que d'une transmission moins consciente ; évidemment, il doit être bien difficile de trouver quelque chose qui permette d'être absolument affirmatif là-dessus, aussi bien que quand il s'agit de savoir jusqu'à quel moment la tradition druidique, de son côté, est restée réellement vivante[1].

La localisation du Centre qui a « missionné » Jeanne d'Arc est sans doute une question difficile à éclaircir ; il n'est pas invraisemblable, en somme, qu'il ait pu être en Dacie, et même cela paraîtrait plus plausible que l'idée de certains qui ont voulu le situer dans la région montagneuse du centre de la France ; si cela pouvait être confirmé, le rapprochement avec les autres « envoyés » serait tout à fait frappant ! Mais il faut sans doute être prudents sur ce point, jusqu'à nouvel ordre du moins ; qui sait si vous ne trouverez pas encore autre chose qui permettrait d'être plus affirmatif ?[2]

Je reçois souvent des lettres de M. Vâlsan, toujours au sujet de Magl[avit], mais heureusement il envisage maintenant les choses d'une façon beaucoup plus calme et plus « détachée ». Pour vous aussi, je pense qu'il est heureux que vous n'ayez pas persisté dans ces médiations dont vous parlez ; et ce que vous me dites des raisons qui vous ont fait cesser est encore un nouvel indice défavorable qui vient s'ajouter à beaucoup d'autres. Je n'aurais pas le temps d'entrer dans les détails (peut-être M. Vâlsan lui-même vous en parlera-t-il plus complètement) ; mais plus j'examine la question, plus mon impression se précise : il y a sûrement une influence psychique très puissante en action là-dedans, mais ce qui se trouve derrière paraît être d'un caractère tout à fait inquiétant et même plutôt « ténébreux ». – Ce que vous me dites d'autre part à propos de la « Garde de Fer » a bien l'air de se rattacher encore à des choses du même genre ; il est assez manifeste que les mêmes « forces » agissent actuellement à la fois de côtés apparemment opposés.

La question des rapports de l'Égypte et de la Dacie est encore un point qui paraît intéressant, mais difficile à éclaircir ; il est possible que la désignation de l'Égypte (qui était encore une « terre noire », et où on trouve encore un mot « Rômit » qui rappelle assez les « Rohmans ») ne doive pas forcément être prise au sens littéral. – À propos, je pense au nom de « Romain » que se donnent les Bohémiens, appelés aussi

---

[1] Vasile Lovinescu (25 novembre 1935).
[2] Vasile Lovinescu (5 janvier 1936).

« Égyptiens » dans beaucoup de pays, et qu'on interprète comme signifiant « les hommes » par excellence.

Je ne savais pas que la Dacie avait été représentée avec une pique portant une tête d'âne ; cela pourrait signifier la victoire sur ce que celle-ci représente[1].

Je dois dire d'ailleurs que tout cela paraît indiquer assez nettement qu'il n'y a plus de représentants authentiques de la tradition dacique, ou bien qu'ils sont complètement dégénérés, car autrement on ne voit pas comment ces choses seraient possibles. Je vous prierai d'attendre, pour reparler de cette question, que vous ayez lu l'article sur les « résidus psychiques » qui va paraître dans le n° de juillet [1937] des *E.T.*, car les choses dont il s'agit sont précisément parmi celles auxquelles j'ai pensé plus spécialement en l'écrivant[2].

Pour ce qui est de l'interprétation de *Harap Alb*, je dois dire qu'elle me paraît juste dans l'ensemble, mais que peut-être j'aurais, pour ma part, présenté certains points sous une forme plus « dubitative ». Par exemple, le rapprochement entre le nom de Persée et Parashu, etc., ne me semble pas être très sûr ; je ne sais d'ailleurs pas quelle origine on donne généralement à ce nom de Persée[3].

D'autre part, je reçois une lettre de quelqu'un qui a séjourné assez longtemps en Roumanie et qui y a été en relation avec les milieux théosophistes. En faisant des rapprochements entre ce qu'il me raconte et ce que je savais déjà par vous, il semble bien que lors du séjour de B. Z. et de Mrs Besant en Transylvanie dont vous m'avez parlé, un certain rôle fût joué par une dame Lazar, de Turda. Connaissez-vous cette personne ou en avez-vous entendu parler ? – Il y a aussi une histoire extraordinaire d'une demoiselle Lia Braunstein, originaire d'Allemagne (probablement de Munich), et qui était à Bucarest à l'époque de la guerre ; elle prétendait être en rapports constants avec les « Maîtres », et notamment avec le Comte de Saint-Germain ; finalement, elle fut prise d'une crise de folie furieuse à Londres où elle était allée donner un concert (elle était musicienne), et fut internée dans un asile d'aliénés. – Il est question encore d'une demoiselle Saculici, qui fut présidente de la branche de

---

[1] Vasile Lovinescu (13 avril 1937).
[2] Vasile Lovinescu (11 juillet 1937).
[3] Vasile Lovinescu (6 février 1938).

Bucarest, et qui mourut à Port-Saïd en revenant d'un congrès à Adyar ; l'histoire de cette mort est mêlée à quelque chose qui se rapporte à mon livre sur le *Théosophisme*, mais d'une façon que je n'arrive pas à débrouiller exactement[1].

# XII

# OCCULTISME

DEPUIS que je vous ai écrit, j'ai lu le livre sur le *Monde éthérique* ; cela est bien confus, et il y a là surtout un mélange des vues fantaisistes de Steiner (empruntées d'ailleurs en bonne partie aux théosophistes, avec de simples changements de terminologie) avec des théories de science moderne, dont tous ces gens semblent toujours fortement impressionnés. Avec tout cela, on n'arrive pas à savoir très exactement de quoi il s'agit et où cela se situe. En fait, d'après les doctrines traditionnelles, l'éther n'appartient pas du tout au domaine subtil ; il est seulement le premier de tous les éléments du monde corporel, celui dont les autres (et par conséquent les corps qui en sont formés) dérivent directement ou indirectement. De plus, il n'est pas possible de parler d'une pluralité d'éther, puisqu'il s'agit de ce qui, dans le monde corporel, représente un état d'indifférenciation, où les qualités qui seront manifestées dans les autres éléments sont dans un état de neutralité, les contraires s'y équilibrant parfaitement. C'est d'ailleurs pourquoi l'éther, la « quintessence » des hermétistes, est symbolisée par le centre de la croix dont les extrémités des quatre branches correspondent aux quatre autres éléments. – Quant aux conceptions concernant les premières races humaines, c'est de l'extravagance toute pure ; c'est d'ailleurs entièrement tiré de la *Secret Doctrine* de H. P. B. – Ce qui est assez curieux, c'est la tendance qu'ont les disciples de Steiner à essayer d'appliquer surtout leurs idées à des choses assez variées : enseignement, médecine, chimie… jusqu'à

---

[1] Vasile Lovinescu (25 juin 1936).

l'agriculture ! On se demande quelles intentions il y a au juste derrière tout cela[1].

Pour votre remarque au sujet du *Monde éthérique*, c'est Steiner lui-même qui a placé son organisation « anthroposophique » sous le patronage de Goethe, puisqu'il a donné le nom de *Goetheanum* à son institut de Dornach ; au fond, je crois que la seule raison qu'on puisse trouver à cela, c'est que Goethe a toujours passé, à tort ou à raison, pour avoir appartenu à quelque groupement plus ou moins « rosicrucien ». – J'avais entendu souvent faire de grands éloges du second Faust ; mais je dois dire que, quand j'ai eu l'occasion de le lire (en traduction, il est vrai, puisque je ne sais pas l'allemand), j'en ai été très déçu ; je ne sais si c'est parce qu'il y a là une forme d'expression à laquelle je ne suis pas habitué, mais je n'y vois qu'un symbolisme très vague et nébuleux, que je comparerais volontiers à celui du *Peer Gynt* d'Ibsen. Je ne crois pas qu'on puisse trouver là une dérivation gnostique ; à vrai dire, la légende de Faust a bien une origine initiatique, mais la question serait de savoir jusqu'à quel point Goethe en a conservé le caractère primitif[2].

Mario Meunier m'a en effet envoyé son livre sur Apollonius de Tyane, et je l'ai lu aussi ; mais il paraît bien difficile de savoir exactement ce que le personnage a pu être en réalité, et quelle importance il convient de lui attribuer ; tout n'est pas parfaitement cohérent là-dedans, et souvent, en admettant les faits tels qu'ils sont rapportés, on se demande quel degré de connaissance il pouvait avoir atteint. D'un autre côté, on ne peut évidemment pas le rendre responsable des évocations d'Éliphas Lévi ou d'autres histoires plus ou moins douteuses du même genre ; cela est toujours un peu ennuyeux mais il y a bien peu de personnages de quelque réputation que les milieux occultistes n'aient pas prétendu accaparer ainsi à leur profit[3].

---

[1] Un docteur non identifié (22 mars 1935).
[2] Un docteur non identifié (5 mai 1935).
[3] Vasile Lovinescu (16 mars 1937).

# XIII

# LA RÉINCARNATION

QUANT AU fond même de la question, l'impossibilité d'un retour au même monde résulte de ce qu'il impliquerait une limitation de la multiplicité des mondes (ou états d'existences, car c'est la même chose au fond), et, par suite, une limitation de la Possibilité universelle elle-même[1]. Ceci, bien entendu, concerne l'être véritable et revient à dire que celui-ci ne peut pas se manifester deux fois dans le même état ; ce n'est là, en somme, qu'un cas particulier de l'impossibilité d'une répétition quelconque dans la manifestation universelle, en raison même de son indéfinité. – Maintenant, cela ne veut pas dire qu'il n'y a pas quelque chose qui puisse « se réincarner », si on tient à employer ce mot, mais ce sont simplement des éléments psychiques qui n'ont plus rien à voir avec l'être véritable (qui est alors passé à un autre état), et qui viennent s'intégrer dans la manifestation d'un autre être comme le font aussi les éléments corporels ; à proprement parler, ça n'est donc pas de « réincarnation » qu'il s'agit alors, mais de « métempsycose » (quant au mot « transmigration », il désigne proprement le passage à un autre état, qui, lui, s'applique bien à l'être véritable). Ce transfert d'éléments psychiques explique les prétendus « cas de réincarnation », ou de « souvenirs de vies antérieures » qu'on constate parfois (du reste, qu'est ce qui pourrait « se souvenir », puisque, même dans l'hypothèse réincarnationniste, il s'agirait toujours d'une nouvelle individualité revêtue par l'être, et que la mémoire appartient

---

[1] « The words *punar âvartante*, "return again" in the *Praśna Upanishad* and some related passages provide the basis on which later doctrine of reincarnation (as distinct from *samsarana*, transmigration, and *punar mrtyu* as passage from one plane of being to another and higher) is established... There is nothing in Vedic doctrine to show that any Pitr was thought of as individually reborn on earth as the child of any given bride. The presumption is rather that the obscure process of the "descent" by which there is a "return again" (*CU* V.10.5-7 and *BU* VI.2.15 and 16) is an allusion to the creative activity of any Prajâpati (who as an individual must be thought of as a Pitr) and his children the Work Angels (*karma-devâh*, including both "Light" and "Dark" Angels), Manu, and Men » (Ananda K. Coomaraswamy, *Yakshas*, Oxford University Press, 1993, p. 184).

évidemment à l'individualité comme telle ?). Pour le surplus (en laissant de côté, bien entendu, la raison sentimentale invoquée par les modernes et qui n'a aucun intérêt doctrinal), la croyance en la réincarnation peut être considérée comme due en partie à l'incompréhension du sens symbolique de certaines expressions. Bien que le rapprochement soit peut-être bizarre, je pense ici à un autre fait qui a exactement la même cause : c'est la croyance à l'existence de certains monstres et animaux fantastiques, qui ne sont que d'anciens symboles incompris ; ainsi, je connais ici des gens qui croient fermement aux « hommes à tête de chien » ; l'*Histoire naturelle* de Pline est remplie de confusions du même genre… – J'ai traité assez longuement dans l'*Erreur spirite* cette question de la réincarnation, en indiquant aussi les distinctions qu'il y a lieu de faire entre les différents éléments constitutifs de l'être manifesté. – Dès lors qu'il s'agit d'une impossibilité, il est bien entendu qu'il ne peut pas y avoir d'exception ; d'ailleurs, où s'arrêterait-elle exactement ? À ce propos, je vous signalerai une chose assez curieuse : c'est que M^me Blavatsky elle-même avait commencé par refuser la réincarnation d'une façon générale ; dans *Isis Unveiled*, elle envisageait seulement un certain nombre de cas d'exception, reproduits exactement des enseignements de la H. B. of L. à laquelle elle était rattachée à cette époque. – Une possibilité qui constitue seulement une exception apparente, c'est le cas d'un être qui, n'étant plus réellement soumis à la mort (un *jîvan-mukta*), continuerait pour certaines raisons son existence terrestre (il ne reviendrait donc pas comme les prétendus « réincarnés ») en utilisant successivement plusieurs corps différents ; mais il est évident que c'est là un des cas qui est tout à fait en dehors des conditions de l'humanité ordinaire, et que d'ailleurs un tel être ne peut même plus réellement être dit « incarné » en aucune façon[1].

Pour la question du « rebirth », je vois que nous sommes entièrement d'accord sur l'interprétation des textes auxquels vous faites allusions. Quant à ce cas de « mémoire » qui s'est produit récemment dans l'Inde, j'avais déjà lu divers articles à ce sujet ; il est bien clair qu'il s'agit là d'une sorte de transfert d'un ensemble d'éléments psychiques ayant gardé une cohésion

---

[1] Ananda K. Coomaraswamy (13 septembre 1936).

exceptionnelle. Un cas qui semble plus fréquent, c'est celui où de semblables éléments, quoique beaucoup plus fragmentés en général, se trouvent transmis par hérédité. Quant à ceux qui se manifestent dans les séances spirites, il est bien entendu qu'ils sont aussi du même ordre ; il leur faut l'appui des êtres humains vivants (le médium ou les assistants, peu importe) pour qu'ils reprennent une apparence de conscience individuelle ; mais cette manifestation n'est que temporaire, tandis que, dans d'autres cas, ils se sont en quelques sortes « incorporés » à une individualité, et là est en somme toute la différence[1].

Pour la question de la « mémoire », la façon dont vous l'envisagez est très exacte ; il est bien certain que la mémoire, au sens ordinaire, est quelque chose qui appartient exclusivement à « ce » monde et qui ne peut pas suivre l'être dans un autre état, donc qui est parmi les éléments qui, lors de son passage à celui-ci, il doit laisser derrière lui ; il n'est d'ailleurs pas possible de comprendre comment cette mémoire, comme telle, pourrait se retrouver dans un état dont le caractère n'est plus temporel ; il ne peut subsister alors que ce qui y correspond « intemporellement », si l'on peut dire, et qui par là même n'est plus une « mémoire »[2].

Ce que vous dites pour la « réincarnation » d'éléments correspondant au sens d'« hérédité » est tout à fait exact. Il y a aussi en Chine une formule d'usage courant qui est à peu près celle-ci : « Tu revivras dans tes milliers de descendants », et dont le sens est évidemment tout à fait le même. – Pour la « transmigration », outre la signification tout à fait « universelle » que vous envisagez, il y aurait peut être lieu de considérer plus particulièrement le passage d'un être à travers ses états multiples ; mais, au fond, les deux choses se tiennent de très près, le second aspect étant, si l'on veut, une « spécification » du premier. – Enfin, quant à la « régénération », ce dernier point me paraît un peu moins clair, mais je comprends que vous arriverez à élucider cela plus complètement dans l'étude à laquelle vous travaillez en ce moment[3].

Pour le passage de Plotin que vous citez, il paraît bien évident en effet qu'il ne peut en aucune façon être question de

---

[1] Ananda K. Coomaraswamy (1er novembre 1936).

[2] Ananda K. Coomaraswamy (5 novembre 1936).

[3] Ananda K. Coomaraswamy (20 novembre 1936).

« mémoire » dans l'« éternel présent », et que, même si on en étend la signification au-delà de la modalité temporelle, elle ne peut en tout cas exister que pour un être qui est encore conditionné par quelque mode de succession. En l'entendant ainsi, la mémoire des états antérieurs, pour l'être qui n'a pas encore atteint la Délivrance, ne présente sans doute aucune impossibilité, et l'usage que vous envisagez de cette « mémoire recouvrée » serait en somme tout à fait légitime ; il y a cependant, en ce qui concerne le Bouddhisme, quelque chose qui peut donner lieu à un doute sur une telle intention : c'est son apparente négation du « Soi » permanent. C'est d'ailleurs là un point sur lequel il semble y avoir des contradictions difficiles à résoudre, et je n'ai jamais trouvé aucune explication satisfaisante dans la véritable attitude du Bouddhisme à cet égard[1].

Pour la « régénération », les textes dont vous parlez paraissent vraiment très explicites en effet. J'ai bien toujours pensé aussi que « même » les textes bouddhiques soi-disant « réincarnationnistes » avaient été mal interprétés et devaient avoir en réalité un autre sens que celui qu'on veut y voir[2].

J'ai trouvé aussi dans la même enveloppe [que j'ai reçue de vous contenant un numéro d'*Æsculape*] un article sur un soi-disant « cas de réincarnation » ; même si les faits rapportés sont exacts, il est évident qu'ils doivent s'expliquer autrement. Comme l'intervalle n'est pas suffisant pour qu'il puisse s'agir de « mémoire ancestrale », il y aurait là un cas de transfert à peu près complet des éléments psychiques d'une individualité à une autre, qui, pour être exceptionnel, n'a assurément rien d'impossible[3].

---

[1] Ananda K. Coomaraswamy (14 décembre 1936).
[2] Ananda K. Coomaraswamy (26 décembre 1936).
[3] Un docteur non identifié (1er juillet1936).

# XIV

# FRITHJOF SCHUON

JE ME DEMANDE si vous avez déjà réalisé votre projet de partir pour l'Algérie ou si vous allez le réaliser… Je vous engagerais plutôt à aller à Mostaghanem et à voir le Sheikh Ahmed ben Alioua, à qui vous pourrez vous présenter de ma part[1]. Vous avez peut-être été étonné de voir que je vous engageais à aller précisément là où vous êtes maintenant, et pourtant cette « coïncidence » n'a rien que de très normal[2].

Voilà donc S. [Schuon] revenu à Paris ; il lui sera peut-être tout de même moins difficile d'y trouver une situation qu'ailleurs ; malheureusement, il est à craindre que sa négligence des choses extérieures ne lui fasse manquer des occasions, car je sais que cela est arrivé plusieurs fois. C'est regrettable qu'il soit ainsi pour tout ; il est vrai que, d'après ce qu'on m'a dit, il semble qu'il y ait là beaucoup de la faute de sa mère… Tout de même, cette absence de remerciements en vous quittant me stupéfait ; cela n'a certes rien d'oriental ; ici, on aurait plutôt une tendance à exagérer dans le sens contraire ! D'un autre côté, ce que sa préparation à son rôle a pu avoir d'insuffisant ou de trop rapide serait certainement moins grave s'il avait un peu moins de confiance en lui-même, et surtout s'il n'y avait pas chez lui cette sorte de volonté de ne pas tenir compte de tant de choses qui ont pourtant bien leur importance.

Comment S. a-t-il bien pu s'imaginer que, si vous ou d'autres me tenez au courant de ce qui se passe (en France et en Suisse), c'est pour le plaisir de raconter des histoires ?

Je pense que S. n'ira pas jusqu'à me demander avis sur tous les candidats [à l'initiation], d'autant plus que ce n'est pas précisément facile pour des gens qu'on n'a jamais vus et qu'on ne connaît que par correspondance. Il doit d'ailleurs être bien entendu que je ne veux absolument prendre la « direction » de quoi que ce soit, mais aussi que, quand il s'agit non de conseils individuels, mais d'indications ayant une portée générale, je ne peux pas me refuser à les donner dans la mesure du possible ;

---

[1] Frithjof Schuon (novembre 1932).
[2] Frithjof Schuon (janvier 1933).

mais encore faut-il d'abord qu'on juge à propos de me les demander[1].

Je ne croyais tout de même pas que les choses avaient fini par se gâter au point que S. en soit arrivé à parler de « dissolution » ; franchement, je ne comprends pas du tout comment cela pourrait se justifier... Tout ce que vous m'apprenez est d'ailleurs bien extraordinaire et, je dois le dire, inattendu ; je vous en remercie, car vous avez bien raison de penser qu'il est nécessaire que je sois informé de ce qu'il en est, si peu agréable que ce puisse être. Moi qui avais compté sur la fonction de S. pour me soulager un peu, voilà que c'est tout juste le contraire qui se produit et qu'il n'y a là pour moi qu'une source de nouvelles préoccupations ![2]

Certaines des choses que vous a dites S. montrent que son caractère est toujours d'une susceptibilité excessive ; c'est certainement là ce qui rend si difficile d'éviter tout incident plus ou moins désagréable. Mais ce qui actuellement est le plus inquiétant (et lui aussi paraît s'en inquiéter fort), c'est ce qui se passe à Mostaghanem, et dont vous avez sûrement dû avoir des échos par ceux qui y sont allés dernièrement.

L'état d'esprit qui règne dans ce milieu a changé bien fâcheusement, et si rapidement que cela est difficilement explicable ; si cela continue, la tendance « propagandiste » ne tardera pas à étouffer tout reste d'esprit initiatique... Dans ces conditions, S. n'a sans doute pas tort de penser que le mieux sera de réduire les relations au minimum.

J'ai l'impression qu'il faudrait assez peu de chose pour amener une rupture complète entre Mostaghanem et Bâle, ce qu'il vaudrait mieux éviter si possible ![3]

D'autre part, j'ai reçu une lettre de Burckhardt, qui, au sujet de mes réponses à M. L. [Martin Lings], dit « que la violence de ces lettres l'a douloureusement frappée, et qu'il ne parvient pas à concilier cette impression avec les circonstances qui ont évoqué mes remarques si sévères » ; il me semble pourtant que ce n'est pas bien difficile à comprendre! [... j'] admire qu'on puisse pousser la mauvaise foi aussi loin.

---

[1] Louis Caudron (17 avril 1936).
[2] Louis Caudron (27 avril 1936).
[3] Louis Caudron (26 octobre 1937).

Cela ne m'étonne guère, car, au point de vue technique, l'ignorance de tous ces gens, à commencer par F. S. [Frithjof Schuon] lui-même, est véritablement effrayante.

En pensant à toutes ces histoires, je crois qu'il faudra faire très attention à tout ce que F. S. et les Suisses voudraient faire passer dans les *É. T.* [*Études Traditionnelles*], car il se pourrait qu'ils glissent dans quelque article quelque chose qui serait dirigé contre nous, peut-être sous une forme plus ou moins déguisée. C'est déjà bien assez de ce qui est arrivé avec la fameuse note des *Mystères christiques*, et il ne faudrait pas risquer de s'exposer à quelque nouvelle histoire de ce genre, et qui serait peut-être pire encore cette fois.

J'en viens maintenant aux affaires de Suisse. Tout d'abord, peu après vous avoir écrit la dernière fois, j'ai reçu de nouvelles lettres de F. S. et de Burckhardt ; M. L. les a encore apportées lui-même, et, comme toujours en pareil cas, il paraissait très pressé d'en voir le contenu, mais, en réalité, je crois bien qu'il en avait déjà pris connaissance avant moi ! En effet, comme je lui avais passé le commencement de la lettre de Burckhardt avant d'avoir fini de lire la dernière feuille, il vit que je n'avais que 3 feuilles entre les mains, et dit d'une façon en quelque sorte machinale, « Je croyais qu'il y avait 4 feuilles... » ; puis il s'arrêta brusquement, s'apercevant probablement qu'il faisait une « gaffe », et il se mit a parler de tout autre chose. Cela avait naturellement éveillé mes soupçons ; aussi, après son départ, nous avons examiné les enveloppes de près, et nous avons constaté qu'elles avaient été décollées et recollées avec soin, mais pourtant pas assez habilement pour que cela ne se voie pas, et qu'il en était aussi de même de la précédente lettre de Burckhardt. Ainsi, l'adresse des Pyramides n'était donc réellement pas sûre, et il se peut très bien que des choses semblables se soient déjà produites bien des fois avant cela ; heureusement, il n'y vient plus maintenant que des choses assez peu importantes, sauf naturellement les lettres de Suisse[1].

Il semble vraiment que Vâlsan se soit trompé un peu trop souvent, en bien ou en mal, dans ses appréciations sur les uns et

---

[1] Roger Maridort (18 septembre 1950).

les autres ; j'ignorais ce qu'il vous avait dit au sujet de la Mac.·. et qui est assurément bien « simpliste »[1].

À Lausanne, les observances rituéliques ont été réduites au strict minimum, et la plupart ne jeûnent même plus pendant le Ramadan ; je ne croyais pas que c'était à ce point, et je vois que je n'avais que trop raison quand je disais que bientôt ce ne serait plus du tout une *tarîqah*, mais une vague organisation « universaliste », plus ou moins à la manière de celle des disciples de Vivêkânanda ![2]

Personne n'a et n'aura jamais aucun document de moi l'autorisant d'une façon quelconque à se considérer comme mon successeur, ce qui me paraîtrait d'ailleurs tout à fait dépourvu de sens. Si j'ai dit autrefois que la *tarîqah* était « le seul aboutissement de mon œuvre » (ce qui du reste était vrai à cette époque), il doit être bien entendu qu'il s'agissait en cela de la *tarîqah* elle-même, ce qui n'a absolument rien à voir avec « l'œuvre de S. A. [Sheikh Aïssâ] » ; je pensais encore qu'il devait s'agir d'une *tarîqah* « normale », dans laquelle il n'aurait dû avoir rien d'autre à faire que de remplir la fonction de « transmetteur » et de se conformer strictement à l'enseignement traditionnel, sans introduire aucune innovation ayant un caractère « personnel »[3].

*

\* \*

[Extraits de lettres écrites par Michel Vâlsan à Vasile Lovinescu[4] :

17 décembre, 1950

Permettez-moi de vous donner quelques nouvelles littéraires d'ici. La question de l'initiation chrétienne a créé et continue de

---

[1] Correspondant non identifié.
[2] Roger Maridort (9 octobre 1950).
[3] Louis Caudron (17 octobre 1950).
[4] Ces deux interlocuteurs correspondaient en roumain, leur langue d'origine. Ces lettres ont été traduites en français par l'éditeur. [*N.d.É.*]

créer de grandes divergences entre René Guénon et Frithjof Schuon. Vous rappelez-vous l'article *Mystères christiques*[1] de ce dernier où a été formulée la thèse selon laquelle les sacrements sont restés conformes à leur nature originelle, avec des vertus initiatiques qui pourraient être réactivées par une méthode initiatique et un maître ? Ainsi l'initiation chrétienne se réaliserait par le biais du baptême et de la confirmation. Frithjof Schuon complétait cette argumentation en soulignant qu'il n'existe pas d'autre rite de rattachement initiatique. Il prévoyait même de diriger personnellement quelques disciples catholiques. Le problème étant devenu critique, René Guénon a réagi par une série de trois articles rédigés fin 1949 ; ce qui paraissait être une attaque à l'encontre des exotéristes, était en fait un avertissement à l'attention de Frithjof Schuon pour l'alerter du danger de cette situation. Bien que René Guénon n'ait donné aucune preuve documentaire sur l'existence d'un rite initiatique extra-sacramentel, j'étais capable pour ma part de fournir cette preuve à travers quelques ouvrages sur Saint Syméon le Nouveau Théologien ainsi que d'autres attestations chrétiennes d'Orient et d'Occident. Frithjof Schuon et les Suisses n'ont pas reconnu dans ces épreuves l'infirmation de la nature initiatique des sacrements de l'Église ; en outre ils n'ont pas voulu voir dans les textes que j'ai cités qu'il pouvait être question de rites de transmission différents. J'ai également versé au dossier les rattachements hésychastes dont Avramescu m'avait parlé. Mais les choses se sont embrouillées. Les Suisses ont contesté la compétence et le droit de René Guénon d'intervenir dans un domaine relevant de l'autorité de Frithjof Schuon en raison même de l'état de « jîvan-mukta » de ce dernier. René Guénon a réagi, voici comment : Abu Bakr Lings a écrit de Suisse à René Guénon : « Sh. A. [Sheikh Aïssâ] m'a dit que le *jîvan-mukta* qui exerce une fonction dans une tradition pourrait parfois jouer le rôle de « fard[2] » à l'égard des autres traditions ». « Il semble évident, d'après cela (disait Guénon), qu'ils le considèrent comme un *jîvan-mukta* ; mais je lui ai répondu que j'avais trop d'estime pour Sh. A. pour lui faire l'injure de supposer un seul instant que, en disant cela, il avait eu

---

[1] *Études Traditionnelles* n° 269, juillet-août 1948.
[2] *Fard*, sing. de *afrâd*.

l'intention de se l'appliquer à lui-même ». Avant de passer à autre chose, je dois te dire qu'aujourd'hui Frithjof Schuon et les Suisses ne prétendent plus que Frithjof Schuon a atteint ce degré initiatique... À cause d'autres éléments désagréables concernant l'activité et la situation de la *tarîqah*, René Guénon m'a poussé à fonder une branche distincte de la *tarîqah*, basée sur un esprit orthodoxe : « En somme, la meilleure solution serait certainement que l'on constitue une branche indépendante, en invoquant pour cela la raison exprimé par Sh. A. lui-même, et que ceux qui préféraient rester dépendants de Lausanne forment un autre groupe qui pourrait être placé sous la direction de Schuon ; mais qui sait si la « tyrannie » suisse s'en accommodera et si, pour cela aussi, Sh. A. ne reviendra pas sur ce qu'il a dit ? À défaut de cette solution, une indépendance de fait, sans rupture déclarée, devrait être normalement possible, puisque c'est ce qui s'est produit à Lausanne et ailleurs vis-à-vis de Mostaghanem ; il va de soi qu'il n'y a aucune distinction à faire à cet égard entre le cas de Sh. A. et celui des autres *moqaddems* qui ont cessé d'être en relation avec le Sheikh Adda, et d'ailleurs, jusqu'ici, Sh. A. lui non plus n'a jamais rompu ouvertement. Seulement, on peut se demander si ce qui est possible avec Mostaghanem le serait aussi avec Lausanne ; toujours à cause de la même « tyrannie », il pourrait y avoir une mise en demeure de se soumettre ou de se dissoudre. S'il en était ainsi, il n'y aurait peut-être plus qu'une seule ressource, qui serait tout simplement de ne pas en tenir compte, ou d'accepter une dissolution effective suivie d'une reconstitution ignorée de Lausanne ; ce ne serait pas vraiment irrégulier, car ce qui compte essentiellement en réalité, c'est la *silsilah*, qui subsiste de toute façon, et non pas la dépendance à l'égard d'une « personnalité » quelconque... Naturellement, tout dépendra en définitive de ce qu'on vous proposera que vous accepterez ou non ou de ce qu'on répondra à ce que vous proposerez vous-même ». Ainsi (sept. 1950), j'ai écrit à Sh. A. en ce sens. René Guénon me répondit immédiatement : « Vous avait sûrement bien fait de ne pas attendre davantage pour écrire à Sh. A., car il n'y aurait eu aucune avantage à prolonger cette situation ; je n'ai pas besoin de vous dire que je trouve votre lettre tout à fait bien. Je me demande ce qu'il va vous répondre, et c'est naturellement là ce qu'il faut attendre maintenant ; il faut bien espérer que du moins il vous écrira lui-même ! Il serait fort à souhaiter qu'il accepte une séparation « à l'amiable »[1] ; peut-être s'y résignera-t-il s'il comprend qu'il s'agit d'une décision prise par tous, mais ce qui est à craindre, c'est que les autres ne l'en empêchent... Si l'on oblige chacun à justifier son attitude comme vous le pensez, je ne vois qu'une chose à faire : c'est que vous rédigiez vous-même une réponse collective que tous signeraient ; si ensuite on prétendait les obliger à écrire individuellement, comme il n'existe tout de même aucun moyen pour les y contraindre réellement, ils n'auraient tout simplement qu'à ne pas répondre, ou, si vous pensez que ce soit profitable, à répondre qu'ils n'ont rien à ajouter à ce qui a déjà été dit : ce serait ce qu'il y aurait de plus simple pour en finir. Naturellement, cela n'empêcherait pas, s'il y a lieu, une explication directe entre vous et Sh. A., mais alors il devrait être bien entendu que les autres n'auraient aucunement à y intervenir, pas plus d'un côté que de l'autre. Il ne faudrait pas que vous manquiez, le cas échéant, de mettre en avant ce que je vous disais la dernière fois sur le fait que Sh. A. a été nommé *moqaddam* par le Sheikh Adda exactement comme vous l'avez été par lui, car il va de soi qu'il n'y a que cela dont il puisse avoir à tenir compte, sans se préoccuper de divagations sur une prétendue fonction qui en tout cas n'aurait rien à voir avec la question de la *silsilah* ». L'allusion faite ici dans la dernière phrase est en rapport avec les lignes suivantes écrites dans une lettre immédiatement précédente : « Je vous disais la dernière fois qu'il n'y avait aucune différence entre son cas et celui des autres *moqqadams* qui ont cessé d'entretenir des relations avec Mostaghanem ; il y en a cependant une qui, en un certain sens, serait à son désavantage : c'est que les autres avaient été nommés par le Sheikh Ahmed, tandis que lui ne l'a été qu'après sa mort et par le Sheikh Adda ». En réponse à ma lettre Sh. A. a répondu le 26 septembre : « Bien que j'ai écrit à Sh. Abd. W.

---

[1] « En tout cas, votre réponse correspond bien, d'une façon générale, à ce que j'aurais dit si j'avais eu le temps de vous écrire avant cela, puisque vous me demandiez tout d'abord mon avis ; j'estime en effet qu'il vaut mieux, à tous les points de vue, que les choses s'arrangent 'à l'amiable' » (lettre de Guénon à Schuon, 5 octobre 1950) (Connaissance des Religions, *Frithjof Schuon*, Jean-Baptiste Aymard, *Frithjof Schuon (1907-1998). Connaissance et voie d'intériorité. Approche biographique*, 1999, p. 39).

avec qui je voulais traiter au préalable de cette question, j'ai décidé de maintenir votre fonction afin que vous puissiez, sous l'autorité de celle-ci, constituer une branche indépendante de la *tarīqah* ; à vous d'en informer Sh. A. W. ». René Guénon disait à ce propos : « Il est bien entendu qu'il ne peut pas s'agir d'une "autorisation" qui serait parfaitement inutile, et, dans ces conditions, sa décision de "maintenir votre fonction" n'a vraiment pas grand sens ; mais, de toute façon, elle ne vous place pas vis-à-vis de lui dans une situation différente de la sienne vis-à-vis du Sheikh Adda, dont il est toujours "officiellement" le *moqaddam*. Peut-être les prétentions qui semblent orienter cette décision ne sont-elles que de pure forme, pour sauver les apparences... À propos d'adresse je vous demanderai aussi de me donner celle de Lovinescu, pour que je puisse lui envoyer un mot dans le sens que vous dites, ce que je ferai très volontiers, car je comprends très bien que, avec les difficultés de communication, vous ne puissiez pas donner de longues explications, et cela pourrait laisser place à quelques doutes sans une intervention directe de ma part ; espérons qu'il n'y aura pas d'autres complications de ce côté ». Je ne veux pas oublier d'ajouter que René Guénon m'a également révélé un certain rôle subtil qu'il a joué dans la carrière de Frithjof Schuon et il a conclu : « Vous voyez que dans tout cela je pourrais bien dire, sans exagération, que sans moi il n'y aurait jamais eu de Sh. A. ! ». Aussi, pour bien vous faire comprendre la situation, je citerai cette phrase : « Quand un *moqaddam* devient le chef d'une branche indépendante, il y remplit en fait la fonction de Sheikh, ce qui implique, notamment la possibilité pour lui de nommer à son tour d'autres *moqaddams* ».


5 mars, 1951

Merci pour les nouvelles que vous m'avez données. Je suis d'accord avec vous en ce qui concerne le sens de la mort du maître René Guénon. Je crois aussi que Frithjof Schuon et ses amis ne se rendent pas compte même maintenant de ce sens. Ils sont tous tellement limités dans leur compréhension de la signification de la fonction de René Guénon, tellement ignorants même sur ce qu'il a expliqué en termes très clairs, si

loin de la compréhension même des idées traditionnelles de
base, qu'il n'y a pas beaucoup d'espoir que jamais ils ne
comprennent qu'ils ont rejeté une grâce unique donnée à notre
époque et notre monde[1]. Des choses terribles ont été dites à
leur sujet ; dans ses derniers instants René Guénon a dit à
propos de l'inquiétude que les Suisses lui avaient causé et de la
tromperie dont il avait été victime : « Ils m'ont tué ! »… Le cas
de Frithjof Schuon tient de l'exposé que vous avez pu lire.
Individualisme, particularisme, hostilité personnelle, liée à son
manque d'affinité intellectuelle avec René Guénon, prétention à
une universalité externe qui est une contrefaçon d'une position
d'ativarna interne. Sur cette attitude se sont greffées des
« influences hostiles pour la tarîqah », comme l'a souligné
Guénon.

---

[1] « Frithjof Schuon rencontre René Guénon pour la première fois, lors d'une
visite au Caire, en 1938… L'accueil est chaleureux et bienveillant mais si
Schuon est sans doute un peu déçu par la lassitude psychique qu'il croit
percevoir chez Guénon (il parlera d'une sorte d'épuisement mental), par la
banalité des sujets de conversation (que d'autres avaient aussi notée) voire par
son inquiétude quasi permanente, il dira néanmoins que "l'homme était
suffisamment fin et mystérieux pour compenser ce qui pouvait me troubler et
me décevoir d'une façon ou d'une autre" (lettre à Jean-Pierre Laurant) » (*ibid.*,
p. 25). [Deux remarques : 1. Il est évident que Schuon n'a pas compris
« l'intériorité » de Guénon ; mais il n'est pas seul : on connaît l'histoire de cette
personne russe (Wladimir Lyczinski), membre de *La Grande Triade*, qui
considérait la femme de Guénon plus intelligente que lui parce que ses
conversations étaient plus intéressantes ! 2. Jean-Baptiste Aymard, dans son
jugement, oublie trop souvent d'être impartial ; et parce qu'il mentionne la
lettre de Schuon à Laurant, nous voulons rapporter ici ce passage pour le
moins douteux : « … Jean-Pierre Laurant, auteur d'un des meilleurs livres sur
Guénon » (*ibid.*, p. 37). À propos de la femme de Guénon, voilà un autre
passage de la lettre où l'on perçoit la naïveté et les erreurs de jugements de
Ménard : « Quand je l'ai connu, il venait de perdre sa femme et, d'après son
thème et d'après les recoupements que j'ai pu faire, cette femme a eu une
immense influence sur son orientation intellectuelle. J'ai l'impression qu'elle
était d'origine orientale car j'ai vu dans son cabinet de travail un grand portrait
de femme de type hindou. D'ailleurs, il me semble bien que tout ce qu'il a écrit
de mieux et de plus clair a été écrit du vivant de cette femme, et revu par
elle… Il ne s'agit que de comparer le « brouillon » de ce livre [*L'Homme et son
devenir selon le Védânta*] publié en articles dans la *Gnose* pour saisir la différence
et l'influence féminine. Les livres qu'il écrivit seul, comme *Le Roi du Monde*, se
ressentent de cette confusion si particulière » – *MAT*].

5 juillet 1965

Ne négligez pas l'importance de votre cas. J'en souffre même et ce n'est pas la première fois. Pourtant, il y a une chose que vous devez comprendre, et ceci est essentiel ; dans toutes ces crises et drames, il est question d'« épreuves » concernant la certitude doctrinale, la certitude de l'orientation, la sincérité de l'aspiration, l'intégrité de la consécration. Évidemment, passent ceux qui doivent passer. Et comment quelqu'un pourrait-il imaginer que tout ce que le « voyageur » spirituel fait de bien pourrait être sans valeur et rester sans effet ?... Je te prie de ne pas exagérer et de ne pas perdre la confiance dans Sh. A. « Il faut faire la part des choses ». Malgré tout ce qui s'est passé, je suis resté dans les meilleures dispositions à son égard, et il y a beaucoup de *baraka* quand je le rencontre… Je te recommande de prier pour lui (et pour moi), de le faire régulièrement, et d'avoir une foi illimitée en Allâh[1]].

# XV

# DU PROFANE À L'ANTITRADITION, DE L'ANTITRADITION À LA CONTRE-INITIATION

COMME VOUS pouvez le penser, je ne suis nullement surpris de l'accueil fait à votre livre ; qu'il s'agisse du clergé, de l'université ou d'autres milieux, c'est partout la même chose en fait de mentalité étroite et bornée, sauf de bien rares exceptions. Encore faut-il vous estimer plutôt heureux s'il ne s'agit que d'isolement comme vous le dites, sans manifestation d'une hostilité plus « agissante ». En ce qui me concerne, dans les derniers temps que j'étais en France, cela devenait véritablement intenable de toutes les façons ; heureusement, depuis que je suis

---

[1] « Je revendique la plus rigoureuse honorabilité… pour mon ancien adversaire Vâlsan, dont j'ai toujours respecté la position – ce fut celle de Guénon – et avec lequel j'ai eu de bons rapports jusqu'à sa mort, malgré nos divergences » (lettre de Schuon à Laurant, 1976) (Connaissance des Religions, *ibid.*, p. 41).

ici, tout ce monde ne peut plus qu'aboyer de loin, ce qui est évidemment beaucoup moins gênant[1].

Pour ce qui est de Ghyka, son ouvrage m'a bien produit toujours exactement la même impression qu'à vous ; et je dois ajouter qu'il y a aussi certains faits bizarres qui ne sont pas de nature à inspirer confiance. Ainsi, quelqu'un m'a montré autrefois une lettre de lui dans laquelle il disait que la lecture de mes ouvrages avait beaucoup contribué à l'engager dans ses recherches ; or vous pouvez remarquer qu'il ne les mentionne jamais... Par contre, il cite indistinctement toutes sortes de « sources » parmi lesquelles il en est dont le caractère est plus que douteux ; il accepte même aveuglément de véritables mystifications. Je sais qu'il est en relation avec bien des gens plus ou moins suspects, qui l'influencent manifestement ; il est bien certain que tout cela ne serait pas possible s'il y avait chez lui une véritable compréhension... – La deuxième partie du *Nombre d'Or* surtout est écrite sur un ton « profane » extrêmement fâcheux, et qui montre qu'il n'a pas la mentalité voulue pour traiter un tel sujet comme il doit l'être, et aussi qu'une connaissance « technique » des organisations initiatiques lui fait défaut. Tout ce travail serait à refaire entièrement dans un autre esprit ; il est vrai qu'il y en a bien d'autres dont on pourrait en dire autant ![2]

Je n'ai jamais entendu dire qu'Anatole France ait été rattaché à quoi que ce soit ; il est probable qu'il a servi seulement d'« instrument » comme bien d'autres ; ce qu'il y avait de conscient chez lui était surtout affaire d'« érudition » ; et d'une érudition qui allait parfois jusqu'à un véritable plagiat[3].

Pour ce qui est de la préface de Lanza del Vasto, il est certain que, quelqu'en soient les qualités, elle ne présente pas un rapport très direct avec le livre lui-même ; je crois qu'au fond d'après tout ce qu'on m'a dit de lui, il est beaucoup plus préoccupé de réalisations sociales que de question de doctrine ; du reste, aurait-il pu prendre Gandhi pour son maître s'il en était autrement ?[4]

---

[1] Louis Cattiaux (7 octobre 1948).
[2] Ananda K. Coomaraswamy (10 février 1939).
[3] Vasile Lovinescu (28 août 1936).
[4] Louis Cattiaux (7 février 1949).

Pour l'affaire des Polaires, ce que vous me dites du détenteur de la « méthode » ne m'étonne pas à mon tour ; mon impression, depuis longtemps, est que tous les gens de ce groupe sont plus ou moins dans le même cas, et, autrefois, quelques paroles d'Ar[mentano] avaient déjà éveillé mes soupçons à ce sujet ; de multiples rapprochements n'ont fait que les confirmer depuis. – Quant à la question même de l'oracle, je suis bien du même avis que vous, qu'il y a là quelque chose mais, je dois dire, quelque chose de « sinistre », dans les deux sens du mot[1].

Permettez-moi de vous dire que je m'étonne de la valeur que vous paraissez attribuer à Krishnamurti. Je dois reconnaître que celui-ci m'a été sympathique dans une certaine circonstance, quand il a eu le courage de se débarrasser des dirigeants théosophistes et de leurs visées « messianiques » ; mais c'est tout, et cela ne prouve évidemment rien à un autre point de vue. Ses « enseignements » sont quelque chose d'aussi vague et inconsistant que possible, sans aucune base doctrinale solide, et où chacun peut trouver ce qu'il veut (cela m'a toujours fait penser, par certains côtés, à la philosophie de Bergson) ; quant à son attitude nettement antitraditionnelle d'opposition à tous les rites, c'est le plus mauvais signe qui puisse être pour quelqu'un qui prétend jouer un rôle de guide spirituel[2].

Il est assez difficile de dire jusqu'à quel point Annie Besant était consciente du rôle qu'elle jouait ; je dois dire cependant que je tendrais de plus en plus à penser comme vous, d'après tous les indices qui s'accumulent, qu'elle avait bien pu recevoir réellement une contre-initiation à un degré quelconque. Quant à Krishnamurti, il donne plutôt l'impression de n'être qu'une sorte d'instrument inconscient ; il l'a sûrement été d'abord entre les mains d'Annie Besant et de Leadbeater ; la façon dont il leur a échappé ensuite est peut-être ce qu'il y a de plus sympathique chez lui ; mais, quand on voit la nature des ses enseignements et leur caractère « dissolvant », il y a lieu de se demander si on ne se sert pas encore de lui pour un rôle quelque peu différent de celui qui lui avait été destiné en premier lieu, et peut-être plus

---

[1] Arturo Reghini (25 avril 1935).
[2] Louis Cattiaux (30 novembre 1949).

conforme à ses propres tendances, mais qui n'en concourrait pas moins au même but[1].

Canseliet (qui n'est pas Fulcanelli, mais qui se donne comme son continuateur) n'a certainement rien d'un « maître » ; de plus, au point de vue traditionnel, il ne peut se rattacher plus ou moins effectivement qu'à un de ces courants déviés dans le sens « naturaliste » auxquels j'ai fait allusion en diverses occasions[2].

Pour ce qui est des attaques contre moi, vous avez très bien compris qu'il y a là tout autre chose que les apparences extérieures ; le plus curieux est que cela semble venir de tous les côtés à la fois, même les plus opposés ; mais derrière tout cela, il y a ce qui est véritablement « diabolique », et cela va encore plus loin que tout ce que vous pouvez supposer. Pour vous en faire une idée, vous pourrez relire attentivement les réponses contenues dans mes comptes rendus, et aussi ce qui concerne la « contre-initiation », les « sept tours du diable », etc. Toutes ces choses, au fond, se tiennent de très près ; le reste n'est qu'instruments plus ou moins inconscients, mais quelquefois d'autant plus dangereux par leur inconscience même[3].

Au sujet de ce que vous a dit Mr Chauvet, il est tout à fait exact qu'il y a toujours eu et qu'il y a encore contre moi de nombreuses attaques de toutes sortes ; mais, comme il y a un peu plus de quarante ans que cela dure, vous devriez bien penser que j'y suis habitué depuis fort longtemps, plus encore que vous ne pouvez l'être vous-même, et que d'ailleurs tout cela ne peut guère m'atteindre personnellement. Si malheureusement je ne peux pas m'en désintéresser purement et simplement, c'est parce qu'en réalité ce n'est pas moi qui suis visé, ce qui importerait assez peu, mais ce que je me trouve représenter tant bien que mal ; c'est uniquement pour cela que je suis obligé de répondre comme je le fais, et cette sorte de défense fait, comme bien d'autres choses encore, partie intégrante de mon travail, qui n'a assurément rien de commun avec un travail d'« homme de lettres »... Il est vrai que certains des personnages dont vous parlez peuvent paraître assez insignifiants par eux-mêmes, mais on ne saurait en dire autant de ce qui les mine, le plus souvent à leur insu ; puisque vous parlez d'entreprises sataniques, je puis

---

[1] Vasile Lovinescu (24 février 1936).
[2] Éric Ollivier (26 septembre 1946).
[3] Arturo Reghini (25 avril 1935).

vous assurer que, en ce genre, j'ai vu des choses peu ordinaires. Je m'étonne toujours de voir combien peu de gens comprennent les véritables raisons que j'ai d'agir de telle ou telle façon, en m'attribuant facilement celles qui ont cours dans le monde profane et qui sont aussi loin que possible de moi à tous les points de vue. Voilà tout ce que je pense à cet égard ; la sérénité n'a évidemment rien à voir là-dedans…

La préface à laquelle Mr Chauvet a fait allusion[1] n'a jamais paru en réalité, car je l'ai retirée à temps, dès que j'en ai obtenu le résultat que j'en attendais ; cela n'empêche pas que certains en parlent toujours chaque fois qu'ils peuvent en trouver l'occasion, comme s'ils pouvaient savoir pourquoi je l'avais écrite[2].

J'ai appris dernièrement qu'on faisait de nouveau courir le bruit que j'étais à Paris, ce qui se reproduit périodiquement, et que certains assuraient même m'y avoir vu dans une réunion. Je me souviens aussi que, il y a 8 ou 10 ans, c'est-à-dire quand j'étais encore en France, on m'avait raconté que des lettres étaient adressées à mon nom dans un hôtel de Bordeaux, où il y avait effectivement quelqu'un qui les recevait. En rapprochant tout cela, je serais tenté de croire qu'il y a réellement quelqu'un qui se fait passer pour moi ; mais qui, et pourquoi ? La seule chose certaine, c'est qu'il y a là-dessous des intentions qui n'ont rien de bienveillant ; et je remarque encore, à ce propos, que l'assertion que « je voyage beaucoup » s'est déjà trouvée en toutes lettres dans une des attaques les plus perfides qui aient été dirigées contre moi ; cela aussi n'est-il qu'une coïncidence ? Mais qu'est-ce que tout cela peut bien vouloir dire au juste ? Je vous avoue que je ne serais pas fâché si tout cela pouvait arriver à être éclairci un jour ou l'autre[3].

Pour en revenir à ces bêtises, imaginez-vous qu'une espèce de toqué a entrepris de dénoncer Evola comme l'inspirateur de la guerre actuelle, et, parce qu'Evola me cite souvent, il en profite pour insinuer que je pourrais bien y être aussi pour

---

[1] [*Préface* initialement rédigée par René Guénon pour un ouvrage de Zam Bothiva, intitulé *Asia Mysteriosa* et qui fut retirée par son auteur avant sa publication. Elle fut publiée dans le *Bulletin des Polaires*, hors contexte, en 1931, sans la permission de l'auteur. Voir *Recueil*, Rose-Cross Books, 2013, p. 133].

[2] Louis Cattiaux (10 octobre 1950).

[3] Louis Caudron (9 mars 1936).

quelque chose ; c'est vraiment risible, mais malheureusement les folies de ce genre ne sont jamais complètement inoffensives ! On recommence aussi à raconter que je suis à Paris, et il y a même des gens qui affirment m'y avoir vu ; je ne sais pas à quoi tendent au juste ces histoires qui se reproduisent périodiquement ; mais ce qu'il y a de plus fort, c'est que, d'après différentes choses que je viens d'apprendre, il semble bien qu'il y ait réellement un personnage qui se fait passer pour moi ; qu'est-ce que tout cela peut bien vouloir dire encore ? Ce qu'il y a de sûr, c'est qu'on ne peut jamais avoir la paix avec ce monde là, alors que pourtant on ne lui demande rien d'autre ![1]

Quant à votre question au sujet de Gurdjieff et de Lanza del Vasto, je puis sans aucune hésitation vous répondre d'une façon tout à fait négative. Le premier qui doit être maintenant en Amérique (du moins je n'ai pas entendu dire qu'il soit revenu en Europe), a constitué, à l'aide de ce qu'il a pu apprendre dans ses voyages en Orient, une sorte de méthode d'entraînement psychique assez fantaisiste, qui semble même n'être pas sans danger, et qui en tout cas ne se rattache absolument à rien d'authentique. Pour Lanza del Vasto, son cas est différent : il n'éprouve au fond aucun intérêt pour les questions doctrinales, et ses préoccupations sont presque uniquement d'ordre social, ce qui explique d'ailleurs ses relations avec Gandhi (fort ignorant lui aussi, il faut bien le dire, au point de vue traditionnel). Cela n'a aucun rapport avec l'initiation, et je ne crois d'ailleurs pas qu'il ait des prétentions dans ce domaine ; mais il voudrait, en vue des réalisations sociales qu'il projette, fonder un « Ordre » dont les membres devraient prononcer des vœux, et il est à craindre que cela ne tourne plus ou moins à la « pseudo-religion ».

D'une façon générale, quiconque n'est pas rattaché à une tradition régulière ne peut pas être regardé comme un véritable Maître spirituel. Parmi les gens de cette sorte, trop nombreux à notre époque, les uns sont réellement dangereux pour des raisons diverses, et les autres, bien que plus inoffensifs, ne peuvent que faire perdre du temps à ceux qui les suivent[2].

---

[1] Guido di Giorgio (22 mars 1936).
[2] Éric Ollivier (31 mars 1946).

Je ne savais pas que Lanza del Vasto continuait son expérience, car j'avais entendu dire que les premiers résultats qu'il en avait eus étaient plutôt décourageants. On m'a dit aussi (mais je ne sais si cela est vrai) qu'il était allé récemment chez Gurdjieff, mais qu'il s'en était retiré presque aussitôt, ne pouvant admettre les vexations et les brutalités auxquelles tout le monde est en butte de la part de ce personnage ; cela, en tout cas, s'accorderait bien avec ce que je sais des singulières méthodes de celui-ci[1].

Je ne savais pas que Lanza del Vasto avait été aussi avec Ivanoff ; encore un personnage bien sinistre et qui a fait de nombreux dupes ; il paraît même que, malgré ce qui lui est arrivé, certains n'en sont pas revenus, et se proposent d'obtenir sa réhabilitation. Gurdjieff est d'un tout autre genre, mais il n'est pas moins inquiétant ; il exerce sur ses disciples une véritable fascination, qui témoigne assurément d'une force psychique peu ordinaire, mais qui, spirituellement, est un signe très défavorable ; du reste tous les prétendus « maîtres » qui ne relèvent d'aucune forme traditionnelle déterminée sont par là même à éviter purement et simplement[2].

Pour votre question concernant Bô Yin Râ, il est à peine besoin de dire que je ne peux aucunement admettre sa prétention d'être un envoyé de la « Grande Loge Blanche » (?) ; je l'ai d'ailleurs déclaré nettement dans les notes additionnelles de la 2e édition du *Théosophisme* (p. 329). Il semble seulement, d'après certains rapprochements que j'ai pu faire, qu'il ait été en relations avec une organisation qui a son origine en Asie centrale, mais dont le niveau n'est pas des plus élevés. Quant à ses livres, ignorant presque entièrement l'allemand, je n'ai pu lire que ceux qui ont été traduits en français ; je n'y ai trouvé ni erreurs caractérisées, ni marques d'une connaissance réelle d'ordre transcendant ; c'est quelque chose de plutôt « neutre », et qui paraît assez inoffensif en comparaison de la plupart des autres productions du même genre. – Un autre personnage qui, plus récemment, s'est proclamé aussi « légat de la Grande Loge Blanche », Nicolas Roerich, me paraît être plus dangereux à bien des points de vue[3].

---

[1] Louis Cattiaux (2 avril 1949).
[2] Louis Cattiaux (8 juin 1949).
[3] Vasile Lovinescu (9 juillet 1934).

Vous dites que ce qui vous a attiré chez Bô Yin Râ n'est pas la doctrine ; mais pourtant il n'y a que cela qui doit compter vraiment, et tout le reste est sujet à illusion. J'admets très bien, d'ailleurs, qu'il ne s'agit pas d'impressions esthétiques ; c'est quelque chose d'un ordre différent, mais qui n'en est pas moins encore « psychique » beaucoup plus que « spirituel ». Maintenant, je dois dire que ce que je pense de Bô Yin Râ n'est pas basé principalement sur le contenu de ses livres ; mais je connais l'organisation à laquelle il a été rattaché, et qui, tout en ayant réellement son siège quelque part du côté de l'Asie centrale, est d'un niveau initiatique très peu élevé. En outre, j'ai vu la constitution des différents grades du « Grand Orient de Pathmos », de sorte que j'ai pu me rendre compte exactement jusqu'où tout cela pouvait aller, et la vérité est que cela ne va pas très loin… Il est bien entendu que je vous dis cela uniquement pour répondre à votre question, et non point pour vous convaincre ou pour vous détourner de quoi que ce soit ; mais sans doute comprendrez-vous par là pourquoi je tiens à ce que rien ne puisse, en ce qui me concerne, donner lieu à une confusion ou même à une association[1].

Quant à ce que vous me dites en ce qui vous concerne, au sujet de B. Y. R., j'en suis heureux aussi, car je vois que vous vous êtes rendu compte de ce qu'il en est réellement ; je comprends d'ailleurs très bien que vous ayez dû passer là par une période pénible, mais je pense que vous n'aurez pas de regrets à en avoir par la suite… Je ne conteste pas les qualités de B. Y. R. comme individu, n'ayant d'ailleurs jamais cherché à savoir ce qu'il vaut à ce point de vue, car ce n'est pas là ce qui importe ; c'est toujours une erreur sentimentale, comme vous le dites, de vouloir conclure de là à la valeur doctrinale de quelqu'un, car les deux choses n'ont entre elles aucun rapport nécessaire, et l'homme le plus « estimable » peut être en même temps le plus ignorant des profanes ; et je dois ajouter aussi que tout ce qui est de l'instruction extérieure ne compte pas davantage à notre point de vue[2].

Pour ce dont je vous ai parlé au sujet de B. Y. R., il s'agit bien d'une organisation initiatique dégénérée ou déviée, surtout

---

[1] Vasile Lovinescu (16 décembre 1934).
[2] Vasile Lovinescu (18 mars 1935).

par la prédominance d'un certain côté « magique » ; mais, en pareil cas, il est bien rare que des éléments appartenant à la « contre-initiation » n'en profitent pas pour s'introduire et exercer leur influence (comme ils le font du reste aussi parfois même dans le cas de simples organisations « pseudo-initiatiques », qui sont alors utilisées à des fins dont leurs dirigeants mêmes sont bien loin de se douter)[1].

Il y a certainement des cas où une influence de la « contre-initiation » est nettement visible, et il faut compter parmi eux ceux où des données traditionnelles sont présentées d'une façon intentionnellement « parodique », ce cas est notamment celui de Meyrink, ce qui, bien entendu, ne veut pas dire qu'il ait forcément été conscient de l'influence qui s'exerçait ainsi sur lui. C'est pourquoi je m'étonne que vous paraissiez avoir une certaine estime pour Meyrink, et d'autant plus qu'il avait en outre adhéré au mouvement de Bô Yin Râ, pour lequel vous n'avez manifestement aucune considération. À ce propos, il faut d'ailleurs que je fasse une rectification : il y a sûrement eu chez Bô Yin Râ une part de charlatanisme et de mystification, mais il y a eu tout de même autre chose aussi, car il avait été rattaché à une organisation assez singulière, ayant son siège quelque part du côté du Turkestan et représentant une sorte de Tantrisme plus ou moins dévié. Je peux être tout à fait affirmatif là-dessus (et je suis peut-être le seul), parce que, à l'époque où le futur Bô Yin Râ ne s'appelait encore que Joseph Schneider et faisait à Paris des études de peinture, des membres de l'organisation en question me le présentèrent un jour comme étant le seul européen en faisant partie. Plus tard, j'ai vu aussi le portrait que Bô Yin Râ avait fait de son « Maître », et qui était parfaitement reconnaissable pour moi ; à cette occasion j'ai pu constater d'ailleurs que ses plus proches disciples eux-mêmes ne savaient absolument rien de tout cela, et je me suis bien gardé de leur faire part de ce que j'en savais moi-même[2].

Il est bien difficile de parler de la « contre-initiation » plus nettement que je l'ai fait dans quelques-uns de mes articles ; elle répond à un dessin proprement « satanique », c'est-à-dire qu'elle tend à développer l'être dans un sens allant à rebours de la

---

[1] Vasile Lovinescu (29 septembre 1935).
[2] Julius Evola (13 juin 1949).

spiritualité ; quant à son action générale dans le monde, elle prétend aller à l'encontre de la réalisation du plan divin, ce qui est d'ailleurs forcément illusoire, car rien ne peut s'y opposer réellement, et même tout y contribue bon gré mal gré[1].

Les choses qui relèvent de la « contre-initiation » sont d'ailleurs presqu'inévitablement mêlées de mystification, parce qu'elles ne peuvent pas se donner pour ce qu'elles sont réellement[2].

Votre lettre m'est arrivée en même temps que l'article sur Raspoutine, dont je vous remercie. J'ai souvent constaté en effet que les « pouvoirs » naturels des guérisseurs ou autres de ce genre se rencontrent surtout chez des gens qui, au point de vue intellectuel, sont très grossiers et bornés. Dans le cas actuel il y a cependant autre chose, en ce sens qu'il ne paraît pas douteux que le personnage a été utilisé comme un instrument, probablement plus ou moins inconscient. Chose assez curieuse, l'organe d'une organisation pseudo-rosicrucienne d'Amérique a publié récemment un article présentant Raspoutine à la fois comme un grand homme politique et comme un véritable saint ![3]

L'extrait du livre de M. de Saint-Aulaire est intéressant en effet ; il y a seulement des réserves à faire sur l'expression « sage de Sion », qui n'est qu'une allusion à la trop fameuse mystification des « protocoles ». Quoi qu'il en soit, il n'est pas douteux que le personnage dont il est question semble bien relever de la « contre-initiation » à un degré ou à un autre ; le cas n'est d'ailleurs pas très rare parmi les Juifs qui ont perdu le sens de leur tradition. Il ne faut d'ailleurs pas exagérer leur part là-dedans ; on pourrait citer aussi des personnages qui ne sont nullement juifs et qui jouent à cet égard un rôle encore plus important[4].

Pour les « protocoles », la mystification consiste en ce que le pseudo-document a été fabriqué par la police russe et attribué à une organisation sioniste, laquelle est tout ce qu'il y a de plus « exotérique » et dépourvue de « secrets » quelconques. Que l'« esprit » corresponde cependant à quelque chose qui existe

---

[1] Un docteur non identifié (5 mai 1935).
[2] Roger Maridort (22 mars 1934).
[3] Un docteur non identifié (2 juin 1936).
[4] Un docteur non identifié (26 septembre 1936).

réellement, c'est là une tout autre question ; c'est d'ailleurs ce qu'il y a de plus étonnant, étant donné que la plus grande partie dudit document a été purement et simplement copiée dans un vieux pamphlet dirigé contre Napoléon trois ![1]

En outre, il y a encore une autre chose ennuyeuse : dans la liste des personnes ayant déjà envoyé leurs réponses, il y a trois agents notoires de la « contre-initiation » (Alexander Cameron, H. Spencer Lewis, Nicolas K. Roerich) ; étant donnée ma situation très particulière, je me demande s'il serait bien « normal » que mon nom figure à côté des leurs[2].

Trebitsch-Lincoln, qui est un agent connu de la « contre-initiation », est passé, lui aussi, par bien des transformations successives, et il a toujours été mêlé à de multiples espionnages ; il a été simultanément au service de l'Angleterre et à celui de l'Allemagne, tout comme son confrère Aleister Crowley… Depuis qu'il est devenu le « lama Dorje-Den », il a séjourné un certain temps au Canada, puis il est revenu en Europe, à la tête d'un groupe de « Lamas » du même genre (parmi lesquels il y a plusieurs Français), et s'est mis à recruter des fonds pour établir un monastère bouddhique en Suisse. Je soupçonne, d'après certaines allusions, qu'il est en relations assez étroites avec le « Bouddha vivant » susdit, lequel est même mêlé au projet du monastère bouddhique. Voilà déjà plusieurs fois qu'il y a des projets semblables (et toujours en Suisse), qui n'ont jamais abouti, et qui ont toujours tourné plus ou moins en escroquerie… Cela me fait penser encore à un autre personnage du même genre, dont je ne retrouve pas le nom en ce moment, et qui, l'an dernier, avait annoncé qu'il allait se rendre en Italie… pour convertir Mussolini au Bouddhisme ; la chose paraît n'avoir eu aucune suite ; mais ce qui est amusant, c'est que j'ai découvert que Mussolini, au temps où il était réfugié en Suisse, avait prononcé un jour un discours dans lequel il se déclarait bouddhiste ![3]

Cet Aleister Crowley est un personnage fort peu recommandable, qui a été emprisonné en Angleterre, pendant la guerre, comme espion allemand ; mais c'est surtout un fumiste

---

[1] Un docteur non identifié (18 octobre 1936).
[2] Ananda K. Coomaraswamy (8 août 1938).
[3] R. Schneider (13 septembre 1936).

et un escroc, bien plutôt que le représentant d'un « pouvoir occulte » quelconque[1].

Votre histoire au sujet du comte de [Saint Germain] devient encore plus curieuse que je ne le pensais d'après ce que vous m'aviez dit l'autre fois, car elle confirme des choses que je soupçonnais depuis très longtemps. Il ne paraît pas douteux que sir B. Z. soit un représentant important d'une des branches de la « contre-initiation » ; certains pensent même qu'il en serait un des chefs ; mais cela est peut-être un peu trop dire, car il n'est pas probable que les véritables chefs jouent jamais eux-mêmes un rôle qui les mette tellement en évidence… J'en suis arrivé à me demander si ce n'est pas de lui qu'il s'agissait en réalité dans l'histoire à laquelle j'ai fait allusion dans le *Théosophisme*, et qui, en fait, avait un rapport avec la constitution de l'Albanie en État indépendant. Serait-ce lui aussi qui aurait été reçu par la reine Élisabeth de Roumanie, apparemment vers la même époque, ou bien s'agit-il là d'un autre personnage encore ? En tout cas, si vous êtes sûr pour ce qui s'est passé en 1927, ses rapports avec A. B. ne peuvent plus faire aucun doute. Quant à ce pasteur anglais, savez-vous s'il appartient à la « Liberal Catholic Church » ? Vous savez que les théosophistes prétendent que le comte de [Saint Germain] est derrière celle-ci, aussi bien que derrière la « Co-Masonry » (dans les Loges de laquelle on réserve pour lui un siège que personne n'a le droit d'occuper). Je viens de regarder un portrait de Bacon (autre « incarnation » du « Maître ») que les théosophistes ont publié avec intention, en rapport précisément avec la L.C.C. ; il ressemble assez curieusement à celui de sir B. Z. ! – Il y a sûrement sous tout cela des manœuvres bien ténébreuses, et vous n'avez pas tort de trouver que cette attention portée à la Roumanie a quelque chose d'inquiétant… – Quant au vrai comte de [Saint Germain], si ce nom ne désigne qu'une fonction (ce qui est le plus vraisemblable), il pourrait toujours être repris par des envoyés d'un même centre, à supposer qu'il y ait encore lieu d'indiquer ainsi la continuité de leur mission ; mais, actuellement, il ne me semble pas qu'on en ait d'exemples authentiques, et, étant donné l'état où en est arrivé le monde occidental, il n'y aurait rien d'étonnant à ce que ces manifestations aient réellement pris

---

[1] Louis Charbonneau-Lassay (30 mars 1929).

fin. On pourrait même se demander si l'abus qui est fait du même nom n'a pas été rendu possible précisément par le fait que les véritables centres initiatiques avaient déjà renoncé à l'utiliser[1].

Quant à votre question au sujet des révolutions française et russe, je ne crois pas que des représentants conscients de la « contre-initiation » se mettent jamais en évidence dans de pareilles circonstances ; certains chefs apparents peuvent être plutôt de simples instruments entre leurs mains[2].

Du côté opposé (ou qui du moins paraît tel), il faut reconnaître que tout n'est pas tout à fait clair non plus ; Hitler paraît avoir été « conseillé » par des personnages suspects, et on m'a parlé de certaines histoires de « magie » qui ne sont pas un signe bien favorable... Quant à l'Italie, elle s'attaque actuellement à un pays qui est le siège d'un très ancien centre spirituel ; c'est d'ailleurs peut-être pour cela que l'Angleterre voudrait le lui disputer ! On pourrait se demander si, au fond, tous les gouvernements européens ne sont pas dominés par les mêmes « puissances », de telle sorte que, quelle que soit l'issue de leurs luttes, ce sont toujours celles-ci qui y gagneront[3].

Ce que je voulais dire à propos du centre spirituel d'Abyssinie, c'est que certains peuvent avoir intérêt, non seulement à détruire ce qui en subsiste encore, mais à occuper le point même où il est localisé, puisque la situation des lieux a une importance en elle-même. Je me rappelle, à ce propos, que j'avais remarqué autrefois des choses singulières sur les points où les Bolcheviks avaient établi leur principaux « noyaux » d'influence, notamment du côté de l'Asie centrale... On pourrait facilement faire des remarques du même genre pour l'Angleterre ; pensez par exemple à ce qu'ont été anciennement des lieux tels que Malte, Chypre, etc. Maintenant, il faut ajouter qu'il y a des États occidentaux qui sont manœuvrés plus directement que les autres par des organisation relevant de la « contre-initiation ».

Quand à ce qui concerne les hommes politiques, je crois que décidément il ne faut s'étonner de rien ; et ce que vous me dites cette fois sur les choses qui vous ont été annoncées et qui se

---

[1] Vasile Lovinescu (25 novembre 1935).
[2] Vasile Lovinescu (5 janvier 1936).
[3] Vasile Lovinescu (27 janvier 1936).

sont réalisées ensuite paraît vraiment bien significatif ! Il y a longtemps, d'autre part, que je disais que l'Agha-Khan est un agent important de la « contre-initiation » ; le groupement dont il est le chef sert même apparemment de « couverture » à l'une des « sept tours du diable »… Un autre personnage, du même genre que B. Z., est sir Henry Deterding, de la « Royal Dutch » ; n'en avez-vous pas entendu parler dans tout cela ? Je me demande aussi si, dans la liste de B. Z., ne figurent pas Lloyd George, Philipe Sasson, Vinizelos ; le savez-vous ? – En tout cas cela n'est certes pas rassurant quant à la tournure que peuvent prendre les évènements ; il faut dire pourtant que ce ne sont pas là des choses d'un genre entièrement *nouveau*, car il y a déjà plus de 40 ans que Clémenceau avait été « initié » par Cornélius Herz comme Herriot a pu l'être par B. Z. (et c'est pourquoi lui aussi a toujours été si lié aux intérêts anglais) ; mais il n'en est pas moins vrai que cela prend actuellement beaucoup plus d'extension que jamais… – Autre chose qui me revient : un agent très actif de la « contre-initiation » était le feu prince Albert de Monaco ; vous voyez encore, de ce côté, la connexion avec B. Z. ![1]

À propos de la « contre-initiation », je pense que vous avez vu ce que j'ai écrit l'an dernier sur les « sept tours du diable », dans le compte rendu du livre de Seabrook où il est question de celle qui se trouverait chez les Yezidis, c'est-à-dire dans l'Iraq. Pour les autres, on parle de certaines régions situées vers les confins de la Sibérie et du Turkestan ; il y a aussi la Syrie, avec les Ismaïliens de l'Agha-Khan et quelques autres sectes assez suspectes ; puis le Soudan, où il existe, dans une région montagneuse, une population « lycanthrope » d'une vingtaine de mille individus (je le sais par des témoins oculaires) ; plus au centre de l'Afrique, du côté du Niger, se trouve la région d'où venaient déjà tous les sorciers et magiciens de l'ancienne Égypte (y compris ceux qui luttèrent contre Moïse) ; il semble qu'avec tout cela on pourrait tracer une sorte de ligne continue, allant d'abord du nord au sud, puis de l'est à l'ouest, et dont le côté concave enserre le monde occidental. Naturellement, cela ne veut pas dire qu'il n'y ait pas d'autres centres plus ou moins importants en dehors de ces lignes ; vous parliez de Lyon, et il y

---

[1] Vasile Lovinescu (24 février 1936).

a sûrement aussi quelque chose en Belgique. Quant à l'Amérique, le point le plus suspect semble bien être la Californie, où se rassemblent tant de choses hétéroclites ; il est vrai qu'il s'agit surtout d'organisations pseudo-initiatiques, mais il y a sûrement quelque chose d'autre qui les mène, même à leur insu ; l'utilisation de la pseudo-initiation par des agents de la « contre-initiation », dans bien des cas, apparaît comme de moins en moins douteuse, et je me propose d'en parler prochainement dans un article, à l'occasion d'une histoire d'organisations soi-disant rosicruciennes… – À propos de l'Iraq et de la Californie, il y a une question qui m'intrigue assez, car elle relève évidemment d'un domaine qui n'est guère le mien : c'est celle des rapports qui paraissent exister entre ces localisations et celles des sources de pétrole ; malheureusement, il y a aussi de celles-ci dans votre pays, et ne serait-ce pas pour cela (bien qu'il puisse y avoir encore d'autres raisons) qu'il attire un peu trop l'attention de certaines gens ? Notez également, à cet égard, que sir Henry Deterding, le chef de la « Royal Dutch », est un personnage tout à fait comparable à B. Z. ; on dit même qu'il serait désigné pour être son successeur[1].

Je ne savais pas du tout ce que vous me dites des 14 collines de San-Francisco et des « Twin Peaks » ; c'est assez curieux en effet. Ce qu'il l'est aussi, à un autre point de vue, c'est l'insistance, que j'ai dû signaler quelque part, avec laquelle les fondateurs des États-Unis ont introduit le nombre 13 partout où ils ont pu ![2]

À ce propos, l'impression de Tamos dont vous me parlez n'est qu'en partie exacte : s'il y a eu dans ce qu'il vous est arrivé quelque chose de provenance égyptienne, cela n'a rien de musulman, mais bien plutôt « pharaonique » comme on dit ici. En effet, la seule chose qui subsiste de l'ancienne Égypte est une magie fort dangereuse et d'ordre très inférieur ; cela se rapporte d'ailleurs précisément aux mystères du fameux dieu à tête d'âne qui n'est autre que Set ou Typhon. Cela semble d'ailleurs s'être réfugié en grande partie dans certaines régions du Soudan, où il y a des choses vraiment peu ordinaires : ainsi, il paraît qu'il y a une région où tous les habitants, au nombre

---

[1] Vasile Lovinescu (19 mai 1936).
[2] Marcel Maugy (Denys Roman) (5 novembre 1948).

d'une vingtaine de mille, ont la faculté de prendre des formes animales pendant la nuit ; on a été obligé d'établir des sortes de barrages pour les empêcher d'aller faire au-dehors des incursions pendant lesquelles il leur arrivait souvent de dévorer des gens. Je tiens la chose de quelqu'un de très digne de foi, qui a été dans le pays et qui a eu même un domestique de cette espèce, qu'il s'est d'ailleurs empressé de congédier dès qu'il s'en est aperçu. Pour en revenir au dieu à la tête d'âne, les histoires de Le Chartier & C$^{ie}$ s'y rattachent certainement ; il est malheureusement difficile d'arriver à certaines précisions mais peut-être tout cela se découvrira-t-il peu à peu... Il me paraît à peu près sûr que c'est bien là le vrai centre de toutes les choses malfaisantes que vous savez. J'ai pu me rendre compte qu'on emploie dans certains rites le sang d'animaux noirs ; à ce propos n'avez vous jamais eu à constater chez vous des manifestations prenant la forme desdits animaux ?[1]

La sorcellerie en Afrique du Nord n'est pas arabe, mais berbère, et peut-être en partie d'origine phénicienne, quoique l'élément le plus puissant (je veux parler de ce qui concerne la tête d'âne) soit égyptien et continue les mystères typhoniens ; je pense même que c'est tout ce qui a survécu de l'ancienne civilisation égyptienne, et ce n'est pas ce qu'elle avait de mieux... Il semble d'ailleurs que le côté « magique » y ait été très développé d'assez bonne heure, ce qui indique qu'il y avait déjà une dégénérescence ; il y a dans certains tombeaux, des influences qui sont vraiment épouvantables, et qui paraissent capables de se maintenir là indéfiniment[2].

Il paraît que l'atmosphère d'Anvers est quelque chose d'effroyable, qui donne même des malaises physiques inexplicables ; mais, là et même pour Lyon, comme peut-être aussi les Baléares et quelques autres lieux d'Europe, et pour la Californie en ce qui concerne l'Amérique (car ce n'est sans doute pas pour rien que tant de choses bizarres s'y rassemblent), je pense qu'il ne s'agit en somme que de centres secondaires, qui ne doivent pas être comptés en nombre de « tours » proprement dites. Celles-ci semblent plutôt disposées suivant une sorte d'arc de cercle entourant l'Europe à une certaine distance : une dans

---

[1] Emmanuel Hillel (22 avril 1932).
[2] Emmanuel Hillel (12 mai 1933).

la région du Niger, d'où l'on disait déjà, au temps de l'Égypte ancienne, que venaient les sorciers les plus redoutables ; une au Soudan, dans une région montagneuse habitée par une population « lycanthrope » d'environs 20 000 individus (je connais ici des témoins oculaires de la chose) ; deux en Asie Mineure, l'une en Syrie et l'autre en Mésopotamie ; puis une du côté du Turkestan où il y a des choses aussi « mêlées » qu'en Syrie, en bon et en mauvais ; il devrait donc y avoir encore deux plus au nord, vers l'Oural ou la partie occidentale de la Sibérie, mais je dois dire que, jusqu'ici, je n'arrive pas à les situer exactement[1].

Pour ce qui est de la nouvelle affaire concernant la Syrie, cela paraît assez grave en effet, mais ne représente pas en réalité quelque chose d'entièrement nouveau. Ce pays est le siège de plusieurs organisations hétérodoxes d'un caractère très suspect, à commencer par les Ismaïliens ; et le chef de la branche indienne de ceux-ci n'est autre que l'Agha-Khan (reportez-vous ici à la fameuse liste). D'un autre côté, Crowley dit être en rapport avec un certain « Temple du Désert » qui serait situé dans la même région, et où résiderait un « Maître » nommé Ara ibn Shams... À ce propos, je ne comprends pas bien si le nom que vous citez serait celui du « Maître » ou celui de son disciple ; en tout cas, c'est un nom tout à fait « normal », mais il ne me rappelle rien... – Le fait de fréquenter la S. T. [Société Théosophique] semblerait plutôt convenir à un Béhaïste ; mais ceux-là, bien que plus ou moins en sympathie avec tous les mouvements « néo-spiritualistes » de l'Occident, sont en somme plutôt insignifiants et assez peu dangereux par eux-mêmes ; leur centre est aussi en Syrie, à Saint Jean d'Acre, mais la plus grande partie de leurs adhérents se trouve en Amérique. – Enfin, si vous avez d'autres précisions, vous voudrez bien ne pas oublier de m'en faire part[2].

D'un autre côté, il est bien certain que la « contre-initiation » cherche toujours à s'établir surtout là où il y a des possibilités en sens contraire, pour tâcher de s'opposer à leur développement, ou encore là où il y a eu anciennement des centres spirituels, afin de profiter de ce que ces lieux peuvent avoir de spécial

---

[1] Marcel Clavelle (Jean Reyor) (25 mars 1937).
[2] Vasile Lovinescu (16 mars 1937).

pour favoriser la diffusion d'influences psychiques. Ce dernier point me rappelle que j'avais remarqué autrefois des choses assez singulières quant aux endroits où les bolcheviks avaient établi leurs principaux noyaux d'influence en Asie ; malheureusement, je ne me souviens plus de tout cela en détail, et je serais incapable de le retrouver en ce moment.

Pour la question posée dans votre seconde lettre, je pense qu'il ne faut pas s'exagérer le danger, puisque tout ce qui est de l'ordre spirituel est forcément hors de la portée d'un c.-in. [contre-initié] ; celui-ci peut plutôt avoir alors l'impression de se trouver en présence d'un « mur », de quelque chose qu'il est incapable de pénétrer ; mais cela même, étant dû précisément à la protection de l'influence spirituelle, ne peut pas avoir de conséquences défavorables[1].

Le rôle d'Henri IV peut s'expliquer très bien par l'éducation protestante qu'il avait reçue. Quant à Richelieu, qui acheva la destruction de la féodalité, il est vraisemblable qu'il a été l'instrument de quelque chose qui pourrait bien tenir à la c.-in. [contre-initiation] ; je pense au rôle joué auprès de lui par le personnage qu'on surnomme l'« Éminence grise », et qui semble n'avoir jamais été bien éclairci… – À propos des Bourbons, savez-vous que les Médicis étaient d'origine juive ? Ils descendaient, comme le nom l'indique d'ailleurs, d'une famille de médecins juifs établis à Florence[2].

# XVI

# L'ANTÉCHRIST

J'AI BIEN vu quelque part l'histoire de l'Antéchrist enchaîné dans une île, qui semble d'ailleurs bien difficile à identifier géographiquement, mais je pense que cette histoire doit être rangée dans la catégorie de celles qui ont leur origine dans un

---

[1] Vasile Lovinescu (6 juin 1936).
[2] Vasile Lovinescu (10 novembre 1936).

symbolisme plus au moins incompris, comme beaucoup d'histoires de monstres, d'animaux fantastiques, etc.[1]

Je vous ai parlé l'autre jour de l'île de l'Antéchrist ; je retrouve que cette île est appelée Bratâil (ce nom vient apparemment de *bartal* qui veut dire « corrompu ») ; et aussi certains disent que c'est Salomon qui l'y aurait fait enchaîner ; il semblerait qu'il s'agisse d'une île volcanique, mais je ne sais pas ce qui peut permettre de l'identifier à une des îles de la Sonde[2].

Ici le dernier des ignorants sait qu'il [le Mahdi] doit être de race arabe et descendant du Prophète ; et puis le Mahdi ne doit pas du tout être un « nouveau Prophète » et le considérer comme tel est une énorme hérésie[3].

Évidemment, si l'Antéchrist est déjà né, les événements doivent se précipiter ; les indications les plus diverses concordent d'ailleurs pour donner à penser que tout doit se passer avant la fin du XXᵉ siècle, peut-être serait-il imprudent de vouloir préciser davantage les dates[4].

---

[1] Marcel Clavelle (Jean Reyor) (14 avril 1937).
[2] Marcel Clavelle (Jean Reyor) (17 avril 1937).
[3] Marcel Clavelle (Jean Reyor) (9 juillet 1937).
[4] Vasile Lovinescu (24 février 1936).

# FRAGMENTS
# DOCTRINAUX

NEUVIÈME PARTIE

## COMPTES RENDUS

Paul Le Cour. – *Le symbole des trois enceintes*[1]. – Atlantis, avril 1929.

Dans Atlantis (numéro du 21 avril), M. Paul Le Cour poursuit ses recherches sur le symbole des trois enceintes ; il reproduit un curieux document figurant, malheureusement sans indication de provenance, dans l'ouvrage du chanoine Edme Thomas sur la cathédrale d'Autun, et qui est donné comme représentant la cite gauloise des Éduens. Dans le même article sont citées quelques réflexions de M. Charbonneau-Lassay, qui dit

---

[1] *Le Voile d'Isis*, juil. 1929. [N.d.É.]

notamment qu'il ne serait pas surpris que les Chrétiens aient fait de ce symbole une image de la Jérusalem céleste. Or, dans l'article que nous avons consacré ici à cette question le mois dernier[1], nous indiquions précisément de notre côté quelques rapprochements dans le même sens, et nous rappelions qu'une autre disposition des trois carrés constitue une des figures les plus habituelles de la Jérusalem céleste. Nous sommes heureux de signaler cette rencontre, qui d'ailleurs ne nous surprend pas, car il est déjà arrivé bien souvent que M. Charbonneau-Lassay et nous-même ayons abouti, indépendamment et par des voies différentes, aux mêmes conclusions sur beaucoup de points concernant le symbolisme.

Marc Citoleux. – *La Philosophie de la vie et le Bergsonisme*[2]. – Le Mercure de France, janvier 1938.

Dans le Mercure de France (n° du 15 janvier), M. Marc Citoleux, dans un article sur *La Philosophie de la vie et le Bergsonisme*, recherche les antécédents de l'« intuition » au sens instinctif où l'entend M. Bergson ; il les trouve « chez une ignorante, Mᵐᵉ Zulma Carraud, chez des impulsifs, Jean-Jacques Rousseau, Michelet », et aussi chez un poète, M. Paul Valery. Ces rapprochements sont assez curieux, mais nous ne voyons pas qu'ils apportent une confirmation au bergsonisme, ni qu'on puisse, comme le pense l'auteur, les considérer comme un « signe de la vérité » ; en fait, ils montrent tout simplement qu'il y a là quelque chose qui répond à l'une des tendances de l'époque moderne, et que ce « courant » n'a pas commencé avec M. Bergson, mais que celui-ci lui a seulement donné une expression plus spécialement « philosophique » qu'on ne l'avait fait avant lui.

---

[1] Voir *La triple enceinte druidique* paru dans *Le Voile d'Isis* de juin 1929, article repris dans le recueil posthume *Symboles de la Science sacrée*. [N.d.É.]
[2] *Études Traditionnelles*, avr. 1938. [N.d.É.]

Dr Maximilien Beck. – *On some misinterpretations of the religions and moral experience*[1]. – Review of Religion, mai 1940.

Dans la Review of Religion (n° de mai 1940), le Dr Maximilien Beck, ancien directeur des *Philosophische Hefte* de Prague, a fait paraître une étude *On some misinterpretations of the religions and moral experience*. Il y dénonce l'absurdité de la méthode que les empiristes veulent appliquer à la religion et à la morale : « Les hommes religieux et moraux affirment une expérience de choses immatérielles ; les soi-disant empiristes nient l'objectivité de ces choses, parce qu'une telle expérience ne peut pas être prouvée par l'expérience des choses matérielles ; c'est comme si quelqu'un niait que les couleurs existent réellement parce qu'elles ne peuvent pas être entendues ! » Il critique, en particulier, l'explication de la prière et du sacrifice, que ces empiristes prétendent attribuer à la crainte ; il montre que leurs théories sont incapables de rendre compte de choses telles que l'héroïsme et l'optimisme religieux ; et il conclut en établissant, contre ceux qui veulent voir une sorte d'antinomie entre la religion et la moralité, la connexion qui existe au contraire normalement entre ces deux points de vue, « celui qui aide à réaliser le bonheur des hommes aidant aussi par là-même à réaliser l'attitude religieuse qui consiste à aimer Dieu dans ses créatures ».

A. K. Coomaraswamy. – *Eastern Wisdom and Western Knowledge*. – Review of Religion, 1943.

De M. Coomaraswamy également, dans *Isis*, revue d'histoire des sciences (n° de printemps 1943), un article intitulé *Eastern Wisdom and Western Knowledge* ; comme il s'agit d'une vue d'ensemble de notre œuvre, nous n'avons pas qualité pour en parler, si ce n'est pour exprimer à l'auteur tous nos remerciements pour cet excellent exposé.

---

[1] Ce compte rendu et les suivants ont paru dans *Études Traditionnelles*, juin-juil. 1946. [*N.d.É.*]

F. Schuon. – *Christianity and Islam.* – The Arab World.

*The Arab World*, revue trimestrielle paraissant à New-York depuis 1944, a reproduit dans son n° 3 *Christianity and Islam*, traduction anglaise d'un article de notre collaborateur F. Schuon paru autrefois ici même ; cette traduction avait été publiée tout d'abord dans la revue indienne *Triveni*.

– Nous mentionnerons aussi, dans la revue *France-Orient*, des articles concernant certaines fêtes[1] : *la fête du Holi* (n° d'avril-mai 1945) et *No Roz, le jour de l'an iranien* (n° de juin 1945) ; bien que n'ayant qu'un caractère descriptif et un intérêt purement documentaire, ils pourraient servir en quelque sorte d'« illustration » à ce que nous avons dit au sujet des fêtes carnavalesques[2]. Il est à remarquer que, dans le cas du *No-Roz*, il s'agit d'une sorte de survivance d'éléments provenant de la tradition mazdéenne, qui, en Perse tout au moins, est complètement éteinte ; on peut donc voir là comme des « résidus » déviés ou plutôt détournés dans un sens parodique, ce qui, à ce point de vue, est particulièrement significatif.

---

[1] Ce compte rendu est paru dans *Études Traditionnelles*, déc. 1946. [*N.d.É.*]
[2] Voir l'article *Sur la signification des fêtes « carnavalesques »* paru dans *É.T.*, déc. 1945, et repris dans *Symboles de la Science sacrée*. [*N.d.É.*]

# TABLE DES MATIÈRES

Pour obtenir ce livre, nous contacter à
*contact@rose-crossbooks.com*
ou
*contact@regnabit.com*



Imprimé au Canada
Toronto
Première Édition :
15 novembre 2013

DANS LA MÊME COLLECTION :

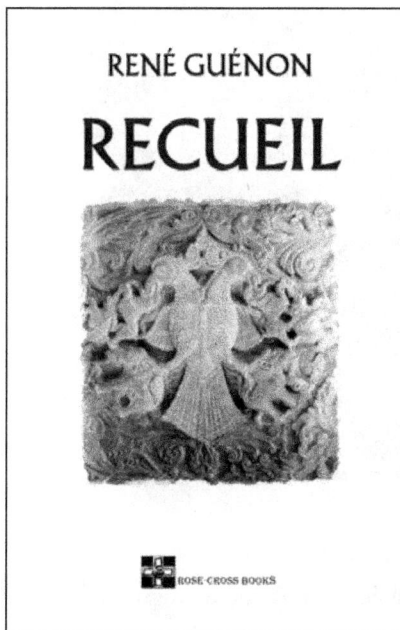

RENÉ GUÉNON

# RECUEIL

ROSE-CROSS BOOKS

Ouvrage disponible sur :

www.rose-crossbooks.com
www.regnabit.com

ISBN 978-0-9865872-1-4

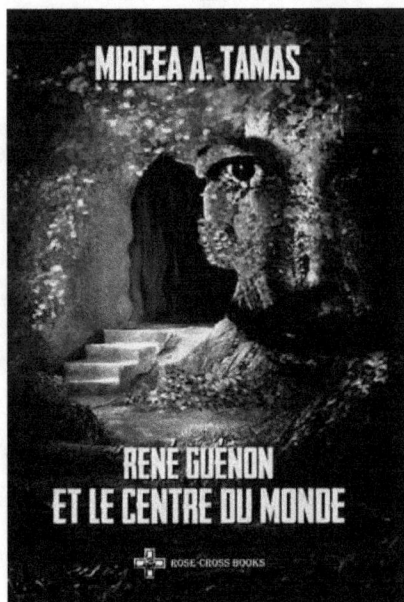

Nouvelle édition, revue et augmentée

Ouvrage disponible sur :

www.rose-crossbooks.com
www.regnabit.com

ISBN 978-0-9731191-7-6

www.ingramcontent.com/pod-product-compliance
Lightning Source LLC
Chambersburg PA
CBHW072103040426
42334CB00042B/2137